本书受国家社会科学基金项目
"我国网络有害信息的范围判定与法律边界研究"（19BFX060）
及华中科技大学研究生教材建设项目、"十四五"本科规划教材建设项目资助

新兴交叉领域法学精品教程
丛书总主编　汪习根

网络安全法讲义

案例、文本与评析

尹建国　主编

LECTURES ON CYBERSECURITY LAW

Cases, Legal Texts, and Commentaries

社会科学文献出版社
SOCIAL SCIENCES ACADEMIC PRESS (CHINA)

《网络安全法讲义：案例、文本与评析》
编 辑 委 员 会

总　序

　　法学教育以法学学科为根本依托，而法学学科建设又以法学知识体系为基本内容、以法学学术体系为发展动力。探寻法学教育和法学学科创新之道，必须遵循法学知识生产和法学学术自身的内在规定性。只有按照法学特有的理论逻辑加以推进，方能正本清源、合乎规律地促进创新发展。诚然，立足于法律制度规范向内发力，在法律自身的固有领地精耕细作，苦苦探寻法律的内在方面，是法学知识更新和法学研究必须始终坚守的传统方向。但是，随着互联网、大数据、区块链和人工智能技术以及其他现代高科技的迅猛发展，社会连带性以前所未有的速度和效度裂变和演化。与社会科学的其他学科一样，法学从来就不应当是一个固步自封的独立体系，实现法学与理、工、医、管以及人文社会科学其他有关学科的全面深度交叉融合，是法学创新发展的一条必由之路。正是在破除学科壁垒、跨越学科障碍、推进学科互嵌的征程上，法学学科不断获得新的动能，实现借道超车，由此催生出一系列新兴交叉法学次级学科，为应对人类面临的全新难题、解决复杂新型疑难案件提供了不竭的源头活水。

　　对此，中共中央办公厅、国务院办公厅印发的《关于加强新时代法学教育和法学理论研究的意见》明确预设了2025年和2035年中国法学的发展目标，其中突出强调要"优化法学学科体系"。具体而言，应当立足中国实际，加强现有法学学科建设、更新学科内涵，更好融入全面依法治国实践，加快发展新兴学科，"推进法学和经济学、社会学、政治学、心理学、统计学、管理学、人类学、网络工程以及自然科学等学科交叉融合发展，培养高质量复合型法治人才。完善涉外法学相关学科专业设置……加

1

快培养具有国际视野，精通国际法、国别法的涉外法治紧缺人才"。这就从更新现有法学学科内涵、发展新兴法学和交叉法学诸方面勾勒出法学学科体系建设的宏伟图景。《教育强国建设规划纲要（2024—2035年）》从中国式现代化和构建中国哲学社会科学自主知识体系的根本要求出发，进一步强调指出"推动学科融合发展，超常布局急需学科专业，加强基础学科、新兴学科、交叉学科建设"，"实施基础学科和交叉学科突破计划"，"引领学科交叉融合再创新"，"促进人工智能助力教育变革。面向数字经济和未来产业发展，加强课程体系改革，优化学科专业设置"。

可见，新兴交叉法学学科的创新发展既是时代赋予法学教育的神圣使命，又是法学教育改革不可回避的重大现实战略问题。那么，从法学理论的深度和法治文明的高度来把握中国法学学科体系的未来发展趋势，便成为新时代法学教育改革创新的重中之重。为此，应当实行方法论的转型，从单纯的法律规范思维向法治理论思维转变，从知识传授型教育向研究型学习转变，从以学理为导向向以实践为导向转变，从重视法律的内在分析向实现法律内部联系与外部社会关联分析相结合转变，为培养全面推进中国式现代化、全面实现中华民族伟大复兴的高素质法治人才提供强有力的学科保障。据此，应当牢牢把握法学的内在品格和外在价值来谋求学科交叉创新。具体而言，可以归纳为"三个五"，即：五个理论品格、五个统领学科、五个新兴交叉学科群组。

其一，法学是治国之学。要进一步明确法学不只是法律之学，更应当是法治之学，欲实现法律学向法治学的根本突破，法学教育与法学理论研究应当围绕构建法治学这一中心全面提级升档。法学不只是诉讼之学，法治是治国理政的最根本方式，法学教育与研究应当致力于培养堪当法安天下、推进良法善治大任的高层次人才，培养法律大师巨匠、能工巧匠而非简单机械的操作工人。为此，应当在原有基础上探讨构建"法治学"这一具有始源性和基础性的核心学科体系，以此为统领，开发社会治理法学、国家治理法学、政府治理法学、全球治理法学、党内法规学、监察法学、网络安全法学等新兴学科和重点领域的法学知识体系、理论体系和学科体系，加大在这些法学学科方向上持续投入和进行创新教育的力度。

其二，法学是强国之学。法治强则国强，法治弱则国弱。中国式现代化强国一定是法治强国。在法治轨道上推进中国式现代化，必定要求构建一个法治强国。与之相适应，法学教育与研究应当致力于培养强国之才。为此应当力促科技法学的纵深发展，完善科技法学的体系构建，细化科技法学的下层分类。具体而言，在"科技法学"这一母体性统摄性学科的导向之下，细分出工程法学、生命法学、气候法学、海洋法学、空间法学、数字法学等。而在数字法学中还可尝试细化为网络法学、数据法学、区块链法学、人工智能法学等，着力培养科技与法学二元互动的复合型人才，以科技赋能法学、以法学促进科技创新。

其三，法学是人民之学。胸怀天下、以人为本、保障人权、体恤人情，让个案裁判散发出人性的魅力，切实以全体人民的生存权发展权尤其是幸福生活的权利作为法律人的最高追求。为此，应当重视人权学学科体系和理论体系建设，弘扬正确人权观，推进全球人权治理体系建设。以"人权法学"为统领，深化科技与人权法学、社会法学、文化法学、卫生法学、健康法学、教育法学、体育法学等的建设与发展。

其四，法学是正义之学。法学是关于正义与善德的艺术。法律正义不过是社会正义的价值工具，法学教育和研究应当积极探求法律与社会的外在关系和互动方式，以"社科法学"为统领，推进法律经济学、法律政治学、法律伦理学、法律文化学、法律社会学等学科进一步优化发展。

其五，法学是秩序之学。法学教育应当发挥秩序构建的基础性功能，应当以致力调控主体、区域、国家之间互联互通关系的"跨域法学"为统领，着力发展中华民族共同体法学、区域协同法学、流域法学、国别法学、区际法学、涉外法学等法学学科。

与法学界同仁竭诚携手合作，我们在法学与人文社会科学以及自然科学的跨学科交叉创新发展方面持之以恒地进行了不懈探索。早在20世纪90年代，华中科技大学法学院在全国最早探索设立科技法学硕士学位点，编写科技法学教材，以法律为科技创新赋能，取得良好实践效果。面对人工智能时代的新机遇新挑战，立足全面依法治国、建设法治中国和中国式法治现代化的宏大背景，坚持培养德才兼备的高素质法治人才，近年来，与清华大学等一流大学合作，发起成立了中国计算法学教育联盟。在中国人民大学主导下，发起成立中国高校数字法学教育联盟，与牛津大学、耶鲁大学等全球 15 个顶尖大学合作发起设立国际数字法学协会。在最高人民法院指导下，与湖北省高级人民法院等有关司法机关开展全面战略合作，成立司法大数据研究中心，创办《数字法律评论》辑刊，设立数字法学硕士研究生和博士研究生专业方向，深入推进人工智能时代的数字法学专业教育。同时，借力学校在全国工、医、理、管等学科的显著优势，依托法学学科拥有的国家级人文社会科学研究基地——国家人权教育与培训基地、铸牢中华民族共同体意识研究基地以及知识产权审判理论研究基地、司法大数据研究中心等高端交叉科研平台，在科技与人权法学、中华民族共同体法学、生命法学、卫生健康法学、工程法学、数字知识产权法学教育等方面大胆尝试，进行学科布局与教学改革，获得良好反响。

正是在这一背景之下，经过长期积累和精心筹划，华中科技大学法学院推出新文科背景下新兴交叉领域法学精品教程建设计划。其中包括《中华民族共同体法学》《科技与人权法学》《科技法概论》《网络安全法讲义》《数字法学导论》《法律大数据》《数字知识产权法学》《环境与健康法学》《公共卫生法学》《生命法学》《工程法学》《涉外法概论》等教材。

在这套教材的策划编写过程中，我们借鉴了国内同行的先进研究成果，吸取了现有相关教材的宝贵经验。在此，对学界的无私奉献和鼎力支持致以崇高的敬意和衷心的感谢！同时，特别感谢社会科学文献出版社，以及刘骁军编审带领的高水准编辑团队的精心打磨和辛苦付出！当然，我们深知，任何创新必然会遇到挑战，新兴交叉领域法学精品教程的编写需要巨大的理论勇气。尽管勠力求索，砥砺前行，但囿于水平和能力，其中必然存在诸多不足与缺憾，在此，恳请学界同仁和广大读者不吝赐教。

2025 年 6 月

4

序　言

（一）

随着传播资讯功能的发展，网络泄密、网络色情、网络欺诈、网络诽谤、网络煽动、网络恐怖主义等逐渐成为网络安全新的威胁因素。实践中也出现了人肉搜索、金山泄密、杭州女子取快递被造谣出轨等热点事件。网络安全已由传统上相对单一的病毒入侵，转化为一种源头更广泛、形式更多样的多发性社会问题，并有愈演愈烈之势。

在此背景下，网络安全日益成为世界各国共同关注的焦点，各国也逐渐采取深入多样的安全防御和治理措施。但治理网络，不可避免地面临如下突出难题，即如何应对干预言论自由的质疑，如何证成监管的正当性并实现公权干预与言论自由保护间的适度均衡。在网络无处不在的现代社会，对网络疏于监管，无异于放纵和渎职，将令互联网陷入一片混乱的沼泽，最终将会影响并破坏我们生存的真实世界的各项秩序。祭起监管大旗，弥足珍贵的言论自由、来之不易的民意表达渠道，又可能处于公权践踏的巨大阴影之下。在错综复杂、乱象丛生又满载希望的网络热土上，该如何发挥作用、践行职责，又保持开放自由、适可有度，是法治政府、责任政府、有限政府背景下，考验政府执政智慧与能力的一项系统工程。

截至目前，我国并未就网络治理制定统一立法。但涉及网络治理某一方面问题的法律、法规、规章等，却数量众多。其中，直接调整网络信息及网络行为的规范文本主要包括《中华人民共和国网络安全法》（简称《网络安全法》）、《中华人民共和国刑法》（简称《刑法》）、《中华人民共和国民法典》（简称《民法典》）、《中华人民共和国数据安全法》（简称《数据安全法》）、《中华人民共和国个人信息保护法》（简称《个人信息保护法》）以及《全国人大常委会关于维护互联网安全的决定》、《中华人民共和国电信条例》、《互联网信息服务管理办法》等。基于此，主管机关渐次开展了针对网络空间及网络信息的治理活动，并发展出系列工作机制。整体而言，有两个方面的操作策略：一是集中于某一特定时段推行专项式的集中整治活动；二是通过常规监管，对违法发布、传播网络有害信息的个人或组织，进行个案处罚、制裁。

总体而言，以既有立法为依托，我国网络治理工作取得了一定成效。但相关立法在统一性、科学性、可操作性等方面仍有欠缺，网络危害行为及网络有害信息法定范围的判断标准仍不甚清晰。立法及实践中的相关问题，主要集中于以下几个方面。第一，立法用词高度抽象，留有过宽的解释空间，易导致适用困难和权力滥用。第二，既有立法位阶偏低，各立法间存在着较为明显的不统一现象，有损于法制的权威与统一性。第三，立法及实践中对公共性信息限制过多，易堵塞监督政府、依法检举、建言献策的民意渠道。第四，对侵犯公民隐私权、名誉权等私权的网络有害信息之判定及审查尚存在薄弱环节。

鉴于此，本书全面搜集了危害网络空间安全及网络信息内容安全的九类典型案例，并进行了详细的要点提示和法理分析。在类型化研究时，本书主要根据目前相对最为系统的《网络安全法》《数据安全法》《个人信息保护法》等规定，对九种法定的有害信息及违法行为之判定和处理进行了初步研究，在研究过程中尤其强调关注司法及执法实务案例，力争对每一种有害信息及违法行为均提出相对明确、具体、具有可操作性的判准。

本书进行类型化研究和分析的九种危害网络安全的有害信息及违法行为主要如下。

第一，破坏网络关键信息系统及基础设施安全。我国《网络安全法》对关键信息基础设施进行了专条重点保护规定："国家对公共通信和信息服务、能源、交通、水利、金融、公共服务、电子政务等重要行业和领域，以及其他一旦遭到破坏、丧失功能或者数据泄露，可能严重危害国家安全、国计民生、公共利益的关键信息基础设施，在网络安全等级保护制度的基础上，实行重点保护。关键信息基础设施的具体范围和安全保护办法由国务院制定。"本部分拟在明确相关法律概念的基础上，结合具体案例，对《网络安全法》实施后关键信息基础设施遭受破坏的具体形式与治理方式以及所呈现问题与解决策略进行详细论述。

第二，非法入侵他人计算机系统。非法侵入计算机信息系统引发的违法和犯罪活动，主要对应《刑法》第285条规定的"侵入型"犯罪和"获取型"犯罪。本部分拟从实践中的具体案例出发，分析非法侵入计算机信息系统的表现形式和认定标准、与非法侵入相关行为的定罪以及"国家事务"的内涵和外延，检视我国网络空间犯罪立法和司法实践，进一步探索防控网络空间犯罪的法治化、现代化发展路径。

第三，利用网络信息危害国家安全。判定此类有害信息法定范围时，需妥当均衡表达自由、批评监督、知情、安全维护等基本权益间的冲突和融合关系，在坚守安全底线的前提下，应相对适用宽松治理原则。但如何既实现对国家安全的必要维护，又营造一个宽松的舆论表达环境，是确立此类网络有害信息判定标准与法律边界的难点，也是本部分讨论的重点。

第四，利用网络信息扰乱公共秩序。此类信息主要指通过编造、传播虚假信息的方式扰乱社会公共秩序，此类网络有害信息的特殊性在于，判断其是否构成编造、故意传播，既要考察其外部特征，即确定该信息是否为编造的虚假险情、疫情、灾情、警情等，还要考察其具体性质，即是否造成严重扰乱经济和社会秩序的危害后果。

第五，利用网络非法采集、获取、买卖个人信息。此类有害信息指利用互联网泄露公民个人信息、侵害个人生活安宁的信息。基于场域的不同，网络隐私权比传统隐私权客体范围要大，传统隐私权中很多不属于隐私的内容在网络活动中都可能被划为隐私，例如姓名、性别、年龄等。判定此类网络有害信息之范围，需要重点关注所涉对象的二分性，即主体是公众人物还是非公众人物、针对的是特定对象还是非特定对象等。

第六，利用网络非法发布、传播淫秽色情信息。在传统的淫秽色情相关犯罪中，色情信息主要表现为文字、绘画、相片和电影形式，互联网时代这类信息开始出现实时性、互动性等新趋势（如各类直播平台、聊天室空间、网络分享平台等）。而且，网络时代的淫秽色情信息还具有信息化和多媒体化演变、犯罪的跨国性等新特征。对此类信息进行治理，是净化网络空间、保护未成年人合法权益的必然任务，必须予以深入和细致的探讨。

第七，利用网络发布、传播虚假信息。此类有害信息主要指借助网络等新型传媒故意捏造并散布侵害人格权、名誉权的虚假信息。宪法赋予公民表达和知情的权利，但实践中假借舆论监督、信息公开、自由评价等之名，行使污蔑、诽谤之实的情况时有发生。如何甄别这些不同动机和行为之间的差异并在不同权益间保持均衡，是执法和司法难点，也是判定此类有害信息法定范围时需要把握的重点。

第八，网络诈骗。网络诈骗作为诈骗的一种类型，本质上与传统诈骗相同，即行为人以非法占有为目的，通过虚构事实、隐瞒真相的方式骗取数额较大的公私财物。本部分对网络诈骗相关违法行为及信息的责任构成、入罪标准、出罪机制、治理方式等进行了系统的实证研究。

第九，网络赌博。网络赌博具有辐射性和即时性、跨地域性、低成本、低风险和高收益，以及群体化和组织化的特性。本部分重点对我国《刑法》和《关于办理网络赌博犯罪案件适用法律若干问题的意见》（简称《办理网络赌博案件法律意见》）、《关于办理赌博刑事案件具体应用法律若干问题的解释》（简称《办理赌博案件法律解释》）等相关法律、法规、司法解释规定的网络赌博违法犯罪行为的犯罪构成、法律责任及治理措施等进行了类案检索和法理分析。

作为一部网络安全法方面的实证研究书籍，本书意图在案例分析、实践介评、理论讨论基础上，采用多维研究方法，对网络安全维护和网络信息治理的理论基础、实践发展、宏观模式、微观制度及法律保障等作相对系统的研究与探索。本书意图回应并解决的主要问题如下：一是揭示我国网络安全维护和网络有害信息范围判定面临的主要问题及其症结；二是基于全球化视角，全面介评针对网络安全维护和网络信息治理的指导原则、审查标准；三是以《网络安全法》为主要依托，全面、详细、深刻讨论危害网络安全的有害信息及违法行为的判定机制；四是勉力提出我国网络安全维护和网络信息治理机制构建、完善的方法和措施，并努力实现多维治理手段的协调与配合。

（二）

除是一本网络安全法治领域的专业类实证研究书籍外，本书还立基于网络安全法领域的典型类案及法理分析，尝试从一个微观层面推动和丰富我国法学教育的"案例教学"方法及实践，并将这种努力视为实施"卓越法律人才"培养、倡导"理论联系实践"法学教育改革的必然选择和发展方向。

"卓越法律人才"培养是教育部近年来大力倡导和推动的法律人才培养计划，是教育部继"卓越医师"和"卓越工程师"培养计划后，制定的第三个专门人才培养计划，这为我国法学教育体制和教学方法改革提供了难得契机。

过往数年的教学实践证明，我国传统的法学教育在一定程度上存在着颠倒职业训练与学术培养位置、教学手段偏离法学应用性学科特点等不足，既有法学教育方法已不能完全、充分满足社会发展对法律人才培养提出的整体需要。为培养适应社会发展需要的高素质、创新型、兼备职业技能与职业道德的卓越法律人才，必须深刻反思传统法学教育模式及方法之不足，并在与国际最先进法学教育理念与教学方法进行对比观察的基础上，逐步探索出一套具有中国特色的、适合中国国情的法学教育新思维、新模式、新路径。而作为一种新颖、具有操作基础和卓有成效的教学方式，案例教学为这种改革提供了一条可供选择的重要参考路径。

案例教学法由19世纪70年代的美国哈佛大学首创，自20世纪90年代后，开始在我国教育界得到广泛引入。在案例教学课中，教师应首先提供精选案例，供学生分析研讨。在探讨过程中，教师通过观察、对话、反馈，提出问题、发现问题，并引导讨论步步深入。学生则在预习、讨论、辩论、比较等基础上，巩固已有知识、学习新知识。案例教学的优点在于其能调动学生学习的主动性，并使学生在与同伴的讨论过程中集思广益、相互启发。而且，案例教学具有明显的动态性特点，知识传授过程更生动、具体，有利于提高学习效率。由于案例本身的开放性，教学结果也有可能出现多元化的局面，这为学生创造力的培养提供了机会。

为顺利实施案例教学，教师的首要任务便是精选案例。一堂好的案例课，在案例选择上要注意代表性和随机性的结合，既要精选那些社会影响重大、讨论较为成熟的案例，也要通过随机选择的方式，将一些常规、普通、多发的案例编辑为课堂量化训练和课后练习的材料。正是基于上述目标，我们计划围绕系列重要法律、法规等，编写一套案例集并附上要点提示和法理分析，以作为教学参考用书。在挑选案例时，我们关注了案例的以下几个特点。一是代表性，即相关案例应具有典型意义，法院或行政机关在该案中的认定和解释应能准确展现法条的立法本意。二是均衡性，即相关案例所涉证据事实、法律争议等对各方当事人一般各有利弊，尽量不要出现"一边倒"的情况。三是观赏性和表演性，即相关案例应能基本满足模拟法庭、小组讨论、头脑风暴等教学方法和内容需要，应具有一定观赏性、趣味性和表演空间，能让课堂变得更生动、活跃。

本书对最高人民法院编撰出版的《人民法院案例选》、最高人民法院编辑出版的《最高人民法院公报》、最高人民法院主办的中国法院网、网络典型热点网络法案件或事件、权威法学期刊文章中讨论成熟的典型网络法案例等进行了详细检索，勉力挑选了自认为相对最新、最契合相关法条内涵与精神的案例，希望本书的努力能为学界的后续研究提供素材与样本。

作为一部网络安全法教辅用书，在具体编排体例上，本书集中围绕《网络安全法》等法律中的核心法条，精选了配套案例，并在每个案例后列举了精炼的"核心法条"和"要点提示"，以揭示法条和案例中的争议焦点，为学习过程中的思考和讨论提供了"切入点"。本书在编写内容和编写方法上勉力体现了以下特点。第一，重点覆盖我国《网络安全法》的核心法条，精选具有典型意义的法律案件，实现原理、法条、案例的一一对应，力争突出重点、面对真实问题。第二，绝大多数案例均来自司法审判实务和真实社会生活，尽量减少对案例本身的加工和虚构，以集中保留案件本身的原汁原味。第三，对案例的要点提示，紧紧围绕法条本身的解释与适用难点展开，希望通过一个案例至少剖析一个争议焦点，以为后续的类似争议解决提供启发和借鉴。第四，力争选择最新、最契合《网络安全法》相关法条的案例。通过编写本书，我们希望能激发网络安全及法科学生的学习热情，使学习由被动变为主动，另外，也希望能为法学教师提供一些新的教学素材，树立新的教学理念，提高教师的教学能力。本书可以为法学教学、司法、执法等法律实践活动提供良好参考，并能为对行政法与行政诉讼法、计算法学尤其是网络法感兴趣的各类读者所用。

（三）

法律是一门实践性学科，案例为我们理解和研究法律打开了一扇窗户，案例教学也能够使抽象的法律以生动的面孔呈现在师生面前。在遴选本书案例时，我们重点考虑了学术研究和教学素材的双重目标与功效。本书勉力体现的基本特点和优点可归纳为如下三个方面。第一，案例来源广泛。本书遴选的案例具有代表性、典型性、全面性、新颖性，基本覆盖了危害网络安全有害信息及违法行为的全部类型。第二，理论联系实际。本书将生动的案例融于前沿的网络治理研究过程，在条文梳理、案例分析的基础上，对我国网络安全维护和网络有害信息范围判定的类型建构、法律重述和统一解释等提出了较为全面的建议。第三，适用对象多元、开放。本书既可以作为一部案例教材、教辅用书用于法学、网络安全等方向学生的教学和学习环节，也可以作为一部网络法治实证研究著作，深化和丰富针对网络治理的既有学术研究。

总之，学术性与教辅性双重功能之结合，是本书编写者的原初设想和终极目标，我们将围绕该目标积极努力、持续探索，以为网络法治研究和"卓越法律人才"实践教学改革贡献微薄之力！但囿于水平和视野所限，本书中的疏漏和谬误之处定然不可避免，衷心敬请读者诸君多多批评指正！

尹建国　谨识

武汉·喻家山

2023 年 10 月 30 日

目 录

第一章　非法入侵他人计算机系统案　／1

　　一　典型类案　／1

　　二　核心法条　／24

　　三　要点提示　／27

　　四　法理评析　／28

第二章　破坏网络关键信息系统及基础设施案　／46

　　一　典型类案　／46

　　二　核心法条　／61

　　三　要点提示　／63

　　四　法理评析　／64

第三章　利用网络信息危害国家安全案　／81

　　一　典型类案　／81

　　二　核心法条　／88

　　三　要点提示　／93

　　四　法理评析　／94

第四章　利用网络信息扰乱公共秩序案　／112

　　一　典型类案　／112

　　二　核心法条　／129

　　三　要点提示　／131

　　四　法理评析　／132

第五章　利用网络非法采集、获取、买卖个人信息案　／145

　　一　典型类案　／145

　　二　核心法条　／180

　　三　要点提示　／184

　　四　法理评析　／186

第六章　利用网络非法发布、传播淫秽色情信息案　／206

　　一　典型类案　／206

　　二　核心法条　／240

　　三　要点提示　／243

　　四　法理评析　／245

第七章　利用网络发布、传播虚假信息案　／271

　　一　典型类案　／271

　　二　核心法条　／283

　　三　要点提示　／288

　　四　法理评析　／289

第八章　网络诈骗案　／305

　　一　典型类案　／305

　　二　核心法条　／316

三　要点提示　/ 319

四　法理评析　/ 320

第九章　网络赌博案　/ 335

一　典型类案　/ 335

二　核心法条　/ 342

三　要点提示　/ 344

四　法理评析　/ 345

第一章 非法入侵他人计算机系统案

一 典型类案

（一）吴某某等非法侵入计算机信息系统案

[**案例案号**] 四川省成都市新都区人民法院（2017）川 0114 刑初 648 号刑事判决书

[**基本案情**]

2017 年 2 月上旬至 2017 年 3 月 13 日，被告人余某作为某某驾校新都区分校校长，为了方便外地学员在其驾校报考以增加生源，与时任成都市公安局新都区分局斑竹园派出所巡逻队员的被告人吴某某共谋后，通过微信将外地学员身份信息发给吴某某。被告人吴某某利用其可以自由出入斑竹园派出所办公室的便利，擅自使用他人数字证书，登录四川省警务综合平台，录入外地学员在成都市新都区辖区内的虚假居住信息，每录入一条虚假信息收取被告人余某 20 元，共获利 2 万元。2017 年 3 月初，为了减少外地学员办理居住证明的时间，被告人余某与被告人刘某商议后，准备好印章样本，由被告人刘某微信联系被告人邱某某，以每枚印章 160 元的价格先后委托邱某某伪造了"成都市新都区斑竹园镇人民政府"和"成都市公安局新都区分局斑竹园派出所"的印章各一枚。

[**审理意见**]

法院经审理认为，被告人吴某某、余某违反国家规定，侵入国家事务

1

的计算机信息系统，其行为均构成非法侵入计算机信息系统罪。被告人余某、刘某、邱某某伪造国家机关印章，其行为均构成伪造国家机关印章罪。成都市新都区人民检察院指控被告人吴某某犯非法侵入计算机信息系统罪，被告人余某犯非法侵入计算机信息系统罪、伪造国家机关印章罪，被告人刘某、邱某某犯伪造国家机关印章罪，指控罪名成立，法院予以支持。就公诉机关指控被告人吴某某犯滥用职权罪，法院认为，本案中被告人吴某某没有登录四川省警务综合平台及录入居民居住信息的职权，其系利用可自由出入民警办公室的工作便利擅自登录该平台，并非滥用职权，不应当以滥用职权罪追究刑事责任，故对该项指控不予支持。被告人吴某某、余某基于同一犯意，实施非法侵入国家事务计算机信息系统的行为，被告人余某、刘某、邱某某基于同一犯意，共同实施伪造国家机关印章的行为，均系共同犯罪。被告人余某在判决宣告前一人犯数罪，法院依法对其数罪并罚。被告人余某有协助司法机关抓获同案犯的行为，具有立功情节，法院依法对其从轻处罚。被告人吴某某、余某、刘某归案后均如实供述其犯罪事实，系坦白，法院依法均对其从轻处罚。被告人邱某某当庭认罪，法院酌定对其从轻处罚。

综合本案的犯罪情节、犯罪后果以及各被告人归案后的认罪态度、悔罪表现，法院判决如下。被告人吴某某犯非法侵入计算机信息系统罪，判处有期徒刑九个月。被告人余某犯非法侵入计算机信息系统罪，判处有期徒刑八个月；犯伪造国家机关印章罪，判处有期徒刑八个月，并处罚金3000元；决定执行有期徒刑一年，并处罚金3000元。被告人刘某犯伪造国家机关印章罪，判处有期徒刑九个月，并处罚金3000元。被告人邱某某犯伪造国家机关印章罪，判处有期徒刑九个月，并处罚金3000元。公安机关扣押的"成都市新都区斑竹园镇人民政府"和"成都市公安局新都区分局斑竹园派出所"的印章各一枚、居住登记证明等物品依法予以没收；被告人吴某某违法所得2万元予以追缴，上缴国库。

（二）宁某某等非法侵入计算机信息系统案

[**案例案号**] 内蒙古自治区呼和浩特市中级人民法院（2018）内01刑

终 47 号刑事裁定书

[基本案情]

2016 年 11 月 19 日，呼和浩特市新城区城市管理行政执法局多名工作人员参加了 2016 年度内蒙古自治区行政执法人员资格考试。同年 11 月 20 日，被告人张某非法使用"****"账户登录内蒙古自治区行政执法人员及行政执法监督人员管理系统，查询了多人的考试成绩。同年 11 月 22 日，被告人张某非法使用"****"账户登录该系统修改了三人的考试成绩。同年 11 月 24 日 11 时 30 分许，被告人宁某某请求被告人张某修改考试成绩，被告人张某在呼和浩特市新城区城市管理行政执法局四楼办公室非法使用"****"账户登录该系统对宁某某的考试成绩进行了修改。由于张某操作原因导致该系统内 140855 条数据被修改，并使全区执法人员换证工作和考试工作无法正常进行。

[审理意见]

一审法院认为，被告人张某违反国家规定，多次侵入内蒙古自治区行政执法人员及行政执法监督人员管理系统，被告人宁某某指使张某在该系统修改考试成绩，导致较严重后果，其行为均已构成非法侵入计算机信息系统罪。故，一审法院以被告人张某犯非法侵入计算机系统罪，判处有期徒刑一年二个月；被告人宁某某犯非法侵入计算机系统罪，判处有期徒刑一年二个月。

宣判后，原审被告人宁某某以一审判决是有罪推定、认定上诉人犯罪的证据不足、上诉人不构成犯罪为由提出上诉。

二审法院经审理认为，原审被告人张某、上诉人宁某某侵入国家事务领域计算机信息系统的犯罪事实清楚，证据确实、充分，但原审被告人张某侵入计算机信息系统之后，又对计算机信息系统中存储的数据进行修改操作，后果严重，又构成破坏计算机信息系统罪，应从一重罪处罚。上诉人宁某某教唆原审被告人张某修改自己的考试成绩，应与张某构成共同犯罪。故原审判决适用法律错误，本应予以改判，但改判将导致加重被告人的刑罚，根据"上诉不加刑"原则，第二审人民法院审理被告人上诉的案件，不得加重被告人的刑罚，故本案不宜直接改判。故二审法院裁定如下：驳回上诉，维持原判。

（三）郑某某非法侵入计算机信息系统案

[案例案号] 广东省广州市番禺区人民法院（2018）粤 0113 刑初 2551号刑事判决书

[基本案情]

2017 年 4 月，被告人郑某某为泄私愤，在其广州市番禺区石楼镇西约一街七巷 4 号家中，使用电脑通过"nmap"扫描漏洞工具及"nessus""awvs"网页扫描工具，多次非法侵入广州市番禺区政务网站，并设立了后门程序。同年 7 月开始，被告人郑某某不定期侵入该政务网站，非法下载番禺区的干部人事、教育、计生、人口等方面的信息资料。至 2017 年底，被告人郑某某将番禺区政务管理系统的整站数据下载，上传至其个人使用的百度网盘及电脑中，其中包括公民个人信息 44807565 条。

[审理意见]

法院认为，被告人郑某某无视国家法律，违反国家有关规定，非法获取公民个人信息，其行为构成侵犯公民个人信息罪，情节特别严重；非法侵入国家事务领域的计算机信息系统，其行为构成非法侵入计算机信息系统罪。被告人郑某某在判决宣告以前一人犯数罪，依法应数罪并罚。公诉机关指控被告人郑某某犯侵犯公民个人信息罪，情节特别严重；犯非法侵入计算机信息系统罪的事实清楚，证据确实、充分，定罪及适用法律准确。综上，法院根据被告人郑某某犯罪情节、认罪态度、社会危害性等情节，依法判决如下。被告人郑某某犯侵犯公民个人信息罪，判处有期徒刑四年四个月，并处罚金人民币 5000 元；犯非法侵入计算机信息系统罪，判处有期徒刑八个月。缴获作案工具白色魅族手机一台、希捷（Seagate）硬盘一个、康柏（compaq）牌笔记本电脑一台、硬盘二个、U 盘二个，予以没收，上缴国库。

（四）张某、孙某某非法侵入计算机信息系统案

[案例案号] 江西省南昌市中级人民法院（2021）赣 01 刑终 104 号刑事裁定书

[基本案情]

2016 年，北京市科瑞讯科技发展股份有限公司（以下简称"科瑞讯公司"）和江西省公安厅签订合同，由该公司负责省厅平台软件、移动指挥终端等软件系统。被告人张某、孙某某作为科瑞讯公司研发部门员工，受公司指派，在负责省厅软件系统过程中，违反规定使用移动硬盘进入"江西省公安厅指挥调度综合信息系统""全省公安机关智能指挥调度平台"下载大量公安内部接处警信息、民警信息、内部考核信息等数据。经认定，上述系统、平台的信息系统安全等级保护等级为第三级，被入侵后会对公共秩序、社会稳定和公民的个人利益造成严重影响，属于"国家事务"领域的计算机信息系统。

[审理意见]

一审法院认为，被告人张某、孙某某未经授权擅自进入国家事务领域的计算机信息系统下载数据，其行为均已构成非法侵入计算机信息系统罪。被告人张某、孙某某自动投案，归案后如实供述了犯罪事实，且认罪认罚，可以从轻处罚。两名被告人侵入国家事务领域计算机信息系统，对公共秩序、社会稳定和公民的个人利益造成严重影响，社会危害性大，不属于犯罪情节显著轻微情形，综合被告人张某、孙某某的犯罪情节，不宜对被告人张某、孙某某免予刑事处罚，也不宜适用缓刑。据此，判决如下：被告人张某犯非法侵入计算机信息系统罪，判处有期徒刑六个月；被告人孙某某犯非法侵入计算机信息系统罪，判处有期徒刑六个月。

上诉人张某上诉提出其下载的数据没有用于非法获利，只是用于搭载数据模型。原审法院量刑不当，希望二审法院改判缓刑。

上诉人孙某某上诉提出其下载数据是为了工作，且没有对外泄露下载的数据，希望二审法院改判缓刑。

上诉人在一审开庭审理过程中对起诉书指控的事实及罪名以及量刑建议均无异议，且自愿认罪认罚并自愿签署《认罪认罚具结书》。在二审期间，上诉人及辩护人对原审法院认定的上述事实亦无异议，也未提出新的证据。综合上诉人的上诉理由及辩护人的辩护意见，二审法院评判如下。

第一，关于重复评价原则。刑法上的禁止重复评价原则，是指在一个案件中，将同一个定罪量刑事实反复进行评价，其所得出的结论有可能违背罪刑相适应原则，使被告人承担明显不利后果，因而在刑法解释和适用上应当被禁止。《刑法》第 285 条规定："违反国家规定，侵入国家事务、国防建设、尖端科学技术领域的计算机信息系统的，处三年以下有期徒刑或者拘役。"上诉人张某、孙某某在江西省公安厅五楼综合信息系统维护电脑上用公司的 U 盘将综合信息系统上的部分数据拷贝到公司购买的百度云服务器上，用于系统测试。因此本案定罪是指未经许可，擅自侵入或擅自下载数据，即构成此罪。被入侵后会对公共秩序、社会稳定和公民的个人利益造成严重影响，属于量刑情节，因此本案原审法院对同一事实没有进行重复评价。

第二，关于本案定罪及量刑。本案中上诉人张某、孙某某未经许可，擅自下载数据并拷贝到其公司购买的百度云服务器上。而该数据经江西省公安厅网络安全保卫总队出具说明，证明"江西省公安厅指挥调度综合信息系统"主要承载全省各类警务信息的流转，"全省公安机关智能指挥调度平台"主要实现全省日常警情和重大警情的定位、处置和调度。上述两个公安系统，信息系统安全等级保护等级为第三级，被入侵后会对公共秩序、社会稳定和公民的个人利益造成严重影响，属于"国家事务"领域的计算机信息系统。因此，上诉人的行为构成非法侵入计算机信息系统罪。上诉人擅自下载数据并拷贝到其公司购买的百度云服务器上，使数据处于被他人浏览、复制、下载甚至篡改的风险之中，对公共秩序、社会稳定和公民的个人利益造成严重影响，因此上诉人犯罪情节不属于轻微，不符合适用缓刑的法定条件。

二审法院认为，上诉人张某、孙某某未经授权擅自进入国家事务领域的计算机信息系统下载数据，其行为均已构成非法侵入计算机信息系统罪。原审判决认定事实清楚，证据确实充分，定性准确，量刑适当，审判程序合法。故，依法裁定如下：驳回上诉，维持原判。

（五）杨某等非法获取计算机信息系统数据案

[**案例案号**] 福建省高级人民法院（2014）闽刑终字第 253 号刑事判决书

［基本案情］

2008 年 2 月至 2011 年 6 月，上诉人曾某某担任福建省公安厅交通警察总队交通安全管理处秩序管理科科长期间，未被授予登录道路交通违法处理信息系统对交通违法信息进行修改或者删除的权限。2010 年 5 月，曾某某为了能够通过在该信息系统中删除电子监控记录的车辆交通违法罚款、记分等交通违法信息的方式进行牟利，与上诉人陈某华预谋侵入该信息系统非法删除交通违法信息，并叫陈某华物色操作计算机的技术人员来侵入该信息系统，陈某华遂纠集上诉人杨某参与。经曾某某、杨某、陈某华预谋后，杨某通过曾某某使用的办公电脑，采用计算机技术手段盗取该信息系统管理员的账户密码，以另设用户名等方式，使曾某某具有在该信息系统中提交、审批删除交通违法信息的权限。曾某某、陈某华遂商定，陈某华向他人收集交通违法信息供曾某某删除，向交通违法人员收取处理费，即交通违法人员依法应缴纳的罚款及曾某某等人设定的消除交通违法记分要收取的费用，并约定了处理费的分成比例。其间，为了能够收集更多的交通违法信息，在曾某某、杨某、陈某华非法侵入该计算机信息系统删除交通违法信息过程中，陈某华指使杨某在该信息系统中获取交通违法车主的信息 32 万条。同时，曾某某还指使上诉人陈某华、朱某某、朱某甲和原审被告人曾某良、曾某树、陈某寅、陈某卯、陈某辰、林某某、施某某、黄某甲等人收集交通违法信息供其非法删除，从而向交通违法人员收取处理费，从中获利，双方还约定了处理费的分成比例。同年 7 月，曾某某非法删除交通违法信息的行为被发现，私设的用户名被删除，此前删除的交通违法信息被恢复，曾某某又指使杨某侵入该计算机信息系统重新删除部分被恢复的交通违法信息，杨某借助曾某某使用的办公电脑，利用计算机技术攻击该信息系统漏洞等方法，直接侵入该计算机信息系统后台数据库删除数据，并按曾某某要求再次删除了被恢复的部分交通违法信息。同年 10 月初，曾某某见杨某采用该方法删除交通违法信息的行为未被发现，且被删除的信息无法恢复，遂提出与杨某合伙以该方法作案，共同牟利，杨某同意后，曾某某又指使陈某华、陈某某、朱某某、朱某甲及上述原审被告人收集交通违法信息供其非法删除，向交通违法人员收取处理费。2010 年 5 月至 2011 年 6 月，曾某某、杨某与陈某华、陈某某、朱某某、朱某甲及本案原审被告人分别结伙，并按照上述分工，采用上述方法侵入该计算机信息系统，非法删除电子监控的车辆交通违法记录十几万条，收取交通违法人员的处理费总计 7804896 元。在上述期间，原审被告人熊某某明知曾某某等人在该信息系统中为他人非法删除交通违法信息牟利的情况下，除向他人收集交通违法信息供曾某某非法删除外，还提供多个银行账户给曾某某作案使用，帮助曾某某登记收集和删除的交通违法信息的账本，转移赃款，从中获利。

2010 年 5 月至 2011 年 6 月，上诉人陈某华、陈某某、朱某某、朱某甲、原审被告人曾某良、曾某树、陈某寅、陈某卯、陈某辰、张某丁、范某、陈某午、吴某、林某某、施某某、黄某甲受上诉人曾某某指使，明知曾某某非法删除道路交通违法处理信息系统中电子监控的车辆交通违法记录，为从中牟利，在与曾某某商定对处理费的分成比例后，各自或合伙向他人收集大量的车辆交通违法信息，并经登记后通过传真、手机发短信或打电话等方式提供给曾某某非法删除，向交通违法人员收取处理费，并按照与曾某某商定的分成比例，将曾某某应得部分的处理费通过银行转账汇入，或者以现金汇入曾某某指定的曾某某本人和户名为熊某某、熊某甲、李某某、陈某未、周某乙、周某甲、陈某甲、张某甲、黄某、郑某某等个人银行账户。

[审理意见]

一审法院认为，被告人曾某某违反国家规定，对计算机信息系统中存储的数据进行删除，非法获利 5486711 元，后果特别严重，其行为已构成破坏计算机信息系统罪。被告人杨某、陈某华伙同被告人曾某某共谋以破坏计算机信息系统的手段违法删除交通违法信息，杨某非法获利 156.8 万元，陈某华非法获利 2.2 万元，其行为均已构成破坏计算机信息系统罪。曾某某、杨某、陈某华在共同犯罪中起主要作用，是主犯。杨某、陈某华违反国家规定，侵入计算机信息系统，获取该计算机信息系统中存储的数据，情节特别严重，其行为均已构成非法获取计算机信息系统数据罪。对杨某、陈某华应以破坏计算机信息系统罪、非法获取计算机信息系统数据罪数罪并罚。被告人熊某某帮助曾某某汇总车辆交通违法信息，提供接收汇款账户并转款，从中非法获利，其行为已构成破坏计算机信息系统罪。被告人曾某良、陈某某、范某、吴某、陈某午、陈某寅、曾某树、陈某卯、朱某某、陈某辰、张某丁、林某某、施某某、朱某甲、黄某甲主观上对曾某某、杨某、陈某华采取非法侵入计算机信息系统的手段处理交通违法信息持放任的间接故意，在行为上与曾某某长期合作已经形成利益共同体，系分工合作的共犯行为，并从中非法获利，其行为均已构成破坏计算机信息系统罪。据此，法院依法判决被告人曾某某等 19 人犯破坏计算机信息系统罪，并判处两年至十五年不等的有期徒刑。

曾某某、杨某、陈某华等人对上述判决不服，依法提起上诉。二审法院经审理后认为，上诉人曾某某、杨某、陈某华违反国家规定，非法侵入道路交通违法处理信息系统，对该计算机信息系统中存储的车辆交通违法罚款、记分等数据进行删除，并从中牟利，后果特别严重，其行为均已构成破坏计算机信息系统罪。其他上诉人陈某某、朱某某、朱某甲以及原审被告人曾某良、曾某树、熊某某、陈某寅、陈某卯、陈某辰、张某丁、范某、陈某午、林某某、施某某、吴某、黄某甲虽然没有直接参与对计算机信息系统中存储的数据进行非法删除，但均明知曾某某非法删除道路交通违法处理信息系统中存储的交通违法信息牟利，仍长期与曾某某合作，为曾某某收集大量的车辆交通违法信息用于破坏计算机信息系统，提供费用结算等帮助，并从中牟利，后果特别严重，其行为均已构成破坏计算机信息系统罪。曾某某等人客观上通过破坏计算机信息系统的安全非法牟利，并非利用职务便利实现其犯罪目的，因此不属于职务犯罪。杨某、陈某华与曾某某共同实施破坏计算机信息系统犯罪，陈某某、朱某某、朱某甲及熊某某等上述原审被告人为曾某某等人破坏计算机信息系统提供帮助，均应当以破坏计算机信息系统罪共犯定罪处罚。

二审法院综合全案事实与证据认为，原判认定的犯罪事实清楚，证据确实、充分，对上诉人曾某某、陈某某、朱某某、朱某甲及本案原审被告人的定罪准确，量刑适当，审判程序合法。但对上诉人杨某、陈某华的定罪量刑及部分违法所得财物的处理不当，应予以纠正。故对一审判决部分内容予以改判，二审主要判决内容如下：维持福州市中级人民法院（2012）榕刑初字第 184 号刑事判决对被告人曾某某、曾某良、曾某树、熊某某、陈某寅、陈某某、陈某卯、朱某某、陈某辰、朱某甲、范某、张某丁、陈某午、林某某、施某某、吴某、黄某甲的定罪量刑；撤销福州市中级人民法院（2012）榕刑初字第 184 号刑事判决对被告人杨某、陈某华的定罪量刑及对违法所得财物的刑事判决；上诉人杨某犯破坏计算机信息系统罪，判处有期徒刑十年；上诉人陈某华犯破坏计算机信息系统罪，判处有期徒刑六年。

（六）卫某某、龚某等非法获取计算机信息系统数据案

[**案例案号**] 北京市海淀区人民法院（2017）京 0108 刑初 392 号刑事判决书

[**基本案情**]

2016 年 6 月至 9 月，被告人龚某在明知卫某某使用账号目的的情况下，仍向被告人卫某某提供自己所掌握的百度凤巢系统内部账号和密码。被告人卫某某利用龚某所提供的账号和密码，违规登录百度在线网络技术（北京）有限公司凤巢系统，查询、下载该计算机信息系统中存储的客户数据，并交由被告人薛某某出售给他人，违法所得共计人民币 37000 元。其中，被告人卫某某非法获利人民币 24000 元，被告人薛某某非法获利人民币 13000 元。2016 年 9 月 19 日，被告人卫某某、龚某、薛某某被公安机关抓获归案，后如实供述了上述事实。

[**审理意见**]

法院经审理认为，被告人卫某某、龚某、薛某某违反国家规定，侵入计算机信息系统，获取计算机信息系统中存储的数据，情节特别严重，其行为已构成非法获取计算机信息系统数据罪，应予惩处。北京市海淀区人民检察院指控被告人卫某某、龚某、薛某某犯非法获取计算机信息系统数据罪的事实基本清楚，证据确实充分，指控罪名成立。故，依法判决如下：被告人卫某某犯非法获取计算机信息系统数据罪，判处有期徒刑四年，罚金人民币 4 万元；被告人薛某某犯非法获取计算机信息系统数据罪，

判处有期徒刑四年，罚金人民币 4 万元；被告人龚某犯非法获取计算机信息系统数据罪，判处有期徒刑三年九个月，罚金人民币 4 万元；追缴被告人卫某某、薛某某的违法所得人民币 37000 元。

（七）王某非法获取计算机信息系统数据案

[**案例案号**] 北京市海淀区人民法院（2017）京 0108 刑初 365 号刑事判决书

[**基本案情**]

被告人王某于 2015 年 5 月至 2016 年 4 月购买他人非法获取的北京光宇在线科技有限责任公司独家运营的"问道"网络游戏账号和密码 6 万余组，后将上述账号内的游戏装备等物品通过互联网变卖牟利。在此期间，其共销售游戏装备等物品数额达人民币 69093 元。被告人王某于 2016 年 4 月 29 日被公安机关抓获归案，后如实供述了上述犯罪事实。

[**审理意见**]

法院认为，被告人王某违反国家规定，获取计算机信息系统中存储的数据，情节特别严重，其行为已构成非法获取计算机信息系统数据罪，应予惩处。北京市海淀区人民检察院指控被告人王某犯有非法获取计算机信息系统数据罪的事实清楚，证据确实充分，指控罪名成立。但指控违法所得数额，仅仅凭借北京光宇在线科技有限责任公司出具的交易金额，而没有扣除被告人王某出售自己合法控制的账户内的游戏装备等金额，在被告人王某有此辩解而无充分证据予以否定的情况下，违法所得的具体数额无法确定。其稳定供认购买成本 3 万元左右，获利额 2 万元左右。虽然其辩解自己也销售自己合法所有的游戏装备，但是其合法所有的账户只有 10 个，相比而言，即使其出售了合法所有的部分游戏装备，销售金额也仅仅占所有销售金额非常小的一部分。王某非法所得的游戏账号和密码达到 6 万余组，且均登录进入他人的网络游戏系统。综合考虑以上情形，可以认定其行为已经达到情节特别严重。故，依法判决：被告人王某犯非法获取计算机信息系统数据罪，判处有期徒刑四年，罚金人民币 5 万元。

（八）叶某等非法获取计算机信息系统数据案

[**案例案号**] 上海市第一中级人民法院（2020）沪01刑终35号刑事判决书

[**基本案情**]

2018年10月起，被告人钟某发现某游戏中存在可以绕过支付流程直接向游戏账号充值的充值漏洞，遂利用相关软件扫描上海A有限公司（简称"A公司"）某游戏运营服务器端口后，非法获得该服务器的账号及密码，随后，钟某又侵入服务器获取相关源代码等数据信息。嗣后，钟某为非法牟利，通过自制程序，利用上述账号权限，侵入A公司游戏服务器，绕过游戏币正常充值程序，直接修改相关充值数据，为玩家账户发放游戏币"元宝"（游戏官方售价人民币1元＝100元宝）并收取玩家费用。

2018年11月初至12月5日，经被告人钟某、叶某商议后，钟某将上述充值程序权限交给叶某，由叶某负责向其他该游戏玩家按照游戏币官方售价5.5折对外出售并修改游戏中传输数据，从而向相应游戏账户非法充值。在此期间，钟某、叶某二人不定期核对充值收费记录及非法获利情况，其中，钟某获利人民币12万余元，叶某获利8万余元。经查，上述期间内，二人给A公司造成经济损失共计30余万元。

2018年12月5日至12月10日，被告人钟某将充值程序的权限收回，单独向玩家收费、充值。12月5日和12月10日，A公司先后两次尝试修复计算机信息系统漏洞，并于第二次彻底修复漏洞。经查，上述期间，钟某通过IP地址"××.××.××.××"向多名玩家账户充值游戏币达80532元。

[**审理意见**]

一审法院认为，被告人钟某单独或与被告人叶某结伙，以非法占有他人财物为目的，非法侵入被害单位计算机信息系统，通过修改计算机信息系统中游戏币充值数据的方式向他人出售牟利，其行为均已构成盗窃罪，部分系共同犯罪，应予处罚。本案中，被告人非法侵入、获取被害单位计算机信息系统中处理、传输的数据之行为系手段行为，而未经被害单位同意，私自修改游戏币充值数据向他人低价出售牟利的行为系目的（结果）

行为，根据刑法牵连犯择一重罪处罚的一般原理，本案应当以目的（结果）行为构成的盗窃罪定罪处罚。钟某、叶某系初犯，有坦白情节，到案后退赔赃款，有认罪悔罪表现，依法可以从轻处罚。根据被告人犯罪的事实、性质、情节和对社会的危害程度，依法对钟某犯盗窃罪，判处有期徒刑十年六个月，剥夺政治权利三年，并处罚金 5 万元；对叶某犯盗窃罪，判处有期徒刑十年，剥夺政治权利三年，并处罚金 3 万元；已退赔赃款应予发还，不足部分责令被告人继续退赔给被害单位；犯罪工具予以没收。

钟某、叶某不服一审判决，提出上诉。针对上诉人的上诉理由和检辩双方的意见，结合原审判决认定的事实、证据，二审法院认为，本案两名上诉人的行为应当认定为盗窃罪，主要理由如下。

第一，涉案游戏币"元宝"具有财产属性。"元宝"是被害单位 A 公司代理的某游戏发行的游戏币，是一种网络虚拟财产，玩家在游戏中通过支付一定的现实货币，即可获取相应的"元宝"，两者通过游戏运营商的官方定价产生了"1 元（人民币）：100 元宝（游戏币）"的对应关系，并得到游戏公司提供的网络服务。因此，该游戏币体现了游戏公司提供网络服务的劳动价值，其不仅是网络环境中的虚拟财产，也代表着 A 公司在现实生活中享有的财产权益，具有刑法意义上的财产属性，可以成为侵财犯罪的对象。

第二，上诉人实施了秘密窃取的行为。上诉人钟某、叶某利用技术手段非法侵入 A 公司服务器，将本应该支付货币购买的"元宝"，通过修改相关充值数据的形式，为自己或其他玩家发放。上诉人这种非法侵入计算机信息系统，绕过公司的正常充值程序私自修改游戏充值数据的行为，不仅未给付对价非法获取游戏币，而且使 A 公司失去对该部分游戏币的控制，并带来直接的经济损失。

第三，上诉人具有明显的非法占有目的。上诉人钟某、叶某作为游戏玩家，两人均知晓涉案游戏币的价值意义，并采用秘密修改游戏数据的方式为自己或他人游戏账户充值，目的就是供自己使用或通过出售的途径非法获利，故两人的行为符合以非法占有为目的窃取他人财产利益的盗窃罪本质属性。

第四，上诉人的行为不构成诈骗罪。上诉人钟某、叶某系利用非法获取的 A 公司服务器等数据信息，绕过游戏支付流程为自己或玩家发放游戏币，在行为手段和方式上并不存在 A 公司或玩家受欺骗的问题，两人的行为均不符合诈骗罪的构成要件。

综上，上诉人钟某、叶某及其辩护人所提钟某、叶某不构成盗窃罪的相关上诉理由和辩护意见，与事实不符，二审法院不予采纳。同时，二审法院认为，上诉人钟某单独或与上诉人叶某结伙，以非法占有为目的，非法侵入他人计算机信息系统，通过修改计算机信息系统中游戏币充值数据的方式窃取他人财产，数额巨大，其行为均已构成盗窃罪，且部分系共同犯罪。原审法院认定本案的基本犯罪事实清楚，证据确实、充分，定性准确，且诉讼程序合法，应予确认。但原审法院认定的盗窃金额略有不当，二审法院予以纠正。二审法院综合全案事实与证据，依法判决如下。准许上海市人民检察院第一分院撤回抗诉。撤销上海市徐汇区人民法院（2019）沪 0104 刑初 1009 号刑事判决第一项、第二项。上诉人钟某犯盗窃罪，判处有期徒刑七年，并处罚金人民币 3 万元。上诉人叶某犯盗窃罪，判处有期徒刑五年，并处罚金人民币 1 万元。

（九）马某等非法获取计算机信息系统数据案

[**案例案号**] 江苏省扬州经济技术开发区人民法院（2019）苏 1091 刑初 157 号刑事判决书

[**基本案情**]

被告人马某系东莞市金熊信息科技有限公司产品经理。2017 年 7 月，被告人马某雇佣被告人莫某一同开发"探索云盘搜索"网站。在被告人马某的策划和安排下，2018 年 1 月被告人莫某将"探索云盘搜索"网站（http://tansuo233.com/）开发完毕，2018 年 3 月又开发了"探索云盘搜索"插件。下载并使用"探索云盘搜索"插件的用户只要在这台电脑上登录百度网盘账户，该网盘内关于分享链接的地址和提取码会在用户不知情且未经百度网站授权的情况下上传到"tansuo233.com"的服务器。被告人马某、莫某将获取的信息收录于"探索云盘搜索"的网站上，向不特定人公开。被告人马某出于营利目的，要求被告人莫某开发出充值会员的功能。每个充值会员缴费后，可任意使用探索云盘搜索、自助下载、PDF 转换三项功能。2018 年 11 月，被告人莫某离开东莞市金熊信息科技有限公司，但仍参与"探索云盘搜索"网站的维护和改进工作。

2018 年 9 月 7 日，被告人马某、莫某利用"探索云盘搜索"插件非法获取第一个信息数据，其以充值会员每人每月人民币 7 元、6 个月人民币 42 元、1 年人民币 84 元、永久使用人民币 360 元的价格在网络上销售该款软件牟利，自 2018 年 9 月 7 日起至案发时止两名被告人共获取违法所得人民币 70115 元。

2019 年 5 月 20 日，被害人薛某在使用"探索云盘搜索"时，其存放于百度网盘内的私人照片在其不知情的情况下被该款软件抓取并收录，泄露于网络。

经北京网络行业协会电子数据司法鉴定中心对"探索云盘搜索"网站上被下载的"探索云盘插件"功能的鉴定，认定在安装有上述插件的浏览器中登录百度网盘账户进入"我的分享"后，插件程序会将已登录账户的所有分享链接的地址和提取码上传到服务器"tansuo233.com"。

[审理意见]

法院认为，被告人马某、莫某违反《网络安全法》第 27 条"任何个人和组织不得从事非法侵入他人网络、干扰他人网络正常功能、窃取网络数据等危害网络安全的活动"的规定，在用户不知情，且未经百度网站授权的情况下，利用"探索云盘搜索"的插件自动抓取用户存储于百度网盘的分享链接的地址和提取码，将该信息收录于自己研发的网站上用于牟利，其犯罪数额已达情节特别严重，被告人马某、莫某的行为均已构成非法获取计算机信息系统数据罪。被告人马某、莫某共同故意犯罪，系共同犯罪，两名被告人在共同犯罪中均起主要作用，均系主犯，应当按照其所参与的全部犯罪处罚；被告人马某、莫某如实供述自己的罪行，系坦白，均依法从轻处罚；积极退还赃款，均可酌情从轻处罚。

对公诉机关指控被告人马某、莫某犯提供侵入、非法控制计算机信息系统程序、工具罪的罪名认定及对被告人马某的辩护人提出"本案指控的事实不清、证据不足，被告人马某所提供的软件并非专门用于侵入、非法控制计算机信息系统的程序、工具，被告人马某的行为不构成犯罪"的辩护意见，法院认为，提供侵入、非法控制计算机信息系统程序、工具罪要求"提供专门用于侵入、非法控制计算机信息系统的程序、工具，或者明知他人实施侵入、非法控制计算机信息系统的违法犯罪行为而为其提供程序、工具，情节严重的行为"。该罪中的"提供"应当是为违法犯罪行为提供帮助或创造条件，或者被提供者对所提供的程序、工具的非法属性至少有概括的认知。在本案中，被告人马某、莫某在用户不知情，且未经百度网站授权的情况下，利用"探索云盘搜索"的插件自动抓取用户存储于百度网盘的分享链接的地址和提取码，将该信息收录于自己研发的网站上用于牟利。而下载了"探索云盘搜索"插件的用户对该软件中的插件具有非法获取自己百度网盘内的数据信息的属性并不知情，且用户本身也系被窃取信息的被害人，不符合提供侵入、非法控制计算机信息系统程序、工具罪的本质含义。故公诉机关指控被告人马某、莫某构成提供侵入、非法控制计算机信息系统程序、工具罪的罪名与事实不符，法院不予支持。本案中被告人马某、莫某的行为符合非法获取计算机信息系统数据罪中"侵入或者采用其他技术手段获取计算机信息系统中存储的数据"的行为表述，应构成非法获取计算机信息系统数据罪。故对辩护人的无罪辩护意见，法院不予采纳。

对被告人马某、莫某的辩护人提出"'探索云盘搜索'软件的收费服务有三项：探索云盘搜索、自助下载、PDF 转换，应将提供自助下载、PDF 转换所收取的费用从犯罪数额中扣除"的辩护意见，经查，被告人马某提供的"探索云盘搜索"软件虽然提供多项功能，但该软件的主要功能为探索云盘搜索，且该软件收取的服务费为统一费用，并没有根据功能细分各自的收费，故被告人马某自利用"探索云盘搜索"的插件非法获取第一个数据信息起，所收取的会员费均应认定为违法所得。辩护人提出的相关辩护意见没有事实与法律依据，法院不予采纳。

对被告人莫某提出的"被告人莫某系从犯"的辩护意见，经查，被告人莫某系"探索云盘搜索"网站、插件、会员收费功能的主要研发人员，离职后仍参与涉案网站的维护及改进工作，在涉案软件及插件的开发中起到关键性作用，其在被告人马某的指挥下，积极实施犯罪行为，应认定为主犯，故对该辩护意见，法院不予采纳。

据此，法院依法判决如下：被告人马某犯非法获取计算机信息系统数据罪，判处有期徒刑三年，缓刑四年，并处罚金人民币 1 万元；被告人莫某犯非法获取计算机信息系统数据罪，判处有期徒刑三年，缓刑三年六个月，并处罚金人民币 1 万元。

（十）古某某等提供侵入、非法控制计算机信息系统程序、工具案

[案例案号] 上海市虹口区人民法院（2019）沪 0109 刑初 999 号刑事判决书

[基本案情]

2018 年 12 月，被告人古某某、李某某二人通过网络结识并经事先商议，由古某某编写名为"水滴子"的计算机软件（其中包含"翼支付重置双密软件""翼支付加入常用设备软件""翼支付扫商家二维码软件"等一系列应用程序）并架设远程服务器用于软件的日常运营，李某某负责通过 QQ 及微信将古某某开发的"水滴子"软件销售给他人，所售钱款二人均分。该款名为"水滴子"的软件可供他人在计算机环境中运行，同时使用数量巨大的手机卡针对被害单位天翼公司旗下"翼支付"App 及平台批量生成电子参码、手机型号等数据，从而模拟出正常"翼支付"用户进行注册、登录、修改密码、扫描商家二维码等操作，进而实现虚假交易套取天翼公司营销立减、代金券交易等活动的营销资金。

经查明两名被告人于 2018 年 12 月间，通过网络向祁某（已判决）出售"水滴子"软件，非法获利人民币 5000 元。两名被告人又于当月，通过网络向徐某某（已判决）出售"水滴子"软件，非法获利人民币 1000 元。

同时，被告人古某某于 2019 年 4 月间，还单独通过网络向易某某出售"水滴子"软件，非法获利人民币 3000 元。

[审理意见]

针对本案控、辩双方的争议焦点，法院综合评判如下。

第一，关于被告人古某某开发、被告人李某某出售"水滴子"软件的行为与下家购买"水滴子"软件后实施"薅羊毛"行为造成天翼公司经济损失之间的关系。被告人古某某、李某某及其各自辩护人均提出两名被告人对下家购买"水滴子"软件后骗取被害单位天翼公司优惠让利的行为并不明知，且因下家的诈骗犯罪行为导致天翼公司的利益损失，与其开发、出售"水滴子"软件行为之间不具有直接因果关系，故不应由其承担后果的辩解及辩护意见。经查，首先，被告人古某某、李某某虽在公安机关侦查阶段均有过相应供述，即他们明知下家祁某、易某某、徐某某等人购买"水滴子"软件，是为了参与"翼支付"App 平台返利优惠活动时可以"薅羊毛"，但在庭审阶段，上述被告人均予以明确否认，表示因"水滴子"软件还有其他用途，故他们并不明知下家购买软件的目的就是为了"薅羊毛"从而造成天翼公司经济损失。其次，虽然被告人古某某开发、被告人李某某出售的"水滴子"软件具有针对"翼支付"App 平台及其后台服务器非法侵入、非法获取计算机信息系统数据的各项功能，但显而易见，造成天翼公司经济损失的直接原因确系下家购买该软件后，非法使用该软件对"翼支付"平台实施"薅羊毛"的诈骗犯罪所造成。故综合以上两点，从有利于被告人原则出发，上述"薅羊毛"行为所造成的天翼公司经济损失，不能认定为被告人古某某、李某某提供"水滴子"软件给被害单位造成的直接经济损失。故被告人古某某、李某某的辩解及其各自辩护人的辩护意见与事实和法律相符，法院予以采信。

第二，关于本案量刑档次的确定。根据最高人民法院、最高人民检察院颁布的《关于办理危害计算机信息系统安全刑事案件应用法律若干问题的解释》第 3 条之规定，确定提供侵入、非法控制计算机信息系统的程序、工具罪的量刑档次包含违法所得、造成经济损失两个标准。具体到本案，如前所述，被告人古某某、李某某不应承担被害单位相关经济损失的直接责任，故本案量刑档次的确定不应以下家祁某、徐某某、易某某等因诈骗犯罪行为给天翼公司造成的经济损失作为量刑档次的衡量依据，而应以被告人古某某、李某某的开发、出售"水滴子"软件的违法所得作为衡量量刑档次的客观依据。在确定上述被告人违法所得的具体金额时，本案存在三种不同的金额认定方式：第一种标准，被告人古某某所供述的对半的销售分成款人民币 16000 元，换言之，被告人古某某和被告人李某某的共同违法所得款为人民币 32000 元；第二种标准，被告人李某某所供述的销售违法所得共计人民币 5000 元；第三种标准，即现已查证的下家祁某、徐某某、易某某为购买"水滴子"软件实际支付的金额，其中被告人古某某和李某某共同出售给祁某、徐某某后非法所得人民币 6000 元，被告人古某某单独出售给易某某后非法所得人民币 3000 元。在上述三种方式中，宜以第三种方式作为衡量和确定本案量刑档次的依据，其理由在于，这既符合证据存疑时应作有利于被告人解释的刑事诉讼法原则，同时亦有相应的证人证言、微信聊天记录、转账记录、转账截图等主客观证据相印证，故更具合理性。故本案中，被告人古某某的违法所得金额应为人民币 9000元，而被告人李某某的违法所得金额应为人民币 6000 元，均应依法认定为"情节严重"的量刑档次。

第三，本案相关司法鉴定意见的法律效力问题。被告人古某某辩护人提出本案中由天翼公司相关人员送交司法鉴定的"水滴子"软件检材来源不明，提取、收集程序未经法定程序且委托鉴定程序违法，故应认定有关司法鉴定意见无效的辩护意见。对此，法院经审查后给出如下意见。首先，根据证人孟某某的证言及提供的微信转账记录、微信聊天记录显示，送交上海辰星电子数据司法鉴定中心进行功能鉴定的"水滴子"软件系由证人孟某某向被告人李某某购买所得，其来源清晰、真实、客观。其次，我国现行法律、行政法规、部门规章并未明确禁止除办案机关以外的单位可以将合法获取的证据交由有资质的司法鉴定机构进行鉴定。相反，在本案做鉴定时仍有效的《上海市司法鉴定管理实施办法》第 8 条明确规定，委托鉴定的主体可以包括其他单位和社会团体。再次，在本案中为查明"水滴子"软件的功能特性，法院依法要求相关司法鉴定人员及相关证人出庭作证，就"水滴子"软件的功能原理、技术特性等内容当庭质证，其当庭陈述意见与天翼公司委托司法鉴定所得鉴定意见相一致，而该证据显然系经法定程序取得，故而合法有效。最后，由上海市公安局虹口分局依法委托上海辰星电子数据司法鉴定中心所做的司法鉴定意见证实从公安机关依法扣押的李某某电脑中调取的"水滴子"软件与天翼公司委托上海辰星电子数据司法鉴定中心鉴定的"水滴子"软件在函数、程序调用、程序块、程序跳转和程序指令五个方面的相似度为100%，即两者具有高度一致性，更印证了天翼公司委托司法鉴定机构所出具鉴定意见的合法性、真实性和关联性。综上，法院认为，本案所涉及的两份司法鉴定报告均为真实、合法、有效，可以作为证据采纳。故被告人古某某辩护人所提出的辩护意见与法律不符，法院不予采纳。

第四，关于本案指控罪名的准确性问题。被告人古某某的辩护人提出本案指控的罪名系提供侵入计算机信息系统工具罪，其中的犯罪对象按照《刑法》规定的逻辑规范和体系解释原则，应限定于侵入国家事务、国防建设、尖端科学技术领域的计算机信息系统，而本案中的"水滴子"软件所针对的计算机信息系统属于商业开发领域的计算机系统，显然不涉及该三种特定领域，故公诉机关的指控罪名不当。对此，法院意见如下。首先，最高人民法院、最高人民检察院颁布的《关于办理危害计算机信息系统安全刑事案件应用法律若干问题的解释》第2条规定："具有下列情形之一的程序、工具，应当认定为刑法第二百八十五条第三款规定的'专门用于侵入、非法控制计算机信息系统的程序、工具'：（一）具有避开或者突破计算机信息系统安全保护措施，未经授权或者超越授权获取计算机信息系统数据的功能的；（二）具有避开或者突破计算机信息系统安全保护措施，未经授权或者超越授权对计算机信息系统实施控制的功能的；（三）其他专门设计用于侵入、非法控制计算机信息系统、非法获取计算机信息系统数据的程序、工具。"该条对"专门用于侵入、非法控制计算机信息系统的程序、工具"进行了专门性解释，按照体系解释的原则，其中的"侵入"行为主要是指第（一）项"具有避开或者突破计算机信息系统安全保护措施，未经授权或者超越授权获取计算机信息系统数据的功能的"，而此处对计算机信息系统的范围并未做任何限制。其次，上述司法解释第3条规定："提供侵入、非法控制计算机信息系统的程序、工具，具有下列情形之一的，应当认定为刑法第二百八十五条第三款规定的'情节严重'：（一）提供能够用于非法获取支付结算、证券交易、期货交易等网络金融服务身份认证信息的专门性程序、工具五人次以上的；（二）提供第（一）项以外的专门用于侵入、非法控制计算机信息系统的程序、工具二十人次以上的……"从该条司法解释的规定来看，同样没有限定"侵入"的计算机信息系统范围。最后，从立法背景来看，《刑法修正案（七）》增设了《刑法》第285条第3款，将非法侵入计算机信息系统、非法获取计算机信息系统数据、非法控制计算机信息系统共同犯罪中的提供工具行为独立化，单独规定为犯罪，并配置了独立的法定刑。在此背景下，对于明知他人实施侵入（包括通过侵入计算机信息系统实施的非法获取数据）、非法控制计算机信息系统的违法犯罪行为，而为其提供程序、工具的，无论是否构成共同犯罪，应分别以提供侵入计算机信息系统的程序、工具罪和提供非法控制计算机信息系统的程序、工具罪论处。综上，公诉机关指控的罪名准确，被告人古某某辩护人提出的相关辩护意见与法律不符，法院不予采纳。

第五，关于"水滴子"软件是否属于"专门用于侵入、非法控制计算机信息系统的工具"的界定。被告人古某某的辩护人提出被告人古某某所开发的"水滴子"软件因没有避开或者突破计算机信息系统的安全保护措施，且没有非法获取数据和控制计算机信息系统的功能，故不属于"专门用于侵入、非法控制计算机信息系统的工具"的辩解。对此，法院认为，首先，被告人古某某的供述笔录及当庭供述，可以证实开发"水滴子"软件的过程，系其用相关软件对"翼支付"App软件进行技术分析，然后用反编译工具破解"翼支付"App软件的加密算法，才写出了"水滴子"软件，这样就可以在电脑上实现模拟手机客户端在"翼支付"App平台上进行一系列批量化操作的功能。其次，被害单位天翼公司出具的情况说明，证实该公司技术人员对"水滴子"软件通过逆向分析发现，该软件能够实现伪造、模拟"翼支付"手机客户端采集的用户信息，并利用该伪造信息，欺骗或绕过天翼公司风控及安全校验，非法访问天翼公司后台数据接口，从而进行查询、修改及交易等操作功能，严重影响了天翼公司后台数据安全，造成辅助其他不法分子非法套取天翼公司营销资金的风险。再次，证人孟某某的证言，证实天翼公司发现网上有人通过非法破解"翼支付"客户端的通信协议、加密算法，获取原始报文数据后，制作"水滴子"电脑软件，模拟客户端私自调用天翼公司接口、修改后台数据，进行批量操作，模拟成正常用户进行注册、登录、修改密码，参与天翼公司开展的营销立减、代金券交易等活动，骗取天翼公司营销活动资金，造成巨额经济损失。最后，上海辰星电子数据司法鉴定中心出具的司法鉴定意见书、上海市公安局虹口分局提供的鉴定聘请书及司法鉴定人蔡某某、证人吕某的当庭证言，证实"水滴子"软件中的"翼支付重置双密软件 . exe"程序文件具有修改"翼支付"手机客户端的账号登录密码的功能，"翼支付加入常用设备软件 . exe"程序文件具有向"翼支付"平台的数据库中插入数据的功能，"翼支付扫商家二维码软件 . exe"程序文件具有对"翼支付"手机客户端的批量账号进行扫描二维码并扣款交易的功能。上述证据经当庭质证，均能够相互印证，足以形成证据锁链，证实被告人古某某在明知天翼公司所开发的"翼支付"App 软件及天翼公司后台服务器的响应过程仅能针对真实实体手机用户的正常申请情形下使用，仍故意开发可以绕开天翼公司安全防护措施，实现脱离实体手机环境、在电脑环境下使用的"水滴子"软件。具体而言，该软件因破解了前端"翼支付"App 软件的加密算法和通信协议，实现了通过伪造手机型号、手机 IMEI 号、按照"翼支付"底层通信协议进行虚假的数据加密等方式绕开天翼公司的安全防护措施，具体包括避开天翼公司后台服务器的通信加密检测和避开天翼公司后台服务器的手机设备识别检测，从而使得犯罪分子得以伪装成正常的实体手机用户和被害单位天翼公司后台服务器之间进行数据响应与数据交换，最终实现"薅羊毛"功能。因此，该"水滴子"软件明显具有避开或者突破天翼公司开发的"翼支付"App 软件以及架设的后台计算机信息系统的安全保护措施，且未经授权非法获取天翼公司后台计算机信息系统服务数据的功能，应属于"专门用于侵入计算机信息系统的工具"。故被告人古某某辩护人所提的上述辩护意见，与事实和法律不符，法院不予采信。

第六，关于被告人李某某在共同犯罪中的地位、作用。被告人李某某的辩护人提出被告人李某某并未与古某某在开发"水滴子"软件前有过事先商议，李某某仅为古某某所开发的该款软件的一般代理商，在共同犯罪中所起作用较小，应认定为从犯的辩护意见，经查，根据被告人古某某、李某某的供述笔录及当庭供述，可以明确看出对于开发、出售"水滴子"软件，两名被告人事先有过商议和共谋，并进行了明确的分工，其中被告人古某某主要负责开发"水滴子"软件，而被告人李某某则主要负责建QQ联络群销售"水滴子"软件，所得钱款由两人均分，故二者实施的犯罪行为和所得犯罪利益系共同一体、密不可分，均对共同犯罪行为的形成和共同犯罪结果的得逞起到了直接、关键性作用，不宜区分主从，故被告人李某某辩护人提出的上述辩护意见与事实和法律不符，法院不予采信。

第七，关于证人徐某某购买的"水滴子"软件是否应计入本案的犯罪金额。被告人李某某的辩护人提出被告人李某某并未出售"水滴子"软件给徐某某用于诈骗天翼公司，故该部分经济损失和犯罪金额不应由李某某承担的辩护意见，对此，本院认为，结合被告人李某某的供述笔录及当庭供述、证人徐某某的证言、上海市公安局虹口分局调取的被告人李某某的部分转账明细、转账截图，可知证人徐某某确曾通过微信方式支付了人民币1000元用于向被告人李某某购买"水滴子"软件，然后李某某和古某某也曾为其开通了加入常用设备的功能，虽然徐某某事后并未使用李某某向其出售的"水滴子"软件，转而使用其他人向其出售的"水滴子"软件骗取天翼公司优惠补贴，但无论如何，被告人李某某明知"水滴子"软件系针对"翼支付"App平台而开发的"专门用于侵入计算机信息系统的工具"仍故意向徐某某出售，其所获的非法所得仍应计入被告人古某某、李某某的共同犯罪金额之中，故被告人李某某辩护人提出的上述辩护意见与事实和法律不符，法院不予采信。

综上，本案法院依法判决如下：被告人古某某犯提供侵入计算机信息系统工具罪，判处有期徒刑一年三个月，并处罚金人民币1万元；被告人李某某犯提供侵入计算机信息系统工具罪，判处有期徒刑一年三个月，并处罚金人民币1万元；违法所得及作案工具予以追缴没收；退出的补偿款发还被害单位。

二　核心法条①

1.《刑法》第 285 条："违反国家规定，侵入国家事务、国防建设、尖端科学技术领域的计算机信息系统的，处三年以下有期徒刑或者拘役。

"违反国家规定，侵入前款规定以外的计算机信息系统或者采用其他技术手段，获取该计算机信息系统中存储、处理或者传输的数据，或者对该计算机信息系统实施非法控制，情节严重的，处三年以下有期徒刑或者拘役，并处或者单处罚金；情节特别严重的，处三年以上七年以下有期徒刑，并处罚金。

"提供专门用于侵入、非法控制计算机信息系统的程序、工具，或者明知他人实施侵入、非法控制计算机信息系统的违法犯罪行为而为其提供程序、工具，情节严重的，依照前款的规定处罚。

"单位犯前三款罪的，对单位判处罚金，并对其直接负责的主管人员和其他直接责任人员，依照各该款的规定处罚。"

2.《网络安全法》第 27 条："任何个人和组织不得从事非法侵入他人网络、干扰他人网络正常功能、窃取网络数据等危害网络安全的活动；不得提供专门用于从事侵入网络、干扰网络正常功能及防护措施、窃取网络数据等危害网络安全活动的程序、工具；明知他人从事危害网络安全的活动的，不得为其提供技术支持、广告推广、支付结算等帮助。"

3.《网络安全法》第 63 条："违反本法第二十七条规定，从事危害网络安全的活动，或者提供专门用于从事危害网络安全活动的程序、工具，或者为他人从事危害网络安全的活动提供技术支持、广告推广、支付结算等帮助，尚不构成犯罪的，由公安机关没收违法所得，处五日以下拘留，可以并处五万元以上五十万元以下罚款；情节较重的，处五日以上十五日以下拘留，可以并处十万元以上一百万元以下罚款。

---

① 为保证读者在学习过程中能够准确定位核心法条，本书各章"核心法条"部分选取的司法解释均使用全称。

"单位有前款行为的，由公安机关没收违法所得，处十万元以上一百万元以下罚款，并对直接负责的主管人员和其他直接责任人员依照前款规定处罚。

"违反本法第二十七条规定，受到治安管理处罚的人员，五年内不得从事网络安全管理和网络运营关键岗位的工作；受到刑事处罚的人员，终身不得从事网络安全管理和网络运营关键岗位的工作。"

4.《中华人民共和国治安管理处罚法》（简称《治安管理处罚法》）第29条："有下列行为之一的，处五日以下拘留；情节较重的，处五日以上十日以下拘留：

（一）违反国家规定，侵入计算机信息系统，造成危害的；

（二）违反国家规定，对计算机信息系统功能进行删除、修改、增加、干扰，造成计算机信息系统不能正常运行的；

（三）违反国家规定，对计算机信息系统中存储、处理、传输的数据和应用程序进行删除、修改、增加的；

（四）故意制作、传播计算机病毒等破坏性程序，影响计算机信息系统正常运行的。"

5.《计算机信息系统安全保护条例》第7条："任何组织或者个人，不得利用计算机信息系统从事危害国家利益、集体利益和公民合法利益的活动，不得危害计算机信息系统的安全。"

6. 最高人民法院、最高人民检察院《关于办理危害计算机信息系统安全刑事案件应用法律若干问题的解释》第1条："非法获取计算机信息系统数据或者非法控制计算机信息系统，具有下列情形之一的，应当认定为刑法第二百八十五条第二款规定的'情节严重'：

（一）获取支付结算、证券交易、期货交易等网络金融服务的身份认证信息十组以上的；

（二）获取第（一）项以外的身份认证信息五百组以上的；

（三）非法控制计算机信息系统二十台以上的；

（四）违法所得五千元以上或者造成经济损失一万元以上的；

（五）其他情节严重的情形。

"实施前款规定行为，具有下列情形之一的，应当认定为刑法第二百八十五条第二款规定的'情节特别严重'：

（一）数量或者数额达到前款第（一）项至第（四）项规定标准五倍以上的；

（二）其他情节特别严重的情形。

"明知是他人非法控制的计算机信息系统，而对该计算机信息系统的控制权加以利用的，依照前两款的规定定罪处罚。"

7. 最高人民法院、最高人民检察院《关于办理危害计算机信息系统安全刑事案件应用法律若干问题的解释》第 2 条："具有下列情形之一的程序、工具，应当认定为刑法第二百八十五条第三款规定的'专门用于侵入、非法控制计算机信息系统的程序、工具'：

（一）具有避开或者突破计算机信息系统安全保护措施，未经授权或者超越授权获取计算机信息系统数据的功能的；

（二）具有避开或者突破计算机信息系统安全保护措施，未经授权或者超越授权对计算机信息系统实施控制的功能的；

（三）其他专门设计用于侵入、非法控制计算机信息系统、非法获取计算机信息系统数据的程序、工具。"

8. 最高人民法院、最高人民检察院《关于办理危害计算机信息系统安全刑事案件应用法律若干问题的解释》第 3 条："提供侵入、非法控制计算机信息系统的程序、工具，具有下列情形之一的，应当认定为刑法第二百八十五条第三款规定的'情节严重'：

（一）提供能够用于非法获取支付结算、证券交易、期货交易等网络金融服务身份认证信息的专门性程序、工具五人次以上的；

（二）提供第（一）项以外的专门用于侵入、非法控制计算机信息系统的程序、工具二十人次以上的；

（三）明知他人实施非法获取支付结算、证券交易、期货交易等网络金融服务身份认证信息的违法犯罪行为而为其提供程序、工具五人次以上的；

（四）明知他人实施第（三）项以外的侵入、非法控制计算机信息系统的违法犯罪行为而为其提供程序、工具二十人次以上的；

（五）违法所得五千元以上或者造成经济损失一万元以上的；

（六）其他情节严重的情形。

"实施前款规定行为，具有下列情形之一的，应当认定为提供侵入、非法控制计算机信息系统的程序、工具'情节特别严重'：

（一）数量或者数额达到前款第（一）项至第（五）项规定标准五倍以上的；

（二）其他情节特别严重的情形。"

三　要点提示

1. 非法侵入计算机信息系统罪保护客体的界定。非法侵入计算机信息系统罪与相关犯罪的区别，首先表现为其特殊的保护客体。根据我国《刑法》第 285 条第 1 款规定，本罪的犯罪客体限于国家事务、国防建设、尖端科学技术领域的计算机信息系统安全。而要将非法侵入计算机信息系统罪的客体外延界定清楚，则需要进一步明确"国家事务、国防建设、尖端科学技术领域"的具体所指。

非法侵入计算机信息系统罪的立法目的在于保障国家重要领域的信息系统不受侵犯，确保事关国家安全、公民生活的重要信息免于被浏览、复制、下载甚至篡改的风险。非法侵入计算机信息系统罪属于行为犯，一旦行为人绕过计算机信息系统的保护机制，无论其行为表现为擅自侵入抑或越权访问，都有可能构成此罪。对于行为是否实质上影响信息系统的正常使用，则在所不问。实践中，以信息系统的工作职能和业务能力未被削弱作为抗辩理由，显然未能正确理解非法侵入计算机信息系统罪的特殊性，因而无法获得法院认可。

2. 非法侵入计算机信息系统后续行为的认定。无论是非法获取计算机信息系统数据抑或非法控制计算机信息系统，都是在非法侵入行为的前提下进行的。因此，在危害网络安全的犯罪中，非法侵入计算机信息系统作为重要的手段，为相关犯罪提供了必要条件。《刑法》根据所侵入的计算机信息系统的领域，对不同犯罪后续行为的有无作了差异化安排。对非法侵入计算机信息系统后续行为的认定，须准确把握非法侵入计算机信息系统的行为本身作为手段或目的的问题，据此对罪名加以确定。

与非法侵入计算机信息系统罪不同，非法获取计算机信息系统数据罪的客观行为表现为"非法获取"，即以非法手段复制或下载计算机信息系统中的数据。可见，只有侵入计算机信息系统并获取数据才符合构成要件，否则不构成本罪。非法获取计算机信息系统数据罪不仅在客观行为方面与非法侵入计算机信息系统罪有所区别，而且在客体上差别显著。非法获取计算机信息系统数据罪致力于保护除国家事务、国防建设、尖端科学技术领域以外的计算机信息系统中的数据，由于这类信息系统中的数据尚不足以严重影响国家安全和社会稳定，因此当客观行为的社会危害性达到《刑法》规定之"情节严重"的程度时，才构成犯罪。

3. 非法获取计算机信息系统数据罪与传统犯罪的区分。随着网络的普及和网络生活空间的形成，危害网络安全的犯罪形态应运而生，进而呈现出新型犯罪与传统犯罪的掺杂现象。在本罪的适用上，最常见的情况莫过于"非法获取计算机信息系统数据罪"与"盗窃罪"之争。对于非法获取计算机信息系统数据的行为，从传统犯罪的角度而言，亦可将其评价为盗取虚拟财产，由此得出两种不同的罪名认定。然而，网络游戏中的"游戏币、装备、道具"等虚拟财产是否属于刑法保护的财产尚存争议，相关立法和司法解释对此也未加以明确界定。对于非法获取计算机信息系统数据罪与传统犯罪的区分，仍有待理论和实践的进一步探索。

四　法理评析

随着信息技术的高速发展，网络犯罪不断涌现，网络安全的重要价值也日益凸显。《网络安全法》及相关法律法规的出台和实施，对进一步规范网络行为、保障网络安全具有重要的实践指导意义。然而，发生于计算机信息系统领域的犯罪具有高度的隐蔽性和技术性，这类伴随着互联网的发展而出现的新型犯罪方式，不仅给社会生活带来了新的风险，也给司法实践带来了新的挑战。新形势下犯罪情势的重点是传统违法犯罪的网络化，以及借助数据的社会性质多样化而不断翻新的新类型危害，及其对多样态的社会利益安全造成的全新威胁。[①]

围绕非法侵入计算机信息系统展开的犯罪，根据后续行为的有无，分别对应《刑法》第 285 条规定的"侵入型"犯罪和"获取型"犯罪。其中第 1 款规定的非法侵入计算机信息系统罪，对非法侵入的计算机信息系统之范围作了限定，即限于"国家事务、国防建设、尖端科学技术领域"。而《网络安全法》第 31 条规定实行重点保护的则包括公共通信和信息服务、能源、交通、水利、金融、公共服务、电子政务等重要行业和领域，以及其他一旦遭到破坏、丧失功能或者数据泄露，可能严重危害国家安全、国计民生、公共利益的关键信息基础设施。这也表明《刑法》罪名的设置并未对网络安全法中规定的重点领域实现专门保护。因此，从实践中的具体案例出发，分析非法侵入的表现形式和认定标准、非法侵入相关行为的定罪以及"国家事务"的内涵和外延，从而检视我国网络空间犯罪的立法和司法实践，有助于进一步探索防控网络空间犯罪的法治化、现代化发展路径。[②]

（一）"非法侵入"的定义与表现形式

1. "非法侵入"的定义

"非法侵入"包含"非法"和"侵入"两个层面，因此，要准确把握非法侵入的定义，须从这两个方面入手。"非法"在司法实践中指违反国家法律规定，就非法侵入计算机信息系统罪而言，则指违反《网络安全法》《计算机信息系统安全保护条例》等一系列相关规定，未经授权或超越权限侵入国家事务、国防建设、尖端科学技术等领域的计算机信息系统。虽然立法未对"非法"规定准确的含义，但是实施侵入的行为人，无

[①] 参见郭旨龙《非法获取计算机信息系统数据罪的规范结构与罪名功能——基于案例与比较法的反思》，《政治与法律》2021 年第 1 期。

[②] 参见皮勇《论中国网络空间犯罪立法的本土化与国际化》，《比较法研究》2020 年第 1 期。

论方式及目的如何，只要其设法进入前述三类重要领域的计算机信息系统，均涉嫌"非法"。

就网络犯罪而言，"侵入"指在未经授权或超越权限的情况下，采取一定的技术手段，擅自进入他人计算机系统。对于某一具体的犯罪行为，有学者根据侵入行为本身作为目的抑或手段，将非法侵入分为善意的侵入和恶意的侵入。[①] 善意的侵入以破解密码为目的，而恶意的侵入则以窃取系统中的数据或程序，或者以进行其他犯罪为目的。然而由于二者之间的界限难以把握，这种分类对于具体案件的处理难以起到有效的指导作用。并且，就"侵入"本身的含义而言，已经表明了行为人的主观恶意，因而很难将某一侵入行为评价为善意的侵入。

非法侵入计算机信息系统罪的立法目的，在于保护特殊的三类计算机信息系统不受非法侵入，从而确保其中信息的保密性和可用性。表面上看，行为人单纯的侵入行为可能并不改变计算机信息系统的原貌，但是该特殊领域的计算机信息系统一经侵入，就给事关国家整体安全稳定的国家秘密、敏感信息带来了不可控的泄露危险，给国家安全和社会利益造成潜在威胁，因此无论何种形式的非法侵入，都是不具有合法权限而故意侵入计算机信息系统的行为。

在"吴某某等非法侵入计算机信息系统案"中，被告人吴某某作为巡逻队员，虽然可以出入派出所办公室，但是职务和工作内容表明其并未被赋予登录四川省警务综合平台的相关权限。从表象来看，吴某某似乎有权基于工作便利登录属于国家事务的计算机信息系统，但其私自登录并违规录入信息的行为实质上未征得相应单位的批准和同意。根据最高人民法院、最高人民检察院《关于办理危害计算机信息系统安全刑事案件应用法律若干问题的解释》第 2 条对"专门用于侵入、非法控制计算机信息系统的程序、工具"的解释，认定侵入工具的要件包括：具有避开或者突破计算机信息系统安全保护措施，未经授权或者超越授权获取

---

① 参见王松江《计算机犯罪的概念——兼评新刑法对计算机犯罪的规定》，《法制与社会发展》1997 年第 3 期。

计算机信息系统数据的功能。换言之，未经授权或者超越授权是判定侵入的实质要件，[①] 对于非法侵入的认定具有重要意义。

2. "非法侵入"的表现形式

非法侵入表现为行为人在未经授权或者超越权限的情况下，擅自访问特定的计算机信息系统。行为人包括非法用户与合法用户，其中非法用户通常采取非正常的技术手段获取访问权，而合法用户则表现为未经批准擅自访问。实践中，非法侵入的表现形式主要包括以下两种。

一是冒充身份型。此种类型的非法侵入表现为行为人通过冒充有合法权限的用户，以达到非法侵入目标计算机系统的目的。如在"宁某某等非法侵入计算机信息系统案"中，被告人张某利用其在呼和浩特市法制办借调工作期间获悉的用户名和密码，多次侵入内蒙古自治区行政执法人员及行政执法监督人员管理系统的行为，即为此种类型。账号密码只赋予特定身份的人员，从而为系统的访问范围划定了边界，形成系统自身的保护屏障。当行为人的特定身份消失时，以该身份为前提的访问权限随即消失，此时擅自进入无权访问的系统，虽未对系统造成实质性损害，但威胁到相应计算机信息系统的安全，仍构成非法侵入。

二是技术攻击型。即行为人通过技术手段攻破计算机信息系统的安全保障，从而实施非法侵入。计算机信息系统的安全防范措施之安全性能是相对的，非法侵入者可以通过一定的技术手段打击或绕过系统的安全体系。一般的计算机信息系统在安全防护上会存在或多或少的漏洞，从而给行为人留下侵入可能。在"叶某等非法获取计算机信息系统数据案"中，被告人钟某发现某游戏中存在充值漏洞，遂利用相关软件扫描该游戏运营服务器端口，非法获得该服务器的账号及密码。行为人利用系统漏洞，绕过系统的访问控制机制，从而打破系统的安全体系以达到非法侵入的目的，符合非法侵入的本质特征。

---

① 参见计莉卉、游涛《超越权限进入计算机信息系统的行为性质》，《人民司法》2018 年第 8 期。

（二）非法侵入计算机信息系统罪的构成

我国危害计算机信息系统犯罪的保护客体系立足于社会法益即公共秩序来予以确立的，只有当犯罪行为侵害或威胁到公共网络秩序时，才成立危害计算机信息系统犯罪。[①]《网络安全法》的立法目的正是在于保障网络安全，维护国家安全、社会公共利益，保护公民、法人和其他组织的合法权益。非法侵入计算机信息系统罪则是为惩治侵入三大重点领域计算机信息系统的行为而设置的。非法侵入行为是否构罪、构成何罪，关键在于分析其对法益的侵犯。非法侵入计算机信息系统罪作为行为犯，无需关注行为人的动机和目的，以及是否存在后续行为，只需关注行为人是否故意实施了侵入行为。当然，构成犯罪的前提是行为人侵入了《刑法》明确规定的三类意义重大的计算机信息系统，若单纯的侵入行为对应的是其他计算机信息系统则一般不构成本罪。

1. 客观方面

非法侵入计算机信息系统罪在客观方面表现为违反刑法明文规定的不作为义务，实施侵入计算机信息系统的行为。所谓"非法侵入计算机信息系统罪"，指违反国家规定，侵入国家事务、国防建设、尖端科学技术领域的计算机信息系统的行为。其中对"国家规定"的含义理解，将直接影响对于"非法侵入"的认定。基于我国 1997 年《刑法》对"违反国家规定"的详细说明，[②] 具体到非法侵入计算机信息系统罪，是指违反关于保护计算机信息系统安全的各项法律法规。然而实践中，不少行为人对此存在错误理解，导致未能正确把握或意识到自身行为的违法性。

在"卫某某、龚某等非法获取计算机信息系统数据案"中，被告人薛某某的辩护人发表的无罪辩护意见认为，薛某某所实施的行为没有违反国

---

① 参见先德奇《论危害计算机信息系统犯罪——基于刑法规范的类型分析》，《政法学刊》2015 年第 1 期。

② 1997 年《刑法》第 96 条规定："本法所称违反国家规定，是指违反全国人民代表大会及其常务委员会制定的法律和决定，国务院制定的行政法规、规定的行政措施、发布的决定和命令。"

家规定,且没有侵犯社会管理秩序,因而不构成非法获取计算机信息系统数据罪。显然,该辩护人认为所谓的"国家规定"是指国家具体的规定。然而本罪中"违反国家规定"属于构成要件要素,薛某某的行为违反了《计算机信息系统安全保护条例》第7条之规定,即任何组织或者个人,不得利用计算机信息系统从事危害国家利益、集体利益和公民合法利益的活动,不得危害计算机信息系统的安全。因此,薛某某的行为显然违反了"国家规定"。此外,本案中龚某作为公司员工,向他人提供自己掌握的系统账号及密码,使卫某某得以进入公司内部系统。卫某某的行为虽未破坏系统防护,但未取得被害公司的授权,违背了被害公司的意愿,在本质上属于"非法侵入"的客观表现。

2. 犯罪客体

我国《刑法》第285条第1款明确了非法侵入计算机信息系统罪的侵犯客体,即国家事务、国防建设、尖端科学技术领域计算机信息系统的安全。但对于这三类计算机信息系统的具体内涵并未进一步解释说明,学术界对此看法不一。有学者认为判定具体计算机信息系统是否属于前述三类,取决于该计算机信息系统所汇集、加工、储存、传送信息的性质;[1]也有学者认为应当考察该计算机信息系统的服务领域和使用单位来加以认定。[2]鉴于计算机犯罪的高度专业化要求,根据最高人民法院、最高人民检察院《关于办理危害计算机信息系统安全刑事案件应用法律若干问题的解释》第10条的规定,对该三类计算机信息系统难以确定的,应当委托省级以上负责计算机信息系统安全保护管理工作的部门检验。并且赋予了司法机关"根据检验结论,并结合案件具体情况认定"的权力。

上述三类计算机信息系统中,"国防建设、尖端科学技术"的内涵相对明确,而"国家事务"则相当模糊。"国家事务"是否就是指各级国家机关所管理的事务?对此,司法实践中通常从字面意义上进行宽泛的理解,将"国家事务"理解为关乎整个国家利益的事务,例如用于处理和存

---

[1] 参见姚茂文《计算机犯罪及实践问题》,《人民检察》1997年第7期。

[2] 参见侯帅《狭义计算机犯罪各罪研究》,《三峡大学学报（人文社会科学版）》2014年第6期。

储影响国家层面的重要信息的计算机信息系统等。因此在具体案件的审理中，对"国家事务"的判定在一定程度上表现出随意性。在本章搜集的前述案例中，"吴某某等非法侵入计算机信息系统案""宁某某等非法侵入计算机信息系统案""郑某某非法侵入计算机信息系统案""张某、孙某某非法侵入计算机信息系统案"等均涉及案涉信息系统的属性是否属于"国家事务"的属性判断问题，但法院的处理结果并不完全一致。例如，前述案例中，同样作为省级警务平台，在"吴某某等非法侵入计算机信息系统案"中对被侵入系统的属性认定由法院直接作出，而在"张某、孙某某非法侵入计算机信息系统案"中对所涉信息系统是否属于"国家事务"的判定则以省公安厅网络安全保卫总队出具的"关于对涉案信息系统属性认定的批复"为重要依据。可见，案涉信息系统的级别并不直接决定法院是否需对此予以委托检验。而行为人侵入的信息系统是否属于"国家事务"领域，对于判定该信息系统能否作为非法侵入计算机信息系统罪的犯罪对象起着决定性作用。因此，亟待出台相应的司法解释对此作出说明，从而确保司法实践中定罪的准确性。

此外，"宁某某等非法侵入计算机信息系统案"所涉的信息系统是内蒙古自治区行政执法人员及行政执法监督人员管理系统；"郑某某非法侵入计算机信息系统案"中行为人侵入的计算机信息系统是区人民政府政务管理系统，即地方政府网站也会被法院认定为国家事务领域的计算机信息系统；而"吴某某等非法侵入计算机信息系统案"中被认定属于国家事务领域的则是省级警务综合平台。可见信息系统的级别与是否属于"国家事务"之间也没有直接的对应关系，法院对此表现出"从宽理解"的态度。然而，有学者认为对于"国家事务"的计算机信息系统应当从严理解，即仅限于处理全国层面的国家内部治理事务和外交事务的计算机信息系统，对于地方国家权力机关的政务公开或网络办公系统，不应当认定为国家事务的计算机信息系统。① 这种认识具有一定合理性，因为从刑法关于非法

---

① 参见蔡智玉《非法侵入计算机信息系统罪的认定》，《人民法院报》2017 年 11 月 1 日，第 6 版。

侵入计算机信息系统罪的具体规定出发，立法原意是国家事务与国防建设、尖端科学技术领域具有相当的重要性，而县区级甚至街道办事处等级别的事务，尚不具备与国防建设、尖端科学技术领域相同层次的重要程度。

3. 主观方面

由于国家重要领域计算机信息系统必然具备安全保卫机制，行为人只有通过一定的技术手段才能侵入此类系统。因此实践中的非法侵入行为只能是出于故意的主观心态，即行为人明知自己的行为违反国家规定会产生非法侵入国家重要领域计算机信息系统的危害结果，并希望这种结果发生。至于行为人实施犯罪的动机和目的如何，并不影响本罪的成立。因此，即使单纯出于破解密码、突破安全控制访问机制以显示个人超凡才智为动机的非法侵入行为也应当予以惩罚。原因在于其非法侵入计算机信息系统的行为已经使国家事务秘密、国防建设秘密和尖端科学技术领域秘密等受到重点保护的信息超出了限定的授权接触范围，并且行为人难以证明上述秘密未被不能知悉的人获悉。[①] 例如，在"郑某某非法侵入计算机信息系统案"中，行为人抗辩系出于做安全监测的心态，发现被害单位的计算机信息系统存在漏洞，进而利用该漏洞数次访问被害单位的网站，并下载其中存储的公民个人信息。即使行为人初次访问时不具备非法侵入的故意，但是其后续行为的主观恶性难以排除。因而其辩护人"主观恶意不深"的主张无法成立，其辩护意见未能得到法院认可。

在"吴某某等非法侵入计算机信息系统案"中，被告人余某的辩护人提出，余某对被告人吴某某如何非法侵入计算机信息系统并不知情，亦未参与实施，因而不构成非法侵入计算机信息系统罪。"共犯论的核心，是能否认定共犯行为共同或者间接引起了法益侵害、危险的共犯的因果性问题。"[②] 余某虽未直接实施非法侵入计算机信息系统的行为，甚至对非法侵入的细节并不知情，但是余某客观上实施了通过微信将学员信息发给吴某

---

① 参见张丽霞、孙学军《试析非法侵入计算机信息系统罪》，《河北法学》2005 年第 6 期。
② 周芬：《新型网络犯罪技术行为的司法认定》，《中国检察官》2021 年第 5 期。

某的行为，证明二者之间存在非法侵入的意思联络，主观上具备非法侵入的共同故意，并就违规登录达成共识。因此，余某的行为同样构成非法侵入计算机信息系统罪。

（三）非法获取计算机信息系统数据罪的认定

1. 客观方面

非法获取计算机信息系统数据罪作为侵入型犯罪的下游犯罪，在客观方面，与非法侵入计算机信息系统罪中"侵入行为"本身构成犯罪不同，本罪关注的核心是"获取数据"的行为，即非法获取计算机信息系统数据罪中的"侵入"是以获取该计算机信息系统中的数据为目的的。获取行为常以非法侵入为前提，"获取"是指复制和下载计算机信息系统中的数据，包括直接侵入他人计算机信息系统，秘密复制窃取其中的信息，也包括骗取。此外，有学者认为，"非法获取计算机信息系统数据罪"中的"非法"是修饰"获取"而非修饰限制"获取手段"的，行为人即使有权进入他人计算机信息系统，但其实施获取或超越权限获取无权获取的数据，仍可构成本罪。① 这种观点与司法实践中的做法具有一致性，"侵入"行为针对的是数据的机密性，而"获取"行为则针对数据的可用性。

在"杨某等非法获取计算机信息系统数据案"中，当事人非法侵入福建省公安厅交通警察总队的计算机系统，并非法获取违法车主的信息32万条。而辩护人认为杨某获取的信息是车主的姓名、电话号码和车牌号，并非用于确认用户在计算机信息系统上操作权限的数据，且未从中获利，不符合非法获取计算机信息系统数据罪的构成要件。该辩护意见以出罪为目的将非法获取计算机信息系统数据罪中的"数据"作了不当限制，本罪打击的是非法获取数据的行为，刑法规定中对身份认证信息的分类，不存在"是否关系操作权限"这一标准。并且，所谓"操作权限"，是一个抽象化概念，涵盖计算机信息系统的进入权限和数据的获取权限等多个方面，须

---

① 参见李遐桢、侯春平《论非法获取计算机信息系统数据罪的认定——以法解释学为视角》，《河北法学》2014年第5期。

根据具体罪名保护的法益进行精细化分类，因而无法将其作为某一具体罪名的构成要件加以探讨。本案中行为人实施了侵入交警总队计算机信息系统的行为，且该行为以获取数据为目的，因此符合非法获取计算机信息系统数据罪客观方面的要件。

此外，获取行为的目的不在本罪的考察范围。在"杨某等非法获取计算机信息系统数据案"中，上诉人陈某某认为其获取车主信息是为了联系交通违法车主以消除交通违法记录，并非用于二手车交易，因而不构成非法获取计算机信息系统数据罪。本罪对犯罪意图的要求，旨在进一步区分手段行为和目的行为，至于将所获数据作何处置，则在所不问。仅就本罪的成立而言，行为人在侵入计算机信息系统前已明确其获取数据的目的，否则，若获取数据的目的是在侵入计算机信息系统后才产生，此时行为人基于不同的犯意实施了数个犯罪行为，则应当对其侵入行为和获取行为分别定罪，实行数罪并罚。

综上，本罪的客观方面可以解释为：违反关于保护计算机信息系统安全的各项法律法规，以未经授权或超越权限的形式，采取一定的技术手段擅自进入他人计算机系统。

2. 犯罪客体

本罪的犯罪客体同样是计算机信息系统的安全，对于"国家事务、国防建设、尖端科学技术"领域的计算机信息系统，一旦侵入即构成非法侵入计算机信息系统罪。而侵入上述领域的计算机信息系统并获取数据，显然已超出非法侵入计算机信息系统罪的评价范围，那么是否构成非法获取计算机信息系统数据罪？《刑法》第 285 条第 2 款明确规定，非法获取计算机信息系统数据罪所保护的"系统"，指前款规定之特定系统以外的计算机信息系统。因此，如果侵入国家事务等重要领域的计算机信息系统并获取数据，应当根据案件事实分别处理。如为窃取国家秘密侵入国家事务领域的计算机信息系统并获取数据，则构成"非法获取国家秘密罪"；而非法侵入国家事务领域的计算机信息系统后，又获取其中存储的国家秘密，则成立非法侵入计算机信息系统罪和非法获取国家秘密罪的想象竞合犯。由此表明，非法获取计算机信息系统数据罪中的"数据"，不包括

"国家事务"等重要领域计算机信息系统中的数据。

进一步厘清非法获取计算机信息系统数据罪的保护法益可知，本罪旨在保护数据的保密性，或称机密性。而"获取数据"的行为正是非法改变了数据主体所设定的数据不被知悉状态，使得本应处于保密状态的数据被非法知悉。[①] 在"卫某某、龚某等非法获取计算机信息系统数据案"中，当事人利用他人提供的账号密码侵入百度在线网络技术有限公司凤巢系统，并以违规登录、查询、下载的方式获取该计算机信息系统中存储的客户数据。从表面看，行为人通过了计算机信息系统的认证，但本质上违反了权利主体的意志，属于非法侵入。结合后续获取数据的行为，其破坏了系统数据的保密状态，侵害了非法获取计算机信息系统数据罪的保护法益。此外，该案中另一名被告龚某在明知他人意图使用账号获取数据的情况下，仍然提供自己所掌握的被害公司内部账号和密码。龚某的辩护人认为龚某只是提供了账号、密码，并没有实际获取数据，属于共同犯罪中的从犯。对此，控方认为其提供账号及密码的行为在本案中起着关键性作用，因而不属于从犯。根据刑法中对从犯的规定，龚某的行为在共同犯罪中所扮演的角色，取决于该行为对法益侵害所产生的作用。本案中被告人获取数据行为的实施，离不开龚某所提供的账号、密码，其行为对整个犯罪的进行发挥着关键作用而非次要或辅助作用。因此龚某在共同犯罪中处于重要地位，若以从犯论处显然不足以准确评价其行为的法益侵害性。

此外，非法获取计算机信息系统数据罪所保护的法益是否包括数据的可用性，学界对此存在争议。数据的机密性和可用性指向不同的方面，具体而言，对数据机密性的侵犯并不阻断权利人的使用，而对数据可用性的侵犯则会导致该数据及其背后利益的丧失。学界的相关探讨在理论上有助于实现对"获取数据"之"获取"的准确判断，进而对计算机信息系统数据犯罪进行有效甄别。但司法实践中并未对二者进行严格区分，如"卫某某、龚某等非法获取计算机信息系统数据案"，法院最终判定被告人成立

---

① 参见李紫阳《厘清法益准确认定数据犯罪之"获取"》，《检察日报》2021 年 7 月 19 日，第 3 版。

非法获取计算机信息系统数据罪。该案中被告人卫某某等利用违规登录、查询、下载的方式，侵入被害公司凤巢系统，获取该计算机信息系统中存储的客户数据。由于该信息系统只对内部员工开放，行为人的非法获取显然侵犯了数据的机密性，但是该危害行为并不直接导致数据可用性的丧失。由此表明，是否侵犯数据的可用性并不构成非法获取计算机信息系统数据罪的判定标准。

3. "情节严重"的认定

有学者认为，"情节严重"作为构成要件具有综合性，涉及客观方面、主体、主观方面等内容。[①] 对于一个综合性要件，《刑法》条文和司法解释无法穷尽实践中所有可能的情形，所以对情节严重的认定须结合具体个案的法益侵害性进行评定。最高人民法院、最高人民检察院《关于办理危害计算机信息系统安全刑事案件应用法律若干问题的解释》对非法获取计算机信息系统数据罪的入罪标准之"情节严重"作了进一步说明，根据身份认证信息类型的不同规定了不同的数量要求。具体而言包括支付结算等网络金融服务的身份认证信息十组以上或其他类型的身份认证信息五百组以上，违法所得五千元以上或造成经济损失一万元以上，以及其他情节严重的情形。

非法获取具有"占有"并转移的行为属性，往往包括"事后处分"行为，[②] 由此确定了"非法获取计算机信息系统数据"作为刑法中实行行为的独立性。但是由于本罪对"情节严重"的要求，使得对"非法获取"行为危害性的判定还须结合"非法处置数据"这一事后行为。如"杨某等非法获取计算机信息系统数据案"中，被告人侵入福建省公安厅交通警察总队的计算机系统，非法获取违法车主信息32万条，可根据获取数据的数量直接认定为"情节严重"。而"卫某某、龚某等非法获取计算机信息系统数据案"中，被告人违规登录被害公司凤巢系统，查询、下载该计算机信

---

① 参见李勇《非法获取计算机信息系统数据罪认定中的两个难题》，《中国检察官》2012 年第 8 期。

② 参见高铭暄、孙道萃《网络时代刑法解释的理论置评与体系进阶》，《法治研究》2021 年第 1 期。

息系统中存储的客户数据并出售，须结合其处置数据产生的违法所得综合考量是否属于"情节严重"。根据获取数据的具体数量、违法所得以及造成经济损失的数额判定"情节严重"，因具备客观上的现实后果，在实践中不易引发争议，而对于"其他情节严重情形"的认定则存在一定困难。

非法获取计算机信息系统数据罪是情节犯，以"情节严重"为犯罪成立的必要条件。当行为人获取的数据既非身份认证信息，也未产生违法所得或造成经济损失时，能否认定为其他严重情节，无疑是司法中的难题。对此，可结合获取数据与数据库存储数据的数量比以及对数据价值的评估进行综合考量，在已有证据的基础上进行是否属于其他严重情节的判定，从而为认定非法获取计算机信息系统数据罪的成立与否奠定前提。

4. 虚拟财产的属性

网络虚拟财产的特殊性在于其兼具数据和财产的双重属性，但其本质属性为何目前尚无定论。对于虚拟财产的属性，刑法学界存在较大争议，而要实现对侵犯虚拟财产案件准确的定罪量刑，就必须面对并解决这一问题。对此，张明楷教授、陈兴良教授等均持肯定说，认为虚拟财产属于我国刑法意义上的财物。理由是虚拟财产的虚拟性主要表现为财产存在方式的非实体性，但虚拟财产的价值具有真实性，因此对于具有财产价值的虚拟财产应当予以刑事保护。[1] 张明楷教授进一步指出将非法获取虚拟财产的行为认定为计算机犯罪的局限性，主张将该类行为认定为财产犯罪更为合理。[2] 持否定说的学者则认为虚拟财产不具有法律财产中管理、自由交易的可能性，虽具有一定的交换价值但不具备稀缺性，缺乏稳定性且不能独立存在，因此不属于刑法上的财物。

同时，司法实践中也未形成统一做法。对于非法进入计算机信息系统获取游戏装备、游戏币等虚拟财产并出售牟利的行为，有观点认为游戏装备、游戏币等计算机网络虚拟财产属于电子数据，因而宜将该类行为认定为非法获取计算机信息系统数据罪。如"王某非法获取计算机信息系统数

---

① 参见陈兴良《虚拟财产的刑法属性及其保护路径》，《中国法学》2017 年第 2 期。
② 参见张明楷《非法获取虚拟财产的行为性质》，《法学》2015 年第 3 期。

据案"中，被告人王某购买他人非法获取的被害公司独家运营的网络游戏账号和密码，并将账号内的游戏装备等物品通过互联网变卖牟利。该案的难点在于对王某违法进入他人账号、出售他人游戏装备等虚拟财产的行为定性，其前提是对"游戏币"这类虚拟财产的属性认定，由裁判结果可知法院最终否定了游戏币的财产属性。从游戏币所表现出的物质形态出发，确实无法否定其数据属性。网络犯罪案件频发，而司法审判面临的现状则是：虚拟财产的表现形式繁多，刑法及相关司法解释又尚未明确虚拟财产的"财物"属性。但最高人民法院研究室于 2014 年出台的《关于利用计算机窃取他人游戏币非法销售获利如何定性问题的研究意见》明确表示，利用计算机窃取他人游戏币非法销售获利行为宜以非法获取计算机信息系统数据罪定罪。因此，法院结合现行的法律规定，持审慎态度对被告人以非法获取计算机信息系统数据罪定罪处罚，符合罪刑法定的基本要求。

此外，也有观点在肯定游戏币具有刑法意义上之财产属性的基础上，将窃取游戏币的行为认定为盗窃罪。如"叶某等非法获取计算机信息系统数据案"中，两名被告人非法侵入被害单位计算机信息系统，通过修改计算机信息系统中游戏币充值数据的方式向他人出售牟利。该案的焦点问题在于涉案游戏币是否属于刑法意义上的财物。虚拟财产从物质形态上看，是以数字化的数据形态被生成和存在于网络服务器的虚拟空间之中，并可以为网络使用者通过一定的程序，以数字化的形态在网络间转移、支配使用的电磁信息。[①] 其存在方式具有非实体性，但财产价值具备真实性。该案最终认定两名被告人的行为构成盗窃罪，肯定了游戏币可以成为盗窃罪的犯罪对象。审理法院认为游戏币本身虽属于虚拟财产，但与现实货币形成一定的对应关系，体现着游戏公司提供网络服务的劳动价值，代表着被害公司的财产权益，因而具备财产属性。与前述"王某非法获取计算机信息系统数据案"相比，本案中的"数据"具有明显的工具功能，两名被告人通过修改游戏数据并出售牟利的方式实现非法占有目的，其本质是以网

---

① 参见姜金良、袁海鸿《非法侵入他人游戏账号窃取虚拟财产构成非法获取计算机信息系统数据罪》，《人民司法》2015 年第 6 期。

络的方式来实施财产犯罪。对这类具备网络犯罪外观而符合传统犯罪实质的犯罪形式，应当在对数据之法律属性进行准确判断的基础上，将侵犯网络虚拟财产的行为归属于财产犯罪。正如有学者所言，应当将以数据为媒介、工具侵犯传统法益的犯罪排除在外，将非法获取计算机信息系统数据罪限定为以数据为对象侵犯数据安全的非法获取行为。[①] 从而确保对网络犯罪的精准打击，避免量刑上的畸轻畸重，也有助于实现非法获取计算机信息系统数据罪的"去口袋化"。

（四）提供侵入、非法控制计算机信息系统的程序、工具罪的理解

根据《刑法》第 285 条第 3 款之规定，提供侵入、非法控制计算机信息系统的程序、工具罪规制的行为包括两种：一种是提供专门用于侵入、非法控制计算机信息系统的程序、工具，另一种是明知他人实施侵入、非法控制计算机信息系统的违法犯罪行为而为其提供程序、工具。二者的区别在于前者强调"专门程序、工具"，意在将其与普通程序、工具区分开来；而后者则要求行为人主观上"明知"，即行为人只有明知他人实施侵入、非法控制计算机信息系统的违法行为而为其提供的，才能构成本罪。[②] 因此，对本罪的正确把握须基于对"提供"和"专门"之内涵的准确理解。

1. 关于"提供"的认定

就本罪而言，所谓"提供"是指向他人供给，应当既包括出售等有偿提供，也包括不具有牟利目的的免费提供；既包括直接提供给他人，也包括放置在网络上供他人下载。[③] 提供行为的违法性是由于行为人会造成危害后果，即提供应当是为违法犯罪行为提供帮助或者创造条件，该行为的社会危害性须严重到和网络犯罪的实行行为相当的程度，否则不宜认定为

---

① 参见杨志琼《非法获取计算机信息系统数据罪"口袋化"的实证分析及其处理路径》，《法学评论》2018 年第 6 期。
② 参见陈兴良《网络犯罪的类型及其司法认定》，《法治研究》2021 年第 3 期。
③ 参见周光权《通过刑罚实现积极的一般预防——国内首起"黄牛"抢购软件案评析》，《中国法律评论》2018 年第 2 期。

犯罪。在"马某等非法获取计算机信息系统数据案"中，被告人马某、莫某一同开发的"探索云盘搜索"插件，会在用户不知情的情况下，自动抓取用户存储于百度网盘的分享链接的地址和提取码，从而将信息收录在自己研发的网站上用于牟利。由于用户本身作为被窃取信息的受害人，对涉案插件具有非法获取数据信息的属性并不知情，因此难以认定两名被告的行为属于提供侵入、非法控制计算机信息系统程序、工具罪。而在"古某某等提供侵入、非法控制计算机信息系统程序、工具案"中，两名被告开发的软件具备实现虚假交易的功能，被提供者对该软件的非法属性至少具有概括的认知，因此两名被告的行为符合提供侵入、非法控制计算机信息系统程序、工具罪的本质含义。

2. 关于"专门"的认定

根据最高人民法院、最高人民检察院 2011 年发布的《关于办理危害计算机信息系统安全刑事案件应用法律若干问题的解释》第 2 条之规定，具有下列情形之一的程序、工具，应当认定为"专门用于侵入、非法控制计算机信息系统的程序、工具"：①具有避开或者突破计算机信息系统安全保护措施，未经授权或者超越授权获取计算机信息系统数据的功能的；②具有避开或者突破计算机信息系统安全保护措施，未经授权或者超越授权对计算机信息系统实施控制的功能的；③其他专门设计用于侵入、非法控制计算机信息系统、非法获取计算机信息系统数据的程序、工具。前两种情形可结合具体案情进行判断，而第三种情形的认定则需要进一步探讨"专门"的具体含义，这一限定是否意味着相应程序、工具在功能上的单一性？

对此，有学者指出，"专门用于"不是指相关程序、工具仅具有侵入、非法控制计算机信息系统的功能，而是指该功能在众多功能中最为突出、明显，以至于成为该程序、工具最显著的特征。① 也有学者表示，从"专门"的内涵出发，参考立法机关编写的相关论著可知，《刑法》第 285 条

---

① 参见邓矜婷《网络空间中犯罪帮助行为的类型化——来自司法判决的启发》，《法学研究》2019 年第 5 期。

第 3 款规定的"专门用于侵入、非法控制计算机信息系统的程序、工具"，"是指行为人所提供的程序、工具只能用于实施非法侵入、非法控制计算机信息系统的用途"①。两种观点虽对"专门"的内涵作出了不同的解读，但都不否认该提供行为的可处罚性。这也表明此种情形下，该专门的程序、工具是否被实际使用，并不影响本罪的成立。前述"马某等非法获取计算机信息系统数据案"中，被告人开发的插件具有避开百度网盘安全保护措施，未经授权获取计算机信息系统数据的功能，符合本罪对程序、工具的要求；在"古某某等提供侵入、非法控制计算机信息系统程序、工具案"中，两名被告开发的软件能够伪造用户信息，从而欺骗或绕过被害公司的安全校验，因此可以认定该软件具有避开或者突破被害公司计算机信息系统安全保护措施的属性，属于"专门用于侵入计算机信息系统的工具"。

（五）计算机犯罪与盗窃罪的辨析

计算机犯罪作为一种新的犯罪形式，就犯罪构成而言，并非一个新问题而是一种新现象，其与传统犯罪之间常表现为手段或工具与目的之间的关系。在"叶某等非法获取计算机信息系统数据案"中，被告人非法侵入他人计算机信息系统，通过修改计算机信息系统中游戏币充值数据的方式窃取他人财产，数额巨大。行为人实施了非法侵入行为，但其侵入的并非三类特殊领域的计算机信息系统，且具备以非法侵入后的获取行为为手段、以非法占有为目的的特征，符合盗窃罪对非法占有目的的要求。但是当特定事实行为同时具有"非法侵入"和"非法占有"的特征时，则可能存在计算机相关犯罪和盗窃罪之间的竞合关系。

在定罪问题上，根据《刑法》第 264 条的规定，盗窃罪是指以非法占有为目的，盗窃公私财物数额较大或者多次盗窃、入户盗窃、携带凶器盗窃、扒窃公私财物的行为。其行为对象是他人占有的财物，包括有体物、无体物和财产性利益。在主观方面，通说观点认为成立盗窃罪应当以"直

---

① 喻海松：《〈关于办理危害计算机信息系统安全刑事案件应用法律若干问题的解释〉的理解与适用》，《人民司法》2011 年第 19 期。

接故意，且以非法占有为目的"作为构成要件。而计算机犯罪在主观方面不要求非法占有目的，只要求具有非法侵入、获取、控制或者提供程序、工具的直接故意。可见，主观构成要件上的差异可以成为此类案件的定罪依据。此外，非法获取计算机信息系统数据罪等相关计算机犯罪的保护法益主要是网络安全秩序，而盗窃罪主要侵害的是财产法益。

在量刑问题上，涉案金额特别巨大的，盗窃罪的法定刑为十年以上有期徒刑或者无期徒刑，而非法侵入计算机信息系统罪的法定刑为三年以下有期徒刑或者拘役，非法获取计算机信息系统数据罪的法定刑为三年以上七年以下有期徒刑。这就意味着，针对涉案金额特别巨大的情形，定罪上的偏差将导致量刑的畸轻畸重。因此，对于涉及虚拟财产的网络犯罪案件，准确定罪是落实罪责刑相适应原则的必然要求，也是必经之路。

（六）小结

总之，《刑法》第285条规定的计算机系统相关犯罪，总体上涉及四种罪名，其中非法侵入计算机信息系统罪与非法获取、非法控制计算机信息系统数据罪的客观行为具有高度的伴随性，各罪名之间联系密切。同时，对特定案件的处理可能面临非法获取计算机信息系统数据罪与盗窃罪等传统犯罪的竞合情形。因此，针对此类犯罪确定统一的认定标准，明确相关概念的确切属性，是当前理论和实务界必须面对和解决的问题。本章通过对实践中高发的计算机犯罪的认定和构成进行分析，对司法实践中面临的具体争议展开探讨，于典型案件中深入体现网络安全治理的必要性和重要性。

第二章　破坏网络关键信息系统及基础设施案

一　典型类案

（一）P公司等破坏计算机信息系统案

[**案例案号**] 广东省广州市中级人民法院（2018）粤01刑终1216号刑事裁定书

[**基本案情**]

佛山市P公司在2012年3月成立，实际负责人为李某元；广州C公司在2014年5月成立，实际负责人为李某成。

2015年年中，被告人李某元开发了"信息读写器"软件。P公司开始通过QQ等途径宣传该软件可以绕过三大电信业务运营商实名登记系统办理电话卡，由被告人温某华招揽被告人伍某能、邓某豪等销售人员对外销售。P公司在其网站后台管理系统为销售人员开设账户详细记录销售情况，并在该系统为购买者远程授权，开通一年使用权限。C公司参与分销上述软件，由被告人陈某虹负责远程安装。电信、联通、移动等电信业务代理商购买并使用上述软件，违反国家关于使用有效身份证件实名办理电信业务的规定办理大量电话卡、上网卡。经统计，P公司共向1054人销售上述软件1070套，其中C公司共向534人分销上述软件538套。

经鉴定："信息读写器"程序具有读取到二代身份证阅读器具"CVR-100U"设备上的居民身份证信息的功能，"信息读写器"程序可以修改读取到的居民身份证信息,"信息读写器"程序具有修改"实名制登记系统"读取信息的来源的功能,"信息读写器"程序具有干扰"实名制登记系统"读取的居民身份证信息的功能等。

[审理意见]

一审判决认为,被告单位 P 公司、C 公司明知他人违反国家规定对计算机信息系统功能进行修改、干扰,造成计算机信息系统不能正常运行,而提供用于破坏计算机信息系统功能的程序、工具,后果特别严重,其行为已构成破坏计算机信息系统罪。被告人李某元、李某成分别作为 P 公司、C 公司直接负责的主管人员,被告人温某华、伍某能、邓某豪作为 P 公司的其他直接责任人员,被告人陈某虹作为 C 公司其他直接责任人员,其行为均已构成破坏计算机信息系统罪。被告单位 P 公司、被告人李某元在共同犯罪中起主要作用,是主犯,应当按照其所参与的全部犯罪处罚;被告单位 C 公司、被告人李某成、温某华、伍某能、邓某豪、陈某虹在共同犯罪中起次要作用,是从犯,应对其减轻处罚。被告人李某元、李某成分别作为 P 公司、C 公司的负责人,以及其他被告人在归案后均能如实供述主要犯罪事实,故各被告单位、被告人均属坦白,可以从轻处罚。依法判决如下:被告单位 P 公司犯破坏计算机信息系统罪,判处罚金人民币 50 万元;被告单位 C 公司犯破坏计算机信息系统罪,判处罚金人民币 20 万元;被告人李某元犯破坏计算机信息系统罪,判处有期徒刑五年六个月;被告人李某成犯破坏计算机信息系统罪,判处有期徒刑三年;被告人温某华犯破坏计算机信息系统罪,判处有期徒刑一年三个月,缓刑二年;被告人伍某能犯破坏计算机信息系统罪,判处有期徒刑一年,缓刑一年六个月;被告人邓某豪犯破坏计算机信息系统罪,判处有期徒刑十个月,缓刑一年;被告人陈某虹犯破坏计算机信息系统罪,判处有期徒刑十个月,缓刑一年;缴获的作案工具银行卡、手机、电脑、硬盘、无线网卡等,予以没收。

宣判后,上诉人 P 公司、李某元、李某成以原审判决定罪错误、量刑不当等为由提出上诉。

二审法院经审理后有如下审理意见。

第一，根据最高人民法院、最高人民检察院《关于办理危害计算机信息系统安全刑事案件应用法律若干问题的解释》第 11 条的规定，"计算机信息系统"是指具备自动处理数据功能的系统，包括计算机、网络设备、通信设备、自动化控制设备等。本案中，电信运营商的实名制登记系统可以对二代身份证上所载信息进行自动采集、处理、存储及显示等，该系统具备自动处理数据的功能，因此电信运营商的实名制登记系统属于刑法意义上的计算机信息系统，属于刑法所保护的对象。

未经验核二代身份证为用户办理电信业务入网手续的行为违反了国家规定。根据 2012 年 12 月 28 日公布的《全国人民代表大会常务委员会关于加强网络信息保护的决定》第 6 条的规定，网络服务提供者为用户办理网站接入服务，办理固定电话、移动电话等入网手续，或者为用户提供信息发布服务，应当在与用户签订协议或者确认提供服务时，要求用户提供真实身份信息。2013 年 9 月 1 日起施行的《电话用户真实身份信息登记规定》第 6 条规定，电信业务经营者为用户办理入网手续时，应当要求用户出示有效证件、提供真实身份信息，用户应当予以配合。《中华人民共和国电信条例》第 58 条第 4 项规定，任何组织或者个人不得以虚假、冒用的身份证件办理入网手续并使用移动电话。上述规定明确电信业务经营者应要求用户出示有效证件，验核证实身份。

第二，本案被告单位、被告人的行为不构成提供侵入、非法控制计算机信息系统的程序、工具罪。

非法控制计算机信息系统是在非法侵入计算机信息系统后，并未破坏计算机信息系统的功能或者数据，而是通过控制计算机信息系统实施特定操作的行为。很多攻击者通过控制大量计算机信息系统形成僵尸网络，危害互联网安全。非法控制计算机信息系统主要体现在对计算机体系的支配、操作和利用，本质特征是对计算机信息系统占有人、控制人的使用权、控制权进行剥夺，使其不能按照自己的意志使用、控制计算机信息系统。但对计算机信息系统功能进行删除、修改、增加、干扰，造成计算机信息系统不能正常运行，则属于"破坏计算机信息系统"的行为。

本案中，根据涉案程序的销售人员、买家的陈述，买家（电信业务代理商）在电信运营商要求实名开卡后，为了满足业务需求，购买该程序用于为无法提供身份证原件的用户开卡，使用该软件可以取代二代身份证阅读器具，人工输入身份信息开卡，从而绕过实名制登记系统，证实该"信息读写器"程序具有修改"实名制登记系统"读取信息的来源的功能，具有干扰"实名制登记系统"读取的居民身份证信息的功能。实名制登记系统的核心功能为读取用户二代身份证原件，验核用户真实身份，而涉案程序使该核心功能形同虚设，实名制登记系统也就不能正常运行。因此使用"信息读写器"程序干扰实名制登记系统为用户开卡，属于"破坏计算机信息系统"的行为。

涉案"信息读写器"程序的开发和销售并不是为了剥夺计算机信息系统控制人、使用人的控制权、使用权，不属于最高人民法院、最高人民检察院《关于办理危害计算机信息系统安全刑事案件应用法律若干意见的解释》第2条规定的"专门用于侵入、非法控制计算机信息系统的程序、工具"，故上诉单位，上诉人李某元、李某成的行为不符合提供侵入、非法控制计算机信息系统程序、工具罪的客观方面的构成要件。

第三，使用"信息读写器"程序修改、干扰"实名制登记系统"的行为构成破坏计算机信息系统罪。

一是使用"信息读写器"程序是对计算机信息系统功能的修改、干扰。根据《刑法》第286条的规定可知，违反国家规定，对计算机信息系统功能进行删除、修改、增加、干扰，造成计算机信息系统不能正常运行，或者对计算机信息系统中存储、处理或者传输的数据和应用程序进行删除、修改、增加的操作，或者故意制作、传播计算机病毒等破坏性程序，影响计算机系统正常运行，后果严重的，构成破坏计算机信息系统罪。

破坏计算机信息系统罪侵犯的客体是计算机信息系统安全。《计算机信息系统安全保护条例》第3条规定："计算机信息系统的安全保护，应当保障计算机及其相关的和配套的设备、设施（含网络）的安全，运行环境的安全，保障信息的安全，保障计算机功能的正常发挥，以维护计算机信息系统的安全运行。"该罪的犯罪对象为计算机信息系统功能和计算机信息系统中存储、处理、传输的数据和应用程序。计算机信息系统功能，是指按照一定的应用目标和规则对信息进行采集、加工、存储、传输、检索的功能和能力。计算机信息系统中存储、处理或者传输的数据，是指在计算机信息系统中实际处理的一切文字、符号、声音、图像等内容有意义的组合。应用程序，是指用户使用数据库的一种方式，是用户按数据库授予的子模式的逻辑结构，书写数据库操作和运算的程序。本罪的客观方面表现为破坏计算机信息系统功能后果严重的行为，即违反国家规定，对计算机信息功能进行删除、修改、增加、干扰，或者对计算机信息系统中存储、处理或者传输的数据和应用程序进行删除、修改、增加的操作，或者故意制作、传播计算机病毒等破坏性程序，造成计算机信息系统不能正常运行。

本案中，上诉单位，上诉人李某元、李某成为牟取非法利益，违反国家关于保护计算机安全的有关规定，出售并指导安装"信息读写器"程序。该程序一旦安装，具有修改"实名制登记系统"读取信息的来源的功能，将"实名制登记系统"读取的来源从读取居民身份证信息的设备修改为"信息读写器"程序，将本该录入的真实身份信息修改成可自行输入的身份信息，修改、干扰了"实名制登记系统"读取居民身份证信息的功能，从而绕过"实名制登记系统"。上诉单位，上诉人李某元、李某成的行为不是一种侵入、非法控制计算机信息系统的行为，而是修改、干扰计算机信息系统功能的行为。

二是使用"信息读写器"程序修改、干扰"实名制登记系统"，将导致计算机系统不能正常运行。对于计算机系统不能正常运行，不能仅仅理解为计算机信息系统不能启动或者不能进入操作系统等极端情况，而是既包括计算机信息系统主要软件或者硬件的全部功能不能正常运行，也包括计算机信息系统主要软件或者硬件的部分功能不能正常运行。本案中，"信息读写器"程序能对"实名制登记系统"进行修改和干扰，修改和干扰"实名制登记系统"读取居民身份证信息的功能，从而绕开"实名制登记系统"，造成"实名登记制系统"不能正常运行。

本案中，上诉单位，上诉人李某元、李某成不仅出售程序，还负责安装，使得"实名制登记系统"不能正常运行，其行为完全符合"对计算机信息系统功能进行删除、修改、增加、干扰，造成计算机信息系统不能正常运行"的行为方式，且属于"后果特别严重的情形"，故上诉单位，上诉人李某元、李某成的行为已构成破坏计算机信息系统罪。

二审法院认为，上诉人佛山市 P 公司、原审被告单位广州 C 公司明知他人违反国家规定对计算机信息系统功能进行修改、干扰，造成计算机信息系统不能正常运行，而提供用于破坏计算机信息系统功能的程序、工具，后果特别严重，其行为均已构成破坏计算机信息系统罪。上诉人李某元、李某成分别作为佛山市 P 公司、广州 C 公司直接负责的主管人员，原审被告人温某华、伍某能、邓某豪作为佛山市 P 公司的其他直接责任人员，原审被告人陈某虹作为广州 C 公司的其他直接责任人员，其行为均已构成破坏计算机信息系统罪。原审判决认定的事实清楚，证据确实、充分，定罪及适用法律准确，量刑适当，审判程序合法。依法裁定如下：驳回上诉，维持原判。

（二）湖南 G 公司等破坏计算机信息系统案

[**案例案号**] 湖南省长沙铁路运输法院（2017）湘 8601 刑初 16 号刑事判决书

[**基本案情**]

被告单位 G 公司成立于 2014 年 11 月 7 日，许可经营范围包括网络技术研发，计算机技术开发、技术服务，旅客票务代理、票务服务等。原法定代表人为被告人傅某某，原股东为杨某甲、戴某、傅某某，其中被告人李某某与股东杨某甲系夫妻关系，全面负责公司的经营活动，被告人傅某某分管公司管理制度建设和火车票业务，被告人李某系 G 公司负责火车票业务的技术人员。2016 年 8 月 17 日和 11 月 9 日，G 公司经两次股权变更，法定代表人改为李某乙，股东为杨某甲、李某乙。

2015 年 9~10 月，被告人李某某召集傅某某、李某等人开会，研究解决如何重新激活 G 公司被 12306 网站冻结的客户注册账户事宜。在明知违法的情况下，被告人李某某仍安排被告人李某开发了"模拟人操作在铁路售票系统上完成身份账号自动核验功能"软件（下称"'VTOOL'软件"），绕过12306铁路售票网站的身份识别仪进行虚假实名认证，直接将被冻结的客户身份信息注册账户激活，使这些账户能够随意在12306网站购票，从而达到为公司营利的目的。2015年10月下旬，被告人李某在覃某某的配合下，将自己研发的"VTOOL"软件在公司所属的位于长沙市岳麓区望岳路的火车票代售点售票电脑上进行多次测试，测试成功后将该软件交由何某甲进一步完善实施。何某甲安排人员制作了"115.29.191.85"网站，并用自己的身份信息在"阿里云"注册了一个服务器空间，将网站搭建在服务器上，专门用于各代售点下载含待验身份证信息的数据包，上传核验完成的账户数据归口管理。被告人李某某决定由何某甲将"VTOOL"软件拷贝在U盘中，再交由杨某丙、伍某某等人在长沙、株洲、广州、北京、武汉等地的火车票代售点进行推广。被告人傅某某明知"VTOOL"软件必须在12306网站内非法运行且会篡改12306网站后台数据，涉嫌违法，但为了公司业务发展予以默许，且在被告人李某某不在公司时履行其管理职责对该项旅客身份信息非法核验工作进行安排部署，并组织指挥了G公司案发后转移涉案电脑、隐匿罪证等事宜。

另外，2015年11月1日至11月15日，G公司在长沙、株洲、广州、北京、武汉五地的26台铁路售票主机内非法加装运行"VTOOL"软件，对被12306网站冻结的1295365条旅客身份信息进行非法核验，将其核验状态由"需线下核验—不能网上购票"修改为"正常—可以网上购票"，造成专司负责12306网站维护的中国铁道科学研究院电子计算技术研究所直接经济损失2万4800元。

[审理意见]

法院经审理认为，本案被告单位G公司为牟取非法利益，开发运行用于非法核验身份的"VTOOL"软件，绕过铁路身份证识别仪，在铁路售票系统上对12306铁路购票网站存储冻结的1295365条旅客身份信息数据，由"需线下核验—不能网上购票"修改为"正常—可以网上购票"，破坏了铁路售票秩序，造成直接经济损失2万4800元，造成严重后果，被告单位G公司的行为构成破坏计算机信息系统罪。

　　被告人李某某作为被告单位 G 公司总经理，是被告单位的主要负责人，全面负责公司的经营活动，授意单位员工开发非法核验身份的"VTOOL"软件，指挥单位员工在铁路售票系统上运行该软件修改 12306 铁路购票网站存储的旅客身份信息数据；被告人傅某某作为被告单位 G 公司原法定代表人，分管公司管理制度建设和火车票业务，在明知单位研发运行的"VTOOL"软件在铁路售票系统上修改了 12306 铁路购票网站存储的旅客身份信息数据的情况下，代理被告人李某某履行管理职责，默许单位员工从事相关非法核验工作，并组织指挥了案后转移涉案电脑隐匿罪证事宜；被告人李某作为被告单位 G 公司负责火车票业务的技术人员，遵从被告人李某某的工作安排，研发涉案的"VTOOL"软件，实施了具体犯罪行为，在被告单位 G 公司的犯罪行为中起了重要作用。三名被告人在被告单位 G 公司的犯罪行为中分别担任直接负责的主管人员和直接责任人员，依法均应当追究其刑事责任。被告人李某某的辩护人的辩护意见符合本案实际，予以采纳；对被告人傅某某的辩护人关于被告人傅某某系初犯、偶犯且认罪悔罪，可以依法从轻处理的辩护意见，予以采纳，但是其关于被告人傅某某在犯罪中起次要作用，系从犯，建议法院对其免予刑事处罚的辩护意见与事实不符，不予采纳。

　　综上所述，长沙铁路运输检察院指控被告单位 G 公司、被告人李某某、傅某某、李某犯破坏计算机信息系统罪的事实清楚，证据确实充分，故依法判决如下：被告单位湖南 G 公司犯破坏计算机信息系统罪，判处罚金人民币 5 万元，上缴国库；被告人李某某犯破坏计算机信息系统罪，判处有期徒刑一年，缓刑二年；被告人傅某某犯破坏计算机信息系统罪，判处拘役六个月，缓刑一年；被告人李某犯破坏计算机信息系统罪，免予刑事处罚；扣押的被告单位及被告人作案用的电脑主机及其他设备依法予以没收，上缴国库。

（三）陈某华破坏计算机信息系统案

　　[**案例案号**] 江苏省南京市中级人民法院（2019）苏 01 刑终 1002 号刑事判决书

［基本案情］

被告人陈某华于 2016 年创办上海 H 网络科技有限公司，该公司为一人有限责任公司，陈某华任该公司法定代表人。

自 2017 年始，被告人陈某华开发"灰灰 YY 全自动改密绑定账号工具""灰-灰 YY 多线程智能蹲点加好友器""灰灰 YY 最新频道隐身监听器"等外挂软件。陈某华以营利为目的，在其公司网站、QQ 交流群、游戏论坛等处发布广告，对外发售上述软件。截至案发，陈某华销售上述软件获取违法所得共计人民币 93980 元。经鉴定："灰灰 YY 全自动改密绑定账号工具 V2.1 版［收费版本］二合一"程序增加了对 YY 账号自动绑定手机号码的功能，干扰了"YY 安全中心"程序的正常运行，是破坏性程序；"灰-灰 YY 多线程智能蹲点加好友器 V4.92 版［专业］版本二合一"程序突破了"YY 语音"程序系统的安全保护机制，干扰了"垃圾信息防御功能"的正常运行，是破坏性程序；"灰灰 YY 最新频道隐身监听器 V3.0 版［收费版本］"程序具有隐身功能，对"YY 语音"程序系统的正常运行造成了破坏，是破坏性程序。

2018 年 11 月 12 日，陈某华被抓获。2019 年 1 月 21 日，陈某华的近亲属代其向受害公司进行赔偿并取得谅解。

另外，2017 年 2 月，陈某华以"上海 H 网络科技有限公司"的名义向国家版权局申请"灰灰 YY 语音辅助软件 1.0"的著作权，且于 2017 年 10 月取得著作权，权利取得方式为"原始取得"，权利范围为"全部权利"。2019 年 12 月 6 日，南京市网络安全保卫支队对涉案被扣押的 8 台服务器硬盘进行电子数据检查，经检查，在编号"4"的服务器硬盘中发现涉案软件电子数据。

［审理意见］

一审法院认为，被告人陈某华违反国家规定，故意制作、传播破坏性程序，后果特别严重，其行为已构成破坏计算机信息系统罪。陈某华归案后能如实供述其犯罪事实，系坦白，依法可从轻处罚。其赔偿被害单位经济损失并取得谅解，可酌情从轻处罚。对原审辩护人提出的违法所得中应予扣除的部分，经查，无法认定业务实际内容的交易金额 1388 元及 H 网络科技有限公司名下两个账户之间的转账记录 8900 元，非购买者的付款记录，应予扣除。据此，依法判决：被告人陈某华犯破坏计算机信息系统罪，判处有期徒刑五年；责令被告人陈某华退出违法所得 93980 元并予以没收，将扣押在公安机关的作案工具电脑主机 19 台、服务器 8 台、监控主机 1 台予以没收。

宣判后，被告人陈某华不服，提出上诉。二审法院经审理认为，上诉人陈某华违反国家规定，故意制作、传播破坏性程序，后果特别严重，其行为已构成破坏计算机信息系统罪。

关于上诉人陈某华提出"鉴定机构出具涉案三款软件均属于'破坏性程序'的鉴定意见失实，该鉴定意见不能作为定案的依据"及其辩护人提出"原审法院依据的由广东鑫证司法鉴定所出具的鉴定意见中，未能证实涉案三款软件造成计算机系统无法正常运行，也未论证对计算机信息系统应用程序进行删除、修改、增加的操作，鉴定内容缺乏专业性。该鉴定所与涉案被害单位的住址均在广州市，委托该鉴定所进行鉴定有违司法公正，且二位鉴定人员从事鉴定工作年限均在三年以下，缺乏鉴定经验，综上，涉案的三份鉴定意见不能作为本案定案证据，请求二审法院委托上海辰星电子数据司法鉴定中心对涉案软件进行重新鉴定"的上诉理由及辩护意见，经查，鉴定意见书、鉴定机构资格证书、鉴定人资格证书等证据证明，涉案鉴定意见均系南京市公安局鼓楼分局依照法定程序委托具有资质的广东鑫证司法鉴定所及鉴定人员作出，鉴定人员通过搜索、下载、安装、购买使用权限、运行、功能性测试等步骤，并从专业角度予以分析说明，确认涉案三款程序均来源于上诉人所建立的官网，三款程序均属破坏性程序，且鉴定意见经庭审调查、质证，合法有效，法院应当作为定案依据予以采信。另，辩护人以"鉴定机构与被害单位的住址均在广州市，委托该机构鉴定有违司法公正"和"鉴定人员从事鉴定工作年限均在三年以下，缺乏鉴定经验"为由，申请对涉案软件由上海辰星电子数据司法鉴定中心进行重新鉴定，此系辩护人主观判断，既无直接证据证实，亦于法无据，故该上诉理由及辩护意见不能成立，法院不予采纳。

关于上诉人陈某华提出"被鉴定软件的版本与其出售软件的版本不

同，难以认定其所出售版本的软件系破坏性程序"及其辩护人提出"涉案三款软件与鉴定意见书中所载版本号不同，故不同版本程序的销售金额应予以扣除"的上诉理由及辩护意见，经查，现有证据证明涉案三款软件均系破坏性程序。上诉人陈某华在侦查阶段的第五次、第八次讯问中均供称，其对涉案三款软件进行过升级，一般根据客户的需求升级或者在服务器升级时进行升级，功能、原理并没有改变，操作与使用目的上没有更改。软件购买者信息汇总表、QQ 聊天记录、微信及支付宝转账记录客观证明，软件购买者所购买的软件均为隐身监听或蹲点加好友等案涉软件，陈某华销售上述软件获取违法所得共计人民币 93980 元，故该上诉理由及辩护意见不能成立。

关于上诉人陈某华的辩护人提出"涉案三款软件仅单纯模拟人工操作，并不修改'YY 语音'软件中的文件或该软件向服务器发送的文件及服务器端文件，上诉人陈某华的行为不构成破坏计算机信息系统罪，应当定性为非法经营罪"的辩护意见，经查，"YY 语音"程序系统由广州华多网络科技有限公司开发并运营，是一款基于因特网的富集型通讯系统，该系统具备自动处理数据功能，包括计算机、网络设备、通信设备、自动化控制设备等，属于刑法意义上的计算机信息系统。电子数据检查工作记录、鉴定意见书证实，涉案的三款软件均通过相应的技术手段增加了"YY 语音"程序本身原不具有的隐身、自动添加好友、自动绑定手机号码等功能，破坏了"YY 语音"程序中的正常数据交互，突破程序系统的安全保护机制，干扰了程序系统中"垃圾信息防御功能""YY 安全中心"等程序的正常运行，陈某华故意制作、通过销售方式传播涉案三款破坏性程序，影响"YY 语音"程序系统正常运行，且后果特别严重，其行为符合《刑法》第 286 条第 3 款的规定，已构成破坏计算机信息系统罪，故该辩护意见不能成立。

综上，二审法院判决如下。第一，维持南京市鼓楼区人民法院（2019）苏 0106 刑初 537 号刑事判决第一项，即"被告人陈某华犯破坏计算机信息系统罪，判处有期徒刑五年"。第二，撤销南京市鼓楼区人民法院（2019）苏 0106 刑初 537 号刑事判决第二项，即"责令被告人陈某华退出违法所得93980元并予以没收,将扣押在公安机关的作案工具电脑主机19台、服务器8台、监控主机1台予以没收"。第三,责令上诉人陈某华退出违法所得93980元并予以没收,将扣押在公安机关的作案工具电脑主机19台、服务器1台、监控主机1台予以没收。

(四) 黄某松破坏计算机信息系统案

[**案例案号**] 江苏省泰州市中级人民法院(2018)苏12刑终280号刑事判决书

[**基本案情**]

2017年3月,上诉人黄某松在原泰州市国税局集中办公期间,明知其没有修改纳税人购票限量的操作权限,仍多次接受周某某(另案处理)等人的请托,用其获取的用户名、密码等身份认证信息,先后进入泰州、南京、南通、镇江等地金税三期税收管理系统,增加泰州H金属材料有限公司等26家公司的购票限量,收受请托人人民币4万元。被其所在单位发现并找其谈话后,黄某松于同年4月1日上午向组织上交人民币1万元,归案后向公安机关退出人民币3万元。

[**审理意见**]

一审法院认为,被告人黄某松与他人共谋,违反国家规定对计算机信息系统中存储的数据进行增加操作,后果特别严重,其行为已构成破坏计算机信息系统罪,应依法惩处。被告人黄某松归案后如实供述自己主要犯罪事实,当庭自愿认罪,依法对其从轻处罚。被告人黄某松积极退赃,酌情从轻处罚。故,法院认定被告人黄某松犯破坏计算机信息系统罪,判处有期徒刑五年。

黄某松不服一审判决,依法提出上诉。二审法院认为,黄某松在原泰州市国税局集中办公期间,主要从事税收分析和相关课题研究,并无修改纳税人购票限量的操作权限,仍以其获取的用户名、猜测的密码登录多地金税三期税收管理系统,增加26家公司的月供发票数量,并获利人民币4万元,其行为符合破坏计算机信息系统罪的构成要件。故上诉人黄某松及其辩护人的上诉理由和辩护意见均不能成立,二审法院依法驳回上诉,维持原判。

（五）易某甲等破坏计算机信息系统案

[**案例案号**] 江苏省常州市中级人民法院（2017）苏04刑终380号刑事裁定书

[**基本案情**]

2016年6月~2017年2月，被告人易某甲明知其开发的"联通沃受理""安徽移动"等软件会对中国联合网络通信集团有限公司（简称"中国联通公司"）、中国移动通信集团公司（简称"中国移动公司"）实施实名认证的计算机信息系统功能进行删除、修改、增加、干扰，造成计算机信息系统不能正常运行，仍将上述软件销售给被告人孙某、许某、易某乙，获利人民币12100元；被告人孙某、许某、易某乙明知其从被告人易某甲处购买的"联通沃受理""安徽移动"等软件会对中国联通公司、中国移动公司实施实名认证的计算机信息系统功能进行删除、修改、增加、干扰，造成计算机信息系统不能正常运行，仍将上述软件销售给被告人朱某及费某（另案处理）、叶某等人，其中被告人孙某获利约人民币19600元，被告人许某获利人民币7300元，被告人易某乙获利人民币6200元；被告人朱某明知其从被告人易某乙处购买的"联通沃受理"软件会对中国联通公司实施实名认证的计算机信息系统功能进行删除、修改、增加、干扰，造成计算机信息系统不能正常运行，仍利用上述软件绕开实名认证为丁某等人非法开通手机号码，并将上述软件销售给汤某等人，获利人民币18135元。

在本案审理期间，被告人易某甲的亲属代为退出违法所得人民币12100元，被告人孙某的亲属代为退出违法所得人民币19600元，被告人许某的亲属代为退出违法所得人民币7300元，被告人易某乙的亲属代为退出违法所得人民币6200元，被告人朱某的亲属代为退出违法所得人民币18135元。

[**审理意见**]

法院认为，被告人易某甲、孙某、许某、易某乙、朱某违反国家规定，对计算机信息系统功能进行删除、修改、增加、干扰，造成计算机信息系统不能正常运行，后果严重，其行为均构成破坏计算机信息系统罪。公诉机关起诉指控五名被告人犯破坏计算机信息系统罪，罪名成立，应予采纳。

本案中，被告人易某甲、孙某所开发、销售的程序，运行后能欺骗通信业务系统，让其读取错误的身份证信息和照片，破坏了通信公司计算机业务操作系统的相关功能，使其在未核实身份的情况下办理手机卡业务，这并不仅仅是"控制计算机信息系统"。被告人易某甲、孙某对该程序的功能及购买者的用途是非常清楚的，虽然二人只是提供了相关程序，但由于该程序具有破坏的功能且实际也产生了破坏的后果，故两名被告人的行为应构成破坏计算机信息系统罪而非提供非法控制计算机信息系统程序罪。法院对被告人易某甲、孙某的辩护人就二人行为性质提出的辩护意见不予采纳。

故法院依法判决如下：被告人易某甲犯破坏计算机信息系统罪，判处有期徒刑十一个月；被告人孙某犯破坏计算机信息系统罪，判处有期徒刑一年三个月；被告人许某犯破坏计算机信息系统罪，判处有期徒刑八个月十五日；被告人易某乙犯破坏计算机信息系统罪，判处有期徒刑八个月；被告人朱某犯破坏计算机信息系统罪，判处有期徒刑一年二个月；对公安机关扣押的作案工具及五名被告人亲属代为退出的违法所得予以没收，上缴国库。

（六）王某锋破坏计算机信息系统案

[**案例案号**] 四川省成都市中级人民法院（2020）川01刑终572号刑事判决书

[**基本案情**]

2019年3月7日，被告人王某锋使用"四川L科技有限公司"资料在内江公积金中心开户，随后利用吴某、李某、黄某（不符合公积金提取条件）的身份证号、个人账户查询密码登录公积金中心官网（密码默认为11111）对其个人账户封存，再将客户信息新增进"四川L科技有限公司"在内江公积金中心开设的单位账户，之后在网上下载一份公积金异地转入申请书，填写完信息后，连同客户本人的身份证复印件一份，交到内江的公积金中心，将客户的公积金从成都公积金中心转到内江的公积金中心"四川 L 科技有限公司"的单位账户后，最后再做一份离职证明，套取公积金。截至案发，王某锋通过上述手段帮吴某、李某、黄某套取公积金共计 462098.46 元，收取手续费 109765 元。2019 年 8 月 2 日，王某锋在成都市温江区被民警抓获。

[审理意见]

一审法院认为，被告人王某锋违反国家规定，对计算机信息系统中存储的数据进行修改操作，后果特别严重，其行为已构成破坏计算机信息系统罪。王某锋在刑罚执行完毕后五年内再犯应当判处有期徒刑以上刑罚之罪，系累犯，应从重处罚。王某锋归案后能如实供述案件事实，认罪、悔罪态度较好，可酌情从轻处罚。综上，一审法院依法判决：被告人王某锋犯破坏计算机信息系统罪，判处有期徒刑五年二个月。

宣判后，原审被告人王某锋不服，提出上诉。

二审法院经审理认为，根据《刑法》第 286 条及最高人民法院、最高人民检察院《关于办理危害计算机信息系统安全刑事案件应用法律若干问题的解释》第 4 条的规定，违法所得 2.5 万元以上的，属破坏计算机信息系统"后果特别严重"的情形，应判处五年以上有期徒刑。本案中，王某锋的供述及证人吴某、李某、黄某的证言，银行流水明细等证据相互印证，足以证实王某锋违反国家规定，破坏计算机信息系统安全，修改数据，使不具备领取条件的人领取公积金，并收取手续费 109765 元的事实。王某锋虽辩称上述款项大部分给了中介机构，但其亦在上诉状中承认其收取的手续费为 6 万元左右。王某锋的行为，已严重损害政府对公积金的管理秩序，原判综合王某锋的犯罪事实、犯罪性质，并考虑其有坦白、认罪、悔罪等情节，在法定刑幅度内科以刑罚，量刑并无不当。综上，二审法院依法驳回上诉，维持原判。

二　核心法条

1. 《网络安全法》第 12 条：“国家保护公民、法人和其他组织依法使用网络的权利，促进网络接入普及，提升网络服务水平，为社会提供安全、便利的网络服务，保障网络信息依法有序自由流动。

“任何个人和组织使用网络应当遵守宪法法律，遵守公共秩序，尊重社会公德，不得危害网络安全，不得利用网络从事危害国家安全、荣誉和利益，煽动颠覆国家政权、推翻社会主义制度，煽动分裂国家、破坏国家统一，宣扬恐怖主义、极端主义，宣扬民族仇恨、民族歧视，传播暴力、淫秽色情信息，编造、传播虚假信息扰乱经济秩序和社会秩序，以及侵害他人名誉、隐私、知识产权和其他合法权益等活动。”

2. 《网络安全法》第 27 条：“任何个人和组织不得从事非法侵入他人网络、干扰他人网络正常功能、窃取网络数据等危害网络安全的活动；不得提供专门用于从事侵入网络、干扰网络正常功能及防护措施、窃取网络数据等危害网络安全活动的程序、工具；明知他人从事危害网络安全的活动的，不得为其提供技术支持、广告推广、支付结算等帮助。”

3. 《网络安全法》第 31 条：“国家对公共通信和信息服务、能源、交通、水利、金融、公共服务、电子政务等重要行业和领域，以及其他一旦遭到破坏、丧失功能或者数据泄露，可能严重危害国家安全、国计民生、公共利益的关键信息基础设施，在网络安全等级保护制度的基础上，实行重点保护。关键信息基础设施的具体范围和安全保护办法由国务院制定。

“国家鼓励关键信息基础设施以外的网络运营者自愿参与关键信息基础设施保护体系。”

4. 《网络安全法》第 74 条：“违反本法规定，给他人造成损害的，依法承担民事责任。

“违反本法规定，构成违反治安管理行为的，依法给予治安管理处罚；构成犯罪的，依法追究刑事责任。”

5. 《刑法》第 30 条：“公司、企业、事业单位、机关、团体实施的危害社会的行为，法律规定为单位犯罪的，应当负刑事责任。"

6.《刑法》第 286 条："违反国家规定，对计算机信息系统功能进行删除、修改、增加、干扰，造成计算机信息系统不能正常运行，后果严重的，处五年以下有期徒刑或者拘役；后果特别严重的，处五年以上有期徒刑。

"违反国家规定，对计算机信息系统中存储、处理或者传输的数据和应用程序进行删除、修改、增加的操作，后果严重的，依照前款的规定处罚。

"故意制作、传播计算机病毒等破坏性程序，影响计算机系统正常运行，后果严重的，依照第一款的规定处罚。

"单位犯前三款罪的，对单位判处罚金，并对其直接负责的主管人员和其他直接责任人员，依照第一款的规定处罚。"

7.《全国人民代表大会常务委员会关于加强网络信息保护的决定》第 6 条："网络服务提供者为用户办理网站接入服务，办理固定电话、移动电话等入网手续，或者为用户提供信息发布服务，应当在与用户签订协议或者确认提供服务时，要求用户提供真实身份信息。"

8. 最高人民法院、最高人民检察院《关于办理危害计算机信息系统安全刑事案件应用法律若干问题的解释》第 2 条："具有下列情形之一的程序、工具，应当认定为刑法第二百八十五条第三款规定的'专门用于侵入、非法控制计算机信息系统的程序、工具'：

（一）具有避开或者突破计算机信息系统安全保护措施，未经授权或者超越授权获取计算机信息系统数据的功能的；

（二）具有避开或者突破计算机信息系统安全保护措施，未经授权或者超越授权对计算机信息系统实施控制的功能的；

（三）其他专门设计用于侵入、非法控制计算机信息系统、非法获取计算机信息系统数据的程序、工具。"

三 要点提示

1. "关键信息基础设施"的具体范围问题。这是展开讨论关键信息基础设施法律规定与保护对象相关问题的基础。只有归属于法定关键信息基础设施范围内的信息系统，才具有《网络安全法》规定的重点保护法律地位。

2. 破坏计算机信息系统罪的犯罪构成以及破坏计算机信息系统罪与提供侵入、非法控制计算机信息系统程序、工具罪及相关罪名的区别标准问题。该问题是解决破坏关键信息基础设施犯罪刑事责任范围的核心要点。在案例"易某甲等破坏计算机信息系统案"中，被告人便意图通过此罪与彼罪的区别标准来进行罪责开脱。

3. 破坏计算机信息系统罪共犯的主从责任区分和认罪认罚从宽处罚原则的裁量幅度问题。在破坏关键信息基础的刑事规制领域，共同犯罪是较为普遍的犯罪形式，对其进行共犯主从责任的区分认定尤为重要。同时在该类案件中，犯罪事实的采集认定一般较为确切，认罪认罚从宽制度的适用也较为普遍。

4. "破坏计算机信息系统"行为的表现形式与破坏计算机信息系统行为的危害结果范围认定标准问题。不同的犯罪行为表现形式，展现出犯罪人不同的主观恶意，同时也会对最终的危害结果范围认定标准产生影响。但部分犯罪中，犯罪分子的行为表现方式会存在法定犯罪形式的交织。例如，在"P公司等破坏计算机信息系统案"中就出现了此种情形。认定其犯罪行为归属于哪类法定犯罪表现形式，将直接影响到案件的准确定罪量刑。

5. 破坏计算机信息系统中的职务行为认定问题。破坏关键信息基础设施犯罪的职务行为认定与《关键信息基础设施安全保护条例》（简称《关键保护条例》）中的管理者责任涉及责任交叉情况。例如，在"黄某松破坏计算机信息系统案"中便出现内部工作人员的犯罪情况。对该类情况进行准确界定和区分，对正确定罪量刑和责任梳理十分重要。

四　法理评析

我国《网络安全法》第31条第1款明文规定："国家对公共通信和信息服务、能源、交通、水利、金融、公共服务、电子政务等重要行业和领域，以及其他一旦遭到破坏、丧失功能或者数据泄露，可能严重危害国家安全、国计民生、公共利益的关键信息基础设施，在网络安全等级保护制度的基础上，实行重点保护。关键信息基础设施的具体范围和安全保护办法由国务院制定。"该条文不仅在法律层面上确定了国家对于网络关键信息基础设施的立法态度与重点保护趋势，同时也着重对网络关键信息基础设施的法律范围进行了明文界定。

2021年7月30日，经国务院第133次常务会议通过，国务院令第745号正式公布了《关键保护条例》，这也标志着我国对于关键信息基础设施的法律法规体系正式落实到行政法规和微观执行层面。

（一）关键信息基础设施的法定范围

明确关键信息基础设施的法定范围，是研究探讨网络安全法中破坏关键信息基础设施类案中系列问题的基础和前提。

我国关于关键信息基础设施范围的明文规定集中于《网络安全法》与《关键保护条例》的相关条款。《网络安全法》第31条对关键信息基础设施的定义为"公共通信和信息服务、能源、交通、水利、金融、公共服务、电子政务等重要行业和领域，以及其他一旦遭到破坏、丧失功能或者数据泄露，可能严重危害国家安全、国计民生、公共利益的关键信息基础设施"；而《关键保护条例》第2条对关键信息基础设施的定义则为"公共通信和信息服务、能源、交通、水利、金融、公共服务、电子政务、国防科技工业等重要行业和领域的，以及其他一旦遭到破坏、丧失功能或者数据泄露，可能严重危害国家安全、国计民生、公共利益的重要网络设施、信息系统等"。

可见，《网络安全法》与《关键保护条例》对于关键信息基础设施的定义与范围规定基本相同，《关键保护条例》在《网络安全法》原有的定义与范围规定基础上，进行了适当的内容拓展与专业性解释。其对关键信息基础设施法定范围的定义涵盖了以下三个要点：一是属于国家重要行业和重要领域，二是其遭到破坏将严重危害国家安全、国计民生、公共利益，三是类属于网络设施及信息系统。

在学术领域，有学者综合各国对关键信息基础设施的定义，有针对性地提出了相关界定建议："使用信息技术，支撑国计民生正常运行，遭受网络攻击后可影响国家安全的设施。"该定义涵盖了两层意思："一是关键信息基础设施是可能遭受网络攻击的设施，描述了设施的属性；二是关键信息基础设施出现网络安全事件后，会对国计民生、国家安全产生影响。"[①]

综上可知，对于信息系统是否属于关键信息基础设施的法定范围，可通过如下条件判断：第一，是否为可能遭受网络攻击的网络设施及信息系统；第二，是否属于国家重要行业和重要领域；第三，该网络设施及信息系统是否与国家安全、国计民生、公共利益有紧密联系，或对其破坏是否会严重危害国家安全、国计民生、公共利益。

任何网络信息系统在满足第一个条件的基础上，如果再同时满足第二、三个条件，即应属于我国法律所规定的关键信息基础设施。例如，本章"P公司等破坏计算机信息系统案"中所涉及的"三大电信业务运营商"网络信息系统，即属于典型的国家重要行业和重要领域的关键信息基础设施；本章"陈某华破坏计算机信息系统案"中所涉及的"YY"软件信息系统，即属于与国家安全、国计民生、公共利益有紧密联系的关键信息基础设施。

在学术界，部分学者以分类细化的方式，试图通过归纳关键信息基础设施的共同特征对关键信息基础设施的范围进行界定。但立法者在对关键信息基础设施进行立法界定时，采取涵盖性较强、解释余地较大的概括性描述，主要意图应是尽可能将重要的信息基础设施纳入关键信息基础设施

---

① 唐旺等：《关键信息基础设施概念研究》，《信息技术与标准化》2016年第4期。

的保护范围。在此背景下，对关键信息基础设施进行排除式的范围界定，似乎更符合立法者的立法目的。

（二）关键信息基础设施重点保护的原因解析

近年来，我国对于网络安全领域的重视程度不断提高，《网络安全法》的制定出台就是明证。而在网络安全领域，对于关键信息基础设施的保护又属重中之重。《网络安全法》第31条明文规定，对关键信息基础设施要"在网络安全等级保护制度的基础上，实行重点保护"。这突出了其在网络安全治理领域的法定重点保护地位。同时，我国为专门保障关键信息基础设施的安全，还颁布了《关键保护条例》，通过法律、行政法规的不同层次条文对关键信息基础设施进行细化，丰富了保护的内容和形式。我国对于关键信息基础设施进行法律重点保护的原因，主要可归纳为如下几个方面。

1. 关键信息基础设施事关国家安全与社会稳定

网络安全属于国家安全的重要组成部分，这一观点早已经为世界各国所普遍接受，我国也同样如此。我国《网络安全法》第1条明确规定："为了保障网络安全，维护网络空间主权和国家安全……促进经济社会信息化健康发展，制定本法。"这证明我国已经将网络安全纳入国家安全的整体保护范围。

而在网络安全领域，关键信息基础设施的安全又起着至关重要的作用。整体而言，关键信息基础设施至少具备属于国家重要行业和重要领域或者与国家安全、国计民生、公共利益有紧密联系之一的属性，部分关键信息基础设施甚至同时兼备以上两大属性。许多关键信息基础设施更是与公共通信和信息服务、能源、交通、水利、金融、公共服务、电子政务等直接关联。这表明其天然与国家安全、社会稳定具备紧密的联系性。

在网络科技飞速发展的当下，网络已广泛应用于各行各业，国家机关、企事业单位以及普通民众的日常办公、生活均与网络须臾不可分。无论哪个行业，与网络运行相关的各类网络服务与数据，又都由该领域不同的关键信息基础设施所搭载。这类携带重要数据和信息的关键信息基础设施一旦被破坏，势必将对众多国家机关、企事业单位、人民群众等产生强烈的不利影响，进而破坏社会稳定与国家安全。正因为关键信息基础设施直接关系着我国的国家安全与社会稳定，故无论是在立法层面还是在执行层面，均一贯强调应对之予以突出的重点保护。

2. 关键信息基础设施本身具备强大的功能作用，众多行业机构的核心业务领域，都通过关键信息基础设施得到承载与支撑

关键信息基础设施已经在各行业领域成为网络时代下不可或缺的发展运营依托。其所承载的数据对于各领域、行业的安全与发展都具有重要作用，并直接影响其日常业务的有序开展。有学者认为："关键信息基础设施为国家机构、各行业正常运转提供必需的支撑和服务。关键信息基础设施承载或支撑着各行业的关键核心业务，是政府部门、各重要行业正常运转不可或缺的基础设施。"① 关键信息基础设施通过与广泛的行业与机构紧密关联，从而进一步影响人民群众的日常生活。其本身已经实际发挥着维护社会正常秩序、保障人民群众重要利益的强大作用，这也是我国法律对其进行重点保护的关键原因之一。

3. 对关键信息基础设施进行重点保护是网络时代的必然举措，已经构成全球范围内的时代潮流

目前，不仅我国，在世界范围内早已有多个国家建立了立足自身国情的关键信息基础设施保护法律制度，其中包括美国、英国、日本、德国等众多发达国家。大多数国家已经意识到对关键信息基础设施建立法律保护体系的重要作用。各国纷纷从完善立法、健全政治制度、推动机构组织优化等多方面加强对关键信息基础设施保护的综合建设，将关键信息基础设施的建设与保护置于国家战略地位。时代潮流与趋势是不可违逆的，我国对关键信息基础设施进行重点保护是顺应时代潮流、合乎人民群众根本利益的利国利民之举。

我国立法赋予关键信息基础设施重点保护地位的原因并不限于以上内容。关键信息基础设施对于国家、社会、人民所具有的重要作用与影响

---

① 刘权：《我国关键信息基础设施安全保护迈入新阶段》，《网络安全和信息化》2021 年第
10 期。

力，在未来势必还将得到进一步的加强与扩大。也正因如此，对于破坏关键信息基础设施类案进行具体分析，才更具备法治价值与现实意义。

（三）破坏关键信息基础设施的刑事责任界定

因为关键信息基础设施属于立法特别保护对象，故与破坏该设施对应的法律责任，往往体现为较为严格的刑事责任。但目前，我国的《刑法》条文当中，并未专门规定破坏关键信息基础设施的刑事罪名，对破坏关键信息基础设施、严重危害社会利益等行为，我国司法实践通常将其归于破坏计算机信息系统罪等罪名加以打击。以本章所选取的六个案例为例，法院最终均判处被告人构成破坏计算机信息系统罪。破坏关键信息基础设施的行为在什么情况下应当承担刑事责任、又应该对应刑法中的何种具体罪名、破坏关键信息基础设施的入罪和出罪标准分别是什么，这是本节拟重点探讨的问题。

1. 破坏关键信息基础设施行为的对应罪名

根据我国《刑法》的相关规定，破坏关键信息基础设施行为形式上对应如下几类罪名：非法侵入计算机信息系统罪，非法获取计算机信息系统数据、非法控制计算机信息系统罪，提供侵入、非法控制计算机信息系统程序、工具罪，破坏计算机信息系统罪，拒不履行信息网络安全管理义务罪，非法利用信息网络罪，帮助信息网络犯罪活动罪。基于《刑法》对针对计算机信息系统的犯罪行为详细区分了侵入行为、获取数据行为、控制行为和破坏行为，并制定了不同的罪名和法定刑，故而破坏关键信息基础设施的行为最终多与破坏计算机信息系统罪直接对应，司法实践对此持同样观点。简言之，破坏关键信息基础设施的行为所对应的罪名主要为破坏计算机信息系统罪。

2. 破坏关键信息基础设施行为的入罪争议焦点

（1）破坏计算机信息系统罪的行为方式界定

我国《刑法》第286条对于破坏计算机信息系统的具体行为有明确规定，主要包括对计算机信息系统功能进行删除、修改、增加、干扰而造成计算机信息系统不能正常运行的系统功能破坏型行为，对计算机信息系统中存储、处理或者传输的数据和应用程序进行删除、修改、增加的操作的数据、应用程序破坏型行为，以及故意制作、传播计算机病毒等破坏性程序的植入行为等。

在部分案件中，犯罪人的犯罪行为方式较为容易分辨。如在"黄某松破坏计算机信息系统案"中，被告人黄某松利用其本身在泰州市国税局工作的便利，接受他人请托帮助修改某公司发票供应量，用国税局默认账户密码登录"金税三期税收管理系统"，进入泰州、南京、南通、镇江等地系统，增加了26家公司的月发票供应量。该案例中，被告人并未制作、传播任何非法程序，不构成植入破坏性程序行为。同时，被告人因为工作便利，通过正当途径进入了"金税三期税收管理系统"，也并不存在任何入侵或者破坏系统以及系统功能的行为。法院最终认定其犯罪行为构成对计算机信息系统中储存的数据进行修改，符合破坏计算机信息系统罪中数据、应用程序破坏型行为的行为方式。

类似行为方式的案例还包括本章"王某锋破坏计算机信息系统案"。在该案中，被告人王某锋并非相关公积金系统的工作人员，但其使用"四川L科技有限公司"资料在内江公积金中心开户，随后又利用吴某、李某、黄某（不符合公积金提取条件）的身份证号、个人账户查询密码登录公积金中心官网对其个人账户进行封存，再将客户信息新增进"四川L科技有限公司"在内江公积金中心开设单位账户，之后通过提供虚假材料的方式违法套取公积金。本案与"黄某松破坏计算机信息系统案"相同的地方在于，二者都是以正规方式进入计算机信息系统内，且利用计算机系统正常功能而非程序漏洞进行犯罪活动。最终同样被认定为对计算机信息系统内的数据进行修改，构成破坏计算机信息系统罪。

但实践中，破坏计算机信息系统的行为方式并不都是如此区别明显地出现在案件中，有时甚至会存在几种不同的行为方式交织的现象。这时，选择破坏计算机信息系统罪中的何种行为方式来对具体犯罪行为进行评价就存在一定的难度。

在本章"P公司等破坏计算机信息系统案"中，被告人实施的便是较为复杂的破坏计算机信息系统行为。从表面形式上来看，被告人违法开发

"信息读写器"程序并侵入相关电信运营商系统中进行违法犯罪活动，似乎更符合破坏计算机信息系统罪中的植入破坏性程序行为。但经鉴定发现，涉案的"信息读写器"程序完全具备破坏性程序的特征，在现实层面也影响了关键信息基础设施系统的正常运行。这也进一步证明该案犯罪行为符合植入破坏性程序行为的外在表现。但同时，在该案中，被告人通过"信息读写器"功能对相关电信运营商信息系统内的居民身份证信息进行读取、修改、增加，也符合破坏计算机信息系统罪犯罪行为中的数据、应用程序破坏型行为的外在表现。但由于无论是制作、传播破坏性程序的行为抑或修改、增加计算机系统存储数据的行为，都不能完全评价犯罪人的犯意和危害结果，法院最终认定其行为最符合对计算机信息系统功能进行破坏、干扰的系统功能破坏型行为。

在与"P公司等破坏计算机信息系统案"相类似的"湖南G公司等破坏计算机信息系统案"中，法院审理则得出了不一样的结果。被告人开发的"VTOOL"非法软件，可以绕过12306网站的身份识别仪进行虚假实名认证，直接将被冻结的购票客户身份信息注册账户激活，使这些账户能够随意在12306网站购票。前后将12306网站冻结的共计1295365条旅客身份信息进行非法核验，将其核验状态由"需线下核验—不能网上购票"修改为"正常—可以网上购票"。该案与"P公司等破坏计算机信息系统案"存在许多相似点，两者都是以开发非法软件程序的方式侵入关键信息基础设施，并对相关系统数据进行修改从而影响相应系统功能。但本案法院最终采信了检方的意见，认定其行为构成对计算机系统存储数据进行修改，而非破坏计算机信息系统功能。

比较两个案例之区别可以发现，二者最根本的区别在于，"湖南G公司等破坏计算机信息系统案"中的非法程序并未对计算机信息系统功能造成直接的破坏。在该案中，法院认定其行为仅限于对12306网站冻结的游客身份数据进行修改，未对系统功能造成影响。而在"P公司等破坏计算机信息系统案"中，"信息读写器"程序具有干扰电信运营商"实名制登记系统"读取居民身份证信息功能的作用，对该计算机信息系统功能进行了直接的破坏与干扰。

综上可知，在破坏计算机信息系统类案中，具体的违法犯罪行为并非都与刑法规定的具体犯罪方式一一对应，有时破坏系统功能的行为会涉及对计算机系统数据的修改、删除、增加，而传播、制作病毒等破坏性程序也可能直接造成计算机信息系统功能的破坏。在司法实践中，应当采取具体情形的法益危害性完整评价的原则，不能仅对破坏计算机系统行为的表面行为形式进行评价，而应该结合其目的、危害后果等具体犯罪客观方面进行综合评价。在犯罪嫌疑人实施数据、应用程序破坏型行为或植入破坏性程序行为的同时又造成计算机信息系统功能破坏的，评价为对计算机信息系统功能进行删除、修改、增加、干扰的系统功能破坏型行为更能完整地评价其犯罪行为性质。

（2）此罪与彼罪之分

在计算机信息系统犯罪的刑法规制领域，由于计算机技术本身的专业性和复杂性，以及我国目前计算机犯罪刑事立法存在部分疏漏，导致在计算机信息系统犯罪领域当中，部分犯罪存在形式重合、领域叠加、适用混乱等情形。结合本章所选取的案例来看，在司法实践中，破坏计算机信息系统罪、非法控制计算机信息系统罪、非法侵入计算机信息系统罪三者存在一定交叉重合情况，需要进行明确区分。

第一，破坏计算机信息系统罪与非法控制计算机信息系统罪。在本章所摘选的六个典型案例中，存在一个共同的特点，即犯罪嫌疑人对于犯罪事实的指控都供认不讳，案件的争议焦点通常都集中于指控的罪名以及相关减轻、从轻情节的认定上。其中较为典型的是"易某甲等破坏计算机信息系统案"。面对公诉方所提出的破坏计算机信息系统罪的指控，易某甲、孙某等被告人都以其所开发、出售的软件不会破坏计算机信息系统，只存在控制作用，故其行为应构成提供非法控制计算机信息系统罪作为辩护意见。

事实上，非法控制计算机信息系统罪的立法初衷，是为了解决计算机信息系统的"使用盗窃"问题，也即针对的是现实中存在的部分侵入计算机信息系统后未实施相关破坏行为而通过控制计算机实施特定操作获利的行为。① 但由于非法控制计算机信息系统罪的刑法条文表述相当简略，而同时破坏计算机信息系统罪中"破坏"行为的内在含义又较为宽泛，导致司法实践中长期以来对这两种罪名的正确适用存在一定难度。我们认为，要区分二者之间的差异，突破口在于对非法控制计算机信息系统行为进行准确认定。

司法实践中，之所以对于两罪的认定存在困难，原因在于立法并未对破坏计算机信息系统罪的具体犯罪方式当中的数据、应用程序破坏型行为和植入破坏性程序行为两类犯罪方式进行进一步的犯罪目的限缩，而仅以"后果严重"作为入罪标准。在实践中，犯罪分子实施非法控制计算机信息系统的行为，从技术层面而言，想要不通过对计算机信息系统内的数据进行删除、修改、增加就达到控制计算机系统的效果，几乎是不可能的。同时，在许多非法控制计算机信息系统犯罪中，犯罪分子也会采用植入破坏性程序的行为达到操纵计算机系统的目的。有学者指出，破坏计算机信息系统所产生的犯罪结果往往也有可能是行为人实现非法控制计算机信息系统行为的前提条件。如行为人通过关闭或者删除计算机信息系统的用户身份验证机制，从而实现对计算机信息系统的非法控制。②

如何对非法控制计算机信息系统的行为进行准确界定呢？对此，有学者认为非法控制计算机信息系统的行为，即在非法侵入计算机信息系统后，并未破坏计算机信息系统的功能或者数据，而是通过控制计算机实施特定的操作获利的行为。③ 在司法实践中，办案人员主要通过犯罪目的的二次限缩，来对破坏计算机信息系统罪和非法控制计算机信息罪进行区分。究其根源，这是因为破坏计算机信息系统罪与非法控制计算机信息系统罪的立法目的侧重点并不相同。破坏计算机信息系统罪的规制重点在于打击非法对计算机系统功能、数据等进行破坏的行为，而非法控制计算机

---

① 参见胡云腾《网络犯罪刑事诉讼程序意见暨相关司法解释理解与适用》，人民法院出版社，2014，第109页。
② 参见李刚、李涛《非法控制计算机信息系统罪与破坏计算机信息系统罪之辨析——以短缩的二行为犯为视角》，《中国检察官》2021年第14期。
③ 参见周立波《破坏计算机信息系统罪司法实践分析与刑法规范调适——基于100个司法判例的实证考察》，《法治研究》2018年第4期。

信息系统罪的规制重点则在于保障个体对于计算机信息系统的控制权上。

显然，非法控制计算机信息系统罪的犯罪目的在于非法控制计算机信息系统资源进行获利，而不可能具备对计算机信息系统本身的破坏性目的。因此，即使在非法控制计算机信息系统犯罪中由于侵入、剥夺计算机信息系统的控制权，导致计算机信息系统的功能不能正常使用的，但只要其未对系统功能本身进行直接的破坏，不具备对计算机信息系统的主观破坏目的，就不能因为非法控制的行为影响了系统功能的正常运行，而笼统地认定为构成"破坏"行为。

结合"易某甲等破坏计算机信息系统案"，最终法院之所以认定犯罪行为人构成破坏计算机信息系统罪而非非法侵入计算机信息系统罪，原因在于：一方面，其犯罪的目标对象是电信运营商的计算机信息系统本身，犯罪行为人不可能对电信运营商信息系统形成控制，也从未以控制电信运营商系统为目的；另一方面，犯罪行为人实施犯罪过程中，其主观目的在于对运营商信息系统进行直接破坏，以破坏运营商信息系统中的实名认证功能来牟利。

综上，我们认为，破坏计算机信息系统罪与非法控制计算机信息系统罪的区分要点在于两点：一是判断犯罪行为的目标对象是计算机信息系统本身还是计算机信息系统的控制权，二是判断在犯罪行为的实施过程中行为人主观上是否存在对计算机信息系统进行破坏的犯罪目的。

第二，破坏计算机信息系统罪与非法侵入计算机信息系统罪。非法侵入计算机信息系统罪与破坏计算机信息系统罪本身存在一定的包含关系，非法破坏计算机信息系统的行为大多数情况下都以非法入侵的行为为前提。《刑法》第 285 条第 1 款明文规定："违反国家规定，侵入国家事务、国防建设、尖端科学技术领域的计算机信息系统的，处三年以下有期徒刑或者拘役。"即非法侵入计算机信息系统罪存在两个方面的限定：一为入侵领域限定，限于国家事务、国防建设、尖端科学技术领域的计算机信息系统，其法益保护领域为破坏计算机信息系统罪的保护法益所包含；二为犯罪行为限定，仅限于入侵行为。该罪在破坏关键信息基础设施犯罪行为当中与非法破坏计算机信息系统罪存在较多的法条竞合情况，因为很大一部分关键信息基础设施所在领域属于非法侵入计算机信息系统罪当中的国家事务、国防建设、尖端科学技术领域。

当然，毕竟犯罪行为方式存在本质区别，当实施了具体破坏关键信息基础设施的犯罪行为时，单纯的非法侵入信息系统便无法完整地评价犯罪行为的危害后果，而应该评价为相对更加严重的罪行——破坏计算机信息系统罪。

第三，计算机信息系统数据的界定。《刑法》第286条所规定的破坏计算机信息系统罪第2款的犯罪行为表现形式为"计算机信息系统中存储、处理或者传输的数据和应用程序进行删除、修改、增加的操作，后果严重的"。由于计算机信息领域本身具有的强专业性，如何准确界定该条款规定的"计算机信息系统数据"，是实践中一个长期存在的难题。

在技术层面上，计算机信息系统数据的定义十分广泛，任何在计算机信息系统上进行的操作，即使只是打开任意一个文件，也会在数据后台留下相应记录。事实上，任何对于计算机信息系统进行的互动行为，都会对计算机信息系统存储、处理、传输的数据造成相应的影响。因此，不对计算机信息系统数据予以适当的限缩解释，就无法与该条款当中的其余两款犯罪行为的危害程度相对应，同时也存在将破坏计算机信息系统罪不断"口袋化"的可能，违反刑法中罪责刑相适应的基本原则。

综上，应当从体系解释的角度出发，对破坏计算机信息系统罪第2款中所规定的计算机信息系统数据进行界定。具体而言，既然《刑法》第286条对破坏计算机信息系统罪的三类犯罪行为适用了同样的法定刑幅度，那么三者应当具备大致相当的法益危害紧迫性。即对计算机信息系统中存储、处理或者传输的数据进行删除、修改、增加的操作所造成的危害后果，应当和破坏计算机对计算机信息系统功能进行删除、修改、增加、干扰，造成计算机信息系统不能正常运行以及制作、传播计算机病毒等破坏性程序，影响计算机系统正常运行的后果大致相当。

具体而言，犯罪行为所涉及的数据，应当具有对计算机系统安全与实质作用存在直接影响的必要前提限定。以本章典型类案为例，"黄某松破坏计算机信息系统案"的被告人进入税收信息系统对26家公司的月发票供应量进行了修改，"王某锋破坏计算机信息系统案"的被告人则进入公积金中心信息系统修改相关数据以违法方式套取公积金。二者都对税收信息系统和公积金信息系统的系统安全与实质作用造成了直接影响。

在司法实践中，最高人民法院、最高人民检察院联合发布的《关于办理危害计算机信息系统安全刑事案件应用法律若干问题的解释》对计算机信息系统中存储、处理或者传输的数据进行删除、修改、增加的操作"后果严重"的情形界定采取的是具体罗列的方式，具体内容为："（一）造成十台以上计算机信息系统的主要软件或者硬件不能正常运行的；（二）对二十台以上计算机信息系统中存储、处理或者传输的数据进行删除、修改、增加操作的；（三）违法所得五千元以上或者造成经济损失一万元以上的；（四）造成为一百台以上计算机信息系统提供域名解析、身份认证、计费等基础服务或者为一万以上用户提供服务的计算机信息系统不能正常运行累计一小时以上的；（五）造成其他严重后果的。"我们认为，纯以犯罪影响结果的罗列来认定破坏计算机信息系统罪的第二类犯罪方式不够全面，如果不对破坏计算机信息系统罪第 2 款犯罪行为中的"数据"进行概念限缩，理论上行为人对 20 台以上的计算机中计算机系统安全与实质作用无关的数据进行违法操作，依旧会构成破坏计算机信息系统罪。这与同罪名下的其余犯罪方式的法益侵害性显然不相对称。因此，对破坏计算机信息系统罪中第 2 款犯罪方式中的"数据"概念进行适当限缩，具有实在的司法实践意义。

综上，对破坏关键信息基础设施行为刑事责任的界定，应当在判断是否符合破坏计算机信息系统罪犯罪构成的同时，注重对犯罪行为的法定表现方式、此罪与彼罪以及计算机信息系统数据的适当范围等争议焦点进行深入探讨，最终进行综合认定。

（四）关键信息基础设施法律保护的比较法经验

放眼世界，以美国为代表的西方国家对网络关键信息基础设施的保护机制，相对较为充分和全面，比较观察发达国家的相关做法，对我国的立法和实践均具有部分参考和借鉴价值。一方面，以美国为代表的西方国家是现代网络信息技术的源起地和中心点，至今仍处于相对领军地位，其网络法治体系具有一定特色。另一方面，我国重要领域关键信息基础设施一般被纳入国家层面进行统一管理、保护、监督，以美国为代表的西方国家则存在较多由私营企业掌控关键信息基础设施的情况，两者的管理和保护制度存在差异，因而具有比较法上的价值与意义。

以美国为代表的西方国家对于关键信息基础设施之法律保护机制，呈现出的主要特点大致如下。

一是专门化部门管理。美国一直以来高度重视关键信息基础设施的保护问题，通常将其与国土安全问题直接关联。美国首先通过议会议案对《国土安全法案》进行了修订，授权成立国家网络安全与通信中心。该中心的任务是保护美国联邦政府关键基础设施、国家关键基础设施和国家安全，提升通信基础设施应对网络风险时的安全性和恢复能力。在美国国土安全部内部设立专门针对关键信息基础设施的管理部门，体现出美国对关键信息基础设施的整体重视程度。

二是高强度风险评估立法设定。美国立法一方面要求建立一个联邦机构跨部门委员会来评估网络风险，识别关键的网络基础设施所采用的网络风险预防和应对办法，并建立一种激励机制来鼓励关键基础设施的所有者和经营者自愿履行国土安全部的各项规定，并对他们提供信息和技术援助。同时美国"H.R.3674号议案"要求国土安全部部长每年对列入国家基础设施保护计划中的关键基础设施进行风险评估，要求联邦监管机构对被覆盖的关键基础设施的相关网络安全保护规定进行审查。大量高强度、严要求的关键信息基础设施风险评估立法，表明美国对于关键信息基础设施保护的出发点与侧重点，均在于不断加强关键信息基础设施自身的风险抵御能力和自我保护能力，以期避免出现关键信息基础设施遭受大规模破坏的危害后果。

域外的相关做法，一定程度上可以对我国关键信息基础设施之保护机制提供部分启发和对比意义。

第一，在专门管理部门方面，《关键保护条例》第3条明确规定："在国家网信部门统筹协调下，国务院公安部门负责指导监督关键信息基础设施安全保护工作。国务院电信主管部门和其他有关部门依照本条例和有关法律、行政法规的规定，在各自职责范围内负责关键信息基础设施安全保护和监督管理工作。省级人民政府有关部门依据各自职责对关键信息基础设施实施安全保护和监督管理。"可见，我国在针对关键信息基础设施保护的部门设定上，是以一个中心点（网信部门）统筹，多部门（公安、电信主管部门等）联合负责，中央地方多层次开展的系统化管理部门设置和组织设计。

第二，在关键信息基础设施保护具体机制方面，《关键保护条例》第三章详细规定了运营者的范围、责任、工作目标等。同时，该条例还在第四章明确规定了保护工作部门应当建立健全本行业、本领域的关键信息基础设施网络安全监测预警制度。

综上，在针对关键信息基础设施的保护和风险防范上，我国建立的是政府和具体管理者双重系统保护和风险防范举措。同时，《关键保护条例》将安全责任落实到具体领域、具体行业的具体运营管理者个体，将责任适当下放，意在激发和激活关键信息基础设施运营者自身的风险防范能力。同时，作为单一制国家，我国中央政府对于地方政府具有领导地位，各政府主体对相关运营者主体也具有管理、监督、指导等作用。因此，以《网络安全法》等法律法规为主要依据和框架，我国对于关键信息基础设施的管理、保护、风险防范等都呈现出了体系化、统一化、责任化的特点。

除立法层面之外，美国对于网络及信息类犯罪的规制也具有一些特色。对此，可以《美国联邦法典》所规定的破坏计算机信息系统罪与我国《刑法》的相关规制内容为例，进行横向对比。美国对于网络犯罪的刑事规制由来已久，最早在20世纪60年代美国法院就已经开始审判网络犯罪案件。但《美国联邦法典》正式对网络犯罪制定专门的法条，则发端于20世纪80年代。在此之前，美国法院通常通过对盗窃、侵入住宅等自然犯罪进行扩张解释来规制网络犯罪。

《美国联邦法典》第1030条（a）（5）规定的破坏计算机信息系统罪，包括三种犯意状态下的破坏计算机信息系统犯罪：第一种，故意破坏计算机信息系统犯罪，指行为人蓄意未经授权实施向受保护的计算机信息系统发出程序、信息、代码的行为或引起前述行为的后果，致使受保护的计算机信息系统受到损害；第二种，轻率导致计算机信息系统损坏犯罪，行为人蓄意实施未经授权的侵入行为，对危害后果持轻率的心态；第三种，疏忽大意导致计算机信息系统损坏犯罪，行为人蓄意实施未经授权的侵入行为，对危害后果持疏忽大意的心态。同时，三种犯意状态下的破坏计算机信息系统罪都有损害结果的要求，《美国联邦法典》对该损害的范围进行了广义界定，即包括"对数据、程序、系统或信息的完整性和可用性的任何损害"。有学者认为，对这三种不同犯意状态下的损害界定是相同的，包括引起"被害人合理的支出，包括应对违法行为，进行损害评估，在违法犯罪之前保存数据、程序或信息的支出，税收损失，引起的成本或者其他因服务被干扰引起的后续损害"。①

与我国《刑法》中的破坏计算机信息系统罪相比，美国的既有立法存在以下特点。一是打击范围较为宽泛。例如，美国将过失破坏计算机信息系统的行为同样纳入破坏计算机信息系统罪的打击范围。同时，还将侵入系统和复制数据的行为认定为犯罪。二是损害后果认定的延伸性。《美国联邦法典》中规定的破坏计算机信息系统罪必须造成一定的损害后果。但该损害后果的认定范围具备极强的延伸性，甚至将被害人修复被损害计算机信息系统的花费也纳入损害后果的计量范围。三是设置严密的计算机系统刑法保护体系。美国为了尽可能地打击破坏计算机系统犯罪，还在《美国联邦法典》中设定了"威胁破坏计算机信息系统罪"，将破坏计算机信息系统的预备行为也作为正式犯罪予以严厉打击。

综上可知，美国对于破坏计算机信息系统的打击范围、打击力度、刑事规制体系，规定得均较为全面和严格，这体现了其对关键信息基础设施进行重点保护的整体立场。刑法对某类行为打击力度的强弱，一定程度上代表着国家层面对相关法益的重视程度。未来，以关键信息基础设施为代表的网络信息系统还将在国家和社会生活层面发挥更大的影响，我们在设

---

① 参见皮勇《〈网络犯罪公约〉框架下的美国网络犯罪立法：特立与趋同》，《国外社会科学》2020 年第 5 期。

计相关保护和刑事规制机制时，既要立足本国国情，也要以开放的态度，参考借鉴域外成熟做法。

（五）关键信息基础设施安全与大规模攻击行为预防

目前，在我国各大数据库可以查询到的破坏关键信息基础设施案例中，破坏关键信息基础设施的行为通常作为犯罪的手段而非目的而存在。但这并不意味着关键信息基础设施本身就不存在被大规模攻击并造成严重破坏后果的可能性。

以 2017 年发生的"想哭（WannaCry）"病毒案件为例。2017 年 5 月"想哭"勒索病毒开始通过电子邮件的形式传播。由于当时尚未大面积爆发，未能引起相关部门的警觉。直到 5 月中旬病毒发生变种，又被部分违法犯罪分子利用相关漏洞攻击工具，扫描所有开放 Windows 操作系统 445端口的计算机，对计算机进行入侵并植入其软件后才引发各方重视。该病毒在爆发后的很短时间内，全球便约有 100 万个互联网协议地址遭受了攻击。包括我国境内山东大学、江苏大学、太原理工大学等在内的十几所高校的教育网都遭受了攻击。除了教育网以外，多地的公安网和政企专网也遭遇了病毒袭击，许多政府部门和公安机关受到影响被迫停止工作。但对于此类具有直接破坏性目的、对关键信息基础设施造成巨大破坏的违法犯罪行为，却因为网络本身虚拟性、联通性等特点，导致难以确定以及追索相关犯罪者的身份和法律责任。

为避免类似问题再次出现，并从整体上提升关键信息网络基础设施的安全性，我们认为，应从如下方面构建和完善相关保护机制。

第一，完善关键信息基础设施保护的法律制度。一方面，需要加强关键信息基础设施保护领域相关立法的顶层设计。近年来，我国已经加快了关键信息基础设施安全领域的法治进程，陆续出台《网络安全法》《关键保护条例》等法律法规。但以关键信息基础设施为核心的网络安全治理是一项长期且宏大的任务，因此，单一的立法措施不足以匹配网络安全在国家与社会层面的重要地位。应当加强网络安全法治建设的顶层设计，拟定具有长期性的网络安全法治国家战略。这就需要在国家层面设立统一的网络安全法治建设统筹组织，这一点上，我国目前已经建立的中共中央网络安全与信息化委员会将发挥不可或缺的作用。另一方面，要加强执法队伍中网络安全专业型人才的培养。再好的立法也需要好的执行者来实施。关键信息基础设施保护更是不同于一般执法，其需要执法者对网络技术有专业化的认识与理解，还需要具备多方面的综合能力，才能妥善处理好多种复杂问题，直面多种复杂场景，以真正发挥立法的规制作用。

第二，加强刑法与行政法规的配套规制作用。对于针对关键信息基础设施的破坏行为，我国目前主要对之课以刑事与行政两种法律责任。对此，一方面要加强刑法领域对于相关犯罪的认定与裁判工作，并积极应对网络时代新变化，加快《刑法》相关条文的修改与解释工作。另一方面，《关键保护条例》的颁布实施，也为行政机关执法工作带来了新的执法权力与实施挑战。行政机关应当严格依法执法，并将关键信息基础设施的保护工作置于重要地位。刑法与行政法规则应当权责清晰、职责分明，共同搭建关键信息基础设施保护全面、完善的责任追究体系。

（六）小结

总之，在网络时代，维护关键信息基础设施安全的重要性不言而喻。明确关键信息基础设施的法定范围、理解国家对关键信息基础设施赋予重点保护地位的原因，有助于法律工作者与人民群众进一步理解关键信息基础设施安全对于国家和社会的重要意义。在破坏关键信息基础设施行为的刑事规制实践方面，针对相关犯罪的入罪、出罪机制，厘清此罪与彼罪的界限等问题，尚需作进一步的持续研究与探索。与西方部分发达国家相比，我国针对关键信息基础设施的立法体系和实体制度，也有待进一步构建完善。维护关键信息基础设施安全，是更好地利用和管理网络的基本前提，也是我国网络法治建设重要和长期的时代任务。

第三章　利用网络信息危害国家安全案

一　典型类案

（一）吕某松颠覆国家政权案

[**案例案号**] 浙江省高级人民法院（2016）浙 07 刑终 311 号刑事裁定书

[**基本案情**]

2011 年 9 月至案发前，被告人吕某松以"中国民主党浙江委员会"或者个人名义，先后在多个境外网站上发表其撰写的 11 篇声明、公开信、文章。在上述内容中，吕某松采用造谣、诽谤等方式，污蔑、攻击我国国家政权和社会主义制度。

2012 年 12 月 31 日，被告人吕某松与苏某、魏某凌、楼某、初某在安徽省黄山市金某住处召开"黄山会议"，商讨建立"中国民主党浙江委员会"的组织领导体系。经会议讨论，吕某松担任"主持"（即主席），陈某甲（另案处理）、魏某凌担任"理念"（即副主席），毛某祥担任"总务"，邹某担任"联络"，任某担任"发言人"，楼某担任"卫生"（即保卫），高某兵担任"不管"（即秘书长）。会后，楼某将会议内容整理成"黄山会议纪要公告"并发布在境外网站，公告明确写明由吕某松担任"中国民主党浙江委员会"主席，同时宣称"'中国民主党浙江委员会'第一次会议（黄山会议）对推进大陆民主事业具有划时代的意义"。

2013 年 12 月底，被告人吕某松等人以"中国民主党浙江委员会"名义撰写并印制含有污蔑我国国家政权和推翻社会主义制度内容的贺卡 90 张，上述贺卡在准备寄送时被查获。2014 年 1 月 3 日，吕某松伙同陈某甲等人以"中国民主党浙江委员会"的名义参加吊唁活动。

[审理意见]

一审法院根据案件事实和相关法律规定，判决被告人吕某松犯颠覆国家政权罪，判处有期徒刑十一年，剥夺政治权利五年。

被告人吕某松上诉提出："中国民主党"不是非法组织；其撰写文章、制作贺卡、参加吊唁及作为"中国民主党党员"参加活动，均属行使公民的合法权利，并不违法；其没有颠覆政权的行为，不构成颠覆国家政权罪。故请求撤销原判，改判无罪。

其辩护人还提出如下辩护意见。第一，原判认定"中国民主党"系以颠覆我国国家政权、推翻社会主义制度为目的的非法组织，有违现代政治理念和宪法规定的结社自由原则，定性依据不足。第二，吕某松撰写、发表文章、声明、公开信等系依法行使言论自由，不应单纯地将发表言论行为作为颠覆国家政权罪的罪证。第三，"黄山会议"不过是几个"中国民主党"人在私人住所中的小规模私人聚会，不应定性为"中国民主党"的组织行为，不构成任何犯罪。第四，撰写、印制并准备寄送贺卡，参加吊唁活动，只是正常的人际交往活动，不能成为颠覆国家政权的罪行。

二审法院经审理认为，被告人吕某松以非法组织"中国民主党"成员的身份和"中国民主党浙江委员会"名义，组织、策划、实施颠覆我国国家政权、推翻我国社会主义制度的一系列行为，依法已构成颠覆国家政权罪，且系首要分子，依法应予惩处。吕某松曾因犯危害国家安全罪被判刑，刑罚执行完毕后再犯危害国家安全类犯罪，系累犯，依法应从重处罚。吕某松及其二审辩护人提出吕某松不构成犯罪，要求改判无罪的理由不能成立，不予采纳。原判定罪准确，量刑适当，审判程序合法。故，依法裁定：驳回上诉，维持原判。

（二）王某甲煽动颠覆国家政权案

[**案例案号**] 湖北省高级人民法院（2013）鄂刑一终字第00091号刑事裁定书

[**基本案情**]

2011年6月，被告人王某甲先后在湖南省张家界市和湘潭市开办了两期"中功"培训班，每期参学人员近20人。其间，王某甲利用培训授课之机，向参学人员散布诽谤、诋毁党和国家的言论，并在明知一些书中含有大量煽动颠覆国家政权、推翻社会主义制度的内容的情形下，仍上网下载后进行复制，继而将复制的材料及其非法获得的图书向参学人员大肆散发。案发后，公安机关从参学人员处扣押了王某甲散发的非法图书2本。经湖北省新闻出版局鉴定，其散发的图书属违禁出版物。同年12月21日，公安机关依法对王某甲的住所进行搜查、勘验，查获笔记本电脑1台、U盘3个、打印机1台。经鉴定，上述U盘中含有21个"法轮功"相关数据文件。

[**审理意见**]

一审法院认定被告人王某甲犯煽动颠覆国家政权罪，判处有期徒刑三年，剥夺政治权利一年。判决后，原审被告人王某甲对原判决不服，依法提起上诉。二审针对上诉人王某甲及其辩护人提出湖北省司法机关对本案没有管辖权，其已经在湖南省被处罚过，本案程序上违反了一事不二罚原则的上诉理由及辩护意见，认为王某甲确实曾经被湖南省司法机关调查过，但湖南省司法机关未对王某甲进行过任何刑事和行政处罚。王某甲辩护人提交的株洲市国家安全局出具的责令具结悔过决定书、没收保证金决定书针对的系王某甲在取保候审期间未在传唤时及时到案的行为，而不是其煽动颠覆国家政权的行为。故本案不存在王某甲及其辩护人提出的违反一事不二罚原则的情形。根据刑事诉讼法规定，"刑事案件由犯罪地的人民法院管辖。如果由被告人居住地的人民法院审判更为适宜的，可以由被告人居住地的人民法院管辖"。王某甲的居住地在武汉，湖北省司法机关依法对该案具有管辖权。故上述上诉理由及辩护意见均不能成立，二审法院不予采纳。另外，上诉人王某甲明知违禁出版物及复制材料中载有煽动颠覆国家政权、推翻社会主义制度的内容，而予以宣传、印制、传播，危害国家安全，其行为已构成煽动颠覆国家政权罪。王某甲曾因触犯危害国家安全类犯罪被判刑，在刑罚执行完毕后，再犯同类罪，依法以累犯论处，应从重处罚。其到案后能如实供述罪行，依法可从轻处罚。原判定罪准确，量刑适当，审判程序合法。故，依法裁定如下：驳回上诉，维持原判。

（三）熊某霞、马某玲等利用邪教组织破坏法律实施案

[**案例案号**] 江苏省连云港市中级人民法院（2019）苏 07 刑终 202 号刑事裁定书

[**基本案情**]

2018 年 1 月至案发前，被告人熊某霞、马某玲、邵某玲、周某芳、高某君、汪某玉、周某彩、王某芝、刘某萍、那某志等 10 人利用手机软件拨打宣传语音电话或建立无线热点服务器等方式，向不特定的人传播宣扬"法轮功"邪教，其中熊某霞、马某玲、邵某玲、周某芳等 4 人共计拨打语音电话 1.8 万余条，高某君拨打语音电话 1.1 万余条，刘某萍拨打语音电话 3143 条，王某芝拨打语音电话 1276 条，汪某玉拨打语音电话 430 条，那某志拨打语音电话 8444 条。被告人乔某华明知上述人员真实目的，仍提供非实名手机卡销售、充值等帮助，案发后，公安机关在其经营的报亭里查获天音歌曲集 1 本、远特牌电话卡、银盛通信等电话卡 76 张、电信、移动、联通等充值卡 43 张。

另外，从被告人马某玲手机里提取到宣传"法轮功"的音频 47 个、图片 76 张、压缩文件 14 个、视频 13 个、电子书 33 个，从汪某玉手机里提取到音频 60 个、图片 74 张、压缩文件 14 个、视频 13 个、电子书 33 个，从周某芳手机里提取到音频 36 个、图片 46 张、压缩文件 13 个、视频 13 个、电子书 33 个，从邵某玲手机里提取到音频 40 个、图片 64 张、压缩文件 14 个、视频 13 个、电子书 33 个，从周某彩手机里提取到音频 36 个、图片 76 张、压缩文件 14 个、视频 13 个、电子书 33 个。经连云港市

公安局查验,上述宣扬、传播"法轮功"邪教的内容具有明显的社会危害性,应认定为邪教宣传品。

[审理意见]

一审法院认为,被告人熊某霞、马某玲、邵某玲、周某芳、汪某玉、高某君、那某志、王某芝、刘某萍、周某彩利用邪教组织破坏法律、行政法规实施,其中被告人熊某霞、马某玲、邵某玲、周某芳、汪某玉、高某君、那某志、周某彩利用通讯信息网络宣传邪教,情节特别严重,被告人王某芝、刘某萍利用通讯信息网络宣传邪教,情节严重,被告人乔某华明知上述人员利用邪教组织实施犯罪,仍提供帮助,其行为均已构成利用邪教组织破坏法律实施罪,均应当以利用邪教组织破坏法律实施罪追究其刑事责任。被告人熊某霞、马某玲、邵某玲、周某芳是共同犯罪。公诉机关指控被告人熊某霞、马某玲、邵某玲、周某芳、汪某玉、高某君、那某志、王某芝、刘某萍、周某彩犯利用邪教组织破坏法律实施罪事实清楚、证据确实充分,法院予以支持。综上,依法判决如下:被告人熊某霞犯利用邪教组织破坏法律实施罪,判处有期徒刑七年,并处罚金人民币15000元;被告人汪某玉犯利用邪教组织破坏法律实施罪,判处有期徒刑七年,并处罚金人民币 15000 元;被告人马某玲犯利用邪教组织破坏法律实施罪,判处有期徒刑五年,并处罚金人民币 10000 元;被告人邵某玲犯利用邪教组织破坏法律实施罪,判处有期徒刑五年,并处罚金人民币 10000 元;被告人周某芳犯利用邪教组织破坏法律实施罪,判处有期徒刑五年,并处罚金人民币 10000 元;被告人高某君犯利用邪教组织破坏法律实施罪,判处有期徒刑五年,并处罚金人民币 10000 元;被告人那某志犯利用邪教组织破坏法律实施罪,判处有期徒刑五年,并处罚金人民币 10000 元;被告人王某芝犯利用邪教组织破坏法律实施罪,判处有期徒刑二年,并处罚金人民币 5000 元;被告人刘某萍犯利用邪教组织破坏法律实施罪,判处有期徒刑二年,并处罚金人民币 5000 元;被告人乔某华犯利用邪教组织破坏法律实施罪,判处有期徒刑一年,并处罚金人民币 3000 元;被告人周某彩犯利用邪教组织破坏法律实施罪,判处有期徒刑三年,缓刑五年,并处罚金人民币 8000 元。

判决后，熊某霞等被告不服一审判决，依法提起上诉。二审法院经审理，对上诉人的主要上诉意见评判如下。

第一，关于"法轮功"是不是邪教，宣传、传播"法轮功"是不是构成犯罪的问题，经查，国家相关法律明确规定，"法轮功"组织是邪教，宣传、传播"法轮功"破坏法律实施的行为构成利用邪教组织破坏法律实施罪。

第二，关于上诉人周某芳提出"其参与宣传'法轮功'活动时间短暂，社会危害不大"的上诉理由，经查，"法轮功"邪教组织，肆意歪曲事实，诋毁、谩骂中国共产党，企图颠覆国家政权，动摇执政根基，破坏法律实施，上诉人周某芳积极参与"法轮功"宣传活动，社会危害大，原审判决根据其犯罪的具体情节，对其定罪处罚，罪刑相适应，故该上诉理由不能成立，法院不予采纳。

二审法院认为，上诉人熊某霞、马某玲、邵某玲、周某芳、汪某玉、高某君、那某志、王某芝、刘某萍，原审被告人周某彩利用邪教组织破坏法律、行政法规实施，其中上诉人熊某霞、马某玲、邵某玲、周某芳、汪某玉、高某君、那某志、周某彩利用通讯信息网络宣传邪教，情节特别严重，上诉人王某芝、刘某萍利用通讯信息网络宣传邪教，情节严重，原审被告人乔某华明知上述人员利用邪教组织实施犯罪，仍提供帮助，其行为均已构成利用邪教组织破坏法律实施罪，均应当以利用邪教组织破坏法律实施罪追究其刑事责任。故，依法裁定如下：驳回上诉，维持原判。

（四）黄某煽动颠覆国家政权案

[**案例案号**] 四川省成都市中级人民法院（2001）成刑初字第49号刑事判决书

[**基本案情**]

1998年底，被告人黄某在成都市开办"成都天网寻人咨询服务事务所"，并担任法人代表。1999年6月14日，该事务所通过成都某计算机网络有限公司注册上网，网站名为"天网寻人"，内设"司法新闻""官方网事""呐喊专集""免费寻人"等多个栏目，由黄某负责网站的维护和主页的制作、更新工作。自 2000 年 3 月起，黄某在"天网寻人"网站主页的"走向论坛"栏目中登载《中国民主党政治纲领》（2000 年 4 月 28 日）、《中国民主党章程》（2000 年 5 月 26 日）等文章；2000 年 6 月，在"天网寻人"网站主页"遥看中华""网海拾遗"等栏目中发布多篇文章。上述文章以造谣、诽谤方式煽动颠覆国家政权、推翻社会主义制度。

[审理意见]

法院认为，被告人黄某通过互联网散布传播的多篇文章，采取造谣、诽谤的方式煽动颠覆国家政权、推翻我国社会主义制度的行为已构成煽动颠覆国家政权罪，应依法予以惩处。四川省成都市人民检察院起诉指控被告人黄某犯煽动颠覆国家政权罪的事实成立，定性正确，应予支持。

关于公诉机关对黄某煽动分裂国家政权罪的指控，法院认为，案涉网站电子公告栏目中具有宣扬民族分裂内容的文章系他人张贴，黄某作为网站的负责人虽有义务对该文进行删除而未予删除，但该文并非其主动制作、编辑、发布，且现尚无证据证明黄某具有煽动分裂国家的目的，故对此指控，法院不予支持。关于被告人黄某提出自己只对 2000 年 3 月 30 日以前自办栏目"遥看中华""网海拾遗"中的文章内容负责的辩解，经查，根据相关的证据可以证实 2000 年 3 月 30 日至案发时，"天网寻人"网站自办栏目"遥看中华""网海拾遗"中所登载的文章，是由黄某编辑发布的。对于被告人黄某及其辩护人提出公安机关无证据证明黄某何时何地通过哪台计算机在网上发表上述指控文章的观点，法院认为，控方收集在案的大量证据彼此关联，并形成一个完整的证据锁链，可以证实互联网上"天网寻人"网站所刊登的有关煽动颠覆国家政权的文章是黄某所为，因此，对辩护人的这一辩护意见，法院不予采纳。另，对于辩护人提出黄某有言论自由，可以对某一事件自由发表自己看法的观点，法院认为，言论自由是我国公民的一项政治权利，但在行使该权利时，不得损害国家利益和安全，不得采取造谣、诽谤的方式煽动颠覆国家政权。因此，辩护人只强调被告人的权利而忽视其义务的观点，法院不予采纳。故，法院依法判决如下：被告人黄某犯煽动颠覆国家政权罪，判处有期徒刑五年，剥夺政治权利一年。

二　核心法条

1. 《网络安全法》第 12 条："国家保护公民、法人和其他组织依法使用网络的权利，促进网络接入普及，提升网络服务水平，为社会提供安全、便利的网络服务，保障网络信息依法有序自由流动。

"任何个人和组织使用网络应当遵守宪法法律，遵守公共秩序，尊重社会公德，不得危害网络安全，不得利用网络从事危害国家安全、荣誉和利益，煽动颠覆国家政权、推翻社会主义制度，煽动分裂国家、破坏国家统一，宣扬恐怖主义、极端主义，宣扬民族仇恨、民族歧视，传播暴力、淫秽色情信息，编造、传播虚假信息扰乱经济秩序和社会秩序，以及侵害他人名誉、隐私、知识产权和其他合法权益等活动。"

2. 《网络安全法》第 28 条："网络运营者应当为公安机关、国家安全机关依法维护国家安全和侦查犯罪的活动提供技术支持和协助。"

3. 《国家安全法》第 25 条："国家建设网络与信息安全保障体系，提升网络与信息安全保护能力，加强网络和信息技术的创新研究和开发应用，实现网络和信息核心技术、关键基础设施和重要领域信息系统及数据的安全可控；加强网络管理，防范、制止和依法惩治网络攻击、网络入侵、网络窃密、散布违法有害信息等网络违法犯罪行为，维护国家网络空间主权、安全和发展利益。"

4. 《刑法》第 25 条："共同犯罪是指二人以上共同故意犯罪。

"二人以上共同过失犯罪，不以共同犯罪论处；应当负刑事责任的，按照他们所犯的罪分别处罚。"

5. 《刑法》第 52 条："判处罚金，应当根据犯罪情节决定罚金数额。"

6. 《刑法》第 55 条："剥夺政治权利的期限，除本法第五十七条规定外，为一年以上五年以下。

"判处管制附加剥夺政治权利的，剥夺政治权利的期限与管制的期限相等，同时执行。"

7. 《刑法》第 56 条："对于危害国家安全的犯罪分子应当附加剥夺政

治权利；对于故意杀人、强奸、放火、爆炸、投毒、抢劫等严重破坏社会秩序的犯罪分子，可以附加剥夺政治权利。

"独立适用剥夺政治权利的，依照本法分则的规定。"

8.《刑法》第 64 条："犯罪分子违法所得的一切财物，应当予以追缴或者责令退赔；对被害人的合法财产，应当及时返还；违禁品和供犯罪所用的本人财物，应当予以没收。没收的财物和罚金，一律上缴国库，不得挪用和自行处理。"

9.《刑法》第 65 条："被判处有期徒刑以上刑罚的犯罪分子，刑罚执行完毕或者赦免以后，在五年以内再犯应当判处有期徒刑以上刑罚之罪的，是累犯，应当从重处罚，但是过失犯罪和不满十八周岁的人犯罪的除外。

"前款规定的期限，对于被假释的犯罪分子，从假释期满之日起计算。"

10.《刑法》第 66 条："危害国家安全犯罪、恐怖活动犯罪、黑社会性质的组织犯罪的犯罪分子，在刑罚执行完毕或者赦免以后，在任何时候再犯上述任一类罪的，都以累犯论处。"

11.《刑法》第 67 条："犯罪以后自动投案，如实供述自己的罪行的，是自首。对于自首的犯罪分子，可以从轻或者减轻处罚。其中，犯罪较轻的，可以免除处罚。

"被采取强制措施的犯罪嫌疑人、被告人和正在服刑的罪犯，如实供述司法机关还未掌握的本人其他罪行的，以自首论。

"犯罪嫌疑人虽不具有前两款规定的自首情节，但是如实供述自己罪行的，可以从轻处罚；因其如实供述自己罪行，避免特别严重后果发生的，可以减轻处罚。"

12.《刑法》第 103 条："组织、策划、实施分裂国家、破坏国家统一的，对首要分子或者罪行重大的，处无期徒刑或者十年以上有期徒刑；对积极参加的，处三年以上十年以下有期徒刑；对其他参加的，处三年以下有期徒刑、拘役、管制或者剥夺政治权利。

"煽动分裂国家、破坏国家统一的，处五年以下有期徒刑、拘役、管制或者剥夺政治权利；首要分子或者罪行重大的，处五年以上有期徒刑。"

13.《刑法》第 105 条："组织、策划、实施颠覆国家政权、推翻社会主义制度的，对首要分子或者罪行重大的，处无期徒刑或者十年以上有期徒刑；对积极参加的，处三年以上十年以下有期徒刑；对其他参加的，处三年以下有期徒刑、拘役、管制或者剥夺政治权利。

"以造谣、诽谤或者其他方式煽动颠覆国家政权、推翻社会主义制度的，处五年以下有期徒刑、拘役、管制或者剥夺政治权利；首要分子或者罪行重大的，处五年以上有期徒刑。"

14.《刑法》第 300 条："组织、利用会道门、邪教组织或者利用迷信破坏国家法律、行政法规实施的，处三年以上七年以下有期徒刑，并处罚金；情节特别严重的，处七年以上有期徒刑或者无期徒刑，并处罚金或者没收财产；情节较轻的，处三年以下有期徒刑、拘役、管制或者剥夺政治权利，并处或者单处罚金。

"组织、利用会道门、邪教组织或者利用迷信蒙骗他人，致人重伤、死亡的，依照前款的规定处罚。

"犯第一款罪又有奸淫妇女、诈骗财物等犯罪行为的，依照数罪并罚的规定处罚。"

15. 最高人民法院《关于审理非法出版物刑事案件具体应用法律若干问题的解释》第 1 条："明知出版物中载有煽动分裂国家、破坏国家统一或者煽动颠覆国家政权、推翻社会主义制度的内容，而予以出版、印刷、复制、发行、传播的，依照刑法第一百零三条第二款或者第一百零五条第二款的规定，以煽动分裂国家罪或者煽动颠覆国家政权罪定罪处罚。"

16. 最高人民法院、最高人民检察院《关于办理组织、利用邪教组织破坏法律实施等刑事案件适用法律若干问题的解释》第 1 条："冒用宗教、气功或者以其他名义建立，神化、鼓吹首要分子，利用制造、散布迷信邪说等手段蛊惑、蒙骗他人，发展、控制成员，危害社会的非法组织，应当认定为刑法第三百条规定的'邪教组织'。"

17. 最高人民法院、最高人民检察院《关于办理组织、利用邪教组织破坏法律实施等刑事案件适用法律若干问题的解释》第 2 条："组织、利用邪教组织，破坏国家法律、行政法规实施，具有下列情形之一的，应当依照刑法第三百条第一款的规定，处三年以上七年以下有期徒刑，并处罚金：

（一）建立邪教组织，或者邪教组织被取缔后又恢复、另行建立邪教组织的；

（二）聚众包围、冲击、强占、哄闹国家机关、企业事业单位或者公共场所、宗教活动场所，扰乱社会秩序的；

（三）非法举行集会、游行、示威，扰乱社会秩序的；

（四）使用暴力、胁迫或者以其他方法强迫他人加入或者阻止他人退出邪教组织的；

（五）组织、煽动、蒙骗成员或者他人不履行法定义务的；

（六）使用'伪基站''黑广播'等无线电台（站）或者无线电频率宣扬邪教的；

（七）曾因从事邪教活动被追究刑事责任或者二年内受过行政处罚，又从事邪教活动的；

（八）发展邪教组织成员五十人以上的；

（九）敛取钱财或者造成经济损失一百万元以上的；

（十）以货币为载体宣扬邪教，数量在五百张（枚）以上的；

（十一）制作、传播邪教宣传品，达到下列数量标准之一的：

1. 传单、喷图、图片、标语、报纸一千份（张）以上的；

2. 书籍、刊物二百五十册以上的；

3. 录音带、录像带等音像制品二百五十盒（张）以上的；

4. 标识、标志物二百五十件以上的；

5. 光盘、U盘、储存卡、移动硬盘等移动存储介质一百个以上的；

6. 横幅、条幅五十条（个）以上的。

（十二）利用通讯信息网络宣扬邪教，具有下列情形之一的：

1. 制作、传播宣扬邪教的电子图片、文章二百张（篇）以上，电子书籍、刊物、音视频五十册（个）以上，或者电子文档五百万字符以上、电子音视频二百五十分钟以上的；

2. 编发信息、拨打电话一千条（次）以上的；

3. 利用在线人数累计达到一千以上的聊天室，或者利用群组成员、关注人员等账号数累计一千以上的通讯群组、微信、微博等社交网络宣扬邪教的；

4. 邪教信息实际被点击、浏览数达到五千次以上的。

（十三）其他情节严重的情形。"

18. 最高人民法院、最高人民检察院《关于办理组织、利用邪教组织破坏法律实施等刑事案件适用法律若干问题的解释》第3条："组织、利用邪教组织，破坏国家法律、行政法规实施，具有下列情形之一的，应当认定为刑法第三百条第一款规定的'情节特别严重'，处七年以上有期徒刑或者无期徒刑，并处罚金或者没收财产：

（一）实施本解释第二条第一项至第七项规定的行为，社会危害特别严重的；

（二）实施本解释第二条第八项至第十二项规定的行为，数量或者数额达到第二条规定相应标准五倍以上的；

（三）其他情节特别严重的情形。"

19. 最高人民法院、最高人民检察院《关于办理组织、利用邪教组织破坏法律实施等刑事案件适用法律若干问题的解释》第10条："组织、利用邪教组织破坏国家法律、行政法规实施过程中，又有煽动分裂国家、煽动颠覆国家政权或者侮辱、诽谤他人等犯罪行为的，依照数罪并罚的规定定罪处罚。"

20. 最高人民法院、最高人民检察院《关于办理组织、利用邪教组织破坏法律实施等刑事案件适用法律若干问题的解释》第9条第1款："组织、利用邪教组织破坏国家法律、行政法规实施，符合本解释第四条规定情形，但行为人能够真诚悔罪，明确表示退出邪教组织、不再从事邪教活动的，可以不起诉或者免予刑事处罚。其中，行为人系受蒙蔽、胁迫参加邪教组织的，可以不作为犯罪处理。"

三 要点提示

1. 危害国家安全犯罪的行为形式与方式问题。危害国家安全的行为形式除直接实施相关犯罪的正犯行为之外，还有为其提供技术支持帮助的行为形式。如在"熊某霞、马某玲等利用邪教组织破坏法律实施案"中，熊某霞等仅利用"法轮功"等邪教组织出版、印刷、复制、发行宣扬邪教内容出版物，破坏法律实施，未实施分裂国家、破坏国家统一、颠覆国家政权等行为。

2. 政治自由、宗教信仰自由与危害国家安全犯罪的界限问题。我国公民依法享有言论、结社、出版、游行、示威等政治自由，但在行使此类政治权利时，不得以造谣、诽谤、成立非法组织或者其他方式煽动分裂国家和颠覆国家政权，损害国家利益和安全。公民也有宗教信仰自由，但国家仅保护正常的宗教活动，任何人不得利用宗教或通过邪教从事危害国家安全的违法犯罪活动。但同时需要注意的是，维护国家安全与保障正常的公民自由并不冲突，公权力机关不能以维护国家安全为由，将正常合理的言论如对政府的批评、质疑、建议等视为反对政府、危害国家安全的言论，需在二者间确定一个合理、适度的界限标准。

3. 网络服务提供者实施危害国家安全犯罪的问题。网络服务提供者一般享有基于"技术中立"的责任豁免，其实施的"中立的帮助行为"不构成危害国家安全犯罪的共犯。网络服务提供者仅对他人利用开放网络平台发布的违法信息负有法定的信息网络安全管理义务，在不履行该义务时成立相应犯罪。但在网络服务提供者与违法信息发布人具有犯意联络和一致目的时，可以使其身份转化为共犯，或者其自身作为违法信息发布人时，也具备构成危害国家安全犯罪的可能性。如在"黄某煽动颠覆国家政权案"中，黄某创办的网站中具有宣扬民族分裂内容的文章系他人所张贴，黄某作为网站的负责人有义务对该文进行删除而未予删除，但该文并非其主动制作、编辑、发布，黄某此时并不具有煽动分裂国家的目的。然而，该网站"遥看中华""网海拾遗"等自办栏目中所登载的有关煽动颠覆国家政权的文章由黄某本人编辑并发布，就该情节而言，黄某构成煽动颠覆国家政权罪。

4. 危害国家安全犯罪的累犯认定问题。累犯分为一般累犯和特别累犯。危害国家安全犯罪、恐怖活动犯罪、黑社会性质的组织犯罪的犯罪分子，在刑罚执行完毕或者被赦免以后，在任何时候再犯上述任一类罪的，属于特别累犯。如在"吕某松颠覆国家政权案"中，吕某松曾因犯危害国家安全罪被判刑，刑满释放后再犯危害国家安全类犯罪，则无需考虑其是否满足一般累犯要求的其他条件，法院可径直认定其为累犯。

5. 审理网络犯罪案件中的地域管辖问题。刑事案件审判的管辖法院原则上应为犯罪地法院，仅在由被告人居住地的人民法院审判更为适宜的情形下，方例外地由被告人居住地法院管辖。但是何为"更为适宜"，法律和司法解释并未作出明确界定，被告人据此提出管辖权异议的情形时有发生。《中华人民共和国刑事诉讼法》（简称《刑事诉讼法》）对于被告人提出的管辖权异议未置可否，审理法院也较少给出令人信服的正面解释。如在"王某甲煽动颠覆国家政权案"中，被告人王某甲认为其犯罪地在湖南省因而湖北省司法机关无管辖权。对此，审理法院虽援引《刑事诉讼法》之规定予以驳斥，但未进一步解释为何该院审理更为适宜。当然，根据相关司法解释，对于利用计算机网络实施的犯罪，其犯罪地范围较广，也有可能涵盖被告人居住地。简言之，在网络犯罪案件中极易产生地域管辖权争议，对此需要引起重视。

四　法理评析

国家安全是一个国家生存和发展的基石。近年来，随着网络技术的普及运用和网络威胁的日益增长，网络中逐步出现大量威胁国家安全的有害行为和有害信息。主要包括利用网络散布、传播危害国家安全、荣誉和利益，煽动颠覆国家政权、推翻社会主义制度，煽动分裂国家、破坏国家统一，宣扬恐怖主义、极端主义，宣扬民族仇恨、民族歧视等。对这类有害信息依法予以打击和规制十分必要。但法治框架下，治理这类有害信息也牵涉表达自由、批评监督、信息利用等权益，需要在不同权益间保持平衡。既不能放纵此类信息在网络中滋生、传播，也要防止标准过于泛化，以致"草木皆兵"，不当侵害民众正当的网络合法权益。

（一）国家安全之内涵与范围界定

1. 安全

根据《现代汉语词典》的解释，"安全"指"没有危险"①。《美国传统书案词典》，对"安全"下的定义是"免除危险、恐惧和疑虑"②。比较两个词典的解释，可以看出两者对安全的理解基本相同，安全即没有危险。在学界，关于安全的定义存在争论，主要有两种观点。一种认为"安全"是客观状态，例如，有学者认为，汉语中的"安全"只有客观性，没有主观性，不能将安全感混淆为安全，这与英文中的"security"有着显著不同。③"安全是一种客观存在，而且是排除了任何主观性的客观存在，具体来说就是一种客观存在的状态。"④ 另一种认为"安全"具有主观二元性，即安全既可以指行为体认知处于没有威胁的心理状况，也可以指行为体所处的环境是没有危害存在的状态。安全既包含客观状态，也涉及主观认知。例如，有学者指出："在客观层面，安全表现为对所获得价值不存在威胁；在主观层面上，安全表现为这样的价值不存在受到攻击的恐惧。"⑤

我们认为，判断一个主体是否安全不仅取决于该主体所处的客观状态，也包括该主体对自身安全的主观判断，即安全是安全主体客观上没有危险的状态和主观上不存在恐惧的心理。

---

① 参见中国社会科学院语言研究所词典编辑室编《现代汉语词典》（第 7 版），商务印书馆，2016，第 7 页。

② 参见阎学通《国际政治与中国》，北京大学出版社，2005，第 108 页。

③ 参见刘跃进《国内关于安全是否具有主观性的分歧和争论》，《江南社会学院学报》2006年第 2 期。

④ 刘跃进：《为国家安全立学—国家安全学科的探索历程及若干问题研究》，吉林大学出版社，2014，第 165 页。

⑤ Arnold Wolfers, Discord and Collaboration, Johns Hopkins University Press, 1962, 转引自李少军《论安全理论的基本概念》，《欧洲》1997 年第 1 期。

2. 国家安全

国家安全是国家发展的基本前提。随着人类社会的发展，国家安全所涉及的内容已从较为单一的军事、政治领域扩展到文化、科技、经济、生态等多个领域。从渊源上讲，国家安全的概念第一次在规范性法律文件中正式出现是在 1947 年美国时任总统杜鲁门签署的《国家安全法案》中。目前，"国家安全"已是国际政治中的热门词汇，其内涵包括诸如军事防务、外交政策、外交事务等多个方面。[①] 有学者指出："国家安全是一种能力：这种能力包括维护国家主权和领土完整，基于现有的条件保持它与世界其他国家和组织的经济往来，防止它的特质、体制和统治被外部力量击垮，并有效控制它的边界。"[②]

在我国，"国家安全"一词在中国官方文件中最早出现于 1983 年，在中共中央文件中则最早出现于 1986 年。1983 年政府工作报告指出："为了确保国家安全和加强反间谍工作，国务院提请这次大会批准成立国家安全部，以加强对国家安全工作的领导。"[③] 1986 年 9 月中共十二届六中全会通过的《中共中央关于社会主义精神文明建设指导方针的决议》，要求公民"在国家安全受到威胁，社会公共安全受到危害的时候，要挺身而出，英勇斗争"[④]。

整体上，"国家安全"主要包括对内和对外两个方面的内涵与要求。有学者指出："国家安全是一个国家没有外部威胁和侵害，内部平稳安定的客观状态。"[⑤] 还有学者认为："对于国家来说，安全的目标不仅包括安全的现状，还包括拥有一种安全的心态。两者缺少一个，国家都是不安全的。"[⑥] 根据上述认识，国家安全如果仅仅处于一种安全的客观状态是不完

[①] 参见刘跃进《国家安全学》，中国政法大学出版社，2004，第 50 页。

[②] 刘跃进：《国家安全学》，中国政法大学出版社，2004，第 50 页。

[③] 《1983 年政府工作报告——1983 年 6 月 6 日在第六届全国人民代表大会第一次会议上》，中国政府网，http://www.gov.cn/test/2006-02/16/content_200823.htm，最后访问日期：2024 年 12 月 13 日。

[④] 《中共中央关于社会主义精神文明建设指导方针的决议》，央视网，http://www.cctv.com/special/256/1/20841.html，最后访问日期：2022 年 11 月 4 日。

[⑤] 刘跃进：《国家安全学》，中国政法大学出版社，2004，第 51 页。

[⑥] 李少军：《国际政治学概论》，上海人民出版社，2002，第 169 页。

整的，当这种状态随着内外安全形势的改变而变化时，国家作为安全主体必须拥有维护自身安全、抵御内外威胁的能力。只有在这种主客观统一的情况下，国家才能算得上真正的安全。所以，国家安全概念所包含的不仅是一个国家外部、内部没有危险的客观状态，还应该包括国家在具备维护安全客观状态能力下而产生的安全的主观心态。简言之，需从客观状态和主客观感受两个方面对"国家安全"进行定义与判断。

我国 2015 年 7 月 1 日正式施行的《国家安全法》中关于"国家安全"的定义采取了主客观二元说的观点，即"国家安全是指国家政权、主权、统一和领土完整、人民福祉、经济社会可持续发展和国家其他重大利益相对处于没有危险和不受内外威胁的状态，以及保障持续安全状态的能力"。

3. 国家安全观

在国家安全的基础之上，现代主权国家基本都形成了自身的、相对独立的"国家安全观"。一般而言，国家安全观涉及国家对于自身所处安全环境的研判、安全内容认知和安全维护手段三个方面。国家安全观对国家安全战略与政策的制定具有指导意义，形成了环境认知、利益确定和战略应对的程序。但国家安全观并非静止不变，而是基于内外环境的变化而不断演变，这也成为国家安全战略调整的重要动力。就我国而言，自新中国成立以来，我国的国家安全观也经历了从传统安全观到非传统安全观再到总体国家安全观的更迭和演进过程。整体而言，这种调整是以政治安全为核心、军事安全为主要手段的传统安全观到以人民安全为宗旨、以合作对话为手段的总体国家安全观的升华进路。

具体而言，第一阶段是新中国成立至改革开放前，中国秉持传统的国家安全观，主要特点是：在安全环境研判方面，认为存在严重的内忧外患；将政治安全视为核心；以军事安全作为主要维护手段，国家花费大量资源投入军事力量建设。第二阶段是改革开放至中共十八大召开前，中国逐渐形成了"非传统安全观"（新安全观）。与传统安全观相比，非传统安全观认为国家安全的内容不再局限于政治、军事领域，而应扩展到科技、经济、信息、文化、生态等诸多领域。非传统安全观强调扩展安全主体的范围，推动世界各国的共荣共存，通过对话、合作实现非零和、互利共赢的安全理念。面对愈加复杂的国内外安全环境，以习近平同志为核心的党中央提出了总体国家安全观。2014 年 4 月，在中央国家安全委员会第一次会议上，习近平总书记首次提出了"总体国家安全观"。习近平总书记指出："当前我国国家安全的内涵和外延比历史上任何时候都要丰富，时空领域比历史上任何时候都要宽广，内外因素比历史上任何时候都要复杂，必须坚持总体国家安全观，以人民安全为宗旨，以政治安全为根本，以经济安全为基础，以军事、文化、社会安全为保障，以促进国际安全为依托，走出一条中国特色国家安全道路。"① 相对于以往的国家安全观而言，总体国家安全观的内容认知更加丰富，涉及的领域更加广泛。总体国家安全观的提出是中国国家安全观的重要变革，实现了内外安全、国土和国民安全、传统安全与非传统安全、发展与安全、自身安全与共同安全等多重统筹。

在总体国家安全观的指导下，我国国家安全具体范围涵盖国民安全、政治安全、国土安全、军事安全、经济安全、文化安全、社会安全、科技安全、信息安全、生态安全、资源安全、核安全等多维方面。而且，随着时代的发展，我国国家安全的内涵和范围仍将处于开放态势，会伴随时代和环境的变化而愈加丰富和全面。

（二）言论危及国家安全的现实表征

网络空间为公民发表言论、行使表达自由提供了前所未有的广阔平台和渠道，但由此也导致大量的违法有害言论夹杂其中，侵害了国家安全、社会公共秩序和个人合法权益。其中，危及国家安全的网络言论最具社会危害性。根据言论具体内容的不同，言论危及国家安全的现实情形大致可划分为虚假性言论危及国家安全、煽动性言论危及国家安全、诽谤性言论危及国家安全等。根据言论具体危及对象的不同，言论危及国家安全的现实情形大致可划分为言论危及国民安全、言论危及国家政治安全、言论危

---

① 中共中央文献研究室编《习近平关于全面建成小康社会论述摘编》，中央文献出版社，2016，第 143 页。

及国土安全、言论危及军事安全、言论危及经济安全、言论危及文化安全、言论危及社会安全、言论危及科技安全、言论危及信息安全、言论危及生态安全、言论危及资源安全、言论危及核安全等。

在我国，言论危及国家安全的现实表征并不限于《刑法》"危害国家安全罪"一章中所涵盖的犯罪行为，其涵盖造谣、诽谤或者发表、传播煽动性言论，煽动颠覆国家政权、煽动分裂国家，通过互联网窃取、泄露国家秘密、情报或者军事秘密，损害国家荣誉和利益，发表破坏国家政治意识形态、国家认同感和民族认同感的言论，发表破坏民族团结，煽动民族分裂、民族仇恨和民族歧视等行为。其典型表征包括：第一，发表和传播污蔑性言论抹黑国家和政府，危害国家安全；第二，发表煽动性、仇恨性言论分裂国家，危害国家安全；第三，发表和传播暴力恐怖言论，宣扬恐怖主义、极端主义，危害国家安全。

（三）危害国家安全网络有害信息的既有立法与适用困境

1. 危害国家安全网络有害信息的既有立法

目前，我国已初步建立起了以《宪法》为核心，以《国家安全法》《国家保密法》《刑法》《出版管理条例》《计算机信息系统安全保护条例》等法律、行政法规和规章为主体，以相关司法解释为补充的维护国家安全和规范言论表达的法律体系。其中直接规定危害国家安全的网络有害信息的法律规范主要包括《全国人大常委会关于维护互联网安全的决定》第2条、《网络安全法》第12条、《电信条例》第56条、《互联网信息服务管理办法》第15条、《互联网文化管理暂行规定》第16条、《网络信息内容生态治理规定》第6条、《网络出版服务管理规定》第24条、《互联网视听节目服务管理规定》第16条、《计算机信息网络国际联网安全保护管理办法》第5条、《互联网等信息网络传播视听节目管理办法》第19条等。归纳上述规定，我国关于危害国家安全网络有害信息的立法具有以下特点。

第一，涉及众多具有不同效力层级的法律文件。尽管《宪法》中部分条款涉及危害国家安全行为的内容，并提供了传统国家安全领域的基本要素和维护国家安全的义务性规定，为国家安全立法提供了宪法上的根本依据。① 然而，《宪法》并未直接在抽象层面作出原则性规定或是在具体层面列举危害国家安全网络有害信息的主要类型。我国关于危害国家安全网络有害信息的直接规定存在于各类法律文件之中，这些法律文件在文本性质和效力层级上分属于法律、有关法律问题的决定、行政法规、部门规章。但总体而言，上述法律文件多为效力层级较低的行政法规或部门规章。

第二，对于危害国家安全网络有害信息的法律规定同质化。我国现行关于危害国家安全网络有害信息的规定，虽然在形式上有文字表述方面的差别，但其实质内容主要指向以下 7 种类型：①颠覆国家政权、破坏国家统一的有害信息，②损害国家荣誉和利益的有害信息，③破坏民族团结的有害信息，④泄露国家秘密的有害信息，⑤破坏国家法律实施的有害信息，⑥宣扬邪教、迷信的有害信息，⑦宣扬恐怖主义、极端主义的有害信息。不同规定之本质内容是同一的，且均是一般性规定，缺乏具体标准。

第三，法律条文大量使用不确定法律概念。涉及危害国家安全网络有害信息的立法用语大多较为概括、抽象，除国家安全本身之外，作为解释其概念的国家秘密、国家荣誉、国家利益、民族仇恨、民族风俗、民族习惯等也属于典型的不确定法律概念，具有多义性和模糊性。

2. 危害国家安全网络有害信息立法的适用困境

一方面，危害国家安全网络有害信息的法律规范中存在大量不确定法律概念，法院和行政机关难以确立统一、明确的解释和具体化规则。目光在事实与法律规范之间"来回穿梭"是法律适用的普遍特征。② 解释和适用不确定法律概念既是适用法律于具体案件的必经过程，也是行政机关、司法机关等适用法律主体面临的重点、难点问题，更是案件当事人产生争议的关键所在。实践中，对于大量言论危害国家安全的典型案件而言，其争议的焦点往往是对于国家安全等相关不确定法律概念如何理解和具体化的问题。因此，对于司法或执法活动而言，危害国家安全网络有害信息立

① 参见宋颖《我国国家安全立法的不足与完善》，《甘肃社会科学》2021 年第 5 期。
② 参见〔德〕伯恩·魏德士《法理学》，丁小春、吴越译，法律出版社，2003，第 296 页。

法中不确定法律概念的大量存在，既有可能因难以统一把握解释标准，导致执法或司法不公，也有可能被恣意扩大解释，压缩公民表达自由的应有空间，侵犯相对人合法权益。[①]

　　另一方面，具体明确的危害国家安全网络信息的判断标准难以寻觅，司法裁判具有一定的随意性。相较于在法律文本中规定或在司法实践中总结出有关有害信息成熟判准的国家和地区，我国现行立法并未提供有关危害国家安全网络有害信息微观判断的可操作标准，司法实践也未能实现自给。正如霍姆斯所言，解决冲突常常以避免冲突为先决条件，自缄其口是一种自我控制，而不是自我窒息。要避免冲突，就要让言说者清楚，什么样的话不能说，说了就可能受到法律制裁。依法禁止某种言论并不可怕，可怕的是禁止者不给出明确的认定标准，想查禁什么言论，就随意给某种言论贴上禁止标签。因此，法官们的努力，更多集中在列明标准方面，使人们对该说什么，不该说什么，以及相关后果，有一个理性、明确的预期。[②] 基于上述认识，标准的不明确必然会带来法律适用的困难和法律适用者有意、无意的权力滥用，这既不利于法律执行，也不利于权利保障。

（四）危害国家安全网络有害信息的判定标准与法律边界

　　为在国家安全与表达自由等权益间寻求平衡，在判定危害国家安全网络有害信息法律范围时，在初步类型化基础之上，还需进一步确立宏观的判定原则，勘定微观的判定标准。

　　1. 判定危害国家安全网络有害信息的基本原则：以比例原则为中心

　　根据消解法律概念不确定性的一般原理与方法，在判定危害国家安全网络有害信息时，理应遵循明确性、平等对待等一般性法律原则。[③] 此外，由于判定危害国家安全网络有害信息，主要涉及作为"国家法益"的国家安全与作为"个人法益"的表达自由间的冲突和竞合，故尤应受公法上比

[①]　参见尹建国《我国网络有害信息的范围判定》，《政治与法律》2015 年第 1 期。

[②]　参见〔美〕史蒂芬·霍姆斯《民主制度的言论限制》，谢鹏程译，《天涯》1999 年第 4 期。

[③]　参见尹建国《行政法中的不确定法律概念研究》，中国社会科学出版社，2012，第 87 页。

例原则之调整和影响。甚至一定程度上可以说，比例原则是在个案中判定危害国家安全类有害信息时，应恪守的最重要、最能体现适法效果的核心原则。

根据比例原则，出于维护国家安全之必要而须对表达自由等进行限制时，应尽可能选择侵害自由最小的手段，且所造成的利益侵害不得超过行为之目的所欲追求的价值。比较法上，运用比例原则以平衡国家安全与表达自由等权益之典型案例和学说见解屡见不鲜。在美国，在国家安全、公共秩序与个人权利保护问题上，其并没有基于人权保护而冒牺牲国家安全的风险，而是调整了寻求合理平衡的规则，灵活地采用比例原则。① 相关判决还以比例原则为基础，演绎出"明显而即刻的危险""实质恶意"等诸多微观判准。在欧洲，比例原则肇始于德国公法，在需权衡言论自由、人权与国家安全等权利与价值时，往往依适当性、必要性和狭义比例原则加以衡量。② 德国对比例原则的理论与司法运用进一步影响到欧洲人权法院的司法实践，欧洲人权法院往往将比例原则之下的适当性原则，作为平衡国家安全和人权保障案件的基本审查原则。并在该原则之下，区分情况分别适用"人权保障优先"和"国家安全优先"两种分析和权衡模式。③

在我国，根据学界共识，比例原则已经由本体论迈向了方法论，成为一般化的法益衡量方案之中心。④ 尤其当基本权利间发生冲突时，权利之间普遍性的位阶次序并不存在，此时需通过个案权衡寻求微观解决之道。⑤ 在个案权衡以作"综合考量"之时，引入比例原则可以明确解释基本权利之保护范围，进而确定"可以接受的解决方案"，比例原则此时构成利益权衡的关键倚重手段。⑥ 在事关国家安全的言论审查案件中，主要涉及作

---

① 参见韩大元《论中国宪法上的国家安全与人权的关系》，《人权》2019 年第 5 期。
② 参见张翔主编《德国宪法案例选释》（第 2 辑），法律出版社，2016，第 68~69 页。
③ 参见荆超《平衡国家安全与人权：欧洲人权法院适用适当性原则的分析模式及其运用实践》，《人权研究》2021 年第 3 期。
④ 参见蒋红珍《比例原则适用的范式转型》，《中国社会科学》2021 年第 4 期。
⑤ 参见尹建国《基本权利冲突视角下网络虚假、诽谤性有害信息的范围判定》，《法学》2023 年第 1 期。
⑥ 参见王锴《基本权利冲突及其解决思路》，《法学研究》2021 年第 6 期。

为"公共利益"的国家安全与作为"个人利益"的表达自由之冲突与均衡，比例原则无疑不可或缺。这不仅为学理所证成，也为我国《国家安全法》第66条所明示，① 还在我国香港特别行政区"国旗案"② 等经典案件中得到鲜明体现。

我国公法学界对比例原则具体内容之认识，向有"三阶论"③ 和"二阶论"④ 之争，近年还发展出"四阶论"⑤。关于比例原则构成内容的学理之争后续可能仍将持续，但整体而言，无论是哪种理论，均认为必要性原则乃是比例原则的基础，合比例原则（即均衡性）则属比例原则的"心脏"，代表在目的与手段之间进行利益衡量的精髓。⑥ 简言之，比例原则对判定危害国家安全网络有害信息之调整和影响，主要集中于必要性和合比例两个层面。

一方面，对言论进行限制具有必要性，即相关言论对国家安全的危害已达到一定程度且不具备可豁免情形。我们认为，证成对涉嫌危害国家安全的网络信息予以限制具有必要性，主要应考虑言论性质、言论价值和危害后果三方面要素。其中，就言论性质而言，对"禁止性言论"予以限制之必要性大于"限制性言论"；就言论价值而言，对"低价值言论"予以限制之必要性大于"高价值言论"；就危害后果而言，言论本身的内容、发表的时间和场域、发表的主体等均为影响因素。基于这三方面的考量并运用三层次的论证结构，可以判定案涉信息是否达到需予限制之必要，并

---

① 《国家安全法》第66条规定："履行国家安全危机管控职责的有关机关依法采取处置国家安全危机的管控措施，应当与国家安全危机可能造成的危害的性质、程度和范围相适应；有多种措施可供选择的，应当选择有利于最大程度保护公民、组织权益的措施。"

② 参见秦前红、黄明涛《表达自由的理念与限度——香港特别行政区终审法院国旗案与美国最高法院焚烧国旗案比较研究》，《北方法学》2012年第5期。

③ 参见余凌云《论行政法上的比例原则》，《法学家》2002年第2期；蒋红珍《比例原则适用的范式转型》，《中国社会科学》2021年第4期。

④ 参见周佑勇《行政法基本原则研究》，武汉大学出版社，2005，第222~226页。

⑤ 关于"四阶论"之提出和商榷，可参见刘权《比例原则适用的争议与反思》，《比较法研究》2021年第5期；梅扬《比例原则的适用范围与限度》，《法学研究》2020年第2期等。

⑥ See Jeremy Kirk, "Constitutional Guarantees, Characterisation and the Concept of Proportionality", *Melbourne University Law Review*, Vol. 21, 1997, pp. 1-61.

充分支撑和回应必要性原则的具体要求。

另一方面，相较于限制措施所侵犯的表达自由等利益，限制相关言论所欲实现的国家安全利益更大，两者应"合比例"。那么，如何判断限制手段产生的损害与目的追求的利益之大小及是否"合比例"呢？有学者通过剖析域内外司法判例，归纳出以"数字公式"判定是否"合比例"的特别方法：不限制危险言论的机会成本（OC_1）×此成本兑现的可能（P_1）是否大于限制危险言论的成本（OC_2）×此成本兑现的可能（P_2）。仅在 $OC_1 \times P_1 > OC_2 \times P_2$ 时，对言论的限制才满足合比例原则。[①]

数学和量化的方法固然直观并在形式上具有说服力，但难点可能在于如何确立成本的具体数量及可能性之准确比例的问题。要确定这些数值仍需裁判者综合多种情节和因素加以系统研判，裁判者的主观意志仍不可避免。为防止因主观因素而使个案处理沦为武断与反复无常，需要裁判者在个案权衡和论证时，既要在程序上受制于不确定法律概念具体化一般性的说明理由程序限制，[②] 同时又在实体上最大限度考量、还原和回应相关立法条文、条文背后的立法精神与目的以及现时的国家安全环境与时局背景。而论证"合比例"的"数学公式"，则可作为说理工具，并因循其提供的一套论证进路。

基于上述认识，在适用合比例原则判断危害国家安全网络有害信息之范围时，离不开对我国独有之国情和阶段性的国家安全环境与任务之考察。我国正在探索一条不同于西方的发展道路，但随着综合国力的提升，我国所处的国际国内安全环境却日趋严峻。正所谓"树欲静而风不止"，在风险时代，各类国家安全威胁因素近在咫尺。这不能不促使我们在国家安全审查案件中，在对比例原则之口径把握上"适当趋严"，阶段性地倾向重视"国家安全利益优先"问题。因为暂时性的权利让渡和克制，乃为更为长久、坚固的安定繁荣、民权保障争取空间。另外，在进行利益均衡时，必要之时需考虑在个案中引入《国家安全法》第 56 条明确提出的

---

① 参见吴昱江《试论比例原则在国家安全与言论自由平衡下的使用——以美国司法判例为鉴》，《政法论丛》2016 年第 3 期。

② 参见尹建国《不确定法律概念具体化的说明理由》，《中外法学》2010 年第 5 期。

"国家安全风险评估机制"，即在重大典型个案中组织政府官员、专家学者、新闻媒体、网民代表等，通过"一事一议"的个案风险评估形式，[①]据实确立案涉言论的危害后果，以专业评估方式，确保合比例子原则能在判定与审查过程中落到实处。

2. 判定危害国家安全网络有害信息的具体标准：以"明显而即刻的危险""双阶理论""双轨理论"及其演绎为主线

在比例原则的调整和框架之下，判定危害国家安全网络有害信息还需辅之以更为微观的审查标准，以填补和充实比例原则的具体内涵与指向。

放眼世界，就言论审查标准而言，为各界援引和讨论最多的，无疑当属"明显而即刻的危险"标准。在言论审查案的司法发达史中，绝大多数审查标准均围绕该标准而展开，该标准确立的考量因素、权衡方法和论证框架，是判断公权力干预和限制言论合法、妥当与否的主线和基石——尽管对它的争议也从来没有停止过。

"明显而即刻的危险"标准由两项要件构成：一是迫在眉睫的危险，二是严重的危险。[②]从发展历史看，该标准在美国的适用客观上存在历时变动性。但近年来，在新的国际国内形势之下，以国家安全为名对信息等予以审查再次成为美国主流，这在针对中国的系列"特别关注"事件中表现尤为鲜明。[③]在输出美式制度和政治意识形态之时，无不是在国家安全的幌子下进行的。相关审查和限制，明显具有国家安全审查意识形态化特点，其不仅未限缩适用"明显而即刻的危险"标准，反而明显降低了其适用条件。整体而言，"明显而即刻的危险"标准为言论审查提供了一个相对清晰的标准。我们并不能将该标准视为平衡言论自由与言论限制的"金科玉律"，但该标准及其演进过程所体现的为言论自由设定尽可能明确而清晰法律边界的努力，是值得重视和肯定的。[④]

---

① 参见汪全胜、宋琳璘《政府信息公开中危及国家安全信息的司法认定——以中国裁判文书网上的典型案例为考察对象》，《网络空间安全》2020 年第 6 期。

② See *Whitney* v. *California*, 274 U. S. 379-380（1927）.

③ 参见刘岳川《投资美国高新技术企业的国家安全审查风险及法律对策》，《政法论坛》2018 年第 6 期。

④ 参见刘玉安、玄理《国家安全与言论自由的冲突及平衡》，《东岳论丛》2015 年第 12 期。

　　除"明显而即刻的危险"等审查标准之外，与比例原则相配套的还有著名的"双阶理论"和"双轨理论"，这两种理论系对限制言论做出的进一步细化、分层审查机制。其中，"双阶理论"将涉及言论内容的审查标准区分为"高价值言论"和"低价值言论"，并对前者采用严格审查基准，对后者则依言论类型与所涉利益再次细分，仅在特定情况下加以限制。① "双轨理论"的核心是将对言论的规制区分为"基于内容的规制"和"内容中立的规制"，并适用不同的审查标准。② 一般来说，法院对前者采"严格审查基准"，对后者则强调审查和限制限于言论表达的时间、地点与方式等，一般不涉及言论内容。③ "双阶理论"与"双轨理论"为言论审查提供了更为精细的标准，是司法技术更臻成熟的表现。

　　上述审查标准虽然纷繁复杂，但仍体现出一些共同规律和稳定主线：一是比例原则之下，判定危害国家安全之网络有害信息，应重点审查言论对国家安全造成的危险"是否严重""是否紧迫"，而判断"是否严重"的标准则主要由言论的内容决定，"是否紧迫"的标准则与言论的内容、言论发表的时间、地点、方式等均有关联；二是言论审查标准和口径之把握，具有历时变动性，要结合现时社会背景、政治需要、舆论环境等"据实确定"。

　　基于对比例原则内涵之认识和对"明显而即刻的危险"标准、"双阶理论"、"双轨理论"之参照，并结合前文将危害国家安全网络有害信息类型化为六种典型表征的归纳，笔者认为，可将疑似危害国家安全的网络有害信息区分为两大类。第一大类为构成"禁止性言论"的"低价值言论"，主要包括四类：一是"藏独""疆独""台独""港独"等势力散布、传播的意图分裂国家、破坏国家统一和主权完整的虚假、煽动、反动言论信息，二是意图抹黑中国共产党和中国政治制度、煽动分裂国家、颠覆国家政权的虚假、歪曲、污蔑性言论信息，三是宣扬恐怖主义、极端主义的言

① See Geoffrey R. Stone et al., *The First Amendment* (2nd ed.), Aspen Publishers, 2002, pp. 139-280.
② 参见龚艳《仇恨言论法律规制研究》，厦门大学出版社，2013，第96~98页。
③ See *Clark* v. *Community for Creative Non-Violence*, 466 U. S. 789, 805 (1984).

论信息，四是意图进行观念渗透、意图发动政治意识形态攻击的言论信息。第二大类为构成"限制性言论"的"（相对）高价值言论"，主要包括两类：一是网络盲动力量受蛊惑或基于对现状不满，发表的错误、片面性言论信息；二是否定传统文化、历史事实和历史人物、鼓吹历史虚无主义的歪曲、虚假性言论信息。

这两类信息的差别是明显的，第一类对国家安全造成的危害是明显的、即刻的、现时的，后一类对国家安全之威胁过程是持续的、相对缓慢的。但这并不是说两者的危害后果有明显区别，更不表示后者一定比前者危害小。只是因第一类信息的危害是明显的，基于"严重性"，故应允许适法者采取更迅速手段，在利益衡量时更优先考虑国家安全利益。由此导致认定该类信息违法之判准就"相对宽松"，若出现误判，宁可把矫正和救济机会留给事后。但对第二类信息，由于其起作用过程相对缓慢，决策过程中有相对充分的审查、甄别和论辩时间，故认定其违法之判准就应"相对严格"，以尽量减少"误判"和"误杀"。

基于此，可在二分的基础上，对两类涉嫌危害国家安全的有害信息设置和采取不同的审查标准。第一，对属于"禁止性言论"的第一类"低价值言论"，判定其是否对国家安全构成实质危害时，宜采"明显而即刻的危险"标准，并坚持"国家安全利益优先"倾向予以判定和治理。第二，对属于"限制性言论的"第二类"（相对）高价值言论"，应更多基于"内容中立的规制"标准，更多地从言论发布的主体、主观动机、发布时空、影响范围、实际危害后果等角度对之予以进一步的甄别与区别对待。相对而言，仅在这类信息发布主体影响力较大，发布和传播范围较为广泛，发布者主观有分裂国家、颠覆国家政权、攻击国家意识形态和文化安全等恶意，发布时空敏感而不合时宜，对国家统一、民族团结或政治秩序产生严重危害等情形之一时，方认定为符合法定标准的危害国家安全之有害信息。否则，应根据排除规则，不将其"升格"为危害国家安全的网络有害信息，而按一般的不良信息加以惩治、教育。

综上，比例原则是平衡国家安全与表达自由等权益的核心原则。比例原则指导之下，通过适用"明显而即刻的危险"标准、"双轨理论"以及

"双阶理论"，可将我国涉嫌危害国家安全的六种信息划分为两大类，并设置类型化的审查标准，这是据实判定危害国家安全网络有害信息具体范围的必然要求和有效路径。

（五）危害国家安全网络有害信息的排除事由与典型类型

在各界对网络违法与犯罪普遍进行"降维打击"的时代，为尽量减少对危害国家安全网络有害信息的误判，除正面归纳其基本类型和判断原则、标准之外，也有必要从反面排除和豁免对国家安全不构成实质危害的网络"疑似有害信息"。

1. 危害国家安全网络有害信息排除与豁免的法理与实践基础

将不在实质上危害国家安全的"疑似有害信息"加以排除和豁免，这种做法和态度的法理与实践基础是多元而充分的。

第一，其理论基础在于言论自由所蕴含的基本价值。"在基本权利体系中，言论自由的保护程度属最高的一类。"[1] 言论自由具有促进发展、维护稳定、保障真实、增进幸福等多重价值。[2] 在国家利益面前，言论自由虽应受到一定限制，但这种限制应当是谨慎和有限的。因为宽容不是纵容，审慎只为平衡，这不仅源自对言论自由基本价值之尊重，也是维护国家安全利益本身的必然要求。

第二，其还具有尊重和保护网络政治表达、促进民主的特殊价值。人的个性和潜能发挥以政治表达自由为政治基础，而网络作为特殊的公共场域，能更好促进成员之间的交流、协商、对话和社会共识的形成。"在一个社会中把言论自由限制到什么程度，也就在同样程度上限制了民主。"[3] 故在对网络公共言论进行控制时，应该把握好"度"，应尊重和保护网络政治表达之特别需要和宝贵渠道。[4]

---

① 秦前红、李少文：《网络公共空间治理的法治原理》，《现代法学》2014 年第 6 期。

② See Robert Bork, "Neutral Principles and Some First Amendment Problems", *Indiana Law Journal*, Vol. 47, 1971, p. 1.

③ 〔美〕科恩：《论民主》，聂崇信译，商务印书馆，1994，第 141 页。

④ 参见杨嵘均《网络空间政治安全的国家责任与国家治理》，《政治学研究》2020 年第 2 期。

第三，对大多政治性言论而言，法律惩治的基础往往不在于言论自身，而在于该言论产生的"严重后果"。判断抨击时政类公共性言论是否危害国家安全的重要标准在于，言论是否具有煽动或诱发集体反动行动的可能性。如果当事人既缺乏煽动或诱发集体反动行动的能力，又缺乏煽动或诱发的故意，还缺乏煽动或诱发的客观局势条件，就很难且不应该将其表达政治意见的言论归为危害国家安全的有害信息——即便这种言论可能以较为激烈、不太理性、过于情绪化等方式表达。

第四，危害国家安全是较为特殊和严重的罪责和指控，往往与民族大义、爱国主义等紧密联系，一旦错误指控、强行加罪，恐构成当事人"难以承受之重"，故不能将侵犯一般法益的网络有害信息混同、泛化或"拔高"为危害国家安全的有害信息。国家安全涵盖多个方面，其对应的法益覆盖国家、社会和个人法益多个层次，但三者并不能混为一谈。[1] 某一具体领域或层面的安全问题，可能也会间接影响到国家安全，但不能因此就将其定义为国家安全问题。

2. 危害国家安全网络有害信息排除与豁免的典型类型

在上述理论与方针指导之下，我们认为，在实践中至少有如下几种典型的"疑似有害信息"，应从危害国家安全网络有害信息的法律范围中排除或豁免。

第一，表达政治性意见时的过激或抱怨性言论。"有关公共事务的辩论往往是言辞激烈、尖酸刻薄的，有时还包括令政府和官员不悦的尖锐攻击，但是这种辩论应该是不受约束的、活跃的和完全开放的。"[2] 伴随激烈情绪的政治表达，仅为参与政治生活、发表政治意见的一种形式，不一定具有积极煽动危害国家政权等目的的追求。究其本质，判断"有害性"，主要应看言论是否具有危害国家安全的主观目的和现实可能性。很多政治表达中的过激、抱怨性言论，并不以推翻现有政权或分裂国家为目的，针对的仅是具体政策、制度或事件，目的是主张权益或表达现时看法、意见和

---

① 参见李凤梅《危害国家安全罪的规范缺失及立法补正》，《法商研究》2017 年第 5 期。

② *New York time* v. *Sullivan*, 376 U. S. 254（1964）.

思想，本质上不具有危害国家安全的危险性。① 因此，应将其与危害国家安全的有害信息区分开来，不能动辄归责甚至归罪。

第二，属于学术问题的公共评论甚至错误观点。在学术研究和讨论中会涉及政治、文化问题，不可避免会提出对现行政治、历史、法律、制度等的批评和商榷意见。这种意见系出于完善政策和制度、还原历史真相等理性和良善目的，而非意欲煽动他人实施危害国家安全、否定国家文化、瓦解民族共识等危险行为。此时即便有偏激、不当之辞，也不宜轻易上升到"法定有害"程度。同时，学术批评、艺术评论、知识探讨、思想交锋等学术言论往往被视为"可供公评之事项"，行为人对这些问题的评论，理应受到更大的宽容对待。② 我国有司法判决也旗帜鲜明地指出："从促进学术争鸣以及净化学术风气角度而言，司法应为学术批评设定较为宽松的环境。"③ 换言之，学术观点本身是允许错误和不正确的，如果在法律上不允许偏激、错误、不当的观点，学术研究将畏首畏尾，最终的结果将是创新凋敝，止步不前。故在网络空间中，要注意区分政治原则问题、思想认识问题、学术观点问题，不应对涉政治及文化问题的学术讨论言论，施以严苛禁锢。

第三，部分失实或夸大的公共性言论。众多公共性言论均与作为一国生存与发展之基石的国家安全密切相关，但其中也不乏大量针砭时弊、呼吁社会变革、践行公共辩论的有益言论。这类信息受制于虚拟时空并囿于发表者自身的各种局限，出现部分虚假、夸大、不全面、不理性之词，恐在所难免。但因其发自公心，事关公益，故在将其界定为危害国家安全有害信息时，理应适用严格标准。诚如有学者所言："当公民的言论关涉政治、公共管理、公众人物等公事时，基于言论自由的民主自治价值，即使该言论具有一定的虚假或者夸大成分，其可罚性也受到必要的限制。"④

---

① 参见曾白凌《国家权力与网络政治表达自由》，法律出版社，2018，第40页。
② 参见梁治平《名誉权与言论自由：宣科案中的是非与轻重》，《中国法学》2006年第2期。
③ 参见周宁、申楠《耿美玉诉饶毅名誉侵权案一审宣判》，《经济参考报》2021年12月14日，第8版。
④ 刘艳红：《网络犯罪的法教义学研究》，中国人民大学出版社，2021，第219页。

第四，针对国家机关及工作人员的批评性言论。网络上存在大量针对国家机关及工作人员的批评性言论，因这类批评 "不好听" "刺耳" "有损形象"，被以违法犯罪甚至危害国家为由实施制裁的案件也有不少。在现代法治社会，容纳针对国家机关及工作人员的批评言论，不仅是法治本身的应有之义，也是推行民主的基本前提和根本保障。[①] 因此，对于针对具体国家机关及工作人员的批评言论——包括一些可能不正确、与事实不符的指责，也不宜轻易认定为危害国家安全的有害信息。

（六）小结

当前，中国正处于百年未有之大变局之中，国家安全局势暗礁丛生，空前复杂。全面、准确甄别危害国家安全网络有害信息之基本范围和法律边界，是新形势下贯彻总体国家安全观、实现网络法治的必然选择和时代要求。而危害国家安全网络有害信息所危害之国家安全利益，应当是国家排除内外威胁、保障持续安全的状态和能力，其主要危及的国家安全类型集中于政治安全、社会安全和文化安全三个方面。判定此类有害信息，应遵循明确性、平等对待等法律原则，尤应奉比例原则之下的必要性与合比例原则为圭臬，并在个案中灵活适用 "明显而即刻的危险" "双阶理论" "双轨理论" 等具体判准。在实践中，还应基于个案权衡，明示危害国家安全网络有害信息的排除与豁免情形，以在国家安全维护和表达自由等权益保障间寻求均衡。

---

① 参见〔美〕罗伯特·达尔《论民主》，李柏光译，商务印书馆，1999，第85页。

第四章　利用网络信息扰乱公共秩序案

一　典型类案

（一）秦某晖诽谤、寻衅滋事案

[**案例案号**]　北京市朝阳区人民法院（2013）朝刑初字第 2584 号刑事判决书

[**基本案情**]

本案中，被告人秦某晖明知罗援（男，中国战略文化促进会常务副会长兼秘书长）系军人，仍于 2013 年 2 月 25 日使用昵称为"东土秦火火"的新浪微博账户（UID 号：3198027857）捏造"罗援之兄罗抗在德国西门子公司任职"的事实，无端质疑罗援及其家人搞"利益交换关系"，并在信息网络上散布。该信息被转发 2500 余次，引发大量网民对罗援的负面评价。

被告人秦某晖明知"杨澜（女，阳光媒体集团控股有限公司董事局主席）向希望工程虚假捐赠"系捏造的事实，仍于 2013 年 7 月 15 日使用昵称为"淮上秦火火"的新浪微博账户（UID 号：3621506850）在信息网络上散布上述内容。该信息被转发 700 余次，引发大量网民对杨澜的负面评价。

被告人秦某晖在信息网络上看到了"兰和（男，35 岁）被老女人包养"的不实信息后，将上述信息篡改为"兰和被老女人周某某包养"，并于 2013 年 7 月至 8 月使用昵称为 "3662708323_307" 的新浪微博账户（UID 号：3662708323，昵称又曾为 "江淮秦火火"）多次在信息网络上散布。该信息累计被转发 900 余次，引发大量网民对兰和的负面评价。

被告人秦某晖于 2012 年 11 月 27 日，使用昵称为 "炎黄秦火火" 的新浪微博账户（UID 号：2930912765）捏造 "张海迪（女，中国残疾人联合会主席）具有德国国籍" 的事实并散布。后经网友举报，新浪公司判定上述信息为不实信息，张海迪亦于 2012 年 11 月 28 日通过微博发布澄清声明。被告人秦某晖又于 2012 年 12 月 31 日使用 "炎黄秦火火" 的新浪微博账户再次发布有关上述信息的博文，在短时间内被转发 20 余次，引发网民对张海迪的负面评价。

同时，2011 年 7 月 23 日，甬温铁路浙江省温州市相关路段发生特别重大铁路交通事故（简称 "7·23 甬温线动车事故"）。在事故善后处理期间，被告人秦某晖为了利用热点事件进行自我炒作，提高网络关注度，于 2011 年 8 月 20 日使用昵称为 "中国秦火火_f92" 的新浪微博账户（UID 号：1746609413）编造并散布虚假信息，称原铁道部向 7·23 甬温线动车事故中外籍遇难旅客支付 3000 万欧元高额赔偿金。该微博被转发 11000 次，评论 3300 余次，引发大量网民对国家机关公信力的质疑，原铁道部被迫于当夜辟谣。被告人秦某晖的行为对事故善后工作的开展造成了不良影响。

［审理意见］

北京市朝阳区人民法院经审理认为：被告人秦某晖无视国法，在信息网络上捏造事实，诽谤他人，情节严重，且系诽谤多人，造成恶劣社会影响，其行为已构成诽谤罪；被告人秦某晖在重大突发事件期间，在信息网络上编造、散布对国家机关产生不良影响的虚假信息，起哄闹事，造成公共秩序严重混乱，其行为已构成寻衅滋事罪，依法应予以惩处并实行数罪并罚。北京市朝阳区人民检察院指控被告人秦某晖犯诽谤罪、寻衅滋事罪的事实清楚，证据确实、充分，指控的罪名成立。被告人秦某晖在较长时间段内在信息网络上多次肆意实施违法犯罪行为，根据其所犯诽谤罪、寻衅滋事罪的事实、性质、情节及社会危害程度，本应对其酌情予以从重处罚。但鉴于被告人秦某晖归案后能如实供述所犯罪行，认罪悔罪态度较好，对其所犯诽谤罪、寻衅滋事罪均依法予以从轻处罚。

据此，北京市朝阳区人民法院依法作出如下判决：秦某晖犯诽谤罪，判处有期徒刑二年，犯寻衅滋事罪，判处有期徒刑一年六个月，决定执行有期徒刑三年。

（二）赵某强寻衅滋事案

[**案例案号**] 陕西省榆林市中级人民法院（2020）陕 08 刑终 87 号刑事裁定书

[**基本案情**]

2011 年 10 月，被告人赵某强听说冯某被任命为府谷县公安局局长助理，因心理不平衡，便在华商论坛中发布"张某荣的外甥冯某去年夏天从省警官职业学院毕业，去年冬天就被空中飞人安排进府谷县公安局正式工作，今年二月就违规提拔为公安局局长助理，为了遮羞还括号挂职"的言论。后经查明，冯某于 2000 年就已参加工作。

2011 年 11 月 8 日，被告人赵某强为发泄自己对时任十一届全国人大常委会副委员长李某某的不满情绪，将撰写的《现代奸臣传——李某某》一文用自己昵称为"打倒张某某"的账号发布在百度论坛中，引来网友的观看和评论。

2016 年 6 月，被告人赵某强和李某为发泄对中共府谷县委办公室主任郭某的不满，编写了"郭某为原县人大常委会主任王某某私生子"的虚假信息向多位领导手机短信上发送。

2016 年 12 月至 2017 年 8 月，被告人赵某强自认为府谷县人大在人事任命上存在违规问题，同时发泄李某某曾对其调查的不满情绪，编写了"现任府谷县人大常委会主任王某某为违法保护伞"的虚假信息向多位领导手机短信和媒体记者微信上发送。

2017 年 4 月，被告人赵某强将其在网络上发现的虚假信息《陕西府谷石某某买凶放火》一文通过自己的微信账号向多名记者发送。后查明，该文章为石某江诽谤石某某所写。2017 年 12 月 6 日，石某江因犯诽谤罪，被本院判处拘役一个月。

2017年5月19日，被告人赵某强为发泄不满情绪，编写了"府谷县县委办公室工作人员郝某某为违规提拔人员"的信息向记者马某平（微博粉丝60多万）、高某东、杜某利发送。马某平经过编辑加工，编写了《陕西府谷：谁在为违规提拔人员背书》一文发布在自己的微博上，赵某强又将该篇文章通过微信发送给记者王某。该文章后被人多次转发转载，对郝某某个人名誉造成了损失。

2017年10月11日，被告人赵某强编写了"府谷县公安局政工科主任苏某违规提拔，滥用职权，与女民警有不正当关系"等信息发送给记者谈某平。

2017年6月，被告人赵某强撰写《关于中共榆林市常委书记杜某某涉嫌受贿并包庇县研究室主任贪污》的举报材料向多位领导及记者发送。2017年6月20日，县纪委对关于反映府谷县县委研究室副主任涉嫌伪造记账凭证、套取资金的问题进行调查。初核表明，关于反映县委研究室赵某某利用职务便利，伪造印刷凭证、试图违规套现的问题，均查无实据。

2018年1月，被告人赵某强撰写《关于府谷县政府机关事务中心副主任高某某以黑社会手段故意伤害侮辱多名干部群众的情况反映》，通过自己的微信账号在多个微信群内发布。2018年2月，中共府谷县委宣传部针对网络上传播的《举报府谷县政府保安队长高某某在政府大院殴打女职工》一文在"陕西第一资讯"上作了情况说明。被告人赵某强以"杨某青""羊哥杀狗"的微信昵称交替跟帖，称自己是被高某某迫害的女干部，歪曲事实，在网络上起哄闹事。

2017年12月至2018年2月，被告人赵某强编写"府谷县1024新民大爆炸事件存在死亡人数瞒报、谎报"的虚假信息向书记杜某某手机发送。

2018年3月，被告人赵某强通过自己的微信账号在多个微信群发布"关于中共榆林市常委书记杜某某滥用职权非法拘留并诬陷诽谤控告人王某某"的虚假信息。

[审理意见]

一审法院基于上述事实，认为被告人赵某强为发泄个人情绪，随意辱骂他人，情节恶劣。其编造虚假信息在信息网络上散布，起哄闹事，使虚假信息在多个微信群和朋友圈传播扩散，造成公共秩序严重混乱，其行为已构成寻衅滋事罪。公诉机关指控被告人赵某强的主要犯罪事实及罪名成立。公诉机关指控被告人赵某强使用其本人的账户在华商论坛发布《府谷县的腐败集团》一文，除被告人在侦查期间的供述外，再无其他证据证明，且涉事当事人已被纪委纪律审查，故指控的该起事实不能成立。关于被告人赵某强称自己未注册过相关账户的辩解意见，因有证人王某某的证言、华商论坛截图、被告人在纪委调查时的谈话以及侦查期间的供述均证实被告人使用王某某邮箱注册该账号的事实，故对该辩解意见不予采纳。关于被告人赵某强及其辩护人所持被告人没有给领导发送过关于郭某等人的不实信息的辩解意见，因有证据证明发送信息情况系从其被扣押的手机内提取，故对该辩解意见不予采纳。关于被告人赵某强认为他的行为属于正常举报，不是寻衅滋事行为的辩解意见，法律保护公民正常举报，但被告人为发泄个人情绪，向信息网络上发布虚假信息，并不属于正常举报，故对该辩解意见不予采纳。关于被告人赵某强辩护人提出公诉机关指控被告人于2011年、2012年实施的行为已过追诉时效期限的辩护意见，《刑法》第89条规定，"追诉期限从犯罪之日起计算；犯罪行为有连续或者持续状态的，从犯罪行为终了之日起计算。在追诉期限以内又犯罪的，前罪追诉的期限从后罪之日起计算"。被告人赵某强的后罪行为发生于2018年，明显未超过追诉时效期限，故对该辩护意见不予支持。网络信息具有扩散范围广、传播速度快、影响不易消除等特点，被告人赵某强多次在网上发布虚假信息，且信息内容不指向特定的个体，其行为以扰乱社会秩序为目的，危害公共利益，造成了恶劣的社会影响。综上，一审法院依法判决被告人赵某强犯寻衅滋事罪，判处有期徒刑二年六个月。

一审判决后，赵某强不服判决结果，依法提起上诉称，上诉人以及知情干部群众在网络上转发、举报的都是府谷县各个角落存在的腐败事实，并没有任何虚假信息，举报府谷县官员的腐败行为是正义之举，反腐败是维护国家和人民的利益，是宪法赋予公民的权力。原判认定其构成寻衅滋事罪事实不清、证据不足，二审应宣告上诉人无罪。

二审法院经审理认为，上诉人赵某强为发泄个人情绪，随意辱骂他人，情节恶劣。其又编造虚假信息在信息网络上散布，起哄闹事，使虚假信息在多个微信群和朋友圈传播扩散，严重扰乱社会生活秩序，其行为已构成寻衅滋事罪，依法应予惩处。赵某强及其辩护人认为，赵某强以及其他知情干部在网络上转发、举报府谷县官员的腐败行为是正义之举，是维护国家和人民的利益，是宪法赋予公民的权力，公安机关对其立案是打击报复行为，并对其实施刑讯逼供获取口供，因此原判认定其构成寻衅滋事罪的事实不清、证据不足，二审应宣告上诉人无罪。经查，法律确实保护公民正常举报，但上诉人只为发泄个人情绪而在信息网络上发布虚假信息，传播负面消息，已超出正常举报范围，不属于正常举报。卷内多名证人证言、发送信息情况等证据均证实其为发泄个人情绪，编造虚假信息在信息网络上散布等，且其本人供述亦与以上证据相互印证，其行为既符合寻衅滋事罪的犯罪构成要件，又符合最高人民法院、最高人民检察院《关于办理利用信息网络实施诽谤等刑事案件适用法律若干问题的解释》和《关于办理寻衅滋事刑事案件适用法律若干问题的解释》的相关规定。一审判决认定事实清楚，证据确实充分，定罪准确，量刑适当，审判程序合法，依法应予维持。故，依法裁定如下：驳回上诉，维持原判。

（三）董某彬等非法经营、寻衅滋事案

[**案例案号**] 云南省昆明市中级人民法院（2014）昆刑一终字第 53 号刑事裁定书

[**基本案情**]

2011 年 3 月，被告人董某彬接受公民黎某某的委托，为黎某某与黄氏兄弟纠纷一事进行炒作。董某彬邀约并组织人员，虚构事实，撰写黄氏兄弟系黑社会性质组织成员等帖文在互联网发布。其间，黎某某向被告人董某彬支付人民币 90000 元。

2012 年 8 月，被告人董某彬接受景洪 S 公司孙某、孙某某委托，伙同

被告人侯某，虚构事实，编造 S 公司员工与云南省住建厅工作人员发生冲突及冲突原因的信息在互联网发布，并收取孙某某人民币 150000 元。

2012 年 11 月，被告人董某彬接受云南呈贡 D 企业集团有限公司董事长张某某委托，伙同被告人侯某、段某某（另案处理）、王某某（另案处理）等人，以炒作宣威火电厂污染致癌为手段，以达到关停火电厂、改善委托方楼盘销售现状的目的。被告人董某彬指使王某某杜撰帖文在互联网发布。其间，被告人董某彬、侯某收取了张某某人民币 100000 元。

2013 年 5 月，被告人董某彬接受云南旅游包机公司副总经理钱某的委托，商定以人民币 80000 元的费用炒作钱某被判决一事。被告人董某彬虚构事实撰写帖文，指使被告人侯某、冯某（另案处理）将帖文发布至互联网。其间，钱某支付给董某彬人民币 5000 元。

2011 年 10 月至 2013 年 3 月，被告人董某彬为提高其网络知名度，在"湄公河中国船员遇害案"的处理过程中，利用"新浪微博""腾讯微博""QQ 空间""天涯社区"等网络平台散布了大量虚假信息和煽动性言论，引发网民围观，严重混淆视听，扰乱公共秩序。

[审理意见]

根据相关事实和证据，一审法院认为，被告人董某彬、侯某违反国家规定，以营利为目的，明知是虚假信息，仍通过信息网络有偿提供发布信息服务，扰乱市场秩序，其行为已构成非法经营罪。其中被告人董某彬、侯某非法经营的数额均属犯罪情节特别严重。在共同犯罪中，被告人董某彬系主犯，应当对其组织指挥的全部犯罪处罚；被告人侯某起次要、辅助作用，系从犯，而且主动投案，如实供述自己的罪行，具有自首情节，依法应当减轻处罚并适用缓刑。被告人董某彬编造损害国家利益和政府形象的虚假信息在网络上散布，起哄闹事，被大量网民阅读和转发，使虚假信息进一步扩散，造成网络秩序混乱，引发大量不明真相群众的猜疑，造成公共秩序严重混乱，其行为已构成寻衅滋事罪。对被告人董某彬依法应当实行数罪并罚。公诉机关的指控事实清楚，证据确实充分，指控罪名成立。一审依法判决如下。被告人董某彬犯非法经营罪，判处有期徒刑六年，并处罚金人民币 350000 元，犯寻衅滋事罪，判处有期徒刑一年，决定执行有期徒刑六年零六个月，并处罚金人民币 350000 元。被告人侯某犯非法经营罪，判处有期徒刑三年，缓刑三年，并处罚金人民币 50000 元。

宣判后，原审被告人侯某表示服从原审判决，未提出上诉；原审被告人董某彬不服判决，提出上诉，请求撤销原审判决，改判无罪。

二审法院经审理认为，国家法律保障公民的言论自由，但同时规定公民的言论自由应该在法律规定的范围内行使，不得损害国家、社会、集体的利益和其他公民的合法自由和权利。网络空间并非法外之地，国家法律保护信息网络中正常的、合法的言论和信息交流活动，打击利用信息网络实施破坏社会公共秩序、市场经济秩序的犯罪行为。

上诉人董某彬、原审被告人侯某违反国家规定，以营利为目的，明知是虚假信息，通过信息网络有偿提供发布信息服务，扰乱市场秩序的行为已触犯刑律，均构成非法经营罪，应依法予以惩处。此外，上诉人董某彬编造损害国家利益和政府形象的虚假信息在网络上散布，起哄闹事，造成公共秩序严重混乱的行为还构成寻衅滋事罪，依法应予数罪并罚。

原审判决根据查明事实及依法确定的罪名，认定上诉人董某彬、原审被告人侯某非法经营数额均属"犯罪情节特别严重"。认定在非法经营共同犯罪中，上诉人董某彬行为积极、作用主要，系主犯；原审被告人侯某行为辅助、作用次要，系从犯。认定原审被告人侯某主动投案，如实供述自己的罪行，具有自首情节，依法应当减轻处罚并适用缓刑，所作刑事判决并无不当。上诉人董某彬及其辩护人所提"无罪""程序违法""法律适用有误"的上诉理由和辩护意见，原审法院在审理中已作充分评判，相关上诉观点，不予采纳；所提"后三起非法经营事实属公司行为"的上诉观点，根据案件查明的事实和证据，上诉人董某彬等人并未以单位名义实施非法经营行为，所得收益也主要为参与人员分配占有，涉案非法经营行为是董某彬等人以个人名义、为个人利益并在个人意志支配下所实施的，涉案非法经营行为均属自然人犯罪行为，并不符合单位犯罪的法律要件，相关上诉观点，亦不予采纳。

二审法院认为，原审判决认定事实清楚，证据确实充分，定罪准确，量刑适当。故，依法裁定如下：驳回上诉，维持原判。

（四）李某广诉德州市公安局陵城分局公安行政管理案

[**案例案号**]　山东省德州市中级人民法院（2019）鲁 14 行终 54 号行政判决书

[**基本案情**]

原告李某广因不服其父亲在陵城区某村被征用土地的补偿标准，于 2018 年 7 月在天涯社区发布不当言论。2018 年 7 月 26 日被告接到陵城区某村村支书王某书举报，于 2018 年 7 月 26 日受案，并于 2018 年 9 月 27 日以原告李某广寻衅滋事违法行为成立，符合《治安管理处罚法》第 26 条第 4 项之规定为由，给予李某广行政拘留十日并处罚款 1000 元的行政处罚。原告李某广不服被告作出的陵城公（郑）行罚决字〔2018〕344 号行政处罚决定书，于 2018 年 10 月 15 日提起行政诉讼。

[**审理意见**]

一审法院认为，本案的争议焦点为：一是被告对原告的行政处罚是否具有管辖权；二是被告作出行政处罚决定是否有事实依据，适用法律是否正确；三是被告作出行政处罚程序是否合法。

关于焦点一，2017 年《中华人民共和国行政处罚法》（简称《行政处罚法》）第 20 条规定：“行政处罚由违法行为发生地县级以上人民政府具有行政处罚权的行政机关管辖。法律、行政法规另有规定的除外。”“违法行为发生地”是指违法行为的实施地和结果发生地。被告发布的不当言论针对的是陵城区人民政府，所指事件是陵城区某村的土地征用，虽然原告称实际发布地为被告居住地济南市天桥区，但该网络信息实际产生的不良影响后果在德州市陵城区，名誉受到侵害的是陵城区人民政府。原告的户籍所在地是德州市某某号，同时原告亦未向本院提供其经常居住地的居住证明。原告主张其长期居住于济南市，信息发布地也在济南市，应当依据 2017 年《行政处罚法》第 20 条规定由济南市相应法院管辖，属于原告对法律理解的错误，法院不予支持。

关于焦点二，原告对被告提交的事实部分的证据真实性均无异议，同时原告在被告接受询问时承认其在天涯论坛和微博上发布了侮辱陵城区人民政府言论的事实。原告通过信访途径向陵城区人民政府反映陵城区郑家寨镇政府、陵城区水利局征用土地问题，请求政府信息公开。在陵城区人民政府依法对其请求进行答复后，原告不满陵城区人民政府作出的告知书，但没有通过合法途径解决问题，而是为了发泄心中不满，通过网络发布不实、不当言论泄愤。以上事实有原告自己陈述和申辩，及证人证言证明，因此，被告作出行政处罚事实清楚，证据充足，法院予以支持。原告反映问题应当通过合理、合法的途径，理性处理，但原告通过网络发布不实言论，侮辱国家机关，诋毁国家重要部署，性质恶劣，造成不良社会影响，扰乱公共秩序，被告依据《治安管理处罚法》第 26 条第 4 项之规定，对原告作出行政处罚适用法律正确。

关于焦点三，被告对原告作出行政处罚严格按照办案手续，遵循办案程序进行。被告在作出行政处罚前将事实、理由和依据告知原告，在作出行政处罚决定后依法及时告知原告并送达，原告也签字确认。原告主张被告作出行政处罚程序违法，但未提供证据证明，法院不予支持。

综上，被告作出的行政处罚认定事实清楚，证据充分，适用法律正确，程序合法，本院予以支持。一审法院根据《中华人民共和国行政诉讼法》（简称《行政诉讼法》）第 69 条之规定，判决驳回原告李某广的诉讼请求。

上诉人李某广不服一审判决，依法提起上诉，请求撤销山东省德州市陵城区人民法院（2018）鲁 1403 行初 41 号行政判决，发回原审法院重审或者查清事实后改判。

二审法院审理意见如下。首先，上诉人称本案为普通治安案件，发生地在济南市，其自 2004 年至案发时生活在济南市，应由济南市公安机关受理侦查或者处罚。根据《公安机关办理行政案件程序规定》规定，"行政案件由违法行为地的公安机关管辖。由违法行为人居住地的公安机关管辖更为适宜的，可以由违法行为人居住地公安机关管辖，但是涉及卖淫、嫖娼、赌博、毒品的案件除外"。本案中，上诉人发布的不当言论针对其原籍德州市陵城区某村的土地征用，其虽称不当言论的实际发布地为居住地济南市天桥区，但该网络信息所造成的不良影响主要发生在德州市陵城区，也即上诉人的违法行为地主要为德州市陵城区，故被上诉人对该案进行管辖，符合上述规定。其次，虽然上诉人称之所以在网上发帖，是由于陵城区人民政府违法违规占地，未依法给予补偿，村民合法权益受到侵害，但即使其所言属实，也应通过正规渠道依法表达诉求，维护权益。上诉人为发泄不满，通过网络发布侮辱、诋毁国家和政府形象的不当言论，属于违反社会治安管理的违法行为。最后，一审期间被上诉人将"延长办案期限审批表"作为证据提交，且庭审过程中已进行质证，上诉人称该证据未经当庭出示应属无效，其主张与事实不符，不能成立，法院不予支持。故被上诉人依据《治安管理处罚法》第 26 条第 4 项之规定，对上诉人作出行政处罚认定事实清楚，适用法律正确，程序合法，二审法院予以确认。综上，二审法院依法判决驳回上诉，维持原判。

（五）张某诉安康市公安局高新分局治安管理罚款处罚案

[**案例案号**] 陕西省西安铁路运输中级法院（2020）陕 71 行终 308 号行政判决书

[**基本案情**]

2019 年 4 月 9 日，高新土征中心与友谊村委会签订了《拆迁补偿协议书》，约定高新土征中心向友谊村委会经营的友谊村复合肥厂一次性补偿 280 万元，友谊村委会在 20 日内清空场内设施。2019 年 5 月 11 日上午，高新土征中心组织相关人员到友谊村复合肥厂拆除建筑物，遭到少数村民阻止。高新土征中心向高新公安局报警，高新公安局接警后于 13 时许派民警到现场处置。少数村民聚集在友谊村复合肥厂门前哄闹并越过警戒线准备进入厂内，民警予以阻止。民警发现王某某携带管制刀具后，将王某某带离现场。李某甲捡起废砖头扔向民警，民警将李某甲带离现场。后经民警和高新土征中心工作人员劝解，村民离开现场。14 时许，在张某建立的名为"友谊村联络群"的微信群（当日成员 117 人）中，李某乙等人陆续发布民警在友谊村复合肥厂门前处置的视频片段，李某丙发布了"陕西安康友谊村强暴拆迁"的虚假信息并配发图片，引发群内成员不良评论，个别成员还欲将视频片段转发在公众平台上。"友谊村联络群"的群主张某对李某乙、李某丙等人发布视频片段、虚假信息的行为置之不理。2019年5月13日，高新公安分局在办理李某甲涉嫌妨碍公务案的过程中，发现"友谊村联络群"的群主张某涉嫌违反《治安管理处罚法》，于2019年5月14日决定受案。高新公安分局在调查取证后，于2019年5月18日向张某告知了拟作出行政处罚决定的事实、理由、依据并告知其享有陈述、申辩权。高新公安分局于2019年5月30日作出高公（治）行罚决字〔2019〕第A39号《行政处罚决定书》，决定对张某行政拘留十日。该决定书于2019年5月30日向张某送达。当日，将张某交付汉滨区拘留所执行拘留。另查明，在高新公安分局作出的高公（治）行罚决字〔2019〕第A39号《行政处罚决定书》中，亦认定李某乙的行为构成寻衅滋事行为，决定对李某乙行政拘留十日。

［审理意见］

一审法院认为，任何个人和组织使用网络应当遵守法律，遵守公共秩序，尊重社会公德，不得危害网络安全，不得利用网络从事违法犯罪活动。《互联网群组信息服务管理规定》第9条第1、2款规定："互联网群组建立者、管理者应当履行群组管理责任，依据法律法规、用户协议和平台公约，规范群组网络行为和信息发布，构建文明有序的网络群体空间。互联网群组成员在参与群组信息交流时，应当遵守法律法规、文明互动、理性表达。"在本案中，李某乙等人在"友谊村联络群"中发布视频片段，李某丙编造虚假信息，混淆视听，煽动群内成员的不良情绪，均属于寻衅滋事行为。原告张某作为"友谊村联络群"的建立者、管理者，未尽到法定的管理职责，在主观上放任违法行为在其建立的网络空间实施违法活动，在客观上帮助违法行为人实施违法行为，并产生不良后果。因此，原告张某的行为与发布片段信息、虚假信息成员的行为共同构成违法行为，对原告张某的行为亦应按照寻衅滋事行为进行处罚。李某乙等人发布的现场视频片段不仅不能真实反映客观事实，反而容易让观看者断章取义，产生不客观评价，从而混淆视听，具有社会危害性。因此，原告张某认为李某乙等人发布的视频片段不具有社会危害性的理由不能成立。原告张某关于高新公安分局没有依法告知其拟处罚的事实、理由、依据及相应权利的意见，与事实不符，不予采纳。经审查，被告高新公安分局在查明案件事实的基础上，依据《治安管理处罚法》第 26 条第 4 项之规定，对原告张某作出行政处罚，事实基本清楚，证据确凿，适用法律、法规正确，符合法定程序，依法应予以维持。故一审法院依法判决驳回张某的诉讼请求。

上诉人张某对一审判决不服，依法提起上诉。二审法院认为，本案争议的焦点问题是涉诉行政处罚决定是否合法。就此焦点问题，二审法院评判如下。首先，本案中李某乙等人在"友谊村联络群"中发布视频片段，李某丙编造虚假信息，断章取义，煽动群内成员的不良情绪，且个别群成员欲将上述视频转发至公众平台的事实，有在案的询问笔录、微信截图照片及提取笔录等相关证据证实，且各方当事人对该事实均无异议，法院予以确认。根据《治安管理处罚法》第 26 条规定，"有下列行为之一的，处五日以上十日以下拘留，可以并处五百元以下罚款；情节较重的，处十日以上十五日以下拘留，可以并处一千元以下罚款：……（四）其他寻衅滋事行为。"结合本案，法院认为，虚拟的信息网络公共空间是现实中公共场所在网络空间的延伸，李某乙、李某丙等人在信息网络中断章取义、发布虚假信息，破坏社会公共秩序，属于前述法律规定的寻衅滋事行为，应依法予以惩罚。其次，根据《互联网群组信息服务管理规定》第 9、14 条的规定，本案中，上诉人张某作为涉案"友谊村联络群"的建立者、管理者，虽未实施涉案违法行为，但其未尽到"规范群组网络行为和信息发布"的群组管理职责，放任其群成员实施前述寻衅滋事的违法行为且未及时制止和纠正，致使群成员李某乙、李某丙等人在客观上造成了破坏公共秩序的不良后果。因此，被上诉人安康市公安局高新分局依据《治安管理处罚法》以及《互联网群组信息服务管理规定》的相关规定，对张某按照寻衅滋事行为进行处罚符合本案实际和法律规定，法院予以确认。最后，被上诉人安康市公安局高新分局在查明案件事实的基础上，依据《治安管理处罚法》及《公安机关办理行政案件程序规定》的规定，依法履行了受案、传唤、调查、告知以及在法律规定的处罚幅度内作出涉诉行政处罚决定并依法送达等程序，其行政处罚决定认定事实清楚，证据确实充分，适用法律、法规正确，程序合法，法院亦予以确认。综上，二审法院依法判决如下：驳回上诉，维持原判。

（六）钱某飞诉如东县公安局行政处罚案

[**案例案号**] 江苏省南通市中级人民法院（2018）苏 06 行终 426 号行政判决书

[**基本案情**]

2017 年 12 月 3 日，钱某飞在家中使用其手机以"yuhuasifei"账号登录濠滨论坛，发布了题名为"如果让南通全民公投，决定是否加入日本，会有什么结果"的帖子，该帖最终浏览量 29784 次，回复量 36 次。12 月 6 日，如东县公安局发现该帖后即传唤钱某飞接受询问，钱某飞如实供述了在濠滨论坛发布上述帖子的事实。当日，如东县公安局立案并经调查取证、权利告知、申辩陈述等行政程序后，于次日作出如公（开）行罚决字〔2017〕1416 号行政处罚决定书，认定钱某飞以取乐为目的，在网络论坛随意散布分裂国家言论，起哄闹事，该行为扰乱了网络空间公共秩序，构成寻衅滋事，根据《治安管理处罚法》第 26 条第 4 项之规定，决定给予钱某飞行政拘留八日的处罚。随后，对钱某飞执行了行政拘留。12 月 21 日，钱某飞向一审法院提起行政诉讼，请求撤销如公（开）行罚决字〔2017〕1416 号行政处罚决定书。

[**审理意见**]

一审法院认为，根据《治安管理处罚法》第 7 条规定，县级以上地方各级人民政府公安机关负责本行政区域内的治安管理工作。《网络安全法》第 74 条第 2 款规定，"违反本法规定，构成违反治安管理行为的，依法给予治安管理处罚"。因此，如东县公安局对辖区内违反法律规定构成违反治安管理的行为，具有行政处罚的法定职权。

关于钱某飞的行为是否构成寻衅滋事。《网络安全法》第 12 条第 2 款规定，"任何个人和组织使用网络应当遵守宪法法律，遵守公共秩序，尊重社会公德，不得危害网络安全，不得利用网络从事危害国家安全、荣誉和利益，煽动颠覆国家政权、推翻社会主义制度，煽动分裂国家、破坏国家统一，宣扬恐怖主义、极端主义，宣扬民族仇恨、民族歧视，传播暴力、淫秽色情信息，编造、传播虚假信息扰乱经济和社会秩序，以及侵害他人名誉、隐私、知识产权和其他合法权益等活动"。本案中，钱某飞为取乐在使用网络时发布"全民公投是否加入日本"等具有分裂国家言论的帖子，主观上追求精神刺激，起哄闹事，发泄对社会不满情绪，扰乱了网络空间公共秩序，其行为既违反了《网络安全法》的相关规定，也构成寻衅滋事，依法应当予以行政处罚。钱某飞称"其行为不属于寻衅滋事的理由及被告对其加重处罚无依据"的意见，不能成立。综上，被诉行政处罚决定认定事实清楚，证据确凿，适用法律正确，符合法定程序。钱某飞的诉讼请求，缺乏事实和法律依据，依法予以驳回。据此，一审法院依照《行政诉讼法》第69条之规定，判决驳回钱某飞的诉讼请求。

一审判决后，钱某飞不服提起上诉。二审法院认为，本案二审争议的焦点是，被上诉人如东县公安局对上诉人钱某飞案涉发帖行为的定性是否准确，处罚有无法律依据，行政处罚程序是否合法。

第一，上诉人所发帖子针对的是不特定多数人，审查该帖子所表达的意思和可能引发的后果，应依据大多数普通网民的正常认知来判断。该帖的标题是"如果让南通全民公投，决定是否加入日本，会有什么结果"，内容是"做个调查，如果国家允许南通全民公投，决定是愿意继续待在中国，还是割裂出去并入日本。那会有什么结果？同意待中国的，请回复继续做中国人。同意并入日本的，请回复并入日本。"按照通常的字面理解，该帖的主要意思是调查网民对将南通割裂出去并入日本的态度或选择。众所周知，南通是中华人民共和国江苏省的一个地级市，在网络空间上公然谈论将南通分裂并入日本，不仅伤害网民的爱国感情，也必将损害国家统一和领土完整。上诉人称其发帖是为了取乐和讥讽有关移民的社会问题，其理由明显缺乏合理性。且即使如其所说，也表现出其对宪法法律的无知，国家统一和领土完整岂能随意取乐。故被上诉人认定上诉人的案涉发帖行为系散布分裂国家言论，定性准确，并无不当。

第二，随着信息技术的快速发展和普及，网络空间已成为人们沟通交流的公共平台，成为人们现实生活的全面延伸，网络秩序也已成为社会公共秩序的重要组成部分。在网络空间上发表言论应当与现实生活中一样，遵守宪法法律，遵守公共秩序，尊重社会公德，不得实施任何违法犯罪活动。《网络安全法》第 12 条第 2 款对此作了专门规定。上诉人钱某飞在网络上发布题名为"如果让南通全民公投，决定是否加入日本，会有什么结果"的帖子后，短期内浏览量达 29784 次，回复 36 次，具有明显的社会危害性，属于无事生非、起哄闹事、扰乱网络公共秩序的行为，违反了《网络安全法》的规定，符合寻衅滋事违法行为的特征，依法应当受到行政处罚。被上诉人依据《治安管理处罚法》第 26 条第 4 项的规定对其作出拘留八日的行政处罚决定，适用法律正确。

第三，关于被上诉人是否因上诉人申请复议加重对上诉人处罚的问题。经查，在被上诉人拟作出处罚前向上诉人告知相关权利义务后，上诉人曾向被上诉人提交一份书面申辩材料，经上诉人确认，该申辩材料即其所称的申请复议材料。法院认为，该申辩材料与钱某飞在《行政处罚告知笔录》上书写的"我提出陈述和申辩，我自己写"，在行为上前后相一致，应是其对被上诉人履行告知义务后的陈述和申辩，且无论从形式还是内容上看，该申辩材料也并非复议申请材料。上诉人认为该申辩材料是其对第一次行政处罚决定的复议申请，系对处罚前告知程序的错误认识，故对上诉人关于被上诉人曾作出两次行政处罚并加重对其处罚的主张及理由，不予采信。综上，二审法院依法判决如下：驳回上诉，维持原判决。

（七）张某红诉广州市公安局越秀区分局行政处罚案

[**案例案号**] 广东省广州市中级人民法院（2011）穗中法行终字第 570 号行政判决书

[**基本案情**]

2013 年 8 月 27 日 0 时 15 分许，原告张某红在广州市越秀区文化里住房内，使用其本人笔记本电脑在新浪微博上发布一篇微博，内容涉及对"狼牙山五壮士"故事的歪曲、抹黑，并注明内容源自新浪认证微博"袁某飞"。之后，原告又将该微博内容粘贴至其腾讯微博（网名：拈花时评 23_833）。至 2013 年 8 月 29 日止，原告的新浪微博中该条微博内容被转发两千多次，评论三百多条，其腾讯微博中该条微博内容被转发多次，评论多条。2013年8月29日22时许，被告广州市公安局越秀区分局将原告抓获，现场缴获笔记本电脑一台。被告经调查查明上述事实并查阅了新浪认证微博"袁某飞"，未有发现涉及"狼牙山五壮士"的相关言论，遂认定原告散布关于"狼牙山五壮士"的相关谣言，虚构事实扰乱公共秩序，告知原告拟作出处罚决定的事实、理由、依据及陈述和申辩的权利。同月30日，被告依据《治安管理处罚法》第25条第7项及第4条第1款之规定，作出穗公越行罚决字（2013）第03759号《行政处罚决定书》，决定对原告处以行政拘留七日，收缴作案工具笔记本电脑一台。原告对上述处罚决定不服，向广州市公安局申请行政复议。该局于2013年10月30日作出穗公复决字（2013）154号《行政复议决定书》，决定维持被告作出的上述处罚决定。原告仍不服，遂提起本案诉讼。

［审理意见］

一审法院认为，《治安管理处罚法》第25条规定："有下列行为之一的，处五日以上十日以下拘留，可以并处五百元以下罚款；情节较轻的，处五日以下拘留或者五百元以下罚款：（一）散布谣言，谎报险情、疫情、警情或者以其他方法故意扰乱公共秩序的……"第11条第1款规定："办理治安案件所查获的毒品、淫秽物品等违禁品，赌具、赌资，吸食、注射毒品的用具以及直接用于实施违反治安管理行为的本人所有的工具，应当收缴，按照规定处理。"本案原告提出关于"狼牙山五壮士"的微博源自"袁某飞"，内容已传播多年不是原告的原创，即使内容失实也不是原告虚构的，但经被告调查新浪认证微博"袁某飞"后未发现涉及"狼牙山五壮士"的相关言论，因此被告认定原告在微博中虚构事实，制造并发布谣言的事实清楚、证据充分。原告的上述违法行为在网络上造成了不良影响，扰乱了公共秩序，故被告查明原告该违法事实后作出的处罚决定符合上述有关规定，原告请求撤销该处罚决定并发还电脑及赔偿的理由不充分，应不予采纳。综上所述，一审法院判决如下：驳回原告张某红的诉讼请求，驳回原告张某红的赔偿请求。

上诉人张某红不服原审判决，提起上诉。二审法院经审理认为，上诉人于2013年8月27日0时15分许在广州市越秀区文化里1号103房内，使用其本人笔记本电脑在新浪微博（网名：拈花笑评 223）上发布一篇关于"狼牙山五壮士"的微博，后又将该微博内容粘贴至其腾讯微博上（网名：拈花时评 23_833）。至 2013 年 8 月 29 日止，上诉人的新浪微博中该条微博内容被转发两千多次，评论三百多条，其腾讯微博中该条微博内容被转发多次，评论多条。被上诉人认为上诉人利用网络发布了虚构的"狼牙山五壮士"故事，歪曲革命烈士形象，在网络上造成了不良影响，构成散布谣言、扰乱公共秩序的行为，对其作出涉案处罚，符合上述规定。且被上诉人在作出行政处罚决定前，已依法向上诉人张某红告知拟作出行政处罚决定的事实、理由及依据，并告知其依法享有的权利。因此原审法院以上诉人主张撤销该行政处罚并发还电脑及赔偿的请求理据不足，并无不当，本院予以支持。综上，原审判决认定事实清楚，适用法律正确，程序合法。故，二审法院依法判决如下：驳回上诉，维持原判。

二　核心法条

1.《网络安全法》第 12 条："国家保护公民、法人和其他组织依法使用网络的权利，促进网络接入普及，提升网络服务水平，为社会提供安全、便利的网络服务，保障网络信息依法有序自由流动。

"任何个人和组织使用网络应当遵守宪法法律，遵守公共秩序，尊重社会公德，不得危害网络安全，不得利用网络从事危害国家安全、荣誉和利益，煽动颠覆国家政权、推翻社会主义制度，煽动分裂国家、破坏国家统一，宣扬恐怖主义、极端主义，宣扬民族仇恨、民族歧视，传播暴力、淫秽色情信息，编造、传播虚假信息扰乱经济秩序和社会秩序，以及侵害他人名誉、隐私、知识产权和其他合法权益等活动。"

2.《网络安全法》第 74 条："违反本法规定，给他人造成损害的，依法承担民事责任。

"违反本法规定，构成违反治安管理行为的，依法给予治安管理处罚；构成犯罪的，依法追究刑事责任。"

3.《刑法》第 293 条："有下列寻衅滋事行为之一，破坏社会秩序的，处五年以下有期徒刑、拘役或者管制：

（一）随意殴打他人，情节恶劣的；

（二）追逐、拦截、辱骂、恐吓他人，情节恶劣的；

（三）强拿硬要或者任意损毁、占用公私财物，情节严重的；

（四）在公共场所起哄闹事，造成公共场所秩序严重混乱的。

"纠集他人多次实施前款行为，严重破坏社会秩序的，处五年以上十年以下有期徒刑，可以并处罚金。"

4. 《治安管理处罚法》第 26 条："有下列行为之一的，处五日以上十日以下拘留，可以并处五百元以下罚款；情节较重的，处十日以上十五日以下拘留，可以并处一千元以下罚款：

（一）结伙斗殴的；

（二）追逐、拦截他人的；

（三）强拿硬要或者任意损毁、占用公私财物的；

（四）其他寻衅滋事行为。"

5. 最高人民法院、最高人民检察院《关于办理利用信息网络实施诽谤等刑事案件适用法律若干问题的解释》第 5 条："利用信息网络辱骂、恐吓他人，情节恶劣，破坏社会秩序的，依照刑法第二百九十三条第一款第（二）项的规定，以寻衅滋事罪定罪处罚。

"编造虚假信息，或者明知是编造的虚假信息，在信息网络上散布，或者组织、指使人员在信息网络上散布，起哄闹事，造成公共秩序严重混乱的，依照刑法第二百九十三条第一款第（四）项的规定，以寻衅滋事罪定罪处罚。"

6. 《互联网群组信息服务管理规定》第 9 条："互联网群组建立者、管理者应当履行群组管理责任，依据法律法规、用户协议和平台公约，规范群组网络行为和信息发布，构建文明有序的网络群体空间。

"互联网群组成员在参与群组信息交流时，应当遵守法律法规，文明互动、理性表达。

"互联网群组信息服务提供者应为群组建立者、管理者进行群组管理提供必要功能权限。"

7.《互联网群组信息服务管理规定》第 10 条:"互联网群组信息服务提供者和使用者不得利用互联网群组传播法律法规和国家有关规定禁止的信息内容。"

三　要点提示

1. 公共秩序的概念界定问题。公共秩序这一概念的内涵与外延应如何界定,公共秩序与公共场所秩序应当如何区分,是通过网络发表不当言论危及公共秩序类案件审理过程中的常见争点。特别是在现实世界之外,公共秩序是否应当包含网络空间秩序,更是理论和实践中经常遇到的判定难点。

2. 何种言论会扰乱公共秩序的问题。解决这一问题首先要对所涉及的言论进行类型化。如在事实性言论与观点性言论的分类中,如何对两者进行区分,并实施差异化的规制口径?另外,政治性言论与一般言论是否有区别,发表非煽动性的政治性言论是否构成对公共秩序的扰乱?

3. 扰乱公共秩序的后果应当如何认定及其认定标准的问题。网络言论造成的损害结果与言论本身存在时空差异性。在规制网络言论时,考虑到其所产生的长远影响,应当采取与现实世界相比更严格的标准。某些对现实秩序尚未产生紧迫影响,但在网络上波及广泛的有害言论应当如何规制?在网络世界中,言论的声量得以数字化展现,其点赞数、评论数与转发数等信息成为衡量言论影响范围的数字标准。在考察某一网络言论是否造成扰乱公共秩序的后果时,如何采取数字化标准对此加以判断?

4. 对扰乱公共秩序的网络信息予以规制与其他基本权利间的冲突和调和问题。在维护公共秩序、规制此类有害网络信息的同时,也需要充分保护公民的表达自由与监督等权利。要保护公民的表达自由,需要严格解释"扰乱公共秩序"的范围,并明确其具体标准,减少需要主观评价的模糊地带。而发表对政府及其官员的监督性言论,则一般不宜认定为扰乱公共秩序的情形。

四　法理评析

前互联网时代，言论主要有两种传播渠道，一是通过熟人圈子口耳相传，二是通过书报、电视等公共媒体向大众传播。口耳相传的传播方式具有传播范围小与传播速度慢的特点，利用公共媒体传播则需要掌握公共媒体资源，内容也需要经过层层审查才能顺利发布，危害公共秩序的言论生存空间相对狭窄。随着互联网技术的蓬勃发展，信息传播变得格外快捷，自媒体大批量产生。在互联网时代，公民的发声渠道得以畅通，言论影响范围飞速扩大，网络言论的体积指数倍扩张，有害言论甚嚣尘上。

网络中不仅充斥着大量色情、暴力、侵害具体当事人名誉权、隐私权等有害信息，还存在危害公共秩序的有害信息。如在"河南汤阴挖肾谣言案"中，内容为"有人潜伏在玉米地中趁机挖肾"的帖子在互联网上传播广泛，一度在当地引起恐慌，村民不敢出工，正常的生活秩序受到损害。对此类信息的规制是维护网络环境与公共秩序的必然要求。但在治理此类信息的过程中，要兼顾公民基本权利的保障与公共秩序之维护，要平衡秩序与自由两种价值。既要有效控制危害公共秩序的有害信息，同时也要防止出现干涉表达自由、侵害监督权的情况出现。在判定和处理危害公共秩序类网络有害信息时，需要突出关注与解决如下几个方面的问题：其一，公共秩序的内涵与外延；其二，能够扰乱公共秩序的言论类型有哪些；其三，"公共秩序混乱"的标准应当如何认定；其四，网络空间是否属于"公共场所"。

（一）公共秩序的内涵与外延

"造成公共秩序混乱"或"造成公共秩序严重混乱"是对网络言论科以处罚的结果要件。但在司法实践中，如何认定"公共秩序混乱"却无规范标准，裁判文书中鲜有对此部分的严密说理，案件结果也莫衷一是。

例如，在"女子网上发帖询问是否发生命案被行政拘留案"① 中，网民发表了"听说娄庄发生命案了，有谁知道真相吗"这一"求证性"言论，即被当地警方以"信息迅速被点击 1000 余次，严重扰乱了当地公共安全秩序"为由给予了赵某行政拘留 5 日的行政处罚。在本章前述的"张某红诉广州市公安局越秀区分局行政处罚案"中，张某红在新浪微博发布了污蔑狼牙山五壮士的言论，这一博文被转发 2000 余次，广州警方也以"扰乱公共秩序"为由给予其行政拘留 7 日的行政处罚。在这两起案件中，当事人所发表言论的性质与其影响范围均有很大的不同。但同样被以"扰乱公共秩序"为由给予了相似的行政处罚。由此可见，实践中对公共秩序的理解与认定存在差异，对于公共秩序是否被扰乱，办案机关具有较大的主观裁量空间。要兼顾公民基本权利保障与公共秩序之维护，首先就要对公共秩序的概念予以具体化。

1. 公共秩序的界定

秩序既是一种价值，又是一种事实状态。作为法益被保护的秩序，应当是一种有条理的不混乱的状态。② 公共秩序同样是一个抽象的法律概念，学者们对公共秩序的概念表述颇多。如有学者认为，公共秩序是"社会公共生活中人们应当共同遵守的公共生活规则及其所维持的社会正常运行状态"③。公共秩序既包括规则又包括运行状态。也有学者认为，"公共秩序是指社会公共生活依据共同生活规则而有条不紊进行的状态，既包括公共场所的秩序，也包括非公共场所人们遵守公共生活规则所形成的秩序"④。学者们的表述虽各不相同，但也有相通之处。在利用网络发表危害公共秩序言论的类案中，公共秩序作为被保护的法益，其概念应当具体化，以限制权力滥用。结合学界既有认识，我们认为，公共秩序可以被界定为公众

---

① 参见《女子网上发帖询问是否发生命案 被行政拘留 5 天》，人民网，http://opinion.peo-ple. com. cn/n/2013/0909/c368412-22851894. html，最后访问日期：2024 年 9 月 26 日。
② 参见赵秉志、刘志伟《论扰乱公共秩序罪的基本问题》，《政法论坛》1999 年第 2 期。
③ 赵秉志主编《刑法学通论》，高等教育出版社，1993，第 712~713 页。
④ 高铭暄主编《新编刑法学》（下册），中国人民大学出版社，1998，第 808 页。

生活平稳安宁的生活状态。①

　　首先，公共秩序是一种平稳安宁、有条不紊的状态，公共秩序并不是规则本身。诚然，秩序与规则往往被同时提起，公共秩序的平稳也与良性的规则密不可分。但规则只是用来保障公共秩序平稳的手段与工具，而并非公共秩序本身。②

　　其次，公共秩序是公共生活中的人们所形成的平稳安宁的状态。在法学理论中，"公共"一般指不特定的人。但不特定的人不一定是多数人，一个人也可能形成公共境地。③ 因此，在这一逻辑下，只要行为造成了侵害某个人的行为后果，就有可能被认定为侵害了公共秩序。作为被保护的法益，过于包容的概念有重秩序管理，轻个人权利之嫌。因此，有学者从"权利保障论"的角度出发去界定公共秩序中的"公共"概念，认为公共秩序之"公共"，乃是相对于国家利益和个人利益的社会利益，利益主体是社会公众。④ 在这一界定中，"公共"这一概念即可以转化为更具体的"公众"。这一具体化的理解有利于限制公权力利用模糊的罪状扩大"口袋罪"的适用范围，更符合保障人权、依法行政与罪刑法定的要求。

　　最后，扰乱公共秩序就是打破公众平稳安宁的生活状态。危害对象的不特定性使任何人都有成为受害者的可能。扰乱公共秩序具体可以被分成两种情况。一是行为直接影响了公共生活。行为人在车站、机场等公共场所寻衅滋事，导致有关场所秩序混乱，无法正常运转当属于此种情况。二是行为人的行为激发了公众的恐惧或其他心理，基于这种心理状态，公众难以进行正常的生活。上文提到的"河南汤阴挖肾谣言案"即为此种情况。⑤

　　2. 网络空间秩序是否属于公共秩序

　　2013 年，最高人民法院、最高人民检察院联合发布了《关于办理利用

---

① 参见孙万怀、卢恒飞《刑法应当理性应对网络谣言——对网络造谣司法解释的实证评估》，《法学》2013 年第 11 期。
② 参见赵秉志、刘志伟《论扰乱公共秩序罪的基本问题》，《政法论坛》1999 年第 2 期。
③ 参见吴贵森《刑法上"公共"概念之辨析》，《法学评论》2013 年第 1 期。
④ 参见曲新久《论刑法中的"公共安全"》，《人民检察》2010 年第 9 期。
⑤ 参见赵秉志、刘志伟《论扰乱公共秩序罪的基本问题》，《政法论坛》1999 年第 2 期。

信息网络实施诽谤等刑事案件适用法律若干问题的解释》。在《〈关于办理利用信息网络实施诽谤等刑事案件适用法律若干问题的解释〉的新闻发布稿》中，发言人表示："信息网络具有两种基本属性，即工具属性和公共属性。信息网络是人们沟通交流的平台，是现实生活的延伸，是社会公共秩序的重要组成部分，具有很强的公共属性。""网络空间属于公共空间，网络秩序也是社会公共秩序的重要组成部分。"这一新闻稿明确了司法实践中认为网络秩序属于公共秩序的问题。但在具体的司法文书中，关于这一问题的说理较少出现，笼统地表明某些信息扰乱了公共秩序却并不具体论述，成为主流做法。对于该问题，在下文"现有立法梳理"部分将进一步深入讨论。

（二）网络言论扰乱公共秩序的表现形式

在网络上发表的言论数量庞大，但并不是所有种类的言论都会对公共秩序产生影响。前述"女子网上发帖询问是否发生命案被行政拘留案"与"张某红诉广州市公安局越秀区分局行政处罚案"中，虽然言论的发布者受到了相似的处罚，但二人在网络上发布的实为不同类型的网络言论。那么何种网络言论会使稳定的公共秩序遭受被扰乱的风险？在网络上发布言论形成何种后果才能够被认定为公共秩序被扰乱？现有的法律法规并没有明确给出上述问题的标准，司法实践中法官们同样语焉不详，这两个具体的问题也成为司法实践中颇具争议的焦点问题。

1. 何种类型的网络言论能够扰乱公共秩序

（1）事实性言论与观点性言论

事实性言论是对事物形象化阐述的言论，是对事实的陈述。观点性言论是个人思想的表达，观点的抒发。一般而言，认定观点性言论扰乱公共秩序，应当恪守更为严格的标准，以体现对言论自由的基本保护。就事实性言论而言，真实的事实性言论可能会侵害个人信息权或隐私权，但难以造成扰乱公共秩序的危险。但虚假信息的流传却是公共秩序保持平稳安宁的绊脚石。虚假信息是指与事实不符的信息。《关于办理利用信息网络实施诽谤等刑事案件适用法律若干问题的解释》第 5 条第 2 款规定，"编造虚假信息，或者明知是编造的虚假信息，在信息网络上散布，或者组织、指使人员在信息网络上散布，起哄闹事，造成公共秩序严重混乱的，依照刑法第二百九十三条第一款第（四）项的规定，以寻衅滋事罪定罪处罚"。《治安管理处罚法》也把"散布谣言，谎报险情、疫情、警情或者以其他方法故意扰乱公共秩序的"这一情况列入行政处罚的范畴。

由此可见，虚假信息能够扰乱公共秩序已经得到了普遍认同，行政法与刑法均对故意散播虚假信息的行为作出了惩戒性规定，但仍有一些问题亟待解决。不完全真实的信息是否为虚假信息？求证式的问句中所表达的信息是否可被认定为虚假信息？基于事实的推断又该如何界定？在这些问题上，司法实践中的判决标准并不统一，虚假信息的认定方法仍待厘清。

首先，虚假信息的本质特点是无根据性。有一定事实根据但又不与事实完全相符的信息不应当属于虚假信息。如2013年，浙江上虞发生车祸造成7人死亡，冯某在论坛称"造成9人死亡"，警方即以"虚构事实扰乱公共秩序"为由对其处以行政拘留5天的行政处罚。① 在"张某诉安康市公安局高新分局治安管理罚款处罚案"中，群成员所发布的强制拆迁视频资料也并非虚构，只是略有剪辑，警方也以"虚假信息扰乱公共秩序"为由对其处以行政处罚。这样的处罚显然令人难以接受。由于确实发生了车祸并造成了一定数量的人员死亡，冯某所言并非毫无依据，言论中死亡人数与现实的微小差距并不会带来扰乱公共秩序的危险。群内所发布的视频资料也并非全然伪造，"断章取义"即为虚假信息的标准也过于草率。随着经济社会的发展，信息纷繁复杂，法律不能苛责人们对信息掌握到与事实完全相符的程度后再发言。一方面这会阻碍信息的流通，另一方面对虚假信息认定范围的扩大无疑会使人们噤若寒蝉，不敢随意发言。

其次，对事实的求证言论是否会扰乱公共秩序需要具体问题具体分析。前述"女子网上发帖询问是否发生命案被行政拘留"即典型的对事实的求证言论。在现实中，类似的求证信息层出不穷。表面上看，求证信息

---

① 《网络谣言司法解释即将出台，公安部公布网络造谣传谣案例》，闽南网，http://www.mnw.cn/news/top/675314-3.html，最后访问日期：2022年10月26日。

以问句出现，行为人自身尚不能确定真假，问句的形式同样能提醒读者这则信息并非确定真实的消息。然而，如果认定对事实的求证均不属于虚假信息的范畴，那么虚假信息摇身一变成为问句形式就可以大摇大摆地在网络空间通行。虽为问句，但如果事实情节描绘翔实，同样会对读者的心理造成影响，从而进一步影响公共秩序。所以求证言论是否可被认定为虚假信息，要结合其在语境当中的含义、行为人自身的知识背景、信息的内容等多种因素综合分析判断。

最后，基于事实的推论是否能被认定为虚假信息，要考察其推论的合理性。对于推论，要以理性人的标准去判断其是否超出了合理推论的范围。超出理性人标准判断的合理范围，草率地得出与基本事实不符结论的，并不能视其为有根据的言论，而应当被认定为虚假信息。[1]

（2）煽动性言论与发泄性言论

煽动性言论指能够激起人们的情绪，以达到特殊的宣传目的或鼓动他人在情绪作用下进行特定行为的言论。发泄性言论指人们在情绪不稳定时所产生的激烈的情绪表达。一般表现为语气词、辱骂或抱怨的形式。侮辱个人的发泄性言论有侵害个人名誉权的可能，但发泄性言论难以唤起现实的行动，相较而言，煽动性言论显然与现实行动有着较为密切的联系，受到言论鼓动的人们在不理智情绪的催化下易产生群体性事件。作为法律规制对象的煽动性言论，应当具有发展为现实行动的可能性。若丝毫没有扰乱现实的可能性，则不应当受到处罚。

（3）政治性言论

我国《宪法》第41条第1款规定："中华人民共和国公民对于任何国家机关和国家工作人员，有提出批评和建议的权利；对于任何国家机关和国家工作人员的违法失职行为，有向有关国家机关提出申诉、控告或者检举的权利，但是不得捏造或者歪曲事实进行诬告陷害。"公民是法治的最小细胞。公民的监督权不仅是公民政治参与的重要环节，也同样是依法治

---

[1] 参见孙万怀、卢恒飞《刑法应当理性应对网络谣言——对网络造谣司法解释的实证评估》，《法学》2013年第11期。

国的要求。公民行使监督权的重要渠道即为发表政治性言论。

发表一般的政治性言论并不会造成扰乱公共秩序的后果。首先，评论性言论一般不会扰乱公共秩序，对国家机关及其工作人员的评价隶属于评价性言论的范畴，其扰乱公共秩序的可能性较小。其次，即使有关国家机关的侮辱性言论或虚假信息被散布，所造成的后果往往也只是国家机关信誉降低，国家机关形象好坏并不涉及公众生活的平稳安宁。[①] 但在司法实践中，以损害国家机关形象为由认为当事人扰乱公共秩序的案例不在少数。"李某广诉德州市公安局陵城分局公安行政管理案"中，李某通过 P 图的方式，将侮辱政府并诋毁国家的文字粘贴到陵城区人民政府作出的告知书上。这一言论隶属于上文所述的针对国家机关的侮辱性言论，理论上并不会造成公众生活平稳安宁的损害，但德州市公安局陵城分局仍以寻衅滋事、扰乱公共秩序为由对其处以行政处罚，法院也支持了这一处罚，这种认定是否妥当是值得进一步斟酌的。

但同时，对政治性言论要予以适当保护，并不说明我们不需要警惕煽动性政治性言论对公共秩序的特殊危害。煽动性的言论本身就容易唤起人们进行现实活动的欲望，披上政治外衣的煽动性言论得以利用人们的政治情绪，更易激化矛盾，最终延伸成为会影响公众秩序的现实行为。

2. 何种后果能够被认定为扰乱了公共秩序

由于限制言论的举措涉及公民言论自由的基本权利，所以各国的做法大多较为保守。美国最高法院大法官霍姆斯在"申克诉美国"案中首次确立了"明显而即刻的危险"原则。即"当所适用的语言在特定情形下，其性质足以产生明显而即刻的危险，将带来国会有权阻止的极大恶果时"，可以惩罚该言论。对于"明显而即刻的危险"标准，布兰代斯大法官补充："除非坏事的发生迫在眉睫，根本无机会充分讨论就可能来临，否则不能认为言论而引起的危险是明显而即刻的。"[②] 虽然这一标准被批评为不够具体和明确，但它仍然在世界范围内产生了较大影响。

---

① 参见孙万怀、卢恒飞《刑法应当理性应对网络谣言——对网络造谣司法解释的实证评估》，《法学》2013 年第 11 期。

② 参见陈新民《德国公法学基础理论》（下册），山东人民出版社，2001，第 354~372 页。

与现实世界相比，网络世界的言论传播虽然本质上并无二致，只是将网络作为工具和手段。但是，网络上的言论传播范围更广，延续时间更长。网络空间的言论能够以文字、音视频等形态表达，其留痕与能被查找的时间往往能延续数年甚至数十年。因此，网络言论造成的损害结果与言论本身存在时空差异性。在规制网络言论时，考虑到其所产生的长远影响，应当采取与现实世界相比更严格的标准。某些在现实秩序尚未产生紧迫影响但在网络上波及广泛的有害言论，也应当受到关注乃至规制。

与现实世界言论的影响力难以量化不同，在网络世界中，言论的声量得以数字化展现。其点赞数、评论数与转发数等信息成为衡量言论影响范围的数字标准。2013 年最高人民法院、最高人民检察院联合发布的《关于办理利用信息网络实施诽谤等刑事案件适用法律若干问题的解释》第 2 条就规定，"同一诽谤信息实际被点击、浏览次数达到五千次以上，或者被转发次数达到五百次以上的"，应当认定为"情节严重"。在制定扰乱公共秩序的数量标准并考察某一网络言论是否造成扰乱公共秩序的后果时，也可以参照此条设定相应的数字化衡量和评价标准。

（三）现有立法梳理

1. 行政法

行政法对网络言论扰乱公共秩序的规定较为分散。《治安管理处罚法》第 25 条规定："有下列行为之一的，处五日以上十日以下拘留，可以并处五百元以下罚款；情节较轻的，处五日以下拘留或者五百元以下罚款：（一）散布谣言，谎报险情、疫情、警情或者以其他方法故意扰乱公共秩序的……"这是对所有散布扰乱公共秩序言论的概括规定。也有一些立法针对网络言论扰乱公共秩序的问题作出了单独的规定。如《互联网信息服务管理办法》《互联网文化管理暂行规定》等一些规范性文件中都有针对"散布谣言，扰乱社会秩序，破坏社会稳定"的规定。在司法实践中，《治安管理处罚法》第 26 条也常常作为规制网络言论危害公共秩序的法律依据被适用，网络言论扰乱公共秩序被归为第 4 项的"其他寻衅滋事行为"之中。

从上述列举可以看出，行政法对网络言论扰乱公共秩序的规定较为零散，体系性较差，多为概括性语句，具体操作标准的相关规定较为缺乏，应当对法律进行进一步解释以增强其可适用性。

2. 刑法

2013 年，针对互联网制造传播谣言等违法犯罪活动猖獗的现象，最高人民法院、最高人民检察院发布了《关于办理利用信息网络实施诽谤等刑事案件适用法律若干问题的解释》，其中第 5 条规定：“利用信息网络辱骂、恐吓他人，情节恶劣，破坏社会秩序的，依照刑法第二百九十三条第一款第（二）项的规定，以寻衅滋事罪定罪处罚。编造虚假信息，或者明知是编造的虚假信息，在信息网络上散布，或者组织、指使人员在信息网络上散布，起哄闹事，造成公共秩序严重混乱的，依照刑法第二百九十三条第一款第（四）项的规定，以寻衅滋事罪处罚。”

《刑法》第 239 条第 4 项规定，“在公共场所起哄闹事，造成公共场所秩序严重混乱的”，构成寻衅滋事罪。《关于办理利用信息网络实施诽谤等刑事案件适用法律若干问题的解释》实质上扩张了“公共场所”的外延，把信息网络空间也纳入公共场所的范畴。这引发了学界对于“网络空间”与“公共场所”这二者概念关系的探讨。

在学术界，对于网络空间是否属于公共空间、网络空间秩序是否属于公共秩序的问题尚未形成明确的统一观点。从形式上看，公共秩序一词似乎并未限定场域，故无论是在网络空间还是现实社会中，都应该涉及公共秩序问题。相应地，现实社会中的侮辱、诽谤、威胁、编造虚假信息等行为，如果发生在网络空间，就会对“网络公共秩序”造成破坏。但我国刑法学界在讨论利用信息网络实施诽谤类犯罪案件时，也有很多学者坚持应将社会秩序或公共秩序限定为“真实的社会空间秩序”，并强调在网络上并没有所谓的网络公共秩序存在。即公共秩序是现实社会中的“公共秩序”或“公共场所秩序”，[1] 网络本质上仅具有工具性质，网络秩序并不属于公共秩序。[2]

---

[1] 参见李晓明《刑法：“虚拟世界”与“现实社会”的博弈与抉择——从两高“网络诽谤”司法解释说开去》，《法律科学（西北政法大学学报）》2015 年第 2 期。

[2] 参见孙万怀、卢恒飞《刑法应当理性应对网络谣言——对网络造谣司法解释的实证评估》，《法学》2013 年第 11 期。

我们认为，从严格法治角度出发，基于谦抑、谨慎的法律适用特点，上述观点具有一定合理性。但作为言论发表的空间，网络并不仅是一个"虚无缥缈的媒介"，其既可以视为现实世界的延伸，也可成为一种客观的、相对独立的场域。网络空间的言论对社会秩序的危害不一定比现实世界之言论小。例如，在人群聚集的公共场合发表煽动、侮辱性言论，无疑会破坏社会秩序，但在同样拥有大量受众的网络媒介发表煽动、侮辱性言论，其对社会秩序的破坏性毫不偏弱。而且，由于网络具有"记忆"，在网络上发表的言论之破坏性是持续的，且不可预料、无法确定。从这个意义上讲，在网络空间发表危害社会秩序的言论，其危害性可能更为严重，更加值得警惕。因此，并不能一概断定网络秩序不属于公共秩序，而应当说在网络空间发表的言论并不一定会危害社会秩序。关键应具体看言论本身的内容、传播范围、危害程度等，以综合判断是否对社会秩序构成实质危害。

同时，扰乱公共秩序的网络有害信息应主要指散布于网络"公共空间"的信息，而不包括网络"私密空间"的信息。对于网络"半私密空间"中的信息，则应结合可浏览用户的实际对象和规模，据实评价其危害公共秩序的"严重性"。关于网络空间是否属于公共场所的问题，学界整体上有三种意见。一是"赞成说"，即认为《刑法》第 293 条中的"公共场所"可以将网络空间包括进来。[①] 二是"否定说"，即认为"公共场所"不能包含"信息网络"，该解释是一种扩大化的类推解释。[②] 三是"区别说"，即可将信息网络空间划分为开放型、半开放型和私密型三种平台类型。[③] 比较三种意见，第三种无疑更加细致具体，更贴近网络现实。归根结底，判断某一空间是否属于"公共场所"的关键，在于"公共"而非"场所"。现实生活中的公共空间是易于为人们所理解的场所，其具有两个基本特征：公共性与公开性。而网络空间初看之下，似乎都是公开的、交

---

① 参见曲新久《一个较为科学合理的刑法解释》，《法制日报》2013 年 9 月 12 日，第 7 版。
② 参见张明楷《简评近年来的刑事司法解释》，《清华法学》2014 年第 1 期。
③ 参见盛豪杰《网络寻衅滋事罪的刑法规制边界——以行为空间与结果空间的限缩解释为路径》，《江西警察学院学报》2019 年第 5 期。

互的。但实际上，公开性、交互性仅是网络空间的一般性特征，在网络中同样存在大量的"私密空间"，例如一对一的聊天界面，人数十分有限的微信群、QQ群，加密或仅对少数人公开的朋友圈、QQ空间，人数固定和有限的在线会议室等。因此，应以公开性、公共性为核心标准，对网络空间进行类型化区分，而不能将那些在网络"私密空间"或"半私密空间"发布、传播的虚假、诽谤性信息一概认定为"严重扰乱公共秩序"或者"严重扰乱公共空间秩序"。

简言之，公共秩序应当指公众生活平稳安宁的生活状态，扰乱公共秩序就是打破了公众平稳安宁的生活状态，使民众因现实情况或心理因素无法或难以维持正常的生活状态。网络空间秩序是否属于公共秩序，应当予以类型化区分，网络上的有害言论只有真切事关"公众生活的平稳与安宁"之有序社会状态时，才能视为对"公共秩序"造成伤害。

（四）与其他基本权利的冲突与平衡

1. 表达自由

表达自由是我国公民的基本权利，这一权利在民主政治中具有举足轻重的地位。但自由并不是绝对的权利，在承认表达自由的同时，宪法等法律规范也对表达自由作出了多方面的限制性规定。国家机关在限制表达自由时，需要严格遵循比例原则，以达到秩序与自由之间的平衡。

在维护公共秩序的同时保护公民的表达自由，需要严格解释"公共秩序"与"扰乱公共秩序"的含义，并具体说明标准，减少需要主观评价的模糊地带。前文中把公共秩序解释为公众生活平稳安宁的状态、反对把网络空间秩序扩张到公共秩序的范畴中以及对扰乱公共秩序后果要件的具体化都是兼顾两种价值的做法。

2. 监督权

根据我国《宪法》第41条及相关法律规定，发表政治性言论是公民行使监督权的主要途径。

最高人民法院和最高人民检察院的司法解释旨在对网络言论进行更加有效的规制，但是这些改变实际上也对公民行使监督权造成了威胁。从对国家工作人员的监督来看，一般的诽谤属于民事侵权行为，很难上升到造成恶劣社会影响的程度，而诽谤国家工作人员的行为则会因为有损政府形象而被认定为"扰乱社会公共秩序"。在《关于办理利用信息网络实施诽谤等刑事案件适用法律若干问题的解释》出台以前，利用刑事手段处罚政治性言论通常会用到"煽动颠覆国家政权罪"，但是此罪的刑罚严厉，入罪的条件也较高。《关于办理利用信息网络实施诽谤等刑事案件适用法律若干问题的解释》的发布实质上为不能构成煽动颠覆国家政权罪的政治性言论入罪提供了依据。对于公民发表的有关国家机关与国家工作人员言论的规制，一方面确实有利于网络空间的治理，另一方面过于严格的规制也会影响公民监督权的行使。我国法律并没有把诽谤国家工作人员与普通人分开。诽谤国家工作人员的特殊性在于其与公民的监督权存在冲突。国家工作人员当然首先属于公民，也依法享有宪法所规定的名誉权，但是在法治的要求下，国家工作人员这一特殊公民群体也属于被监督者。公民监督国家工作人员的权利若想发挥其功能，就需要我们在一定程度上限制对国家工作人员名誉权的保护。① 同样，公民发表对国家机关的评价也是公民对其监督的重要方式，这样的政治性言论也一样应当被给予宽容。

但监督权的行使也应当具有一定的界限。行使监督权并不是发布有害言论的保护伞，公民行使监督权同样应当划定合法性边界。

对于国家工作人员来说，国家工作人员这一身份使得他们必然要做出名誉权的让步，忍受更加刺耳甚至片面的批评。但并不意味着他们要放弃名誉权。首先，对于国家工作人员的批评须就事论事，不能涉及人身攻击。发泄情绪的人身攻击并不能够监督国家工作人员的工作，对于法治建设也并无益处。其次，虽然学界鼓励提高诽谤国家工作人员的入罪条件，但诽谤国家工作人员的行为仍然可以通过行政手段与刑事手段予以惩戒。

对国家机关发表的政治性言论本身隐含着不稳定性的因素。规制政治性言论，要区分政治性言论是否具有煽动性。监督性、建言献策的政治性言论虽往往指向国家及其机关的弱点，但发表监督性的政治性言论并不会

---

① 参见王涛《网络公共言论的法治内涵与合理规制》，《法学》2014 年第 9 期。

造成扰乱公共秩序的后果。对国家机关及国家工作人员的评价隶属于评价性言论的范畴，不存在扰乱公共秩序的可能性。国家机关形象好坏也并不涉及公众生活的平稳安宁。

但是煽动性的言论表现出鼓励民众分裂国家、冲击稳定社会秩序的倾向，确有扰乱公共秩序、制造国家分裂的目的。这样饱含煽动性的言论，已经并非公民行使监督权所发表的言论范围。所以从理论上讲，对扰乱公共秩序言论的规制并不会妨碍公民行使监督权。公民对于国家机关的批评不能仅仅是发泄情绪式的宣告咒骂，而需要理智的建言献策，提出意见。

（五）小结

总之，要对扰乱公共秩序的网络言论进行规制，首先要对网络言论进行类型化。真实的事实性言论、观点性言论与非煽动性的政治性言论并不会对公共秩序造成影响。而且，此类网络言论须足以影响到现实的公共秩序时，才能够被纳入规制范畴。网络言论造成的损害结果与言论本身存在时空差异性。在规制网络言论时，考虑到其所产生的长远影响，应当采取与现实世界相比更严格的标准。在考察某一网络言论是否造成扰乱公共秩序的后果时，可以采取数字化的标准进行量化。在规制此类有害网络信息的同时，也要关注对公民的表达自由与监督权等权益的保障问题，应通过具体的解释标准、宏观的原则指导以减少需要主观评价的模糊地带，并在不同权益间寻求平衡。

第五章　利用网络非法采集、获取、买卖个人信息案

一　典型类案

（一）许某、伍某强侵犯公民个人信息案

[**案例案号**] 江苏省南京市六合区人民法院（2018）苏 0116 刑初 76 号刑事判决书

[**基本案情**]

2017 年初，被告人许某、伍某强共谋，由被告人许某采用"BT5"程序扫描"集结号"游戏网站漏洞，再由被告人伍某强登录其子网站篡改权限，并利用 navicat 软件链接该网站数据库等方法，获取包括用户名、手机号、密码在内的游戏玩家电子信息 55 万余条。后被告人许某将获取的游戏玩家公民个人信息的电子数据通过网络先后出售给陈某、钱某等人，获利共计人民币 1 万余元，被告人伍某强分得人民币 6000 元。

2017 年 7 月 28 日，被告人许某被抓获归案，同年 8 月 3 日，被告人伍某强被抓获归案，两名被告人归案后均如实供述了上述事实。

在本案审理期间，被告人许某的近亲属代为退出非法所得人民币 4000 元，被告人伍某强的近亲属代为退出非法所得人民币 6000 元，均扣押在案。

[**审理意见**]

一审法院认为，被告人许某、伍某强违反国家有关规定，非法获取计

算机信息系统中存储的公民个人信息，其行为均已构成侵犯公民个人信息罪，且系情节特别严重，应依法分别予以惩处。被告人许某、伍某强共同实施窃取公民个人信息犯罪，系共同犯罪，且均系主犯。被告人许某、伍某强归案后如实供述罪行，均系坦白，依法分别予以从轻处罚。公诉机关指控被告人许某、伍某强犯侵犯公民个人信息罪，基本事实清楚，证据确实、充分，罪名成立。但被指控的 69 万条信息中，因有证据表明部分信息不真实，扣减后应认定为 55 万余条，法院依法予以变更。

关于主要辩解、辩护意见，法院评析如下。第一，关于信息数量及情节认定。最高人民法院、最高人民检察院《关于办理侵犯公民个人信息刑事案件适用法律若干问题的解释》第 11 条第 3 款规定："对批量公民个人信息的条数，根据查获的数量直接认定，但是有证据证明信息不真实或者重复的除外。"在本案审理过程中，已对有证据证明的不真实信息予以了剔除，故本案信息数量应认定为 55 万余条，属法律规定的"情节特别严重"情形。对被告人及辩护人提出的应删除虚假、重复信息的意见，本院予以采纳；对其他关于信息数量认定的意见，本院不予采纳。第二，关于本案法律适用问题。本案发生在《刑法修正案（九）》实施之后，两名被告人的行为应适用《刑法修正案（九）》修正后的《刑法》进行评价、处罚，并不存在溯及力的问题。至于司法解释的适用，最高人民法院、最高人民检察院《关于适用刑事司法解释时间效力问题的规定》中指出，"对于司法解释实施前发生的行为，行为时没有相关司法解释，司法解释施行后尚未处理或者正在处理的案件，依照司法解释的规定办理"。因此，依照《刑法》第253条及《关于办理侵犯公民个人信息刑事案件适用法律若干问题的解释》的具体规定对本案进行处理，符合法律规定，并不违反刑法关于溯及力的原则。第三，关于本案信息数据的性质。《关于办理侵犯公民个人信息刑事案件适用法律若干问题的解释》对于"公民个人信息"的界定是以电子或者其他方式记录的能够单独或者与其他信息结合识别特定自然人身份或者反映特定自然人活动的各种信息，包括姓名、身份证号码、通信通讯联系方式、住址等。本案中，游戏玩家系可识别的限定性群体，被告人从游戏网站上获取了游戏玩家的手机号码、账号、密码等，据上述信息能够对信息所有人的身份或活动有较大获取可能性，故对涉案的信息数据应当认定为公民个人信息。对被告人伍某强的辩护人提出的涉案信息不是公民个人信息的意见，法院不予采纳。

基于此，一审法院依法判决如下：被告人许某犯侵犯公民个人信息罪，判处有期徒刑三年，罚金人民币 4 万元；被告人伍某强犯侵犯公民个人信息罪，判处有期徒刑三年，罚金人民币 4 万元；扣押的被告人许某犯罪所得人民币 4000 元、被告人伍某强犯罪所得人民币 6000 元，依法予以追缴，上缴国库。

（二）马某之等侵犯公民个人信息案

[**案例案号**] 湖北省宜昌市中级人民法院（2018）鄂 05 刑终 365 号刑事判决书

[**基本案情**]

2015 年 3 月以来，被告人马某之利用其在北京某公司实习之机，未经网络运营者及用户同意许可，搜集大量公民个人信息，包括手机号码、访问时间、用户网页浏览记录，内容涉及全国多省市有关金融、股票、房产、贷款、保险等方面的用户手机号码。然后，被告人马某之与被告人张某及游某川（已被山东省费县公安局立案查处）通过合办公司的形式，利用收集的公民个人信息牟利。同时，被告人马某之还与被告人印某承共谋通过网络销售牟利。被告人张某与被告人郭某共谋后，郭某组织被告人马某雪、马某及李某（已被辽宁省营口市经济技术开发区公安局立案查处）、于某（另案处理）等人在网络上销售牟利。其中，被告人马某之通过张某获取违法所得 8 万元，与被告人印某承共同获取违法所得 65160 元；被告人郭某通过被告人马某及李某、于某于 2017 年 2 月至 5 月销售获利共378110 元。

[**审理意见**]

一审法院认为：被告人马某之、张某、郭某、印某承违反国家有关规定，向他人提供、出售公民个人信息，违法所得 5 万元以上，情节特别严重，其行为均构成侵犯公民个人信息罪。被告人马某雪、马某参与出售公民个人信息，构成共同犯罪。公诉机关指控六名被告人的罪名成立，但指控被告人张某、郭某、马某雪、马某违法所得100余万元的证据不足，违法所得应按有确凿证据的378110元予以认定。被告人马某之、印某承系共同犯罪，二人所处地位和所起作用相当，无主、从区分。被告人张某、郭某在共同犯罪中起了主要作用，系主犯，依法应按照其组织、参与的全部犯罪处罚；被告人马某雪、马某起了次要作用，系从犯，依法应从轻、减轻处罚。一审法院依法判决如下。被告人马某之犯侵犯公民个人信息罪，判处有期徒刑三年，并处罚金人民币12万元。被告人张某犯侵犯公民个人信息罪，判处有期徒刑三年，缓刑四年，并处罚金人民币10万元。被告人郭某犯侵犯公民个人信息罪，判处有期徒刑三年三个月，并处罚金人民币30万元。被告人印某承犯侵犯公民个人信息罪，判处有期徒刑三年，缓刑四年，并处罚金人民币5万元。被告人马某雪犯侵犯公民个人信息罪，判处有期徒刑一年，缓刑二年，并处罚金人民币1万元。被告人马某犯侵犯公民个人信息罪，判处有期徒刑八个月，缓刑一年，并处罚金人民币1万元。退缴的违法所得410690元予以收缴，上缴国库；继续追缴被告人马某之的违法所得112580元上缴国库；扣押在案的电脑、手机、移动硬盘、U盘等涉案物品，予以没收，由扣押机关依法处理。

一审判决后，马某之等不服，提起上诉。二审法院针对上诉人马某之等的上诉，根据本案的证据以及法律规定，评判如下。

第一，关于被告人马某之及辩护律师提出无罪的上诉理由。经查，原判认定"马某之非法提供公民个人信息，通过被告人张某获取违法所得8万元"的事实不清、证据不足。理由如下。第一，证据是诉讼的基石，法院对一切案件的判处都要重证据，不轻信口供。被告人马某之供述："我用'网络爬虫'程序在互联网上获得的手机号、网址和登录时间以及'极速数据魔方'软件生成数据后，已导入贺某投资公司的服务器，我没有单独向张某提供数据，而是将数据传输到公司的服务器。"被告人张某亦供述："贺某投资公司成立之后，马某之除了资金投资，还负责用电话数据投资。公司用电话推销的数据来源于马某之，马某之将数据传入公司租用的阿里云服务器，数据内容是手机号、时间、网络链接。"尽管两人关于数据的内容和传输方式供述一致，但公安机关从该公司租用的阿里云服务器上未查获任何数据或电话号码，在张某的电脑上也未提取到相关的数据。这些数据既是判断马某之导入阿里云服务器的数据是否为公民个人信息的关键证据，也是认定被告人马某之是否犯罪的罪证。因公安机关在贺某投资公司租用的阿里云服务器没有提取到任何数据，公诉机关也不能向法庭提交上述罪证。因此，本案缺乏"马某之提供给贺某投资公司的数据"这一关键证据，仅从被告人供述不能判断马某之导入贺某投资公司租用的阿里云服务器上的数据是否为"公民个人信息"。第二，公安机关从马某之的个人电脑及三个移动硬盘中也提取了大量数据，但是这些数据是否系其导入公司租用的阿里云服务器上的数据，基于上述原因不能对两者进行辨认、对比或确认，且马某之对于移动硬盘上的数据已辩称是用于撰写硕士毕业论文的，未对外传输，公诉机关亦未将从硬盘提取的数据作为证据使用，故不能得出这些数据是马某之用于贩卖的公民个人信息。第三，马某之是否盗取了北京某公司的数据或联通公司的用户电话号码，必须以真凭实据为基础，但证人张某、吕某的证言仅能证明马某之曾在该公司实习，若经授权可以接触公司的数据，马某之曾提过写论文要用一些数据。仅凭这两个证人凭空推测不能证实马某之盗取该公司的数据。故一审判决认定贺某投资公司的数据来源于北京某公司缺乏证据。第四，公安机关在马某之的电脑硬盘上查获的数据来源于何处，是用"网络爬虫"程序在互联网上获取，还是从别处获取，现已无法查清。第五，上诉人马某之对张某贩卖数据给郭某等人是否知情的证据不足，被告人郭某贩卖数据的内容或类型与马某之供述其导入阿里云服务器上的数据内容不一致。从公安机关绘制的案件线索图以及被告人张某与马某之的聊天记录、马某之供述笔录等证据，本案不能排除张某另有数据来源。综上，原判认定"马某之非法提供公民个人信息，通过被告人张某获取违法所得8万元"以及"张某将从马某之处获取的公民个人信息提供给郭某"的事实不清、证据不足。因此，马某之该项上诉理由及辩护律师的辩护意见成立，予以采纳。经查，原判认定被告人马某之与印某承共同贩卖公民个人信息的事实清楚，证据确实、充分，予以认定。关于马某之传给印某承的数据即手机号码，两人的供述一致，且有公安机关从印某承的电脑上提取的数据为证，该事实可以认定。马某之供述："我提供给印某承的数据，一种是只含有电话号码的数据，另一种是含有电话号码和该电话号码访问的网址记录信息。我给印某承提供过招聘、股票、理财、金融等方面的信息，但没有客户进行过交易。"印某承供述："马某之说他有渠道弄到别人的电话号码，问我能否出售这些信息，我说试一试。这些信息就是电话号码。我用'极速号码魔方'将号码筛选出来，可区分不同区域的电话号码。'极速号码魔方'可以按地区生成电话号码，检测出空号。我通过微信等方式联系客户，售卖电话号码。因此，马某之先给我电话号码，我在网络上找别人售卖，我和他对半分钱。马某之除了给我电话号码之外，还给了网址。这些网址我看不懂，我没有出售网址，我只是把电话号码售卖给别人。"以上供述与公安机关从印某承的电脑上提取的数据即手机号码相互印证，足以证实两人共同贩卖手机号码的事实。故马某之该项上诉理由及辩护人的相关辩护意见不成立，不予支持。

第二，关于上诉人郭某提出的上诉理由。经查，一审对被告人郭某判处的罚金高于其他被告人的罚金数额，是基于其系主犯、累犯，故判处较重的罚金并无不当。对于其诉称被公安机关扣押的物品，因未随案移送法院，不是法院判处的范围。

据此，二审法院认为，上诉人马某之、郭某以及原审张某、印某承、郭某、马某雪、马某违反国家规定，向他人出售公民个人信息，情节特别严重，其行为已构成侵犯公民个人信息罪。根据最高人民法院、最高人民检察院《关于办理侵犯公民个人信息刑事案件适用法律若干问题的解释》第1条规定："刑法第二百五十三条之一规定的'公民个人信息'，是指以电子或者其他方式记录的能够单独或者与其他信息结合识别特定自然人身份或者反映特定自然人活动情况的各种信息，包括姓名、身份证件号码、通信通讯联系方式、住址、账号密码、财产状况、行踪轨迹等。"公民个人信息须与特定自然人关联，这是公民个人信息所具有的关键属性。若经过处理无法识别特定个人且不能复原的信息，当然不能成为公民个人信息的范畴。因公民的身份证号码与公民个人身份一一对应，可以单独识别公民个人身份，属于公民个人信息。公民使用的电话号码已实名登记，每个电话号码都对应特定的自然人，经查询也可以单独识别特定自然人身份。况且，上述司法解释所列举的公民个人信息包括了"通信通讯联系方式"即手机号码或电话号码。因此，手机号码是公民个人信息的内容之一，可以认定为公民个人信息。马某之和印某承共同贩卖他人的手机号码，应认定为侵犯公民个人信息罪。故，二审法院依法判决如下。维持长阳土家族自治县人民法院（2018）鄂0528刑初52号刑事判决第二项、第三项、第四项、第五项和第六项判决。撤销长阳土家族自治县人民法院（2018）鄂0528刑初52号刑事判决第一项、第七项判决。上诉人马某之犯侵犯公民个人信息罪，判处有期徒刑二年，罚金4万元。上诉人马某之、郭某以及原审被告人张某、马某雪、马某的违法所得共计443270元予以收缴，上缴国库；扣押在案的涉案物品由公安机关依法处理。

（三）成都J公司诉B公司买卖合同纠纷案

[**案例案号**] 天津市第一中级人民法院（2020）津01民终3291号民事判决书

[**基本案情**]

2017年12月31日，天津H公司为甲方、成都J公司为乙方签订5份《招财宝产品分销协议》，约定甲方授权乙方分别在武汉、南京、合肥、西安、郑州区域销售"招财宝产品"各400套，协议有效期一年，乙方还自愿向甲方支付了履约保证金各50000元。

2019年中央电视台"3·15"晚会对S公司、B公司等利用探针盒子获取用户信息的情况进行了报道，与本案有关的报道内容：S公司的李经理告诉记者，当用户手机无线局域网处于打开状态时，会向周围发出寻找无线网络的信号，探针盒子发现这个信号后，就能迅速识别出用户手机的MAC地址，只要将搜集到的MAC地址和公司系统后台大数据进行匹配，就可以转换出用户的手机号码。搜集附近用户手机号码、拨打骚扰电话是探针盒子最主要的功能之一。B公司的招财喵、智子信息科技的智子盒子，不仅可以收集用户手机号码，甚至可以对用户进行精准画像。2019 年 3 月 16 日，B 公司发表声明：招财喵产品归属 B 公司曾经投资的天津 H 公司所有，B 公司与招财喵产品无直接关系。从其声明的内容来看，主要申明招财喵产品与己无关，但未对产品的违法性问题作出说明。

嗣后，天津 H 公司为甲方、成都 J 公司为乙方签订《退款协议书》对招财宝部分未出售产品之退货和退款达成初步协议。但因各方未就产品返还和退款等事宜达成最终协议，成都 J 公司遂以招财宝产品涉嫌违法为由，起诉要求 B 公司、天津 H 公司回购招财宝产品并返还保证金等款项。

[审理意见]

一审法院认为，成都 J 公司与天津 H 公司签订的 5 份《招财宝产品分销协议》及《招财宝产品分销协议补充协议条款》、《退款协议书》，与 B 公司签订的《"招财宝产品分销协议"补充协议》分别为合同签订人真实意思表示，不违反法律、行政法规的强制性规定，合法有效，对协议相对方具有约束力。成都 J 公司提交的"3·15"报道发生于 2019 年，当时《招财宝产品分销协议》有效期已经届满，且"3·15"报道不能证明涉案产品因政策原因合同不能继续履行或法律和司法问题不能正常在市场销售，成都 J 公司要求天津 H 公司回购产品并退还保证金的理由不成立，一审法院不予支持。

据此，一审法院判决：驳回成都 J 公司的诉讼请求。成都 J 公司不服一审判决，依法提起上诉。

二审法院认为，本案的焦点问题是招财宝产品是否违法。招财宝产品可以不经用户同意搜集不特定人手机 MAC 地址信息。关于手机 MAC 地址信息是否属于公民个人信息的问题，《网络安全法》第 76 条第 5 项规定，"个人信息，是指以电子或者其他方式记录的能够单独或者与其他信息结合识别自然人个人身份的各种信息，包括但不限于自然人的姓名、出生日期、身份证件号码、个人生物识别信息、住址、电话号码等"，虽被上诉人称搜集到的手机 MAC 地址信息为一串代码没有价值，但手机 MAC 地址信息与其他信息结合可以获取该手机用户的电话号码，因此，手机 MAC 地址信息属于个人信息。

关于如何规范收集个人信息，《网络安全法》第22条第3款规定："网络产品、服务具有收集用户信息功能的，其提供者应当向用户明示并取得同意；涉及用户个人信息的，还应当遵守本法和有关法律、行政法规关于个人信息保护的规定。"《网络安全法》第44条规定："任何个人和组织不得窃取或者以其他非法方式获取个人信息，不得非法出售或者非法向他人提供个人信息。"招财宝产品搜集用户手机MAC地址信息可以不经过用户同意，属于用于非法获取公民个人信息的工具，招财宝产品为违法产品。一审法院未认定招财宝产品的违法性，属认定事实错误，二审法院予以纠正。

成都J公司与天津H公司签订的5份《招财宝产品分销协议》及《招财宝产品分销协议补充协议条款》、《退款协议书》，与B公司签订的《"招财宝产品分销协议"补充协议》，其内容为买卖非法获取不特定人的个人信息的产品，违反了《网络安全法》等法律的强制性规定，并构成对社会公共利益的损害。根据《合同法》第52条规定："有下列情形之一的，合同无效：……（四）损害社会公共利益；（五）违反法律、行政法规的强制性规定。"因此，成都J公司与天津H公司签订的《招财宝产品分销协议》《招财宝产品分销协议补充协议条款》，成都J公司与B公司签订的《"招财宝产品分销协议"补充协议》均属无效。一审法院认定涉案合同有效，属适用法律错误，二审法院亦予以纠正。

关于成都J公司请求判令天津H公司、B公司回购招财宝产品并返还保证金的意见应否得到支持的问题。二审法院认为，双方当事人在订立相关合同时均已意识到产品可能涉嫌违法，因此双方继续订立并履行合同的行为实为一种违法行为。在其该种行为被认定为违法并损害社会公共利益的情况下，任何一方欲通过诉讼得到司法保护的请求均不应得到支持。

同时，在公民私人生活安宁频繁被垃圾短信和营销电话侵扰，又不知个人信息如何被泄露的困惑之下，国家打击非法搜集个人信息行为的态度更加坚决。司法审判应积极发挥引导示范作用，对侵犯公民个人信息的行为予以否定。

综上所述，成都J公司的上诉请求不能成立，二审法院不予支持；一审判决认定事实及适用法律有误，但判决不予返还货款和保证金的结果正确，二审法院予以维持；对于天津 H 公司、成都 J 公司销售违法产品取得的财产，二审法院判决予以收缴。基于此，二审法院依法判决如下：维持天津市武清区人民法院（2019）津 0114 民初 10664 号民事判决，上诉人成都 J 公司持有的 276 套招财宝产品予以收缴，被上诉人天津 H 公司收取的货款 325680 元及保证金 50000 元均予以收缴。

（四）李某献、林某平、胡某宇等侵犯公民个人信息案

[**案例案号**] 浙江省永康市人民法院（2019）浙 0784 刑初 461 号刑事判决书

[**基本案情**]

2016 年 9 月 6 日，（2016）浙 0784 民初 392 号民事判决书判决由郦某乙返还浙江 L 公司（实际控制人为被告人李某献）贴现款人民币 21503280 元并赔偿逾期返还的利息损失，郦某乙不予执行。该案经二审维持原判后于 2017 年 5 月 8 日进入执行程序。但郦某乙仍一直不向 L 公司承担债务支付义务。

自 2017 年 11 月初起，经向被告人李某献汇报同意，被告人许某耕、胡某宇先后购买 7 个 GPS 定位设备，由被告人施某金等人安装在郦某乙可能驾驶的郦某乙姐姐郦某甲及其公司使用的五辆轿车上，被告人林某平、胡某宇、许某耕通过在手机上查看车辆轨迹，与施某金四人相互配合、信息共享，共同查找郦某乙。7 个 GPS 定位设备安装、启用及车辆轨迹信息具体情况如下。

ID 号为 6170817956 的 GPS 设备被安装在车主郦某甲的奔驰轿车上，2017 年 11 月 7 日启用，至 2018 年 2 月 21 日共计 81 天有移动轨迹。

ID 号为 6170817959 的 GPS 设备被安装在车主王某的白色 SMART 轿车（该车为郦某甲公司业务用车）上，2017 年 11 月 7 日启用，至 2018 年 3 月 22 日共计 105 天有移动轨迹。

IMEI 号为 868120180361997 和 868120180377951 的 GPS 设备被安装在车主为郦某甲所属公司的本田斯伯睿轿车上，其中 868120180361997 设备

于 2017 年 12 月 28 日启用，至 2018 年 3 月 9 日共计 72 天有移动轨迹，车辆停留在某个位置超过十分钟的有 407 个点；868120180377951 设备于 2018 年 3 月 12 日启用，至同年 3 月 25 日共计 14 天有移动轨迹，车辆停留在某个位置超过十分钟的有 49 个点。

IMEI 号为 868120190974318 的 GPS 设备被安装在车主郦某甲的路虎极光越野车上，2018 年 2 月 25 日启用，至同年 3 月 20 日共计 17 天有移动轨迹，别除车辆在某地停留十分钟之内的轨迹条数，统计出行踪轨迹条数 55 条。

IMEI 号为 868120190974177 的 GPS 设备被安装在郦某甲亲戚车主吕某乙的保时捷卡宴越野车上，2018 年 2 月 25 日启用，至同年 3 月 20 日共计 12 天有移动轨迹，别除车辆在某地停留十分钟之内的轨迹条数，统计出行踪轨迹条数 36 条。

IMEI 号为 868120185323273 的 GPS 设备被安装在车主为郦某甲所属公司的本田斯伯睿轿车上，2018 年 3 月 14 日启用，至同年 3 月 26 日共计 8 天有移动轨迹，别除车辆在某地停留十分钟之内的轨迹条数，统计出行踪轨迹条数 26 条。

2018 年 3 月初，郦某甲发现其本人及公司车辆被安装 GPS 定位后报警导致案发。同年 9 月 29 日，被告人李某献等人与对方达成和解并取得谅解。

[审理意见]

法院认为，被告人李某献、林某平、胡某宇、许某耕、施某金非法获取公民个人信息，情节严重，其行为均已构成侵犯公民个人信息罪，公诉机关指控的罪名成立，对其提请法院依法判处五名被告人的意见，予以支持。被告人林某平犯罪后能主动投案并如实供述自己的犯罪事实，系自首，依法从轻处罚。被告人李某献、胡某宇、许某耕、施某金在归案后能如实供述自己的犯罪事实，依法从轻处罚。被告人李某献等人已与被害人达成和解并取得被害人的原谅，酌情从轻处罚。为维护社会秩序，保障公民的个人信息不受侵犯，法院依法判决如下。被告人李某献犯侵犯公民个人信息罪，判处拘役六个月，缓刑八个月，并处罚金人民币 1 万元。被告人林某平犯侵犯公民个人信息罪，判处拘役五个月，缓刑七个月，并处罚金人民币 5000 元。被告人胡某宇犯侵犯公民个人信息罪，判处拘役五个月，缓刑七个月，并处罚金人民币 5000 元。被告人许某耕犯侵犯公民个人信息罪，判处拘役五个月，缓刑七个月，并处罚金人民币 5000 元。被告人施某金犯侵犯公民个人信息罪，判处拘役五个月，缓刑七个月，并处罚金人民币 5000 元。

（五）北京 H 科技有限公司、沈某侵犯公民个人信息案

[案例案号] 湖北省崇阳县人民法院（2018）鄂 1223 刑初 370 号刑事判决书

[基本案情]

2008 年，被告人沈某以个人名义注册了域名为"911cha.com"的网站。2016 年 4 月，杜某骞以 400 多万元的价格购买沈某注册的网站并成立北京 H 科技有限公司，由沈某担任公司法人代表并负责公司的经营管理。2016 年 8 月至 2017 年 5 月，北京 H 科技有限公司在公司网站新建一个对社会公开的身份证实名认证和身份证照片同一认证的收费版块，为了这项业务的开展，北京 H 科技有限公司、沈某、杜某魁实施了以下侵犯公民个人信息的行为。

沈某将从"7 天连锁酒店"数据库和"12306"数据库下载非法收受的涉及公民姓名、身份证号码、电话的信息，交由被告人杜某魁整理后建立新的数据库并导入公司 IP 地址为"218.93.127.80"的服务器供用户在公司网站比对查询。经湖北三真司法鉴定中心鉴定，该数据库缓存的公民个人信息条数为 16768398 条。

在北京 H 科技有限公司未获得其网站被查询身份信息本人授权的情况下，沈某便安排杜某魁将用户查询时输入的身份信息予以缓存并编写建成数据库放入公司 IP 地址为"218.93.127.80"的服务器中，经湖北三真司法鉴定中心鉴定，该数据库缓存的公民个人信息条数为 64640 条。

北京 H 科技有限公司分别与国政通科技股份有限公司、好贷天下信息技术（北京）有限公司、阿某云计算有限公司、芝麻信用管理有限公司签

订关于身份证信息认证的协议，上述四家公司分别向北京 H 科技有限公司提供了一个网址外加一个密钥，沈某安排杜某魁将上述四家公司的网址和密钥编写成北京 H 科技有限公司脚本程序放入公司 IP 地址为 "218.93.127.80" 的服务器中，用户在北京 H 科技有限公司域名为 "911cha.com" 的网站的身份证实名认证和身份证照片同一认定版块上输入姓名、身份证号码、照片请求进行同一认证并付费成功，便可以通过杜某魁编写的脚本程序进入四家公司中的一家接口进行查询、比对并获得反馈结果。

案发后，经湖北三真司法鉴定中心鉴定，用户在该网站查询身份信息同一认证付费成功的条数为 122202 条，北京 H 科技有限公司利用上述非法方法共计收费 354657.55 元。

2017 年 5 月 24 日，沈某、杜某魁主动到北京市公安局东城分局刑侦支队投案接受调查。

2017 年 6 月 26 日，北京 H 科技有限公司向崇阳县公安局缴纳涉案资金 35 万元。

[审理意见]

针对控辩双方争议的焦点，依据有关事实和法律，法院评判如下。

第一，关于被告单位北京 H 科技有限公司，被告人沈某、杜某魁的行为是否构成侵犯公民个人信息罪及其犯罪形态问题。本案中，公诉机关指控被告单位北京 H 科技有限公司，被告人沈某、杜某魁侵犯公民个人信息的时间为 2016 年 8 月至 2017 年 5 月。而此期间，《网络安全法》尚未施行。公诉机关指控如下：一是沈某将原来 "7 天连锁酒店" 数据库和 "12306" 数据库下载的公民个人信息交给被告人杜某魁整理建立新的数据库并导入公司网站供用户查询，经鉴定，条数为 16768398 条；二是在被告单位北京 H 科技有限公司未获得被查询身份信息本人授权的情况下，被告人沈某便安排杜某魁将用户查询输入的身份予以缓存并编写建成数据库放入公司的服务器中，经鉴定，缓存的条数为 64640 条；三是被告单位北京 H 科技有限公司分别与国政通科技股份有限公司等四家单位签订协议，利用四家公司的接口联网支持其网站身份证实名认证和身份证照片同一认证的用户查询，经鉴定查询付费条数为 122202 条，收费金额为 354657.55

元。《刑法修正案（九）》第 17 条规定："将刑法第二百五十三条之一修改为：'违反国家有关规定，向他人出售或者提供公民个人信息，情节严重的，处三年以下有期徒刑或者拘役，并处或者单处罚金；情节特别严重的，处三年以上七年以下有期徒刑，并处罚金。违反国家有关规定，将在履行职责或者提供服务过程中获得的公民个人信息，出售或者提供给他人的，依照前款的规定从重处罚。窃取或者以其他的方法获取公民个人信息的，依照第一款的规定处罚。单位犯前三款罪的，对单位判处罚金，并对其直接负责的主管人员，依照各该款的规定处罚。'"显然在《刑法修正案（九）》施行后，被告单位北京 H 科技有限公司，被告人沈某、杜某魁存在未经用户许可在提供服务过程中缓存用户输入的个人信息的行为，系以其他方法获取公民个人信息的行为，经鉴定，此类涉案个人信息条数为 64640 条，该行为构成犯罪且属情节特别严重；再者，被告单位北京 H 科技有限公司，被告人沈某、杜某魁，利用被告人沈某将该信息和原"7 天连锁酒店"等数据库非法收受的大量公民个人身份信息导入公司网站的数据库进行营利活动，其行为按照最高人民法院、最高人民检察院《关于办理侵犯公民个人信息刑事案件适用法律若干问题的解释》第 6 条规定亦构成犯罪。对被告人沈某的辩护人关于被告单位北京 H 科技有限公司，被告人沈某、杜某魁侵犯公民个人信息的犯罪形态只属于"情节严重"而非"情节特别严重"的辩护意见法院依法不予采纳。

第二，关于被告单位北京 H 科技有限公司，被告人沈某、杜某魁的量刑情节。本案中，被告单位北京 H 科技有限公司，被告人沈某、杜某魁均无不良记录、无犯罪前科，被告人沈某、杜某魁是互联网产业的正规从业者，由于法律意识淡薄才触犯法律，其主观恶性与危害后果有别于其他窃取、买卖公民个人信息类犯罪。案发后，被告人沈某、杜某魁主动投案，系自首，依法可适当从轻减轻处罚；被告单位北京 H 科技有限公司积极退缴非法所得；被告人杜某魁受公司的指派开展工作，在共同犯罪中起次要作用，系从犯，依法亦可适当减轻处罚。对于被告人沈某的辩护人、被告人杜某魁的辩护人的该项辩护意见依法予以采纳。

法院认为，被告单位北京 H 科技有限公司，被告人沈某、杜某魁违反国家有关规定，在提供互联网服务过程中以其他方法非法获取公民个人信息，并利用获取和非法收集的公民个人信息进行营利活动，其行为已构成侵犯公民个人信息罪，公诉机关指控的罪名成立，且情节特别严重，依法应追究其刑事责任。被告单位北京 H 科技有限公司实施侵犯公民个人信息的危害行为，应承担相应的刑事责任。被告人沈某系该公司直接责任人员，被告人杜某魁系该公司具体实施人员，应依据其罪责大小承担相应的刑事责任。综上，经法院审判委员会决定，判决如下：被告单位北京 H 科技有限公司犯侵犯公民个人信息罪，判处罚金人民币 400000 元；被告人沈某犯侵犯公民个人信息罪，判处有期徒刑三年，缓刑四年，并处罚金人民币 70000 元；被告人杜某魁犯侵犯公民个人信息罪，判处有期徒刑一年六个月，缓刑二年，并处罚金人民币 30000 元；依法追缴被告单位北京 H 科技有限公司，被告人沈某、杜某魁的违法犯罪所得人民币 354657.55 元；依法将扣押的被告单位北京 H 科技有限公司，被告人沈某、杜某魁所有的硬盘、苹果笔记本电脑、开发机主机里涉及本案公民个人信息的内容予以销毁，被告单位北京 H 科技有限公司，被告人沈某、杜某魁不得以任何形式非法持有。

（六）唐某儿诈骗案

[**案例案号**] 浙江省绍兴市中级人民法院（2020）浙 06 刑终 207 号刑事裁定书

[**基本案情**]

2016 年 1 月 4 日，被告人唐某儿将杭州日某午食品有限公司名称变更为杭州梦某岚食品有限公司（简称"梦某岚公司"），主要进行"保健品"销售。梦某岚公司由被告人唐某儿任总经理，负责公司的整体运营；唐某儿之妻张某凤为公司管理人员，唐某儿之妹唐某为仓库保管员，负责发货；招募余某林（后为销售经理）、李某凤、张某玲、丁某梦、任某等人为业务员，负责向中老年人推销"保健品"。梦某岚公司由被告人唐某儿以从原任职公司带出、与同行交换等方式获取公民个人信息 45 万余条，再交由业务员通过人工拨打电话等方式向不特定中老年人推销"保健品"。

被告人唐某儿设定进价的 3~4 倍为销售底价，具体销售价格由业务员自行把握，但不能低于销售底价。业务员在销售"保健品"过程中，使用被告人唐某儿提供的相对固定的"话术"，一般自称"中老年保健协会"工作人员等，并使用假名，通过聊天了解客户情况后向其推销对应的"保健品"，并对推销的"保健品"的效果进行夸大，称有治疗效果。截至案发，被告人唐某儿等人以非保健食品冒充"保健品"进行销售，合计骗取财物数额达人民币 306506 元。

案发后，绍兴市公安局上虞区分局民警在梦某岚公司内查获并扣押"念医堂牌人参玛咖"等 36 款产品。经市场监管部门认定，其中 32 款产品非保健品或药品。

[审理意见]

一审法院认为，被告人唐某儿伙同他人以非法占有为目的，利用互联网通讯工具虚构事实骗取他人财物，数额巨大，其行为已构成诈骗罪。被告人唐某儿违反国家有关规定，以其他方法非法获取公民个人信息，情节特别严重，其行为还构成侵犯公民个人信息罪。被告人唐某儿应数罪并罚。被告人唐某儿部分犯罪是针对老年人实施的，可酌情从重处罚。故，依法判决：被告人唐某儿犯诈骗罪，判处有期徒刑六年六个月，并处罚金人民币 9 万元，犯侵犯公民个人信息罪，判处有期徒刑三年六个月，并处罚金人民币 1 万元，决定执行有期徒刑七年六个月，并处罚金人民币 10 万元；扣押在绍兴市公安局上虞区分局的食品及保健品，均作为实施诈骗犯罪的作案工具，予以没收，其余扣押物品，由绍兴市公安局上虞区分局依法处置；继续向被告人唐某儿追缴违法所得款人民币 271506 元。

唐某儿等一审判决不服，提起上诉。二审法院针对上诉理由和辩护意见，评析如下。

第一，关于诈骗罪的相关问题。其一，关于诈骗罪定性问题。在主观方面，唐某儿多次供述其明知销售的产品没有功效，仍冒充保健食品，并夸大产品效果甚至宣称有治疗疾病的效果，以高价向中老年人销售，且话术单系其提供给手下员工。其自身供述结合话术单、非同案共犯余某林的供述等在案证据足以证实唐某儿主观上明知本公司存在通过诈骗方式销售商品的情形，具有非法占有他人财物的目的；在客观方面，唐某儿等人使用虚假身份，通过谎称有治疗疾病效果来推销本不具有药效的商品，采用虚构事实、隐瞒真相的手段使被害人陷入错误认识从而自愿交付钱物，进而遭受经济损失。综上，唐某儿的行为符合诈骗罪的主客观构成要件，已构成诈骗罪。上诉人唐某儿及辩护人关于不构成诈骗罪的意见不成立。其二，关于电信网络诈骗的定性问题。经查，唐某儿通过拨打电话，对不特定多数人采用非接触方式进行诈骗，符合电信网络诈骗的行为特征。原判认定其构成电信网络诈骗并无不当。上诉人唐某儿关于本案不构成电信网络诈骗的上诉理由不成立。其三，关于诈骗数额。经查，公安机关从唐某儿电脑提取出销售员余某林、李某凤、张某玲、丁某梦、任某等人 2018 年的出货信息表，在剔除销售商品中保健品的部分后，经上述各销售人员签字、确认，计算出诈骗数额为 30 余万元，以上内容有快递清单等证据佐证。原判据此认定诈骗数额并无不当。上诉人唐某儿关于原判认定诈骗数额证据不足的异议不成立。

第二，关于侵犯公民个人信息罪的问题。关于上诉人唐某儿及其辩护人对侵犯公民个人信息罪定罪及侵犯信息数量的异议。经查，唐某儿虽声称其掌握的公民个人信息大部分系他人赠与，但根据《网络安全法》的相关规定，收集、使用公民个人信息不能超越信息主体的授权和许可。另根据最高人民法院、最高人民检察院《关于办理侵犯公民个人信息刑事案件适用法律若干问题的解释》，针对获取公民个人信息的方式，不论唐某儿系通过购买、收受、交换等方式获取，或者在履行职责、提供服务过程中收集获得，不论获取方式上系主动索取还是被动收受，都不影响其侵犯公民个人信息罪的构成，故不应当扣除被动收受的部分信息。该上诉理由及辩护意见不成立。

第三，关于本案数罪并罚的问题。根据最高人民法院、最高人民检察院、公安部《关于办理电信网络诈骗等刑事案件适用法律若干问题的意见》（简称《电信诈骗意见》），违反国家有关规定以其他方法非法获取公民个人信息，符合《刑法》第 253 条之一规定的，以侵犯公民个人信息罪追究刑事责任。使用非法获取的公民个人信息，实施电信网络诈骗犯罪行为构成数罪的，应当依法予以并罚。唐某儿非法获取公民个人信息，并使用以上信息通过电信方式对不特定多数人实施诈骗，应当对其以诈骗罪和侵犯公民个人信息罪数罪并罚。上诉人唐某儿关于本案不应当数罪并罚的意见不成立。

第四，关于上诉人唐某儿对非同案共犯张某凤、唐某供述真实性的异议。经查，张某兰和唐某均多次供述销售员使用"中老年保健协会"工作人员的虚假身份进行诈骗，唐某另供述其负责发货，在发货单上发件人一栏中填写"中老年保健协会"。张某兰、唐某关于该部分事实的供述充分、翔实，并能够与其工作内容、非同案共犯余某林等人的供述、话术单内容相互印证，笔录经两人签字捺印，未发现有违法取证的情形。原判认定两人供述的证据效力并无不当，该上诉理由不成立。

二审法院认为，上诉人唐某儿伙同他人以非法占有为目的，利用互联网通讯工具虚构事实骗取他人财物，数额巨大，其行为已构成诈骗罪；其又违反国家有关规定，以其他方法非法获取公民个人信息，情节特别严重，其行为还构成侵犯公民个人信息罪。上诉人唐某儿一人犯数罪，应当并罚。原判认定事实清楚，定罪及适用法律准确，量刑适当，审判程序合法。故，依法裁定如下：驳回上诉，维持原判。

（七）凌某某诉北京 W 科技有限公司侵犯隐私权、个人信息权案

[**案例案号**] 北京互联网法院（2019）京 0491 民初 6694 号民事判决书

[**基本案情**]

2019 年 2 月 9 日，原告在手机通讯录除本人外没有其他联系人的情况下，使用手机号码注册登录某音 App，在"关注"列表中发现大量好友被推荐为"可能认识的人"，包括多年未联系的同学、朋友。经比对，大部分为其微信好友。但原告从未使用微信账号登录某音 App，亦未在某音 App 中绑定过微信账号。

原告认为，被告（被告是某音 App 的开发者和运营者）未经原告允许非法获取、知悉、保存和利用自己的姓名、手机号码、社交关系、地理位

置、手机通讯录等具有强烈人身属性的个人信息，非法窥探和使用原告的隐私和个人信息，导致原告的生活安宁、对社交关系的控制受到干扰和破坏，应当依法承担责任。故依法向人民法院起诉，要求判令被告立即停止侵犯原告隐私权和个人信息的行为，立即删除未经原告明确授权而收集、存储的原告姓名、手机号码、社交关系、地理位置、手机通讯录等个人信息，同时判令被告向原告书面告知某音 App 获取其"可能认识的人"的具体方式和向其推荐"可能认识的人"的详细算法，并予以赔礼道歉和赔偿经济损失。

[审理意见]

法院认为，根据庭审查明事实，结合当事人的诉辩意见，本案的争议焦点为：被告的行为是否构成对原告个人信息权益及隐私权的侵害；如构成侵害，被告应如何承担侵权责任。

焦点一：被告行为是否构成对原告个人信息权益及隐私权的侵害。

《中华人民共和国民法总则》（简称《民法总则》）第 111 条规定："自然人的个人信息受法律保护。任何组织和个人需要获取他人个人信息的，应当依法取得并确保信息安全，不得非法收集、使用、加工、传输他人个人信息，不得非法买卖、提供或者公开他人个人信息。"如何判断是否为个人信息，《网络安全法》第 76 条第 5 项规定："个人信息，是指以电子或者其他方式记录的能够单独或者与其他信息结合识别自然人个人身份的各种信息，包括但不限于自然人的姓名、出生日期、身份证件号码、个人生物识别信息、住址、电话号码等。"根据该规定可知，构成个人信息应当满足两个要件：一是具有可识别性，即通过该信息可以识别特定自然人，这是个人信息的核心要件；二是要有一定的载体，应以电子或者其他方式记录，这是个人信息的形式要件，没有以一定载体记录的信息不是个人信息。可识别性既包括对个体身份的识别，也包括对个体特征的识别。对个体身份的识别确定信息主体"是谁"，对个体特征的识别确定信息主体"是什么样的人"。同时，在考量是否具有可识别性时，不应机械、割裂地对每一个单独的信息进行判断，而应结合具体场景，以信息处理者处理的相关信息组合进行判断。如果将各个信息机械地割裂，分别考量是否属于个人信息，既脱离个人信息使用的现实情况，又与加强个人信息保护的立法意图相悖。如已经收集了能识别特定自然人的信息，该信息与其他信息组合亦可以识别特定自然人，这种信息组合同样属于个人信息。

个人信息的处理包括收集、存储、使用、加工、传输、提供、公开等行为。《网络安全法》第41条规定："网络运营者收集、使用个人信息，应当遵循合法、正当、必要的原则，公开收集、使用规则，明示收集、使用信息的目的、方式和范围，并经被收集者同意。网络运营者不得收集与其提供的服务无关的个人信息，不得违反法律、行政法规的规定和双方的约定收集、使用个人信息，并应当依照法律、行政法规的规定和与用户的约定，处理其保存的个人信息。"因此，网络运营者处理个人信息要遵循合法、正当、必要的原则，其处理行为通常需要征得被收集者同意，否则可能构成对个人信息权益的侵害。

根据《民法总则》第110条的规定，自然人享有的隐私权受法律保护，体现了对自然人个体性的尊重。通常认为隐私权是自然人享有的对其私密空间、私密活动和私密信息进行支配，排除他人以非法刺探、侵扰、泄露和公开等方式侵害的一种人格权。即将施行的《民法典》第1032条规定："自然人享有隐私权。任何组织或者个人不得以刺探、侵扰、泄露、公开等方式侵害他人的隐私权。隐私是自然人的私人生活安宁和不愿为他人知晓的私密空间、私密活动、私密信息。"第1034条第3款规定："个人信息中的私密信息，适用有关隐私权的规定；没有规定的，适用有关个人信息保护的规定。"参考上述规定的精神，隐私包含两个方面的内容：一方面是自然人的私人生活安宁，另一方面是自然人不愿为他人知晓的私密空间、私密活动、私密信息。就私人生活安宁来说，在判断是否构成侵害隐私权时，应考量其个人生活状态是否因被诉行为介入而产生变化，以及该变化是否对个人生活安宁造成一定程度的侵扰；就不愿为他人知晓的私密空间、私密活动、私密信息来说，可以综合考量社会一般合理认知以及有无采取相应保密措施等因素进行判断。因不同类型人群的隐私偏好不同，且互联网具有开放、互联和共享的特点，在网络环境中对隐私的界定及判断是否构成侵权需要结合具体场景具体分析。

本案原告主张的个人信息和隐私涉及原告姓名、手机号码、手机通讯录、社交关系和地理位置。因原告未能证明被告有处理其手机通讯录信息的行为，法院对原告就其手机通讯录主张的相关诉讼请求不予支持。对原告姓名、手机号码、社交关系和地理位置，法院将分别予以分析。

第一，原告的姓名和手机号码是否属于个人信息及隐私，被告是否存在侵权行为。

首先回答原告的姓名和手机号码是否属于其个人信息，如果属于，被告是否存在侵权行为的问题。

关于原告的姓名和手机号码是否属于其个人信息的说明。姓名是自然人作为社会个体与他人进行区别，在社会生活中具备可识别性的称谓或符号。手机号码是电话管理部门为手机设定的号码，随着"手机实名制"政策的推行和普及，手机号码与特定自然人的关联性愈加紧密。因此，自然人的姓名与其使用的手机号码无论单独抑或组合均具有可识别性，属于个人信息。

关于被告对原告该项个人信息的处理是否征得了原告同意的说明。本案中，原告主张被告于 2019 年 2 月 9 日原告注册使用某音 App 前收集、存储、使用其姓名及涉案手机号码的行为构成侵权。被告通过读取其他手机用户通讯录的方式获得原告姓名和手机号码，并在原告注册后向其推荐可能认识的人，被告对原告姓名和手机号码的处理可以分为三个阶段。第一阶段是 2019 年 2 月 9 日前被告通过向其他手机用户申请授权收集并存储了其他手机用户的手机通讯录信息，其中包含了原告的姓名和手机号码，此时原告尚未注册使用某音 App，即使涉案手机号码为加密存储，仍然是被告在未征得原告同意的情况下对手机号码的处理。第二阶段是 2019 年 2 月 9 日原告使用手机号码注册某音 App 时，被告收集并存储了原告注册时提供的手机号码。在这一阶段，原告注册的行为应视为其同意被告收集手机号码。第三阶段是被告使用原告第二阶段注册使用的手机号码与第一阶段从其他手机用户手机通讯录中收集、存储的手机号码进行匹配，并向原告推荐"可能认识的人"。被告主张该阶段信息处理行为已通过《隐私政策》告知原告。但根据《隐私政策》可以看到，其内容为"你使用推荐通讯录好友功能时，在获得你的明示同意后，我们会将你通讯录中的信息进行高强度加密算法处理后，用于向你推荐通讯录中的好友。"该内容应指被告读取原告通讯录后，向原告进行推荐，并非从他人通讯录收集原告手机号码并向原告推荐，两种收集方式和推荐逻辑并不完全相同，不能视为已经告知并征得原告同意。因此，第三阶段被告对于原告手机号码的处理并未征得原告同意。综上，被告于2019年2月9日原告注册某音App前收集、存储原告姓名和手机号码并使用的行为并未征得原告同意。

关于被告未征得原告同意处理其姓名和手机号码的行为是否构成侵权的说明。手机通讯录是存储记录联系人姓名和手机号码等联系方式的信息集合，能够在一定程度上反映该手机用户的社交关系，属于个人信息。同时，手机通讯录中包含的每条联系人信息又属于该联系人的个人信息。在处理手机通讯录中联系人姓名和手机号码时，既是对手机用户个人信息的处理，又是对通讯录中联系人个人信息的处理。所以，这种处理行为一般要征得两类主体的同意，既应征得手机用户同意，又应征得每条通讯录联系人的同意，即应征得双重同意。

但是，如果要求在任何使用场景下都必须严格征得双重同意，有可能会导致具体场景下利益的失衡。数据是数字经济时代重要的生产要素，信息是数据的基础，对个人信息过于绝对化的保护，可能导致个人信息处理和数据利用的成本过高，甚至阻碍信息产业的健康发展。因此，需要在具体应用场景中考察是否存在构成个人信息合理使用的情形，即在没有对信息主体造成不合理损害的前提下，认定某些个人信息的利用行为可以不必征得信息主体的同意。在本案中，对于姓名和手机号码的使用，会涉及手机用户、通讯录联系人以及互联网行业发展的不同利益需求的平衡。本院将从姓名和手机号码信息的特点与属性、信息使用的方式和目的、对各方利益可能产生的影响三个方面进行分析。

首先，从信息的特点与属性来看，姓名和手机号码的组合信息属于特定自然人的联系方式，一般用于社交联络，承载社交功能。随着社交活动在网络空间的发展，各类应用软件的广泛使用，手机号码亦不再局限于电话语音通话的场景，还常用于各类应用软件的账号创建、身份验证、用户搜索等场景，成为用户在网络上建立、拓展、迁移社交关系过程中经常被使用的信息。

其次，从信息使用的方式和目的来看，被告对于原告姓名和手机号码的使用可以细化为读取、存储、匹配及推荐，即在其他用户手机通讯录中读取原告姓名和手机号码，将该信息存储于被告后台，在原告注册时进行匹配、推荐可能认识的人，整个过程的目的是满足或促进用户在某音 App 中建立社交关系。就读取、匹配和推荐行为而言，该信息处理是基于社交功能，根据用户的社交需求，对于社交关系成立与否进行判断，并进一步根据用户的意愿做出推荐或者不推荐的选择，是实现社交功能常见和必要的步骤。在这一过程中，原告的姓名和手机号码并未被公开披露，亦没有证明存在直接泄露等风险，对于原告的其他人身和财产利益并没有产生潜在侵害的可能性。就信息使用的目的而言，除满足或促进用户在某音 App 中建立社交关系外，还具有一定的商业目的，但个人信息的合理使用并不必然排除出于商业目的的使用。就存储行为而言，被告并无充分理由说明该行为为建立社交功能所必需。尽管对于姓名和手机号码的存储，也能够在一定程度上便利用户拓展社交关系，但是，未经信息主体同意而进行超过合理期限的存储，有可能不合理地扩大了个人信息泄露或被不当利用的风险，也超过了处理个人信息的必要原则。在无法证明存储手机号码对于满足用户社交需求存在必要性的情况下，不宜认定存储行为构成合理使用。

再次，从信息使用及其方式对各方利益可能产生的影响来看，需要考虑以下几个方面。

一是对手机用户及其他有建立社交关系需求的用户利益的影响。各类应用软件提供的网络社交场景，客观上拓宽了联系渠道，降低了联系成本，促进了互联网产业发展。将现实生活中的社交关系迁移至网络空间，是很多网络用户的合理需求。在此背景下，应用软件在征得手机用户同意后，通过读取手机通讯录的方式，发现、匹配并推荐好友，为社交关系的迁移提供了便捷、高效的方式，满足了手机用户及其他有意愿在某音 App 中建立社交关系的用户的需求。

二是对手机联系人利益的影响。用户注册前，被告无法在软件内征得用户同意，如果严格要求应用软件在读取手机通讯录之前征得每一个通讯录联系人的同意，虽然技术上可以实现（如采用短信通知、电话询问等方式），但对通讯录联系人来说，将可能产生打扰，在手机通讯录中存储其手机号码的人越多，这种打扰可能越严重。

三是对互联网行业发展的影响。基于个人信息而产生的数据，是企业竞争、行业发展的资源和支撑，对于社交软件来说，更加依赖用户之间的社交关系来拓展其产品和服务。个人用户需要优质的互联网产品和服务，而优质的产品和服务则依托于企业和行业的发展。过度严格地保护个人信息未必会给个人带来利益，而适度允许互联网行业在安全的前提下合理使用个人信息，则可以促进互联网行业和数字经济的发展，增进整个社会的福祉。当然，这种适度的合理使用应以不损害个人利益为前提。

综上，虽然读取手机通讯录时不可避免地会读取原告的手机号码，但读取和匹配行为并不会对原告产生干扰，通常亦不会不合理地损害原告利益，且有利于满足其他有社交需求用户的利益及行业和社会发展的需要，属于对该信息的合理使用。但要注意的是，该合理使用亦应符合处理个人信息的合法、正当、必要原则。本案中，在原告未注册时，其不存在在某音 App 中建立社交关系的可能，被告从其他用户手机通讯录收集到原告的姓名和手机号码后，通过匹配可以知道软件内没有使用该手机号码作为账户的用户，应当及时删除该信息，但被告并未及时删除。直至原告起诉时，该信息仍然存储于被告的后台系统中，超出合理使用的必要限度，构成对原告该项个人信息权益的侵害。

再回答就姓名和手机号码的使用而言，被告是否存在侵害原告隐私权行为的问题。

关于原告的姓名和手机号码是否属于私密信息的说明。在日常社会交往中，姓名和手机号码发挥着身份识别和信息交流的重要作用，通常会向他人告知，一般不属于私密信息。

关于被告的行为是否侵扰原告的私人生活安宁的说明。如前所述，被告行为分为三个阶段，第一个阶段是向其他用户申请授权读取手机通讯录，收集并存储了原告的姓名和手机号码，此阶段虽未得到原告明确同意，但并未侵扰到原告的生活安宁；第二个阶段是原告主动使用手机号码注册、登录某音 App，亦不存在侵扰其私人生活安宁的情形；第三个阶段是根据手机号码进行匹配后向原告推荐"可能认识的人"。某音 App 作为短视频分享平台，具有个性化音视频推荐、网络直播、发布信息、互动交流等功能，原告登录某音 App 时，对上述功能包括互动交流应当有合理预期，被告向原告推荐有限的"可能认识的人"，并不构成对原告生活安宁的侵扰。

综上，就姓名和手机号码而言，并不属于私密信息，被告在使用过程中亦未造成对原告生活安宁的侵扰，不存在侵害原告隐私权的行为。

第二，原告的社交关系是否属于个人信息及隐私，被告是否存在侵权行为。

首先回答原告的社交关系是否属于其个人信息，如果属于，被告是否存在侵权行为的问题。

关于原告的社交关系是否属于其个人信息的说明。法律上并没有社交关系的准确定义，根据《现代汉语词典》第 7 版的解释，"社交"指"社会上人与人的交际往来"，"关系"有"人和人或人和事务之间的某种性质的联系"的意思，故社交关系可理解为社会上人与人交际往来的联系，是自然人在社会实践中形成的各种社会关系。社交关系的范畴非常宽泛，包括基于血缘关系的亲属关系、基于身份联系的社会关系、基于个人情感的社会关系等，各种社交关系又存在交叉。随着互联网的发展，各种社交软件的开发、应用，一方面为现实中的社交关系提供了网络的交往方式和工具，使得现实中的社交关系转变为诸多不同的网络社交关系；另一方面，在传统社交关系外，又丰富发展出各种具有互联网特点的社交关系，直观体现在其使用的社交软件类型，如微信好友、QQ 好友等，也属于社交关系的一部分。在已知特定人的情况下，其社交关系应属于其个人信息。同时，因为社交关系的概念较为抽象，认定社交关系属于个人信息时，还要符合个人信息"以电子或者其他方式记录"的形式要件。日常生活中，常见的社交关系载体诸如特定人的手机通讯录列表、社交软件中的好友列表和群列表等，均属于个人信息。

本案中，原告通过被告向其推荐"可能认识的人"推断被告知悉其社交关系，明确其主张范围为前述 20 位某音用户与原告之间的好友关系，包括微信好友、QQ 好友、通讯录好友及生活中好友等关系。原告未提交上述好友列表，亦未证明被告收集了其微信好友列表、QQ 好友列表和手机通讯录等信息。由被告证据可见，本案涉及的 20 位某音用户与原告之间社交关系的来源为这些用户手机通讯录中存储了原告的姓名和手机号码，即原告的姓名和手机号码分别记录于被告收集的其他用户的手机通讯录中，原告与存储其信息的其他用户之间至少存在手机通讯录层面的社交关系。通过对被告存储的数据进行查询亦可以抽取、汇总出原告与其他用户的社交关系列表。虽然这些原始社交关系信息并未以列表形式体现，但却能够体现出原告的社交关系，应属原告的个人信息。

关于被告是否存在侵权行为的说明。被告在未征得原告同意的情况下，通过读取其他用户手机通讯录收集、存储原告的社交关系，并基于此种关系向原告推荐"可能认识的人"，除前述构成合理使用的读取、匹配行为外，未及时删除该项个人信息。被告在原告注册后未征得原告同意的情况下进行推荐的行为，构成对原告该项个人信息权益的侵害。

再回答就社交关系的使用而言，被告是否存在侵害原告隐私权行为的问题。

关于原告的社交关系是否属于其隐私的说明。因社交关系涵盖内容宽泛，故在考量社交关系是否属于隐私时，要具体分析该社交关系是否具有私密性，不能一而概之。本案只就原告明确主张的 20 个人与原告之间的社交关系是否属于隐私进行分析。据原告所述，其与此 20 人既有生活中的同学、校友、朋友等现实社交关系，亦有微信、QQ 等网络社交关系，但原告并未证明上述社交关系具有私密性，亦未证明被告知悉其现实或网络中的上述社交关系。对被告而言，其收集的信息为此 20 人手机通讯录中原告的姓名和手机号码，即手机通讯录层面的社交关系。如前文所述，基于通讯录联系人的社交关系，已经成为用户迁移、拓展自身社交关系的主要利用对象，众多用户在使用具有社交功能的软件时，也同意对其通讯录联系人相关的社交关系进行读取和匹配。本案中，原告亦未能证明上述 20 人的社交关系存在需要特殊考虑和处理的构成私密信息的场景，因此，法院认为，本案所涉社交关系不具有私密性，不属于隐私。

关于被告的行为是否侵扰原告的私人生活安宁的说明。如前所述，在某音 App 这样一种具有互动交流功能的平台上，被告基于此种社交关系，向原告推荐有限的"可能认识的人"，并不构成对原告生活安宁的侵扰。

综上，原告主张的社交关系非私密信息，被告在使用过程中亦未造成对原告生活安宁的侵扰，因此不存在侵害原告隐私权的行为。

第三，原告的地理位置信息是否属于个人信息及隐私，被告是否存在侵权行为。

首先回答原告的地理位置信息是否属于其个人信息，如果属于，被告是否存在侵权行为的问题。

关于原告的地理位置是否属于其个人信息的说明。根据原告提交的 17391 号公证书显示，原告下载某音 App 后，在浏览《用户隐私政策概要》及《隐私政策》之前，某音 App 主页视频上方即显示了原告公证时公证处所在城市"成都"。值得注意的是，在原告使用手机号码登录后，主页视频上方同样显示"成都"，随后才弹出弹窗信息："允许访问你的'位置'？你的城市信息将会在个人主页上展示，可在资料页手动修改或取消展示。"显然，无论原告是否同意允许访问其"位置"，被告已经在询问前收集到该信息。被告主张模糊的地理位置即城市信息不属于个人信息，但根据某音 App 的《隐私政策》，其对"个人信息"的解释包括"个人位置信息"，对"个人敏感信息"的解释包括"精准定位信息"，可见《隐私政策》中的"个人位置信息"亦非仅限于"精准定位信息"。因手机号码具有可识别性，在收集了手机号码的情况下，被告收集的位置信息与手机号码信息组合，能够识别到特定人，属于个人信息，与该位置的精确程度无关。

关于被告是否存在侵权行为的说明。被告主张其通过 IP 地址获得模糊的地理位置信息，但未提交证据证明。即使其陈述属实，作为软件经营者在互联网信息交互时获得了用户的 IP 地址，但 IP 地址并不必然等同于地理位置，通过 IP 地址去分析用户所在地理位置并在软件中进行显示，属于对信息的进一步处理和使用，同样需要征得用户同意，否则依然构成对个人信息的不当使用和过度处理。同时，某音 App 的《隐私政策》条款中还有"你发布音视频等信息并选择显示位置时，我们会请求你授权地理位置这一敏感权限，并收集与本服务相关的位置信息。这些技术包括 IP 地址……"的内容，可见，根据《隐私政策》，通过 IP 地址获得地理位置亦应征得用户同意。故被告在未征得原告同意的情况下收集原告的地理位置信息，构成对原告该项个人信息的侵害。

再回答就地理位置的使用而言，被告是否存在侵害原告隐私权行为的问题。

首先，原告提供的证据仅能证明被告知悉的地理位置为其所在的城市信息，该信息除特殊情形外通常不会加以保密，在一定范围内被人知悉，一般不具有私密性。本案中，原告并未证明其对该信息特别加以保密，或存在其他特殊场景下的特殊利益，故其所在城市的位置信息不属于私密信息。其次，被告将该信息展示于原告的视频主页面中，基于地理位置推荐个性化的音视频信息或服务，而原告并未证明被告公开了该信息，亦未证明被告对该信息的使用侵扰其生活安宁。因此，就地理位置的使用，被告并未构成对原告隐私权的侵害。

综上，原告的姓名、手机号码、社交关系、地理位置属于原告的个人信息，被告未征得同意处理上述个人信息的行为构成对原告个人信息权益的侵害；原告的上述信息不属于隐私，被告的使用行为不构成对原告隐私权的侵害。

焦点二：被告应就其侵害原告个人信息权益承担何种侵权责任。

《中华人民共和国侵权责任法》（简称《侵权责任法》）第 15 条规定："承担侵权责任的方式主要有：（一）停止侵害；（二）排除妨碍；（三）消除危险；（四）返还财产；（五）恢复原状；（六）赔偿损失；（七）赔礼道歉；（八）消除影响、恢复名誉。"《网络安全法》第 43 条规定："个人发现网络运营者违反法律、行政法规的规定或者双方的约定收集、使用其个人信息的，有权要求网络运营者删除其个人信息；发现网络运营者收集、存储的其个人信息有错误的，有权要求网络运营者予以更正。网络运营者应当采取措施予以删除或者更正。"依照该条规定，信息主体要求网络运营者删除违法收集的个人信息的，无需以构成实际损害为前提。原告要求被告停止使用并删除 2019 年 2 月 9 日前收集、存储的其姓名和手机号码的个人信息，停止使用并删除未经授权收集、存储的其地理位置信息的诉讼请求，有事实基础和法律依据。但就责任承担方式而言，删除信息即可以实现停止使用，不需要重复支持。原告要求被告停止未经明确授权而收集、存储的其社交关系的个人信息，通过删除 2019 年 2 月 9 日前收集、存储原告姓名及手机号码的个人信息可以实现，本院不再重复支持。原告未提供证据证明被告未经授权将其社交关系共享给多闪 App 及将社交关系和地理位置信息进行了公开，故对原告的相关诉讼请求不予支持。

关于原告要求被告书面告知获取"可能认识的人"的具体方式及向原告推荐"可能认识的人"的详细算法的诉讼请求，被告主张"算法"涉及商业秘密，不应披露。本院认为，被告应当明示收集、使用信息的目的、方式和范围，公开其收集、使用个人信息的规则，但被告的商业秘密利益同样需要给予法律保护。在本案审理过程中，被告已经就其向原告推荐"可能认识的人"的方式进行了告知，而"算法"确实会涉及被告的商业秘密，告知和公开"算法"不属于对原告的个人信息进行保护的必要措施，故对原告的该项诉讼请求，不予支持。

关于原告要求被告在今日头条官网首页显著位置及某音 App 首页显著位置向原告公开赔礼道歉 30 日，予以消除影响的诉讼请求，法院认为，依照 2014 年《最高人民法院关于审理利用信息网络侵害人身权益民事纠纷案件适用法律若干问题的规定》第 16 条规定，人民法院判决侵权人承担赔礼道歉、消除影响或者恢复名誉等责任形式的，应当与侵权的具体方式和所造成的影响范围相当。被告的侵权行为发生在某音 App 中，并未给原告造成向某音用户公开的大范围的影响，原告亦未证明对其造成严重的精神损害，故原告要求被告在今日头条官网首页显著位置及某音 App 首页显著位置向原告公开赔礼道歉 30 日的诉讼请求，远远超出了被告的侵权方式和所造成的影响范围，不予支持。综合考量被告的侵权方式、范围和情节，法院判令被告以书面形式向原告道歉，且道歉内容需经法院确认。

关于原告要求被告赔偿经济损失 35769 元的诉讼请求，法院认为，依照《侵权责任法》第 20 条的规定，"侵害他人人身权益造成财产损失的，按照被侵权人因此受到的损失赔偿；被侵权人的损失难以确定，侵权人因此获得利益的，按照其获得的利益赔偿；侵权人因此获得的利益难以确定，被侵权人和侵权人就赔偿数额协商不一致，向人民法院提起诉讼的，由人民法院根据实际情况确定赔偿数额"，对个人信息的消极利用会给信息主体带来人身和财产受到侵害的风险，对个人信息的积极利用会给使用者带来利益。个人信息是数据的重要来源之一，而数据作为新型生产要素又是数字经济发展的基础，对于个人信息的采集和利用必然会带来商业价值和经济利益。本案中，虽然双方均未提供原告因个人信息权益受到侵害所遭受的财产损失或被告因此获得利益的相关证据，但被告对个人信息的采集和利用必然会为其商业运营带来利益。被告在未征得原告同意的情况下采集原告的个人信息并加以利用，应当进行一定的经济赔偿。同时考虑需对互联网企业依法处理个人信息的行为进行引导，根据本案具体情况，酌定赔偿数额为 1000 元。关于原告主张精神损害抚慰金的诉讼请求，法院认为，虽然原告陈述被告的侵权行为给其带来困扰，但其并未提供证据证明造成严重后果，故对原告的该项诉讼请求不予支持。原告主张的公证费支出 4231 元，为固定本案证据所需，属于维权合理费用，予以支持。

需要特别指出的是，本案对于隐私权和个人信息的考量均限定在具体的网络场景之中，随着互联网行业的发展和技术的进步，网络场景不同，使用的技术和产品运行逻辑不同，行为的性质就可能不同，需要根据具体场景进行谨慎分析和判断。

互联网时代，随着科技的不断进步，新科技产品层出不穷，自然人的隐私权和个人信息权益也会在各种新的场景下遇到诸多新的问题。技术的发展促进了海量信息的产生。与传统线下场景不同的是，因为技术能力所限，普通网络用户很难了解其个人信息如何被处理和利用，其对网络空间中的个人信息和私人领域的控制力亦随之减弱。因此，互联网企业更需要从保护用户权利的角度，合法合规地设计产品模式、开发技术应用。本案中，原告起诉后，被告提交的公证书亦显示被告在逐步规范、修正其处理用户个人信息的行为。由此可见，规范个人信息的处理行为并不会影响行业发展，反而会促使技术在个人信息保护方面不断创新进步。个人信息的规范处理和安全保障会促进数据资源的积累和利用，设定合理的个人信息保护的边界才能构建良好的个人信息保护与大数据利用之间的关系。我们应当相信，在互联网技术发展日新月异的今天，可以通过诸如完善隐私政策内容和告知形式、对信息不可复原的匿名化处理等产品模式设计和技术创新的方式，在加强隐私权和个人信息保护的前提下，促进互联网行业的发展，而非对公民个人权益和行业发展进行非此即彼的取舍，但这需要互联网企业承担其应尽的法律责任和社会责任。

综上所述，法院依法判决如下：被告北京 W 科技有限公司于本判决生效之日删除 2019 年 2 月 9 日前通过某音软件收集并存储的原告凌某某姓名和涉案手机号码的个人信息；被告北京 W 科技有限公司于本判决生效之日删除未经原告凌某某同意，通过某音软件收集并存储的其地理位置信息；被告北京 W 科技有限公司于本判决生效之日起 7 日内以书面形式向原告凌某某道歉；被告北京 W 科技有限公司于本判决生效之日起 7 日内赔偿凌某某经济损失 1000 元；被告北京 W 科技有限公司于本判决生效之日起 7 日内赔偿凌某某维权合理费用 4231 元；驳回原告凌某某的其他诉讼请求。

（八）田某宝、金某波等侵犯公民个人信息案

[**案例案号**] 北京市西城区人民法院（2020）京 0102 刑初 245 号刑事判决书

[**基本案情**]

被告人田某宝于 2017 年 6 月注册成立内蒙古呼伦贝尔 X 科技有限公司（简称"X 科技公司"），后由被告人金某波任该公司法定代表人。被告人田某宝雇佣被告人张某川、祝某治开发设计北京预约挂号优医导软件，雇佣被告人孙某健在各大手机应用平台予以推广。被告人田某宝组织多名客服人员在潍坊利用北京预约挂号优医导软件获取就医患者信息后非

法提供给"号贩子"，由"号贩子"为患者挂号赚取服务费。被告人田某宝任命被告人任某海负责技术网络工作、被告人石某花负责客服人员的培训和管理。经鉴定，涉案5部移动电话通过腾讯QQ和微信单向发送含有身份证号码、姓名、手机号等数据的信息共13余万条。

另，被告人田某宝在济南招募客服人员若干，通过优医导软件商户版得到患者求医信息，将患者信息非法提供给"号贩子"，由"号贩子"为患者挂号，挣取差价。经鉴定，涉案6部移动电话通过腾讯QQ和微信单向发送含有身份证号码、姓名、手机号等数据的信息共4万余条。

[审理意见]

法院认为，被告人田某宝、金某波、张某川、祝某治、孙某健、任某海、石某花违反国家有关规定，非法向他人提供公民个人信息情节特别严重的行为，侵犯了公民的隐私权，均已构成侵犯公民个人信息罪，依法均应予以惩处。北京市西城区人民检察院指控被告人田某宝、金某波、张某川、祝某治、孙某健、任某海、石某花犯罪事实清楚，证据确实、充分，指控罪名成立。

关于被告人田某宝、祝某治的辩护人所提无罪的辩护意见及被告人祝某治的辩解，经查，本案被害人陈述、被告人供述、证人证言及用户隐私保护协议等证据能够互相印证，形成完整的证据锁链，证实被告人田某宝、祝某治等人未经医院许可及官方的授权擅自设立预约挂号收费网站，非法收集患者的个人信息，且在未征得患者同意的情况下将患者的个人信息提供给"号贩子"从中牟利的行为，主观上具有侵犯公民个人信息的故意，客观上实施了非法提供公民个人信息的行为，主、客观相一致，符合侵犯公民个人信息罪的构成要件，应构成侵犯公民个人信息罪，故被告人祝某治的辩解及被告人田某宝、祝某治的辩护人所提无罪辩护的理由不足，均不予采纳。

关于被告人金某波的辩解及辩护人所提金某波不构成侵犯公民个人信息罪的辩护意见，经查，本案证据能够证实，被告人金某波与田某宝预谋设立预约挂号收费网站，通过将患者的就医信息提供给"号贩子"从中获利，其主观上具有侵犯公民个人信息的故意。虽然其本人不参与公司的具体经营，但其担任公司法定代表人的行为，客观上为公司非法收集患者的个人信息并提供给"号贩子"起到了一定的帮助作用，其行为应构成侵犯公民个人信息罪，故被告人金某波的辩解及辩护人的辩护意见理由不足，均不予采纳。

鉴于被告人田某宝在共同犯罪中起主要作用，系主犯。被告人金某波、张某川、祝某治、孙某健、任某海、石某花在共同犯罪中起次要或者辅助作用，均系从犯，均应减轻处罚。据此，法院依法判决如下：被告人田某宝犯侵犯公民个人信息罪，判处有期徒刑三年六个月，罚金人民币35000元；被告人金某波犯侵犯公民个人信息罪，判处有期徒刑二年六个月，罚金人民币25000元；被告人祝某治犯侵犯公民个人信息罪，判处有期徒刑一年八个月，罚金人民币16000元；被告人张某川犯侵犯公民个人信息罪，判处有期徒刑一年六个月，罚金人民币15000元；被告人孙某健犯侵犯公民个人信息罪，判处有期徒刑一年三个月，罚金人民币13000元；被告人任某海犯侵犯公民个人信息罪，判处有期徒刑一年三个月，罚金人民币13000元；被告人石某花犯侵犯公民个人信息罪，判处有期徒刑一年三个月，罚金人民币13000元。

（九）张某、唐某、李某安侵犯公民个人信息案

[**案例案号**] 四川省成都市郫都区人民法院（2019）川 0124 刑初 610 号刑事判决书

[**基本案情**]

2018 年 8 月，被告人唐某通过他人介绍先后两次前往山东省菏泽市被告人李某安处学习制作用以破解支付宝人脸识别认证系统的 3D 人脸动态图，并从被告人李某安处购买了相关设备，花费人民币 23000 元。后被告人唐某在网络上发布信息称能够提供破解支付宝人脸识别认证的服务。2018 年 9 月，被告人唐某从"半边天"（另案处理）处获得唐某甲的支付宝账户信息，受"半边天"委托破解支付宝对唐某甲账号的限制。被告人唐某采用制作唐某甲人脸 3D 动态图的方式突破了支付宝人脸识别认证系统，解除了支付宝对唐某甲账号的限制登录。后被告人唐某将唐某甲支付

宝账户信息提供给被告人张某，被告人张某通过伪造唐某甲手持身份证、承诺函的照片并拨打支付宝客服电话的方式解除了支付宝对唐某甲账户的资金冻结。后被告人张某采用购买话费的形式将唐某甲支付宝账户内的人民币 2.4 万余元转移。

被告人张某在四川省广汉市被抓获，当场查获张某的华硕笔记本电脑 1 台，从该电脑内提取到包含姓名、身份证号码、银行卡号等的公民个人信息 2000 余万条。

[审理意见]

法院认为，被告人张某、唐某违反国家规定，侵入计算机信息系统，获取计算机信息系统中存储、处理或者传输的数据，情节严重，其行为确已构成非法获取计算机信息系统数据罪。被告人张某非法获取公民个人信息，情节特别严重，其行为确已构成侵犯公民个人信息罪。被告人李某安明知他人实施侵入计算机信息系统的违法犯罪行为而为其提供程序、工具，情节严重，其行为确已构成提供侵入、非法控制计算机信息系统程序、工具罪。成都市郫都区人民检察院指控三名被告人的犯罪事实清楚，指控罪名成立，法院予以支持。被告人张某曾因故意犯罪被判处有期徒刑以上刑罚，在刑罚执行完毕后五年内再犯应当判处有期徒刑以上刑罚之罪，系累犯，依法应当从重处罚。被告人唐某、李某安归案后如实供述自己的罪行，依法可以从轻处罚；被告人张某如实供述其非法获取计算机信息系统数据罪的犯罪事实，对该部分罪行依法亦可以从轻处罚。

对被告人张某及其辩护人提出的张某个人所有的电脑里 2000 余万条公民个人信息不知道是谁获取、不能认定为张某非法获取公民信息的辩护（解）意见，法院认为，从法院已经采信的证据来看：第一，被告人张某先前一直在做支付宝解封业务，此业务须用到公民个人信息，张某因而具有积极获取他人信息的主观意愿；第二，接触电脑的人员仅有张某、陆某威（但其称很少用，且在 2017 年 12 月后才与张某接触），而公民信息自 2013 年起就存在于张某电脑中，且在 2018 年 7、8 月均有查询使用该信息的记录，同时张某电脑里也有其使用他人信息 PS 身份证的情况；第三，据陆某威称，其主要宣传推广可以做解封的业务，并不涉及具体使用公民信息，但看见过张某查看该个人信息；第四，根据相关解释规定，只要行为人没有获取公民个人信息的法律依据或者资格而获取相关个人信息的即成立"非法获取"。综上分析，应当认定张某非法获取了公民个人信息，故对该辩解、辩护意见不予采纳。

综合案件事实和情节，法院依法判决如下。被告人张某犯非法获取计算机信息系统数据罪，判处有期徒刑二年，并处罚金人民币 2 万元，犯侵犯公民个人信息罪，判处有期徒刑五年，并处罚金人民币 4 万元，数罪并罚决定合并执行有期徒刑六年六个月，并处罚金人民币 6 万元。被告人唐某犯非法获取计算机信息系统数据罪，判处有期徒刑一年十个月，并处罚金人民币 1 万 5000 元。被告人李某安犯提供侵入、非法控制计算机信息系统程序、工具罪，判处有期徒刑一年六个月，并处罚金人民币 1 万元。对三名被告人的违法所得予以追缴、对扣押在案的涉案手机、电脑、银行卡等物品均依法予以没收。

（十）韩某、张某等侵犯公民个人信息案

[**案例案号**]　安徽省怀远县人民法院（2017）皖 0321 刑初 80 号刑事判决书

[**基本案情**]

2016 年 1 月至 8 月，被告人韩某伙同他人先后在江苏省宿迁市、徐州市，安徽省宿州市、怀远县等地的超市内，以顾客购物满一定金额可获赠礼品为名，要求顾客在领取礼品时提供姓名、身份证号码，并采集顾客的肖像信息，后在顾客不知情的情况下，将非法获取的公民个人信息用于注册人人行科技股份有限公司开发运营的借贷宝 App。被告人韩某自 2016 年 4 月起雇佣被告人张某、蔡某磊、张某权为其业务员，通过上述方式非法获取公民个人信息并进行借贷宝 App 用户实名注册。2016 年 1 月起至案发时止，被告人韩某、张某、蔡某磊、张某权共计成功注册一万二千多个账户。被告人韩某从人人行科技股份有限公司获取报酬合计 447250 元，被告人张某、蔡某磊、张某权每注册成功一人可从被告人韩某处支取 13 元报酬。

[**审理意见**]

法院认为，被告人韩某、张某、蔡某磊、张某权违反国家有关规定，向他人提供非法获取的公民个人信息，情节严重，其行为均构成侵犯公民个人信息罪。公诉机关指控的事实、罪名成立。被告人韩某、张某、蔡某磊、张某权归案后如实供述犯罪事实，系坦白，有从轻处罚情节。各辩护人提出与此相同的辩护意见，法院予以采纳。被告人韩某在共同犯罪过程中起主要作用，系主犯；被告人张某、蔡某磊、张某权在共同犯罪中起次要作用，系从犯，有从轻处罚情节。综上所述，法院依法判决如下。被告人韩某犯侵犯公民个人信息罪，判处有期徒刑二年十个月，罚金人民币 5 万元。被告人张某犯侵犯公民个人信息罪，判处有期徒刑一年，罚金人民币 2 万元。被告人蔡某磊犯侵犯公民个人信息罪，判处有期徒刑一年，罚金人民币 2 万元。被告人张某权犯侵犯公民个人信息罪，判处有期徒刑一年，罚金人民币 2 万元。对扣押在案的作案工具手机二部、广告牌一个，予以没收；对被告人韩某、张某、蔡某磊、张某权违法所得予以追缴。

二　核心法条

1.《网络安全法》第 22 条第 3 款："网络产品、服务具有收集用户信息功能的，其提供者应当向用户明示并取得同意；涉及用户个人信息的，还应当遵守本法和有关法律、行政法规关于个人信息保护的规定。"

2.《网络安全法》第 41 条："网络运营者收集、使用个人信息，应当遵循合法、正当、必要的原则，公开收集、使用规则，明示收集、使用信息的目的、方式和范围，并经被收集者同意。

"网络运营者不得收集与其提供的服务无关的个人信息，不得违反法律、行政法规的规定和双方的约定收集、使用个人信息，并应当依照法律、行政法规的规定和与用户的约定，处理其保存的个人信息。"

3.《网络安全法》第 44 条："任何个人和组织不得窃取或者以其他非法方式获取个人信息，不得非法出售或者非法向他人提供个人信息。"

4.《网络安全法》第 76 条："本法下列用语的含义：

（一）网络，是指由计算机或者其他信息终端及相关设备组成的按照一定的规则和程序对信息进行收集、存储、传输、交换、处理的系统。

（二）网络安全，是指通过采取必要措施，防范对网络的攻击、侵入、干扰、破坏和非法使用以及意外事故，使网络处于稳定可靠运行的状态，以及保障网络数据的完整性、保密性、可用性的能力。

（三）网络运营者，是指网络的所有者、管理者和网络服务提供者。

（四）网络数据，是指通过网络收集、存储、传输、处理和产生的各种电子数据。

（五）个人信息，是指以电子或者其他方式记录的能够单独或者与其他信息结合识别自然人个人身份的各种信息，包括但不限于自然人的姓名、出生日期、身份证件号码、个人生物识别信息、住址、电话号码等。"

5.《刑法》第 253 条之一："违反国家有关规定，向他人出售或者提供公民个人信息，情节严重的，处三年以下有期徒刑或者拘役，并处或者单处罚金；情节特别严重的，处三年以上七年以下有期徒刑，并处罚金。

"违反国家有关规定，将在履行职责或者提供服务过程中获得的公民个人信息，出售或者提供给他人的，依照前款的规定从重处罚。

"窃取或者以其他方法非法获取公民个人信息的，依照第一款的规定处罚。

"单位犯前三款罪的，对单位判处罚金，并对其直接负责的主管人员和其他直接责任人员，依照各该款的规定处罚。"

6.《刑法》第 285 条："违反国家规定，侵入国家事务、国防建设、尖端科学技术领域的计算机信息系统的，处三年以下有期徒刑或者拘役。

"违反国家规定，侵入前款规定以外的计算机信息系统或者采用其他技术手段，获取该计算机信息系统中存储、处理或者传输的数据，或者对该计算机信息系统实施非法控制，情节严重的，处三年以下有期徒刑或者拘役，并处或者单处罚金；情节特别严重的，处三年以上七年以下有期徒刑，并处罚金。

"提供专门用于侵入、非法控制计算机信息系统的程序、工具，或者明知他人实施侵入、非法控制计算机信息系统的违法犯罪行为而为其提供程序、工具，情节严重的，依照前款的规定处罚。

"单位犯前三款罪的，对单位判处罚金，并对其直接负责的主管人员和其他直接责任人员，依照各该款的规定处罚。"

7.《个人信息保护法》第4条："个人信息是以电子或者其他方式记录的与已识别或者可识别的自然人有关的各种信息，不包括匿名化处理后的信息。

"个人信息的处理包括个人信息的收集、存储、使用、加工、传输、提供、公开、删除等。"

8.《个人信息保护法》第6条："处理个人信息应当具有明确、合理的目的，并应当与处理目的直接相关，采取对个人权益影响最小的方式。

"收集个人信息，应当限于实现处理目的的最小范围，不得过度收集个人信息。"

9.《个人信息保护法》第27条："个人信息处理者可以在合理的范围内处理个人自行公开或者其他已经合法公开的个人信息；个人明确拒绝的除外。个人信息处理者处理已公开的个人信息，对个人权益有重大影响的，应当依照本法规定取得个人同意。"

10.《个人信息保护法》第28条："敏感个人信息是一旦泄露或者非法使用，容易导致自然人的人格尊严受到侵害或者人身、财产安全受到危害的个人信息，包括生物识别、宗教信仰、特定身份、医疗健康、金融账户、行踪轨迹等信息，以及不满十四周岁未成年人的个人信息。

"只有在具有特定的目的和充分的必要性，并采取严格保护措施的情形下，个人信息处理者方可处理敏感个人信息。"

11.《个人信息保护法》第29条："处理敏感个人信息应当取得个人的单独同意；法律、行政法规规定处理敏感个人信息应当取得书面同意的，从其规定。"

12. 最高人民法院、最高人民检察院《关于办理侵犯公民个人信息刑事案件适用法律若干问题的解释》第1条："刑法第二百五十三条之一规定的'公民个人信息'，是指以电子或者其他方式记录的能够单独或者与其他信息结合识别特定自然人身份或者反映特定自然人活动情况的各种信息，包括姓名、身份证件号码、通信通讯联系方式、住址、账号密码、财产状况、行踪轨迹等。"

13. 最高人民法院、最高人民检察院《关于办理侵犯公民个人信息刑事案件适用法律若干问题的解释》第 5 条："非法获取、出售或者提供公民个人信息，具有下列情形之一的，应当认定为刑法第二百五十三条之一规定的'情节严重'：

（一）出售或者提供行踪轨迹信息，被他人用于犯罪的；

（二）知道或者应当知道他人利用公民个人信息实施犯罪，向其出售或者提供的；

（三）非法获取、出售或者提供行踪轨迹信息、通信内容、征信信息、财产信息五十条以上的；

（四）非法获取、出售或者提供住宿信息、通信记录、健康生理信息、交易信息等其他可能影响人身、财产安全的公民个人信息五百条以上的；

（五）非法获取、出售或者提供第三项、第四项规定以外的公民个人信息五千条以上的；

（六）数量未达到第三项至第五项规定标准，但是按相应比例合计达到有关数量标准的；

（七）违法所得五千元以上的；

（八）将在履行职责或者提供服务过程中获得的公民个人信息出售或者提供给他人，数量或者数额达到第三项至第七项规定标准一半以上的；

（九）曾因侵犯公民个人信息受过刑事处罚或者二年内受过行政处罚，又非法获取、出售或者提供公民个人信息的；

（十）其他情节严重的情形。

"实施前款规定的行为，具有下列情形之一的，应当认定为刑法第二百五十三条之一第一款规定的'情节特别严重'：

（一）造成被害人死亡、重伤、精神失常或者被绑架等严重后果的；

（二）造成重大经济损失或者恶劣社会影响的；

（三）数量或者数额达到前款第三项至第八项规定标准十倍以上的；

（四）其他情节特别严重的情形。"

14. 最高人民法院、最高人民检察院《关于办理侵犯公民个人信息刑事案件适用法律若干问题的解释》第 6 条："为合法经营活动而非法购买、收受本解释第五条第一款第三项、第四项规定以外的公民个人信息，具有下列情形之一的，应当认定为刑法第二百五十三条之一规定的'情节严重'：

（一）利用非法购买、收受的公民个人信息获利五万元以上的；

（二）曾因侵犯公民个人信息受过刑事处罚或者二年内受过行政处罚，又非法购买、收受公民个人信息的；

（三）其他情节严重的情形。

"实施前款规定的行为，将购买、收受的公民个人信息非法出售或者提供的，定罪量刑标准适用本解释第五条的规定。"

15. 最高人民法院、最高人民检察院《关于办理侵犯公民个人信息刑事案件适用法律若干问题的解释》第 10 条："实施侵犯公民个人信息犯罪，不属于'情节特别严重'，行为人系初犯，全部退赃，并确有悔罪表现的，可以认定为情节轻微，不起诉或者免予刑事处罚；确有必要判处刑罚的，应当从宽处罚。"

16. 最高人民法院、最高人民检察院《关于办理侵犯公民个人信息刑事案件适用法律若干问题的解释》第 11 条："非法获取公民个人信息后又出售或者提供的，公民个人信息的条数不重复计算。

"向不同单位或者个人分别出售、提供同一公民个人信息的，公民个人信息的条数累计计算。

"对批量公民个人信息的条数，根据查获的数量直接认定，但是有证据证明信息不真实或者重复的除外。"

三　要点提示

1. 关于信息数据的性质问题，即案涉信息是否属于"公民个人信息"的问题。网络时代非法采集、获取、买卖个人信息的行为更加隐蔽也更加便利，作案手法千奇百怪，辩护人往往会抓住案件事实与法条之间的细微差异，以涉案信息不属于"个人信息"作为重要抗辩理由之一。立法层面上看，我国《刑法》《民法典》《网络安全法》《个人信息保护法》中对于"个人信息"概念的表述并不一致。"个人信息"概念的界定是处理此类案件的基础和前提，也一直是司法实务和学术界的争议焦点。本章拟从"个人信息"的立法演进和属性特征进行分析，勉力初步统一"个人信息"的认定标准。

2. 刑事案件中侵犯公民个人信息罪如何定罪的问题。对刑事案例进行研习，离不开对"罪与非罪"和"此罪与彼罪"两大问题的辨析论证。对于第一个问题，本章认为"侵犯公民个人信息罪"的法益不是超个人法益，而是个人法益，且包含个人信息权和个人隐私权两个方面，并集中体现为公民个人信息自决权。对于第二个问题，本章拟将本罪与诈骗罪、非法获取计算机信息系统数据罪进行辨析，以明晰本罪的认定标准。

3. 利用 App 软件非法采集、获取、买卖个人信息的行为认定和执法救济途径的问题。随着人脸识别技术的普及，利用 App 软件非法采集、获取、买卖个人信息更加便利，也更加隐蔽，作案过程涉及的信息技术十分专业。本章拟从民法和刑法两个维度对此类特殊行为进行分析：从民法角度看，只有通过分析具体案件中信息的特点、属性、使用方式和目的、对各方利益可能产生的影响，才能正确区分行为属于民事侵权还是"合理使用"；从刑法角度看，App 侵犯个人信息的行为可能触犯侵犯公民个人信息罪和非法获取计算机信息系统数据罪两种罪名，且两罪不是非此即彼的关系。执法人员要灵活借助第三方检测机构的专业力量收集相关证据，加强与各部门的协调沟通，确定侵害社会公共利益的违法事实，通过行政公益诉讼和民事公益诉讼双轨并行的方式，形成个人信息保护合力。

4. 非法采集、获取、买卖个人信息条数如何计算的问题。在大多数侵犯公民个人信息的案件中，行为人在采集个人信息的同时也存在获取、买卖的行为，虽然《关于办理侵犯公民个人信息刑事案件适用法律若干问题的解释》第 11 条规定了此罪的条数计算规则，但面对错综复杂的司法实践个案，解释中仍有不少留白。本章将在法律解释的基础上，进一步探讨同一条公民个人信息的累计计算和批量信息的数量计算等问题，以期为后续相关研究提供初步对话平台。

四　法理评析

网络不是法外之地，利用网络侵犯他人隐私权等权益的情形时有发生，非法采集、获取、买卖他人个人信息是其中的典型形式，对这种违法行为进行打击具有必要性。但法治框架下，在打击非法采集、获取、买卖他人个人信息行为的同时，也要关注信息采集和利用的现实需要。想要充分保障企业和个人信息利用的权利及保护企业和个人的创新能力与需求，需要在不同利益间寻求平衡。

（一）关于信息数据的性质问题——涉案信息是否属于"个人信息"

伴随着大数据时代的到来，"互联网+"遍布公民工作生活中的每个角落。公民个人信息常被简化为数据储存在计算机信息系统当中，并被各行各业的信息技术人员利用于生产交易中，侵犯公民个人信息的违法手段也因此千奇百怪。司法实务中，辩护人经常以涉案信息不属于"个人信息"为切入点，为当事人作减轻法律责任的相关辩解。如前文所列"许某、伍某强侵犯公民个人信息案"和"马某之等侵犯公民个人信息案"中，辩护律师认为涉案个人信息是电话号码，不属于司法解释中定义的"个人信息"。又如"成都 J 公司诉 B 公司买卖合同纠纷案"中，被上诉人称搜集到的手机 MAC 地址信息为一串没有价值的代码，不属于"个人信息"。可见，"个人信息"的概念已经构成确定其法律保护范围的关键源头，应当尽力对其形成统一、明确的判定标准，避免同案不同判。

1. "个人信息"概念的立法演进

我国《网络安全法》对于公民个人信息的概念采用了"广义识别说"，以广义可识别性作为其认定的主要标准。《网络安全法》第76条第5项将"个人信息"定义为"能够识别自然人个人身份的各种信息"，而没有明确规定包括"涉及公民个人隐私的信息"，此条款是近年来法院在司法实务中经常援引的法律依据。

2021年颁布的《个人信息保护法》第4条第1款则对"个人信息"进

行了原则性界定，即"以电子或者其他方式记录的与已识别或者可识别的自然人有关的各种信息，不包括匿名化处理后的信息"。并在此基础上，将"个人信息"进一步划分为一般个人信息与敏感个人信息两类。

我国《刑法》第 253 条规定的公民个人信息，是指以电子或者其他方式记录的能够单独或者与其他信息结合识别特定自然人身份或者反映特定自然人活动情况的各种信息，包括姓名、身份证件号码、通信通讯联系方式、住址、账号密码、财产状况、行踪轨迹等。据此可知，无论是识别特定自然人身份，还是反映特定自然人活动情况，既可以是单独，也可以是与其他信息结合所具有的功能，不应要求是相应个人信息单独所具有的功能。

2013 年出台的最高人民法院、最高人民检察院、公安部《关于依法惩处侵害公民个人信息犯罪活动的通知》是较早规定"个人信息"概念的规范性文件。该通知较为广义地将公民的姓名、年龄、有效证件号码、婚姻状况、工作单位、学历、履历、家庭住址、电话号码等能够识别公民个人身份或者涉及公民个人隐私的信息、数据资料纳入"个人信息"的范畴。2017 年实施的最高人民法院、最高人民检察院《关于办理侵犯公民个人信息刑事案件适用法律若干问题的解释》第 1 条在此基础上，进一步明确公民个人信息包括身份识别信息和行踪轨迹信息。

我国《民法典》对公民个人信息的保护没有依赖于一般人格权，而是设立新的条款加以规制，赋予了"个人信息"在民法价值上更丰富的内涵和外延。《民法典》在第 1034 条第 2 款中将自然人的健康信息明确规定为"个人信息"，在第 3 款中规定私密信息可适用有关个人信息保护的规定。

从比较法视角来看，当今世界各国个人信息保护主要有欧洲模式和美国模式两种。欧洲模式的理论源头是基于对公民个人尊严与基本人权的保护，并在立法上采取了统一模式。2018 年欧盟出台的《通用数据保护条例》（General Data Protection Regulation，GDPR）被称为"全球最严个人信息保护法"，其将个人数据保护列为公民基本权利，对知情权、访问权、更正权、可携权、删除权、限制处理权、反对权和自动化个人决策等相关权利均作出了明确的规定。我国 2021 年颁布的《个人信息保护法》在全面性和严密性上基本能与其对标。美国模式的理论源头则是基于对公民个人隐私与自由的保护，并在立法上采取了散在模式。① 美国至今尚未制定联邦统一的综合性个人信息保护法。基于居民隐私权和消费者保护制定的《加州消费者隐私法案》（California Consumer Privacy Act，CCPA）和《加州隐私权法案》（California Privacy Rights Act，CPRA）是美国目前最为典型的州级层面的隐私立法。

2. "个人信息"的分类标准

我国刑法学界一直热衷于探讨如何对个人信息种类进行细分，希望侵犯个人信息类案件的定罪量刑得以规范化，但始终没有确切的结论。为了强化对敏感个人信息的保护，2021 年 8 月 20 日发布的《个人信息保护法》专门设置了敏感个人信息的特殊处理规则。我们认为，未来可以考虑采用《个人信息保护法》中的分类标准，将"个人信息"分为敏感信息和其他信息两类。对于一旦泄露或者非法使用，可能导致个人受到歧视或者人身、财产安全受到严重危害的种族、民族、宗教信仰、个人生物特征、医疗健康、金融账户、个人行踪等信息进行严格保护，规定相对较低的入罪数量标准。对于除此之外的一般信息，规定相对较高的入罪数量标准。

3. "个人信息"的特征属性

通过梳理现有法律及司法解释可以看出，《刑法》《民法典》《网络安全法》《个人信息保护法》等法律常以"列举+概括"的混合模式对个人信息的概念进行界定，相关立法虽有细微差异，也可从中归纳出"公民个人信息"的一些共识性关键特征。

（1）具有可识别性

可识别性强调个人信息要能够单独或者与其他信息结合以识别特定自然人身份。这一特征是从信息本身出发，分析通过该信息是否能够识别出特定的自然人。

可识别性的内容包括两类：一是对个体身份的识别，以此确定信息主

---

① 参见刘艳红《民法编纂背景下侵犯公民个人信息罪的保护法益：信息自决权——以刑民一体化及〈民法总则〉第 111 条为视角》，《浙江工商大学学报》2019 年第 6 期。

体"是谁";二是对个体特征的识别,以此确定信息主体"是什么样的人"。

可识别性的标准也包括两类。一是直接识别,即单独根据该信息一般就能识别具体的个人,此类信息比较容易界定。例如在"许某、伍某强侵犯公民个人信息案"中,被告辩称其非法获取的个人信息为电话号码加昵称,并不涉及个人关键信息,不属于《关于办理侵犯公民个人信息刑事案件适用法律若干问题的解释》所定义的公民个人信息。对此,南京市六合区人民法院认为,游戏玩家系可识别的限定性群体,玩家手机号码、账号、密码等信息能够对游戏玩家的身份有较大获取可能性,遂判决认定涉案的信息数据为公民个人信息。[①] 二是间接识别,即与其他信息相结合才能识别特定个人,此类信息的认定容易引起争议。在如今信息共享云集的大数据时代,个人信息很容易与多种信息任意、实时结合在一起。例如,如果要通过"出生日期"来识别一个自然人的身份,可以通过结合精确的出生地点来对特定自然人的身份加以识别,这是否意味着一个人的出生地点也是其个人信息呢?[②]

由此引出的进一步问题是,个人信息向外扩展的范围究竟应该限定在何种程度?如果仅将直接识别类信息纳入公民个人信息的范围,这种说法未免过于狭隘,很难合理保护公民个人信息的合法权益。但为防止实务中无限扩大对侵犯公民个人信息行为的打击范围,也应当在认定间接识别类信息的基础上对其概念进行必要限缩解释。依据可识别性程度的高低对信息进行划分,将社会一般人依据其生活经验就可通过结合的信息识别到特定自然人的信息,称作可识别性程度较高的信息,侵犯这类信息对公民人身财产安全的危害性也较高,应当予以严厉打击。例如在"成都 J 公司诉 B 公司买卖合同纠纷案"中,被上诉人称搜集到的手机 MAC 地址信息为一串没有价值的代码。但天津市第一中级人民法院查明招财宝产品通过 MAC 地址代码可以与其他信息相结合,在未经用户同意的情况下搜集到不特定人的电话号码,并向不特定人推送广告,扰乱公民私人生活安宁,遂判定

[①]　参见江苏省南京市六合区人民法院(2018)苏 0116 刑初 76 号刑事判决书。

[②]　参见张新宝《〈民法总则〉个人信息保护条文研究》,《中外法学》2019 年第 1 期。

其属于公民个人信息。①

在"马某之等侵犯公民个人信息案"中，辩护人称纯手机号码不能认定为公民个人信息。对此，一审法院从自然人的角度出发，认为自 2013 年 9 月 1 日《电话用户真实身份信息登记规定》施行后，全国已实行电话实名制，手机号码直接与特定的自然人关联，《信息安全技术　个人信息安全规范》（国家标准）亦将个人电话号码、网页浏览记录列入个人敏感信息范畴。手机号码等个人信息被擅自广泛泄露后，除被他人滥用于广告推销外，还易被人利用实施电信诈骗，严重影响公民个人生活安宁或财产安全，具有社会危害性。一审法院进而判决认定被告人马某之收集、提供的"手机号码+访问时间+访问网址"和有关省市区域的贷款、股票、房产等行业的个人手机号码均属于法律规定的"公民个人信息"。② 该案二审法院在判决中称，公民使用的电话号码已实名登记，每个电话号码都对应特定的自然人，经查询也可以单独识别特定自然人身份。况且，上述司法解释所列举的公民个人信息包括了"通信通讯联系方式"即手机号码或电话号码。因此，手机号码是公民个人信息的内容之一，可以认定为公民个人信息。马某之和印某承共同贩卖他人的手机号码，应认定为侵犯公民个人信息罪。③ 有学者注意到，该案中的手机号码是利用"号码生成某"中编码原理随机生成的，"号码生成某"就是"号码生成器"的软件，其生成的号码与用户在电信或移动等营业厅入网时的手机号不同，难以迅速识别特定自然人身份。该案中，司法机关也的确缺乏相应的证据证明这些生成的号码可以识别特定自然人身份，刑事证据必须充分确实，否则，不能据以定罪。根据疑罪从无原则以及证据的证明标准，该案中的马某之不应构成侵犯公民个人信息罪，对其应作无罪处理。④ 互联网时代科技手段层出不穷，在考量是否具有可识别性时，应当结合案件具体场景，以信息处理者

① 参见天津市第一中级人民法院（2020）津 01 民终 3291 号民事判决书。
② 参见湖北省长阳土家族自治县人民法院（2018）鄂 0528 刑初 52 号刑事判决书。
③ 参见湖北省宜昌市中级人民法院（2018）鄂 05 刑终 365 号刑事判决书。
④ 参见刘艳红《网络爬虫行为的刑事规制研究——以侵犯公民个人信息犯罪为视角》，《政治与法律》2019 年第 11 期。

处理的相关信息组合进行判断，不能机械、割裂地审视每一个单独的信息。

（2）具有关联性

关联性强调个人信息必须与特定的自然人关联。这一特征与"可识别性"的路径相反，即从自然人出发到信息本身，如已知特定自然人在其活动中产生的信息即为个人信息，包括个人的浏览记录、通话以及位置信息等。对于学界"满足可识别性或者关联性二者其一即可认定属于公民个人信息"的说法，我们认为略失偏颇。首先，可识别性和关联性都是公民个人信息所具有的关键属性。若认为二者是非此即彼的或然关系，将在很大程度上对"公民个人信息"的概念作出扩大解释，大大降低刑事案件的入罪标准，与罪责刑相一致的原则相冲突。其次，对于某些突显与人身活动自由关联性的信息（诸如行踪轨迹信息），可弱化其可识别性。在"李某献、林某平、胡某宇等侵犯公民个人信息案"中，被告人许某耕、胡某宇先后购买7个GPS定位设备，由施某金等人安装在郦某乙可能驾驶的郦某甲及其公司使用的五辆轿车上。林某平、胡某宇、许某耕通过在手机上查看车辆轨迹，与施某金相互配合、信息共享，共同查找郦某乙。① 本案中的车辆移动轨迹信息能定位到地理坐标和停留时间，与公民的人身活动自由紧密相关，且能精确识别出特定自然人在某段时间内的活动情况，即使没有体现出证件号码、家庭住址等自然人的身份特征（可识别性较弱），仍然可以将其纳入"公民个人信息"的范畴。最高人民法院、最高人民检察院《关于办理侵犯公民个人信息刑事案件适用法律若干问题的解释》第5条第3项中规定了"非法获取、出售或者提供行踪轨迹信息五十条以上"的入罪标准，基于其入罪标准较低，故我们认为"行踪轨迹信息"本身也应进行限缩解释，即只有能直接反映特定自然人地理坐标和实时活动，精度上能达到GPS定位信息或车辆轨迹信息同等标准，且与人身安全密切相关的地理位置信息才能被认定为"行踪轨迹信息"。

（3）具有有效性（包括唯一性和真实性）

司法实务中，有些信息是行为人为获取高额经济利益而提供的大量重

---

① 参见浙江省永康市人民法院（2019）浙0784刑初461号刑事判决书。

复信息，有些信息是经多次流转并经过匿名化处理的信息（如姓氏、职务、级别等代称），有些信息明显是虚假信息（如仅有 10 个数字的手机号、不同名单的姓名和手机号码进行对调），这些信息不能特定性地指向具体公民个人，也不属于"公民个人信息"。由此可见，"个人信息"的有效性包含唯一性和真实性，二者缺一不可。这是刑事案件中定罪量刑的硬性标准，也是民事或行政案件中确定赔偿数额等法律责任的重要标准。

4. "个人信息"的认定标准

上述三个特征属性是认定公民个人信息的重要标准，综合以上特征属性，我们将"公民个人信息"概括为：可以识别特定自然人且与特定自然人相关联的有效信息。

我国《个人信息保护法》第 6 条规定："处理个人信息应当具有明确、合理的目的，并应当与处理目的直接相关，采取对个人权益影响最小的方式。收集个人信息，应当限于实现处理目的的最小范围，不得过度收集个人信息。"第 27 条规定："个人信息处理者可以在合理的范围内处理个人自行公开或者其他已经合法公开的个人信息；个人明确拒绝的除外。个人信息处理者处理已公开的个人信息，对个人权益有重大影响的，应当依照本法规定取得个人同意。"由此可见，司法机关还需结合非法采集、获取、买卖公民个人信息的目的和用途，对涉案信息的法益侵害性和社会危害性作出实质性判断，考量行为对人身、财产、隐私、生活安宁方面侵害的程度和可能性，对关乎切身利益的应当予以优先保护，才能对侵犯公民个人信息行为进行精准打击，防止打击面过大。同时，司法机关也应当高度重视刑事司法的谦抑性原则。我国个人信息保护的司法实践早期主要在刑事领域展开，而且从现有的治理侵犯公民个人信息的措施看，刑罚仍然承担着主要角色，且持一种严罚的态度。[①] 但正如边沁所言："温和的法律能使一个民族的生活方式具有人性；政府的精神会在公民中间得到尊重。"[②] 刑

---

① 参见汪明亮《治理侵犯公民个人信息犯罪之刑罚替代措施》，《东方法学》2019 年第 2 期。

② 〔英〕吉米·边沁：《立法理论》，李贵方等译，中国人民公安大学出版社，2004，第 485 页。

法作为我国法律惩治的最后一道屏障，在公民个人信息的认定标准上应当牢牢把握住谦抑性的基本原则，能以民事赔偿、行政处分等其他方式调整的，则应可克制刑事立法及入罪化，防止侵犯个人信息案件泛刑化的问题。另外，在处理侵犯公民个人信息案件的过程中，要加强部门法之间的衔接，着力形成民事、行政与刑法领域相配套的保护体系，尽量做到对"个人信息"认定标准之明确和统一。

（二）刑事案件中侵犯公民个人信息罪如何定罪

司法实务中，侵犯公民个人信息罪的入罪边界和量刑轻重常常构成核心争议点，下文拟从法益侵害角度对该罪的"罪与非罪""此罪与彼罪""罪轻与罪重"等问题进行分别探讨。

1. 侵犯公民个人信息罪的法益侵害

关于侵犯公民个人信息行为所涉及的法益，学界存在个人法益、超个人法益和公共信息安全法益三类观点。

从文义解释角度看，侵犯公民个人信息罪对公民个人的人身财产安全和生活安宁造成了巨大威胁。从体系解释角度看，《刑法》第 253 条之一位于刑法分则第四章"侵犯公民人身权利、民主权利罪"中，公民个人的人身、民主权利是本罪最为直接的犯罪客体。而《民法典》第 1035～1038 条则脱离了一般人格权的规定，创立了自然人处理个人信息的权利及免责事由。基于法秩序的统一性原则，应当将前置法中的"公民个人信息自决权"纳入本罪保护的法益范畴。由此可见，主流观点强调公民个人法益的保护是理所当然的。如果弱化甚至忽略公民个人法益，将会把一些民法、行政法等前置法中不认为违法的行为规定为犯罪。

公民个人信息自决权的内容包括个人信息权和个人隐私权两大方面。信息权说强调本罪法益是个人信息自决权，包括公民个人的信息安全决定权、自由决定权、收益决定权、尊严决定权等。隐私权说认为本罪侵犯的具体法益是公民的隐私权，包括公民个人隐私不受侵犯的权利，以及公民对个人信息的控制权。有学者将信息权和隐私权完全单独、对立来看，认为其不是个人法益中的隐私权，而是个人法益中的个人信息权，① 即单一法益说。我们认为这种说法失之偏颇，双重、多重法益的观点更适用于本罪的定罪量刑。还有学者认为，个人信息安全是由若干个个人信息集合在一起或个人信息与其他行为（如犯罪）关联在一起形成的独立法益，这一法益与个人信息权不同，它不是权利，而是一种状态，它带来的附带损害往往是人身、财产损害等的"叠加损害"。这种观点把侵犯公民个人信息罪的保护法益解释为个人信息安全，而不是公共信息安全。② 个人信息和个人隐私是两个层次的问题，都包含广义和狭义两种解释：广义的个人信息是指一切与特定人相关的信息，而狭义的个人信息是指对特定人具有可识别性的身份信息；广义的个人隐私包括隐私信息、隐私活动、隐私空间等，而狭义的个人隐私仅指以信息的形式体现出来的不愿让外界知悉的个人事项。因此，个人信息和个人隐私在逻辑上是交叉并存的关系，而非非此即彼，广义的个人信息可以涵盖狭义的个人信息和狭义的个人隐私。因此，公民对个人信息和个人隐私均享有自决权。

超个人法益则指超越个人法益的社会法益属性，认为公民个人信息不仅关系到公民个人的人身、财产安全和生活安宁，而且关系到社会公共利益和国家安全。上述单一法益说过于强调个人法益，把侵犯公民个人信息行为仅认定为对个人人身、财产权益的损害，全然忽视了对国家管理制度、社会秩序和公众利益带来的巨大危害。

综上，我们认为，本罪法益不是超个人法益，而是个人法益，包含个人信息权和个人隐私权，将其界定为"公民个人信息自决权"对于解决现阶段司法实践中的难题是最为合理的选择。

2. 罪与非罪——侵犯公民个人信息罪的入罪及出罪标准

《刑法》第 253 条之一将本罪的行为方式描述得已经十分具体，对于"何为犯罪"的问题不再作过多分析。基于司法实务中本罪的入罪现状，我们从反面总结出如下三类不宜认定为"侵犯公民个人信息罪"的情形。

---

① 参见刘艳红《侵犯公民个人信息罪法益：个人法益及新型权利之确证——以〈个人信息保护法（草案）〉为视角之分析》，《中国刑事法杂志》2019 年第 5 期。
② 参见姜涛《新罪之保护法益的证成规则——以侵犯公民个人信息罪的保护法益论证为例》，《中国刑事法杂志》2021 年第 3 期。

第一，为维护国家和公共安全处理个人信息的行为。例如司法机关判定的失信被执行人、重大刑事案件在逃人员的姓名、身份证号、住址等信息。这类信息的公开能最大限度保障公众知情权、消除社会隐患，创造更加安全稳定的社会环境，是维护国家和公共安全利益的价值选择，不构成违法犯罪行为。

第二，为企业发展处理个人信息的行为。例如企业为了办理借款、推销产品、寻求潜在客户、拓宽业务范围等企业发展需求收集、购买法定代表人个人信息、企业注册登记信息、救助扶贫信息、征信信息等行为，法院在实务中倾向于认定为有罪。但上述情况中，行为人均出于企业发展利益获取、使用企业或个人信息，未侵害公民个人的信息自主权。甚至部分案例中是企业自愿主动公开其个人信息，该行为与信息主体的目的之间具有一致性，行为人对信息的处理行为没有改变信息的用途，具有二次授权性，应当认定其行为有一定的合理性。若以刑法中的侵犯公民个人信息罪来规制此类商业交易活动，一定程度上可能会违背市场经济发展的需要。

第三，未严重侵犯法益的行为。与生命权、健康权等人格权不同的是，侵犯公民个人信息行为并不必然具有社会危害性。在法秩序统一性原理之下，对刑民（行）关系的处理，尤其是刑事违法性的确定需要顾及民法、行政法等前置法，民法、行政法上不违法的行为，不应当作为犯罪处理。违反前置法能够提示司法人员行为人有构成犯罪的嫌疑，但证立刑事违法性还需要行为符合具体犯罪的构成要件且不存在违法阻却事由。[①]

2015 年 11 月 1 日开始施行的《刑法修正案（九）》将"非法获取公民个人信息罪"和"出售、非法提供公民个人信息罪"整合为"侵犯公民个人信息罪"。在扩大犯罪主体和侵犯个人信息行为范围的同时，此举意味着将对法益危害不大的单纯获取、提供行为排除在本罪之外。基于刑法谦抑性原则，此类案件中行为人法律意识淡薄、主观恶性和危害后果极小，未严重侵犯公民个人信息自决权与社会公共安全秩序，应当尽量通过

---

① 参见周光权《法秩序统一性原理的实践展开》，《法治社会》2021 年第 4 期。

民法、行政法、经济法等途径对违法行为进行规制。当然，法益侵害的严重与否是一个主观模糊的概念，本罪的定罪与否仍要以非法获取的个人信息条数、违法所得金额等对照刑法条文进行客观判定。例如在"北京 H 科技有限公司、沈某侵犯公民个人信息案"① 中，即使被告人是互联网行业的正规从业者，系由于法律意识淡薄才触犯法律，其主观恶性与危害后果有别于其他窃取、买卖公民个人信息类犯罪，但也不能仅仅因此为其出罪，只能在量刑时酌情从轻或者减轻处罚。

3. 此罪与彼罪——侵犯公民个人信息罪与相关罪名的辨析

（1）本罪与诈骗罪的辨析

诈骗罪是指以非法占有为目的，用虚构事实或者隐瞒真相的方法，骗取数额较大的公私财物的行为。司法实践中，有时行为人在侵犯公民个人信息后，还会利用这些信息继续进行诈骗等相关牵连犯罪，此类案件应当定侵犯公民个人信息罪还是诈骗罪，以及定罪后应当数罪并罚还是牵连犯从一重罪处罚，值得探讨。

在"唐某儿诈骗案"中，唐某儿上诉称其对掌握的大部分公民个人信息没有获取、使用的意思表示，系供应商未经其同意自愿提供，其系被动获取，不应当被评价为非法收集，不构成侵犯公民个人信息罪。并辩称如果本案诈骗罪成立，侵犯公民个人信息罪应当作为实现诈骗的基础行为被吸收，不应当数罪并罚。绍兴市中级人民法院支持了原审判决，认为不论是主动收集还是被动获取，都不影响侵犯公民个人信息罪的构成。同时，根据《电信诈骗意见》的规定，使用非法获取的公民个人信息，实施电信网络诈骗犯罪行为构成数罪的，应当依法予以并罚。②

上述案例中，法院是直接适用法规对罪名和处罚进行判定的。但有些案例没有现成法律规范能够直接适用，可从法益侵害的角度界定此类案件。按照前文观点，将本罪的法益认定为"公民个人信息自决权"，则公民个人信息可以自愿提供给对方。个人信息是行为人主动收集还是被动获

① 参见湖北省崇阳县人民法院（2018）鄂 1223 刑初 370 号刑事判决书。
② 参见浙江省绍兴市中级人民法院（2020）浙 06 刑终 207 号刑事裁定书。

取，不影响侵犯公民个人信息罪的认定问题。而诈骗罪的法益是公私财物所有权，且行为人主观上要求具有非法占有公私财物的目的。由此可见，两罪侵害的法益互不相干，其定罪量刑也应分开处理。当然，这是针对个人信息的获取方而言的。如果提供信息的一方明知对方会利用自己的个人信息实施犯罪行为，仍以放任的心态提供、出卖自己的个人信息，应当以诈骗罪共犯论处。

（2）本罪与非法获取计算机信息系统数据罪的辨析

非法获取计算机信息系统数据罪，是指违反国家规定，侵入国家事务、国防建设、尖端科学技术领域以外的计算机信息系统或者采用其他技术手段，获取该计算机信息系统中存储、处理或者传输的数据，情节严重的行为。侵犯公民个人信息罪和非法获取计算机信息系统数据罪都属于"情节犯"，且非法采集、获取的客观行为外在表现极其相似，法院在面对非法采集、获取、买卖个人信息类的案件时，如果仍简单适用《刑法》条文的字面规定，仅从犯罪情节是否严重、犯罪手段是否违法等惯性思维进行评价，容易将两罪进行混淆。

有学者通过实证分析发现，非法获取计算机信息系统数据罪已成为当前网络犯罪的新"口袋罪"，而将侵犯可识别性个人信息的行为认定为侵犯公民个人信息罪也成为该罪在司法实践中去"口袋化"的具体路径之一。[①] 基于前文分析，可识别性是"公民个人信息"重要特征属性之一，也是区别于普通网络数据的重要标准。从法益侵害的角度来看，侵犯公民个人信息罪的法益是公民个人信息的自决权，偏向于保护公民个人的私益；而非法获取计算机信息系统数据罪的法益是计算机信息系统的安全，偏向于维护正常社会管理秩序的公益。在认定非法获取计算机信息系统数据罪时，法院必须意识到该罪名的立法目的在于维护社会管理秩序而非个人经济利益的损失，如果相关行为确实妨害了网络数据安全和社会公共管理秩序，才应当认定为非法获取计算机信息系统数据罪。

---

① 参见杨志琼《非法获取计算机信息系统数据罪"口袋化"的实证分析及其处理路径》，《法学评论》2018 年第 6 期。

关于两罪之间的关系，有的学者认为系法条竞合，有的学者认为系想象竞合。由于法条竞合是犯罪所侵犯的社会关系错综交织的现实状态造成的，无论犯罪是否发生，人们都可以通过对法律条文内容的分析而确定各个法条之间原本依刑事立法就实际存在的重合或者交叉关系[1]，而我们无法单从《刑法》条文中看出二者之间的重合或交叉关系。例如在"张某、唐某、李某安侵犯公民个人信息案"中，成都市郫都区人民法院判决被告张某犯非法获取计算机信息系统数据罪和侵犯公民个人信息罪，应数罪并罚，其余人员也获相应刑罚。由此可见，侵犯公民个人信息罪和非法获取计算机信息系统数据罪之间并非非此即彼的关系，如果犯罪情节同时符合这两种罪名的要件形式，应当数罪并罚。

（三）利用 App 软件非法采集、获取、买卖个人信息的行为认定和治理路径

随着智能手机、平板电脑的普及，人们在日常的工作、娱乐、社交活动中越来越依赖 App 软件。App 软件正常运行之前，大多需要用户注册手机号码等个人信息，也滋生了违规收集用户个人信息、超范围收集用户个人信息、违规使用用户个人信息、不合理索取用户权限等不法行为的蔓延，这些违法违规侵犯公民个人信息的 App 很多都与我们日常生活紧密联系。工业和信息化部开展了 App 侵害用户权益专项整治工作，对存在问题的 App 统一进行通报，依法依规予以处理。具体措施包括责令整改、向社会公告、组织 App 下架、停止接入服务、违规主体纳入电信业务经营不良名单或失信名单等。下文拟从民法和刑法的维度对利用 App 软件非法采集、获取、买卖个人信息的行为进行性质认定，并探索此类高科技犯罪的特殊治理路径问题。

1. 是否构成民法意义上的侵权

App 是指通过预置、下载等方式在移动终端上运行并向用户提供信息服务的智能软件。百度公司董事长兼首席执行官李彦宏曾经指出，"中国

---

[1]　参见曲新久《刑法学》（第 5 版），中国政法大学出版社，2016，第 179 页。

的消费者在隐私保护的前提下，很多时候是愿意以一定的个人数据授权使用去换取更加便捷的服务的"。这种说法也不无道理。在数字经济快速发展的时代，信息是数据的基础。消费者在下载相关 App 软件时允许网络服务提供者共享其信息数据，有利于数据的流通，但也可能使相关信息数据的传输、共享、利用脱离信息权利人的控制。[1] 如果绝对地把一切未经信息主体同意的信息获取、使用行为视为侵权，就会导致个人信息处理和数据利用的成本过高，甚至阻碍信息产业的健康发展。

例如，在"凌某某诉北京 W 科技有限公司侵犯隐私权、个人信息权案"中，北京互联网法院明确提出了个人信息"合理使用"这一概念，认为要在每个具体案件中分析信息的特点和属性、信息使用的方式和目的、对各方利益可能产生的影响以及是否对信息主体造成不合理损害，才能正确区分对个人信息的获取、使用行为属于民事侵权还是"合理使用"。一审判决认为，在原告凌某某未注册时，其不存在在某音 App 中建立社交关系的可能，被告从其他用户手机通讯录收集到原告的姓名和手机号码后，通过匹配可以知道软件内没有使用该手机号码作为账户的用户，应当及时删除该信息。但被告并未及时删除，直至原告起诉时，该信息仍然存储于被告的后台系统中，超出必要限度，不属于"合理使用"，构成对原告该项个人信息权益的侵害。[2]

值得注意的是，App 对公民个人信息的"合理使用"应遵循合法性、正当性、必要性三大原则，其与"公民个人信息"这一概念的范围也成正相关关系。因此是否构成民法意义上的侵权还需结合立法政策和具体个案进行场景化的分析，任何"一刀切"的规定都不可取。

2. 是否构成刑法意义上的犯罪

（1）是否构成侵犯公民个人信息罪

《刑法》第 253 条之一明确规定了侵犯公民个人信息罪的三种行为方式：一是向他人出售或提供个人信息，情节严重的；二是将在履行职责或

---

① 参见王利明《数据共享与个人信息保护》，《现代法学》2019 年第 1 期。

② 北京互联网法院（2019）京 0491 民初 6694 号民事判决书。

者提供服务过程中获得的公民个人信息出售或者提供给他人；三是窃取或者以其他方法非法获取公民个人信息。从行为方式上看，App 非法获取、利用公民个人信息的行为符合其中第 2 款和第 3 款的规定。此类 App 犯罪也因此可分为两种：其一是 App 在提供数据服务过程中出售或者提供给他人个人信息，此种行为主体往往是以正常目的注册、运营的 App 软件，应按照第 2 款的规定从重处罚；其二是 App 私自窃取并使用个人信息，此种行为主体往往是为了犯罪专门注册的 App 软件，应按照第 3 款的规定定罪处罚。第二种情况在实务中较为多见。例如"田某宝、金某波等侵犯公民个人信息案"中，被告人是为了收集患者的个人信息并非法出售给"号贩子"赚取服务费而开发设计北京预约挂号优医导软件，符合《刑法》第253 条之一第 3 款的规定。关于 App 软件涉嫌侵犯公民个人信息罪的认定，与刑法中其他犯罪的认定方法基本一致，即根据主、客观相一致的原则，如果行为人在主观上具有侵犯公民个人信息的故意，客观上实施了非法提供公民个人信息的行为，符合侵犯公民个人信息罪的构成要件，则应认定构成侵犯公民个人信息罪。①

（2）是否构成非法获取计算机信息系统数据罪

《刑法》第 285 条规定了非法获取计算机信息系统数据罪的两种行为方式：一是侵入国家事务、国防建设、尖端科学技术领域以外的计算机信息系统；二是采用其他技术手段，获取该计算机信息系统中存储、处理或者传输的数据。

App 软件通常是用户基于自身需求主动下载到移动终端并使用的，且在勾选用户协议并授权情况下使用，其存在具有一定的合法性，不属于第一种"侵入类"的行为。实践中存在一些 App 软件未经用户同意收集使用个人信息、违反必要原则收集与其提供的服务无关的个人信息、未公开收集使用规则等情形，构成第二种"利用其他技术手段"获取数据的行为。此类案件的作案手法往往是利用 App 软件强制索取访问设备上的照片、媒体内容和文件及手机设备号等权限行为，从而在用户不知情的情形下违法

---

① 参见北京市西城区人民法院（2020）京 0102 刑初 245 号刑事判决书。

违规获取、存储用户个人信息数量千万条以上。还有一些安全系数较小的山寨 App 软件，通过植入的 SDK（软件开发工具包）插件窃取用户隐私数据，扰乱公共信息管理秩序，严重危害计算机信息系统安全。

（3）入罪标准及罪名的适用

综上，利用 App 软件非法采集、获取、买卖公民个人信息行为在刑事犯罪方面主要涉及侵犯公民个人信息罪和非法获取计算机信息系统数据罪两种。

从形式标准上看，《刑法》条文中均规定行为人的行为在满足基本犯罪构成的基础上还要达到"情节严重"的标准才能认定以上两罪名。其中"情节严重"的标准，在不同的司法解释中分别给出了说明。在《关于办理侵犯公民个人信息刑事案件适用法律若干问题的解释》第 5 条中详细说明了侵犯公民个人信息罪中"情节严重"和"情节特别严重"的情形，而在《关于办理危害计算机信息系统安全刑事案件应用法律若干问题的解释》第 1 条中详细规定了从信息组数、非法控制计算机台数、违法所得数额等方面确定"情节严重"和"情节特别严重"的标准。人民法院在入罪时要详细对照司法解释中的规定，与涉案情形进行个案化比对，避免"同案不同判"现象的出现。

从实质标准上看，实务中还应当关注利用 App 软件违法采集、获取、买卖公民个人信息的行为是否严重侵犯刑法法益的问题。如果 App 软件仅为获取较高利润或者提供更好服务等目的侵犯公民个人信息，基于刑法的谦抑性原则，也不应当入罪。

3. 治理路径

随着特殊加密和人脸识别技术研究的逐渐成熟，利用 App 软件非法获取公民个人信息的案例往往伴随着高科技手段的运用。在猎奇心态和利益的驱动下，行为人利用 P2P、加密传输、多点中继等特殊加密方式对互联网信息进行隐藏，从而突破 App 软件原系统设置进行匿名访问。在"张某、唐某、李某安侵犯公民个人信息案"中，被告人唐某制作 3D 人脸动态图突破了支付宝 App 的人脸识别认证系统，解除了支付宝对唐某甲账号的限制登录，被告人张某伪造唐某甲手持身份证和承诺函的照片后，拨打支付宝客服电话解除了支付宝 App 对唐某甲账户的资金冻结，随后采用购买话费的形式，将唐某甲支付宝账户内的人民币 2.4 万余元转移。在"韩某、张某等侵犯公民个人信息案"中，被告人在顾客不知情的情况下，通过拍照方式进行人脸识别，将非法获取的公民个人信息通过手机上传，注册成为人人行科技股份有限公司开发运营的借贷宝 App 用户。

App 非法获取信息数据的行为具有更强的隐蔽性且极易逃脱于职能部门监管范围之外，普通公民在面对 App 软件侵权行为时更是存在取证难、维权成本高等问题，甚至面临投诉无门的困境，因此公权力机关对 App 犯罪案件的查处要介入更加强大的力量。在该方面，浙江省杭州市余杭区人民检察院（简称"余杭区院"）的做法值得借鉴。2019 年余杭区院在开展公民个人信息保护专项监督行动中发现，某款 App 存在强制索取"访问设备上的照片、媒体内容和文件"及手机设备号等权限的行为，涉嫌违法违规获取、存储用户个人信息数量千万条以上。为进一步确定公益损害的后果，余杭区院委托第三方机构开展社会调查，近九成受访者认为个人信息被侵害对其正常生活和工作造成了影响。又先后两次组织论证会，邀请人大代表、政协委员、互联网行业代表、专家学者、行政机关技术人员，就网络侵权行为的界定、公民个人信息的范围、诉讼请求的确定等问题进行专题研讨和论证，并形成一致意见：该款 App 违法违规收集个人信息的行为已侵害不特定多数个人信息权益，致使社会公共利益受到损害，应当由检察机关提起公益诉讼。随后，余杭区院邀请人大代表、政协委员、互联网行业代表、高校学者、行政机关专家和技术人员，就网络侵权行为的界定、公民个人信息的范围、诉讼请求的确定等问题进行专题研讨和论证。经余杭区院公告，没有法律规定的机关和有关组织提起诉讼。2020 年 6 月 23 日，余杭区院依法向杭州互联网法院提起民事公益诉讼，诉请被告某网络科技有限公司停止违法违规收集、储存、使用个人信息并公开赔礼道歉。①

---

① 参见《浙江省杭州市余杭区人民检察院诉某网络科技有限公司侵害公民个人信息民事公益诉讼案》，检察日报网，http://www.jcrb.com/jcjgsfalk/dxal/gjc/qinfangongmingerenxinxi-fanzui/202104/t20210422_2273320.html，最后访问日期：2022 年 12 月 22 日。

作为国家法律监督机关，各地检察机关都应因地制宜、因时制宜开展公民个人信息保护专项监督行动，对利用 App 软件非法侵犯公民个人信息的行为主动出击。在办案中遇到科学技术类难题时，要巧妙借助第三方检测机构的专业力量收集相关证据，运用"磋商＋听证"的监督模式加强与各部门的协调沟通，确定侵害社会公共利益的违法事实。可通过行政公益诉讼督促行政机关依法监管或民事公益诉讼追究 App 服务提供者的侵权责任，形成个人信息保护合力。

（四）非法采集、获取、买卖个人信息的条数计算问题

侵犯公民个人信息罪是情节犯，司法实践中，信息条数和违法所得数额是关于"情节严重"的重要判准。信息条数往往会直接影响违法所得数额，因此研究信息条数的计算对此类行为的定罪量刑有较大意义。

《关于办理侵犯公民个人信息刑事案件适用法律若干问题的解释》第 11 条用三个条款规范了条数计算规则，其中第 1 款规定"非法获取公民个人信息后又出售或者提供的，公民个人信息的条数不重复计算"，从很大程度上解决了多年来司法实践中"计算难"的困境。由于采集、获取和买卖是前后发展的关系，侵害的法益具有同一性，此款参照刑法中的吸收原则，作出不重复计算条数的规定十分合理。当然，面对错综复杂的司法案例，解释中的几点留白仍具有探讨余地和必要。

1. 同一条公民个人信息的累计计算问题

《关于办理侵犯公民个人信息刑事案件适用法律若干问题的解释》第 11 条第 2 款规定："向不同单位或者个人分别出售、提供同一公民个人信息的，公民个人信息的条数累计计算。"此款考虑到被害人的信息安全重复受到侵犯，从严厉打击犯罪的角度作出针对同一信息进行重复计算条数的处理。但在最高人民检察院发布的《检察机关办理侵犯公民个人信息案件指引》中规定："如犯罪嫌疑人多次获取同一条公民个人信息，一般认定为一条，不重复累计；但获取的该公民个人信息内容发生了变化的除外。"《关于办理侵犯公民个人信息刑事案件适用法律若干问题的解释》在第 5 条规定了行踪轨迹信息、通信内容、征信信息、财产信息等入罪门槛

较低的特殊情形。那么，针对同一条个人信息因犯罪环节的流转兼具采集、获取和买卖行为时，如若一律累计计算显得过于严苛，且与其他规定相矛盾，也不符合刑法罪责刑相一致的原则。我们认为，应当考虑各行为目的之合法性，从保护法益的角度出发决定各行为是否有单独评价的必要。结合《关于办理侵犯公民个人信息刑事案件适用法律若干问题的解释》第 6 条不同种类个人信息之规定，不同情形下"情节严重"的标准如下：对于本解释第 5 条第 1 款第 3、4 项规定的个人信息，不论行为人是基于合法目的还是非法目的，符合法定条数的均认定为"情节严重"；对于本解释第 5 条第 1 款第 5 项规定的个人信息，行为人基于非法目的的，涉案信息满足 5000 条即可认定为"情节严重"；行为人基于合法目的的，除 5000 条基本数量要求外，还需有获利 5 万元等其他法定情节，才能认定为"情节严重"①。

基于上述思路，我们认为，可以从以下几个方面总结个人信息累计计算与否的标准：第一，如果行为人以非法买卖为目的的非法采集、获取他人信息，又将同一条信息提供、出售给他人，信息条数不累计计算；第二，如果案涉信息为《关于办理侵犯公民个人信息刑事案件适用法律若干问题的解释》第 5 条第 1 款第 3、4 项规定的个人信息，行为人非法采集、获取该信息，又将同一条信息提供、出售给他人的，信息条数累计计算；第三，如果案涉信息为上述解释第 5 条第 1 款第 5 项规定的个人信息，行为人以非法目的非法采集、获取该信息，又将同一条信息提供、出售给他人的，信息条数累计计算；第四，如果案涉信息为上述解释第 5 条第 1 款第 5 项规定的个人信息，行为人以合法目的非法采集、获取该信息，同时存在第 6 条所述获利 5 万元等法定情节，又将同一条信息提供、出售给他人的，信息条数累计计算；第五，如果案涉信息为上述解释第 5 条第 1 款第 5 项规定的个人信息，行为人以合法目的非法采集、获取该信息，不存在第 6 条所述获利 5 万元等法定情节，将同一条信息提供、出售给他人的，信息条数不累计计算。

---

① 参见江奥立《计算侵犯公民个人信息条数需考虑"自用目的"》，《检察日报》2017 年 7 月 10 日，第 3 版。

2. 批量信息的数量认定

《关于办理侵犯公民个人信息刑事案件适用法律若干问题的解释》第11条第3款规定："对批量公民个人信息的条数，根据查获的数量直接认定，但是有证据证明信息不真实或者重复的除外。"该条款可解读出以下两层含义。

一是批量个人信息的条数根据查获数量直接认定。由于批量信息数量过于庞大，精确认定有一些技术上的困难。故可通过比例抽样的方法认定，即在批量信息中选取一定数量的信息样本，统计样本的真实性和重复率，以粗略估算出可认定的信息数量。虽然这种方法无法精确计算，但能大大节约司法资源，提高办案效率。

二是推定信息真实且不重复。需要注意的是，"有证据证明信息不真实或者重复的除外"并不意味着举证责任倒置，公诉机关并不当然需要主动证明涉案信息的真实性和重复性。

（五）小结

我国信息技术正快速发展，正在逐步迈向大数据时代，一定程度上也为利用网络非法采集、获取、买卖个人信息的行为滋生了违法犯罪温床。此类案件的处理，涉及个人信息提供者、收集者、分析者、中间商、使用者、第三方开发者及监督者等多元主体基于人格与财产、公权与私权的博弈问题。[①] 本章以维护信息技术产业蓬勃发展与个人信息保护的共生关系为出发点，梳理了利用网络非法采集、获取、买卖个人信息案的核心法条，明确了入罪标准和计算规则，对容易混淆的相关罪名进行了辨析，以期对司法实务中类案的处理产生部分助益和启发价值。针对高科技时代的新型违法犯罪特点，治理责任主体也应转变以往单一刑事执法的思路，借助监管部门和技术部门的综合力量，尝试通过刑事、行政和民事等相结合的手段形成网络时代的个人信息保护合力，全面应对新时期个人信息安全的全新威胁与挑战。

---

① 参见周佑勇、王禄生《智能时代的法律变革》，法律出版社，2020，第178页。

第六章　利用网络非法发布、传播
淫秽色情信息案

一　典型类案

（一）吴某等制作、复制、出版、贩卖、传播淫秽物品牟利案

[**案例案号**] 北京市海淀区人民法院（2015）海刑初字第 512 号刑事判决书

[**基本案情**]

被告单位深圳市快播科技有限公司（简称"快播公司"）成立于 2007 年 12 月 26 日，公司性质为有限责任公司，注册资本 1000 万元。该公司主办的快播网站网址包括：www.kuaibo.com、www.qvod.com 等。快播公司持有网络文化经营许可证，至案发之日没有取得互联网视听节目服务许可。被告人王某为快播公司的法定代表人、股东、执行董事、经理，负责快播公司经营和管理工作。快播公司快播事业部负责公司视频播放器的技术开发和市场推广。被告人吴某于 2013 年担任快播事业部总经理，负责事业部全面工作。被告人张某东系快播公司股东，于 2012 年担任事业部副总经理兼技术平台部总监，最初开发了快播视频传输和播放的核心软件。被告人牛某于 2012 年担任事业部副总经理兼运营部总监，2013 年起担任事业部市场部负责人，负责信息安全组工作。

快播公司通过免费提供 QSI（QVODServerInstall，QVOD 资源服务器程序）和 QVODPlayer（快播播放器程序或客户端程序）的方式，为网络用

户提供网络视频服务。任何人（被快播公司称为"站长"）均可通过 QSI 发布自己所拥有的视频资源。具体方法是，"站长"选择要发布的视频文件，使用资源服务器程序生成该视频文件的特征码（hash 值），导出包含 hash 值等信息的链接。"站长"把链接放到自己或他人的网站上，即可通过快播公司中心调度服务器（运行 P2PTracker 调度服务器程序）与点播用户分享该视频。这样，快播公司的中心调度服务器在"站长"与用户、用户与用户之间搭建了一个视频文件传输的平台。为提高热点视频下载速度，快播公司搭建了以缓存调度服务器（运行 CacheTracker 缓存调度服务器程序）为核心的平台，通过自有或与运营商合作的方式，在全国各地不同运营商处设置缓存服务器 1000 余台。在视频文件点播次数达到一定标准后，缓存调度服务器即指令处于适当位置的缓存服务器（运行 CacheServer 程序）抓取、存储该视频文件。当用户再次点播该视频时，若下载速度慢，缓存调度服务器就会提供最佳路径，供用户建立链接，向缓存服务器调取该视频，提高用户下载速度。部分淫秽视频因用户的点播、下载次数较高而被缓存服务器自动存储。缓存服务器方便、加速了淫秽视频的下载、传播。

2012 年 8 月，深圳市公安局公安信息网络安全监察分局（简称"深圳网监"）对快播公司进行检查，针对该公司未建立安全保护管理制度、未落实安全保护技术措施等问题，给予行政警告处罚，并责令整改。随后，深圳网监将违法关键词和违法视频网站链接发给快播公司，要求采取措施过滤屏蔽。快播公司于是成立了信息安全组开展了不到一周的突击工作，于 2012 年 8 月 8 日投入使用"110"不良信息管理平台，截至 2012 年 9 月 26 日共报送"色情过滤"类别的不良信息 15836 个。但在深圳网监验收合格后，信息安全组原有 4 名成员或离职或调到其他部门，"110"不良信息管理平台工作基本搁置，检查屏蔽工作未再有效进行。2013 年 8 月 5 日，深圳市南山区广播电视局（简称"南山广电局"）执法人员对快播公司开展调查，在牛某在场的情况下，执法人员登录 www.kuaibo.com，进入快播"超级雷达"（一种发现周边快播用户观看网络视频记录的应用），很快便找到了可播放的淫秽视频。牛某现场对此予以签字确认。但快播公司随后仅提交了一份整改报告。2013 年 10 月 11 日，南山广电局认定快播公司擅自从事互联网视听节目服务，提供的视听节目含有诱导未成年人违法犯罪和渲染暴力、色情、赌博、恐怖活动的内容，对快播公司予以行政处罚。此后，快播公司的"110"不良信息管理平台工作依然搁置，检查屏蔽工作依然没有有效落实。

快播公司直接负责的主管人员王某、吴某、张某东、牛某，在明知快播公司擅自从事互联网视听节目服务、提供的视听节目含有色情等内容的情况下，未履行监管职责，放任淫秽视频在快播公司控制和管理的缓存服务器内存储并被下载，导致大量淫秽视频在网上传播。

2013 年上半年，北京网联光通技术有限公司（简称"光通公司"）为解决使用快播播放器访问快播视频资源不流畅的问题，与快播公司联系，商讨技术解决方法，双方随后开展战略合作。根据双方协商，由光通公司提供硬件设备即 4 台服务器，由快播公司提供内容数据源以及降低网络出口带宽、提升用户体验的数据传输技术解决方案，负责远程对软件系统及系统内容的维护。2013 年 8 月，光通公司提供 4 台服务器开始上线测试，快播公司为 4 台服务器安装了快播公司的缓存服务器系统软件，并通过账号和密码远程登录进行维护。2013 年 11 月 18 日，北京市海淀区文化委员会在行政执法检查时，从光通公司处查获此 4 台服务器。2014 年 4 月 11 日，北京市公安局海淀分局决定对王某等人涉嫌传播淫秽物品牟利罪立案。经查，该 4 台服务器从 2013 年下半年投入使用，至 2013 年 11 月 18 日被扣押，存储的均为点击请求量达到一定频次以上的视频文件。公安机关从服务器里提取了 29841 个视频文件进行鉴定，认定其中属于淫秽视频的文件为 21251 个。

2013 年底，为了规避版权和淫秽视频等法律风险，在王某的授意下，张某东领导的技术部门开始对快播缓存服务器的存储方式进行调整，将原有的完整视频文件存储变为多台服务器的碎片化存储，将一部视频改由多台服务器共同下载，每台服务器保存的均是 32Mb 大小的视频文件片段，用户点播时需通过多台服务器调取链接，集合为可完整播放的视频节目。

另查，快播公司盈利主要来源于广告费、游戏分成、会员费和电子硬件等，快播事业部是快播公司盈利的主要部门。根据账目显示，快播事业部的主要收入来源于网络营销服务（包括资讯快播、客户端、第三方软件捆绑、VIP 服务等），其中资讯快播和第三方软件捆绑是最为主要的盈利方式。具体而言，快播公司向欲发布广告的公司收取广告费，用户使用快播播放器时，会有快播资讯窗口弹出，该窗口内除部分新闻外即广告内容；快播公司还向一些软件开发公司收取合作费用，使得用户安装快播播放器的同时捆绑安装一些合作公司软件。快播公司营业收入逐年增长，至 2013 年仅快播事业部即实现营业收入人民币 143075083 元，其中资讯快播营业收入人民币 70463416 元，占 49.25%，第三方软件捆绑营业收入为人民币 39481457 元，占 27.59%。

[审理意见]

我国《刑法》第 363 条第 1 款规定："以牟利为目的，制作、复制、出版、贩卖、传播淫秽物品的，处三年以下有期徒刑、拘役或者管制，并处罚金；情节严重的，处三年以上十年以下有期徒刑，并处罚金；情节特别严重的，处十年以上有期徒刑或者无期徒刑，并处罚金或者没收财产。"公诉机关指控被告单位及各被告人犯该条规定之罪。法院认为，根据已经查明的事实、证据和法律规定判定指控的犯罪是否成立是本案的核心问题。就此，法院分析如下。

第一，快播公司负有网络视频信息服务提供者应当承担的网络安全管理义务。

视频信息的海量传播已经成为商业网络运营的重要特征，P2P 技术对于降低视频服务企业的带宽成本具有重要价值，而缓存服务器技术的支持使得视频文件的传播速度更快、范围更广。以 P2P 网络平台为依托的视频服务企业，在网络信息安全管理中扮演着重要角色。本案被告单位快播公司，是一家流媒体应用开发和服务供应企业，其免费发布快播资源服务器程序和播放器程序，使快播资源服务器、用户播放器、中心调度服务器、缓存调度服务器和上千台缓存服务器共同构建起了一个庞大的基于 P2P 技术提供视频信息服务的网络平台。用户使用快播播放器客户端点播视频，或者"站长"使用快播资源服务器程序发布视频，快播公司中心调度服务器均参与其中。中心调度服务器为使用资源服务器程序的"站长"提供视频文件转换、链接地址发布服务，为使用播放器程序的用户提供搜索、下载、上传服务，进而通过其缓存服务器提供视频存储和加速服务。快播公司缓存服务器内存储的视频文件，也是在中心调度服务器、缓存调度服务器控制下，根据视频被用户的点击量自动存储下来，只要在一定周期内点击量达到设定值，就能存储并随时提供用户使用。快播公司由此成为提供包括视频服务在内的网络信息服务提供者。

快播公司作为快播网络系统的建立者、管理者、经营者，应当依法承担网络安全管理义务。1997 年公安部发布的《计算机信息网络国际联网安全保护管理办法》就已明确，任何单位和个人不得利用互联网传播"宣扬淫秽、色情"内容的信息，并且应当履行建立健全安全保护管理制度、落实安全保护技术措施等职责。2000 年 9 月国务院发布的《互联网信息服务管理办法》规定，互联网信息服务提供者应当向上网用户提供良好的服务，并保证所提供的信息内容合法，不得复制、传播淫秽、色情信息。2000 年 12 月《全国人民代表大会常务委员会关于维护互联网安全的决定》规定，对于在互联网上建立淫秽网站、网页，提供淫秽站点链接服务，或者传播淫秽影片、音像，构成犯罪的，依照刑法有关规定追究刑事责任。2007 年发布的《互联网视听节目服务管理规定》进一步明确，互联网视听节目服务单位提供的、网络运营单位接入的视听节目应当符合法律、行政法规、部门规章的规定，视听节目不得含有诱导未成年人违法犯罪和渲染暴力、色情活动的内容。2012 年施行的《全国人民代表大会常务委员会关于加强网络信息保护的决定》第 5 条规定，"网络服务提供者应当加强对其用户发布的信息的管理，发现法律、法规禁止发布或者传输的信息的，应当立即停止传输该信息，采取消除等处置措施，保存有关记录，并向有关主管部门报告"。在互联网产业迅速发展的今天，法律没有苛责互联网企业在其经营管理的网站上不允许出现任何违法或不良信息，但要求其严格履行网络安全管理义务，设置必要的监管环节，及时处置违法或不良信息。快播公司作为互联网信息服务的提供者及视听节目的提供者，必须遵守相关法律法规的规定，对其网络信息服务内容履行网络安全管理义务。

P2P 技术容易被利用于淫秽视频、盗版作品传播，这在行业内已经是众所周知的事实。监管淫秽视频以避免淫秽视频通过快播网络传播，不仅是快播公司作为网络视频信息服务提供者的法律义务，更是其应当积极承担的社会责任。

本案查扣的 4 台缓存服务器所存储的淫秽视频与快播公司未履行网络安全管理义务直接相关。在案证据证明，本案查扣的 4 台缓存服务器的所有者是光通公司，快播公司则是该服务器的远程控制者和日常维护者。快播公司与光通公司的合同签订者侯某娇是快播公司事业部下市场部运营商合作组员工，负责与运营商签订缓存服务器托管等合作合同，其证明自己与光通公司进行了有关合同内容的沟通；快播公司的网络维护员钟某也证实其为涉案缓存服务器安装了快播系统软件，并通过账户和密码来远程控制和维护。上述证言与光通公司合同签订联系人、工程师陈某的证言，以及信息鉴定中心检验所证实的远程控制 IP 为快播公司所有等证据内容完全相符，印证了快播公司负责涉案 4 台缓存服务器的软件安装和远程控制这一事实。关于缓存服务器的内容，合同规定，光通公司提供机柜和接入带宽及系统所需的硬件设备（4 台服务器），快播公司提供内容数据源以及技术解决方案，这说明涉案 4 台缓存服务器的内容数据源由快播公司提供。证据表明，缓存服务器从网上获取并存储视频文件，系在快播公司调度服务器的支配下完成。侯某娇与钟某依岗位职责开展工作，他们的具体操作行为代表快播公司，快播公司应当对涉案合同及 4 台服务器的内容负责。就违法内容的删除责任，合同规定光通公司的删除义务是以能够证明所存储的数据违反相关法规为前提的。虽然经查缓存服务器内的视频并非不完整数据碎片，但是快播公司实际上是 4 台缓存服务器的远程控制者和日常维护者，缓存的视频文件以快播公司特有的文件格式和特征码文件名的方式存储，光通公司不具备审查缓存服务器内存储内容合法性的能力。这种形式上的民事约定，不能否定快播公司对其控制、维护的缓存服务器依法要承担的网络信息安全责任。另外，关于缓存服务器内存储的淫秽视频是否为完整视频的问题，法院认为，涉案 4 缓存台服务器的起获时间是 2013 年 11 月 18 日，快播公司尚未开始碎片化存储，鉴定意见也证实服务器内的视频文件均为完整存储方式。快播公司与光通公司合同中规定的"数据是……不完整数据碎片"与查明事实不符，现有证据能够确定涉案缓存服务器内的视频并非碎片化文件，而是完整视频文件，而且70%以上为淫秽视频。

第二，快播公司及各被告人均明知快播网络系统存有大量淫秽视频并介入了淫秽视频传播活动。

刑法上的"明知"，司法实践中一般可以从两个角度证明：一是直接证明行为人知道或者因他人告知而知道，二是基于行为人的特定身份、职业、经验等特点推定其知道。对于单位犯罪而言，要求直接责任人员对于单位传播淫秽物品行为具有明知，并不要求对于单位传播淫秽物品的具体方法、技术等完全知晓。具体到本案，并不要求各被告人对于快播公司缓存服务器在调度服务器的支配下传播淫秽视频的具体方法、技术具有认知，只要求各被告人对于快播公司传播淫秽视频这一基本事实具有明知即可。根据快播公司员工的证言，结合本案被告人的供述等众多言词证据均能证明，王某、吴某、张某东、牛某不仅已经知道快播网络服务系统传播淫秽视频，而且已经知道快播公司的行为导致淫秽视频在互联网上大量传播的事实。证据还显示，王某、张某东、牛某对于缓存服务器实质上介入淫秽视频传播均已知晓，王某、张某东对于介入传播的具体技术原理更有深入研究。作为一个自称"非常重视用户体验"的视频服务提供商，快播公司应当知道其网络用户搜索和点击的视频内容的统计特征。在案扣押的缓存服务器内存储的内容多达70%为淫秽视频，便是这一特征的客观表现。进一步的证据是，执法部门以各种方式开展了监管活动。2012年8月，深圳网监针对快播公司未建立信息安全保护管理制度、未落实安全保护技术措施的情况给予行政处罚警告，快播公司接受整改的主要内容就是审核和过滤淫秽视频，其在整改报告中称审核和过滤的信息类别也主要是"色情过滤"。2013年8月5日，南山广电局执法人员对快播公司进行现场执法检查，确认快播公司网站上的淫秽视频内容，随后作出行政处罚决定。王某作为快播公司的法定代表人授权牛某代理此事的授权委托书上，明确写了"涉嫌提供的视听节目含有渲染色情活动的内容"，证明王某知道快播公司网络传播淫秽视频的事实。南山广电局在 2013 年 8 月 5 日对快播公司作出的调查询问通知书、2013 年 9 月 25 日作出的行政处罚事先告知书及 2013 年 10 月作出的行政处罚决定书，均明确了调查和处罚快播公司的原因就是快播公司"提供的视听节目含有诱导未成年人违法犯罪和渲染暴力、色情、赌博、恐怖活动的内容"。如果说在第一次接受处罚并作出整改时，快播公司的决策者、经营者、管理者还有对快播网络服务系统介入淫秽视频传播活动且导致淫秽视频在互联网上大量传播并不知情的可能，那么在事隔一年之后，快播公司再次接受处罚并作出整改，而且先后两次整改的内容实际上都是针对快播公司传播淫秽视频这一事实，此时快播公司的决策者、经营者、管理者仍然坚称不知情，显然难以置信。上述证据表明，各被告人在主观上完全符合单位犯罪所要求的传播淫秽物品牟利罪的"明知"要件，应予认定。

吴某作为快播事业部负责人，负责快播事业部的全面工作，张某东和牛某均是其下属。王某、牛某、何某等人均证实事业部的日常工作一般都要先向吴某汇报，可见吴某在快播事业部拥有决策权、管理权。快播事业部管理快播网络日常工作，全国上千台缓存服务器进入快播网络，快播公司均要与合作单位签订合同，因而吴某应当明知缓存服务器在快播网络中的作用。牛某称"其定期或不定期会向吴某汇报淫秽视频的屏蔽情况，每次都是通过电子邮件的形式汇报，吴某审批后其再安排孙某通过电子邮件的方式给深圳网监部门发送淫秽视频屏蔽情况"，所以吴某不仅知道快播网络服务系统传播淫秽视频，而且知道快播公司的行为已经导致淫秽视频在互联网上大量传播。法院对被告人吴某及其辩护人所提吴某对快播网络服务系统传播淫秽视频并不"明知"的意见，不予采纳。

第三，快播公司及各被告人放任其网络服务系统大量传播淫秽视频属于间接故意。

传播淫秽物品牟利罪的"传播"，是指通过播放、陈列、建立淫秽网站、网页等方式使淫秽物品让不特定人感知，以及通过出借、赠送等方式散布、流传淫秽物品的行为。根据张某东的供述及江某、伍某、唐某、钟某等快播技术开发人员、服务器维护人员的证言，涉案的 4 台缓存服务器内的淫秽视频文件均是快播用户一周内请求点播达到一定次数以上后被缓存服务器下载存储下来，并处于提供给光通公司用户在其个人选定的时间和地点获取的状态。虽然没有证据直接显示涉案 4 台缓存服务器内的淫秽视频被用户浏览或下载的频次，但快播公司放任其缓存服务器存储淫秽视频并使公众可以观看并随时得到加速服务的方式，属于通过互联网陈列等方式提供淫秽物品的传播行为。应当指出，快播公司在主观上并没有对视频内容进行选择，而只是根据视频热度提供加速服务。也就是说，缓存服务器介入传播何种内容的视频，不是快播公司主观意志选择的结果，而是对他人传播行为的放任，对他人利用自己技术服务传播淫秽视频的放任，对自己的缓存服务器介入淫秽视频传播行为的放任，对自己的行为造成淫秽视频在网络上大量传播的放任。

同时，快播公司及各被告人面对深圳网监的行政处罚，在最初应付检查之后，信息安全组工作几乎停止，而且非但没有开展实质性的管理、阻止工作，还采取碎片化存储的方式企图逃避法律制裁。快播公司的张某东、伍某、江某等技术开发者均证实，2013 年底以前的视频文件采用加密的完整存储方式。2013 年底，为了规避版权和淫秽视频等法律风险，在王某的授意下，张某东领导的技术部门开始对快播缓存服务器的存储方式进行调整，将原有的完整视频文件存储变为多台服务器的碎片化存储，将一部视频改由多台服务器共同下载，每台服务器保存的均是 32Mb 大小的视频片段，用户点播时需通过多台服务器调取链接，集合为完整视频播放。碎片化存储固然有效率较高的特点，但张某东等人供称："2011 年底，完美公司到公司谈合作的时候，了解到公司文件存储的方式，提出这样的存储有法律风险，建议最好采用碎片化的存储方式。2013 年底，反盗版联盟说公司的视频文件有侵权的嫌疑，然后公安机关抱走了公司的几台服务器。王某要求服务器内缓存的视频全部采用碎片化存储的方式。2014 年 2月，快播公司的所有缓存服务器都采取了碎片化的存储方式。做'碎片化'就是要规避法律风险，怕被人告说公司盗版，还有就是规避淫秽视频风险。"这证明王某对于快播网络传播淫秽视频的事实不但明知，而且还着手采取逃避检查的技术措施，消极对待其监管责任，放任大量淫秽视频经由其网络系统，特别是经由其缓存服务器任意传播。王某的这种意志实际上就是快播公司的意志，而快播公司事业部的管理者吴某、张某东、牛某就是这一意志的执行者和执行监督者。根据我国刑法，犯罪的故意，是指明知自己的行为会发生危害社会的结果，并且希望或者放任这种结果发生的心理态度。快播公司及各被告人的行为足以表明其"放任"的间接故意，足以表明其放任的是正在发生或可能正在发生的危害后果。

第四，快播公司具备承担网络安全管理义务的现实可能但拒不履行网络安全管理义务。

任何经营策略都应当计算自身承担法定义务的成本。作为自身技术规则的设定者，快播公司应当具备网络视频服务的信息安全管理能力，问题的关键是其愿不愿意把这种能力转变为现实的行动。具体而言，快播公司的 P2P 技术不仅使得用户在下载视频的同时提供了上传视频的服务，而且在用户与用户之间还介入了自己控制、管理的缓存服务器。快播用户点播视频过程中，在拥有视频的"站长"（或"客户端"）、缓存服务器、观看视频的客户端之间形成三角关系，快播调度服务器不仅拉拽淫秽视频文件存储在缓存服务器里，而且也向客户端提供缓存服务器里的淫秽视频文件。这让缓存服务器实际上起到了淫秽视频的下载、储存、分发的作用。快播公司根据某一视频被点播的次数来决定是否缓存，并且这个次数可能因为网络接入服务商的用户多少和提供缓存服务的服务器可用存储空间大小不断调整。快播公司并不制作或购买合法的视频资源产品，其以搜索点击数量决定"缓存"哪些视频的技术特点，决定了其缓存服务器中存储的视频文件必然包括被搜索点击频率较高的淫秽视频。正是快播公司提供的这种介入了缓存服务器的视频点播服务，以及设立的这种"缓存"技术规则，决定了其实质介入了淫秽视频的传播行为。技术由快播公司研发，技术服务由快播公司提供，技术服务规则由快播公司设定，快播公司介入视频传播的结果体现了快播公司的经营策略。"站长"的发布、用户的搜索、用户点对点的文件传输、快播缓存与加速服务，这些关键环节离开快播公司的调度服务器都不可能实现。用户搜索与点播的频次构成快播公司提供缓存服务的条件，调度服务器所记录的信息使快播公司在制定缓存规则的时候当然可以根据其主观意愿设定条件，在点播、缓存环节采取限制措施，是快播公司承担网络安全管理义务的基本路径。不论是通过专用程序自动审核还是通过专门人员人工审查，快播公司作为一家网络视频信息服务提供商，应当具备相应的安全管理能力，应当付出必需的经营成本。

一般来说，网络视频服务企业难以做到屏蔽所有非法视频，但证据表明，快播公司连行业内普遍能够实施的关键词屏蔽、截图审查等最基本的措施都没有认真落实。快播公司在2012年被深圳网监处罚后，确实设置了信息安全组，开展了一些工作。但一年后，南山广电局执法人员在快播公司牛某面前当场取证，从快播官网可以非常"便利"地看到淫秽视频正在快播网络上传播。显然，如果快播公司的"110"不良信息管理平台有效发挥作用，检查屏蔽淫秽视频工作并不困难。正如牛某的供述以及快播公司负责信息安全工作的员工证言所称，"110"不良信息管理平台，在深圳网监验收合格之后，就基本被搁置，原为应对检查设立的信息安全组名存实亡。从另一角度讲，快播公司控制着每一台缓存服务器，能够轻易调取所存储的视频进行随机审查，可以轻易判断和批量清除缓存服务器内的淫秽视频，但快播公司没有做这种后台审查工作，放任占存储量70%的淫秽视频在自己的缓存服务器中以供加速下载之用。快播公司及王某等人在第一次庭审过程中反复强调自己对淫秽视频通过快播技术传播没有网络安全管理义务，既体现其对法律法规规定义务的漠视，也体现出其逃避社会责任的主观态度。快播公司对于信息网络安全管理义务不是没有履行的现实能力，而是没有切实履行的意愿，其在本案中所表现出的行为属于拒不履行网络安全管理义务的行为。

第五，快播公司及各被告人的行为具有非法牟利目的。

传播淫秽物品牟利罪要求"以牟利为目的"，即行为人主观上具有牟取非法利益的目的。这里的利益，既包括直接利益，也包括间接利益。司法实践中认定"以牟利为目的"，既包括通过制作、复制、出版、贩卖、传播淫秽物品直接获取对价的目的，也包括通过广告、流量、用户数量等获得间接收入的目的。淫秽视频被搜索、点播、下载的数量越多，淫秽视频的网络传播者获取间接利益的可能性就越大。所以，以获取广告费等间接利益为目的，为吸引网民、增加网站网页访问量、提高用户数量而在互联网上发布、陈列、播放淫秽视频的行为，应当认定为"以牟利为目的"传播淫秽物品的行为。

使用快播资源服务器程序发布、经由快播网络平台传播的淫秽视频的点击数量直接影响了播放器的用户数量，与快播公司的广告收益相互关联。快播公司综合管理中心财务总监刘某涛的证言及其提供的财务报表显示，快播公司盈利主要来源于快播事业部，而快播事业部的主要收入来源于网络营销服务，其中资讯快播和第三方软件捆绑是最为主要的盈利方式，即来自快播播放器的安装和使用。2008 年至 2013 年，快播公司营业收入逐年快速增长，仅快播事业部 2013 年营业收入超过人民币 1.4 亿元，其中资讯快播营业收入人民币约 7046 万元，占 49.25%，第三方软件捆绑营业收入为人民币约 3948 万元，占 27.59%。虽然快播公司自己并未上传淫秽视频，但任何网络用户均可以使用快播资源服务器程序发布淫秽视频。客观上，快播公司非但不加监管，反而通过有条件的存储、调取方式提供网络支持，为用户上传、搜索、点播淫秽视频提供便利，致使淫秽视频大量传播。快播播放器软件借此得到推广，快播公司也因此大量获利。快播资源服务器程序发布的视频经过快播技术手段加密，只能用快播播放器播放，快播公司因此对于使用快播软件播放快播视频过程中的第三方软件捆绑和广告资讯等盈利具有独占性。快播公司正是利用这种独占性特点，不断通过提供缓存技术支持等方法改善用户体验，增加用户数量和市场占有率，进而提升快播资讯广告或捆绑推广软件的盈利能力，增加收入。快播公司明知其快播软件和快播网络平台被用于传播淫秽视频而不予监管，反而用缓存服务器加速传播，这一放任行为在客观上对淫秽视频在网络上传播起到了推波助澜的作用，也由此让快播播放器的下载和使用产生的利益随之迅速增加。快播公司明知其网络系统中淫秽视频传播和公司营收增长之间的因果关系，仍放任其网络系统被继续用于传播淫秽视频，应当认定为具有非法牟利目的。

第六，本案既不适用"技术中立"的责任豁免也不属于"中立的帮助行为"。

司法实践对于技术中立的肯定，意在鼓励技术创新和发展，但技术是人类利用自然规律的成果，一定程度上受到技术提供者和使用者意志的控制和影响，并体现技术提供者和使用者的目的和利益。技术本身的中立性与技术使用者的社会责任、法律责任的关系，实质上反映了技术使用方式对社会发展起到了推动进步还是阻碍进步的作用。以技术中立原则给予法律责任豁免的情形，通常限于技术提供者，对于实际使用技术的主体，则应视其具体行为是否符合法律规定进行判断。恶意使用技术危害社会或他人的行为，应受法律制裁。快播公司绝不单纯是技术的提供者，"站长"或用户发布或点播视频时，快播公司的调度服务器、缓存服务器参与其中，快播公司构建的 P2P 网络平台和缓存加速服务都让其成为技术的使用者，同时也是网络视频信息服务的提供者。快播公司在提供 P2P 视频技术服务和缓存技术服务时，虽然客观上没有对视频内容进行选择，但当其明知自己的 P2P 视频技术服务被他人利用传播淫秽视频、自己的缓存技术服务被利用成为大量淫秽视频的加速传播工具，自己有义务、有能力阻止而不阻止时，快播公司就不可能再获得技术中立的责任豁免。快播公司出于牟利目的，不履行安全管理义务，继续放任他人利用快播网络大量传播淫秽视频，且自己的缓存服务器也介入传播，在技术使用过程中明显存在恶意，应当承担相应的法律责任。

基于技术中立原则的要求，在信息网络传播权保护领域，技术的提供者需要尽到合理的注意义务，从而产生所谓"避风港"规则，行为人只要及时停止侵权便免除侵权责任。这一规则在《信息网络传播权保护条例》中规定为，当网络用户利用网络服务实施侵权行为时，被侵权人有权通知网络服务提供者采取删除、屏蔽、断开链接等必要措施。网络服务提供者如果并不明知作品、表演、录音录像制品系侵权时，接到通知后未采取必要措施的，网络服务提供者应当承担责任，接到通知后采取了必要措施的，则不需要承担责任。设立该项规则的目的在于保护单纯的网络服务提供者不因网络中海量的作品、表演、录音录像制品中存在侵权内容而被追究侵权赔偿责任，以促进网络服务的发展。辩护人认为基于"避风港"规则，快播公司作为网络服务提供者可适用《信息网络传播权保护条例》的规定免除责任。必须指出，《信息网络传播权保护条例》第 3 条明确规定，"依法禁止提供的作品、表演、录音录像制品，不受本条例保护。权利人行使信息网络传播权，不得违反宪法和法律、行政法规，不得损害公共利益。"也就是说，"避风港"规则保护的对象是合法的作品、表演、录音录像制品，而淫秽视频内容违法，严重危害青少年身心健康和社会管理秩序，属于依法禁止提供的对象，不属于信息网络传播权保护的范围，当然不适用著作权法意义上的"避风港"规则。

关于缓存服务器内存储视频的"缓存"状态问题是否应适用"避风港"规则免责问题，经查，知识产权法领域基于"避风港"规则免责的缓存是指"断电即被清除的临时存储"。而本案缓存服务器内存储的视频，均根据视频点击量自动存储下来，只要在设定的周期内点击量达到要求，就能长期存储并随时提供用户使用。故本案快播公司的缓存服务器或缓存技术中的"缓存"概念，并非计算机信息系统中通常意义上"断电即被清除的临时存储"，而是对符合设定条件内容的硬盘（服务器）存储，不属于知识产权法领域"避风港"规则免责的"缓存"类型。

本案另一个值得关注的问题是关于快播公司的行为是否属于"中立的帮助行为"。中立的帮助行为，是指外表上属于日常生活行为、业务行为等不追求非法目的的行为，客观上对他人的犯罪起到促进作用的情形。中立的帮助行为是以帮助犯为视角在共同犯罪中讨论中立性对于定罪量刑的影响，而实行行为不存在"中立性"问题。快播公司的缓存服务器下载、存储并提供淫秽视频传播，属于传播淫秽视频的实行行为，且具有非法牟利的目的，不适用共同犯罪中的中立的帮助行为理论。辩方以行为的中立性来否定快播公司及各被告人责任的意见，不应采纳。

第七，快播公司以牟利为目的放任淫秽视频大量传播的行为构成传播淫秽物品牟利罪的单位犯罪。

我国《刑法》第 30 条规定："公司、企业、事业单位、机关、团体实施的危害社会的行为，法律规定为单位犯罪的，应当负刑事责任。"从主体身份看，快播公司通过调度服务器为使用资源服务器程序的"站长"提供视频文件转码、链接地址发布服务，为使用快播播放器的用户提供搜索、下载、上传服务，进而通过其缓存服务器提供视频存储和下载加速服务，快播公司属于网络信息服务提供者，应当依法承担网络安全管理义务。从客观行为看，快播公司在明知快播网络服务系统被众多"站长"（用户）用于传播淫秽视频的情况下，有能力但拒不履行网络安全管理义务，甚至采取技术措施逃避法律责任，放任他人利用自己的网络技术服务传播淫秽视频，放任自己的缓存服务器被他人利用介入淫秽视频的传播之中，导致淫秽视频大量传播的严重危害后果。从主观认知看，快播公司曾因传播淫秽视频等网络信息安全问题被采取行政处罚措施，王某、张某东、牛某等人亦曾多次供述知道快播传播淫秽视频的问题，足以认定快播公司明知其网络服务系统被用于传播淫秽视频。从犯罪目的来看，由于大量淫秽视频得以通过快播网络服务系统传播，快播播放器的用户数量和市场占有率得以提高，快播资讯和捆绑软件的盈利能力得以提升，快播公司拒不履行网络安全管理义务，具有非法牟利目的。快播公司的行为符合《刑法》第 363 条规定的传播淫秽物品牟利罪的构成要件。快播公司明知快播网络服务系统被用于传播淫秽视频，但出于扩大经营、非法牟利目的，拒不履行监管和阻止义务，放任其网络平台大量传播淫秽视频，具有明显的社会危害性和刑事违法性，应当依法追究刑事责任。

单位犯罪中直接负责的主管人员，是在单位实施犯罪中起决定、批准、授意、纵容、指挥等作用的人员，一般是单位的主管负责人。王某在快播公司传播淫秽视频牟利犯罪行为中起到了决定、批准、授意、纵容、指挥等作用。张某东、牛某则是快播公司和王某意志的执行者，不仅明知快播公司传播淫秽视频牟利的行为，而且为了快播公司实现非法牟利目的，在管理过程中指挥和监督下属员工积极落实单位和王某的决定，在快播公司传播淫秽视频牟利犯罪行为中起到了纵容、指挥等作用。吴某系快播事业部的总经理，负责整个快播事业部的工作，具有领导、管理、监督职责。对于快播公司存在的传播淫秽视频问题，张某东称，在公司产品会上说起快播涉黄，吴某的态度是"内容的事情找王某作决策"，可见吴某采取了推脱、回避的态度。同时，吴某对于快播事业部审核过滤淫秽信息工作停滞一事，亦负有督促有效运转之责，但其放任不管，实际上体现了快播公司对传播淫秽视频的"放任"意志。王某、张某东、吴某、牛某均应作为快播公司直接负责的主管人员承担相应的刑事责任。

本案审理法院，对该案刑罚问题，认定如下。我国《刑法》第 366 条规定："单位犯本节第三百六十三条……规定之罪的，对单位判处罚金，并对其直接负责的主管人员和其他直接责任人员，依照各该条的规定处罚。"关于该罪的刑罚适用标准，最高人民法院、最高人民检察院先后于 2004 年和 2010 年发布了《关于办理利用互联网、移动通讯终端、声讯台制作、复制、出版、贩卖、传播淫秽电子信息刑事案件具体应用法律若干问题的解释》和《关于办理利用互联网、移动通讯终端、声讯台制作、复制、出版、贩卖、传播淫秽电子信息刑事案件具体应用法律若干问题的解释（二）》。前者针对直接传播电子淫秽信息的犯罪行为规定了定罪量刑标准，后者重点就网站建立者、直接负责的管理者、互联网信息服务提供者、广告主、第三方支付平台等涉及淫秽电子信息的犯罪补充规定了定罪量刑标准。本案公诉机关在起诉书中指控被告单位及各被告人犯传播淫秽物品牟利罪情节特别严重，法院认为，应当根据上述法律规定并结合本案情节就刑罚适用问题进行分析。

第一，快播公司的行为不属于司法解释规定的传播淫秽物品牟利罪"情节特别严重"的情形。

首先，快播公司对于特定视频是否淫秽视频缺乏事先的明知。"事先明确知道是淫秽电子信息"与"明知其网络平台上存在淫秽电子信息"所表达的主观明知内容完全不同，前者是针对特定视频文件，后者是针对网络平台所传播的内容包括哪类信息。本案中，快播公司在提供视频发布、点对点链接、缓存加速等服务时，并没有事先设置有效的内容审查技术环节或监管措施。快播公司主观方面虽然明知自己的网络平台上存在淫秽视频，但就本案缓存服务器内检验出的淫秽视频而言，没有证据表明快播公司事先明确知道其中不特定的任一视频是否淫秽视频（服务器目录中均以特征码作为文件名）。虽然本案能够认定快播公司控制下的缓存服务器参与了淫秽视频的传播，但无法认定快播公司有针对性地实施了上传、下载和存储、提供淫秽视频的行为。

其次，快播公司不具有传播淫秽视频的直接故意。从行为人的意志因素上说，现有证据并不能证明快播公司"希望"淫秽视频通过快播网络平台大量传播。实际上，缓存服务器提供加速服务符合淫秽网站"站长"的直接传播故意和点播用户的自主选择意愿，快播公司采取了听之任之的放任态度。另外，本案没有证据证明快播公司与淫秽网站的"站长"或其他发布淫秽视频的用户之间存在共谋。快播公司无论是提供快播视频客户端软件、服务器软件，还是提供缓存服务器的储存、加速服务，无论是针对服务对象还是服务内容，都没有进行区分或选择，无法认定快播公司与淫秽网站等具有直接故意的淫秽视频传播者之间具有犯意联络。缓存服务器内大量淫秽视频的存在，是淫秽网站、用户（每一个用户既是下载者也是上传者）的直接故意和快播公司的间接故意交织在一起共同作用的结果。同时，本案没有快播网站"发布"缓存服务器内这些淫秽视频的直接证据，用户从缓存服务器下载淫秽视频的数量，特别是用户下载淫秽视频文件时由快播公司缓存服务器提供支持（加速服务）的比例亦无从知晓。在此情形下，要求被告人承担与淫秽网站等具有直接故意的传播者相同的刑事责任，有客观归责之弊，违背主客观相一致的原则。

再次，快播公司的放任传播与技术介入的非直观性是本案的重要特征。传统的传播行为，一般由淫秽网站"站长"或用户以直观陈列的方式实施，传播者直接将淫秽视频链接放到网上提供给他人点播，或直接展示播放，或直接提供下载服务。比较而言，在单纯的 P2P 传播模式下，快播公司提供的是在用户之间建立链接渠道的程序，难以认定快播公司是淫秽视频的内容提供者；但在运用缓存服务器提供加速服务的传播模式下，快播公司放任其缓存服务器参与淫秽视频的传播过程，却没有开展有效的事前审查或后台审查，此种不履行法定义务的行为应当受刑法责难。但即便缓存服务器介入视频传播过程中，也不是直接提供缓存服务器的链接，而是用户点击淫秽网站上的链接后，快播公司的缓存服务器才因调度服务器的指挥提供加速服务，其实现方式更多地体现出网络技术的后台传输特点，技术介入的非直观性特征明显。考虑快播公司的放任传播方式的非直观性与传统直观陈列方式传播的区别以及技术介入性特点，单纯以缓存服务器内实际存储的淫秽视频数量来评价快播公司及各被告人的刑事责任，过于严苛。

又次，快播公司放任淫秽视频传播的直接获利数额难以认定。现有证据可以认定快播公司及各被告人之所以放任淫秽视频传播，目的是利用淫秽视频传播带动用户增加从而产生更多收入，且实际获利巨大。但应当看到，现有证据没有证明快播公司经营的网络平台通过传播淫秽视频直接收取费用，不能区分快播公司现有营业收入中具体有哪些属于传播淫秽视频所得，哪些是合法经营所得。实际上，快播公司及各被告人在经营视频点播业务过程中，主观上兼有合法经营目的和非法牟利目的，客观上难以即时区分合法视频点播服务和非法视频点播服务。快播公司获利方式的间接性决定了这种合法经营和非法经营的混同存在，所反映出的主观恶性和行为的社会危害性，比纯粹以淫秽物品传播为专营业务的淫秽网站要小。但需指出，间接获取非法利益的目的包含在刑法所规定的非法牟利目的范畴之内，只是间接获利与直接获利在刑罚适用标准方面有所区别。

最后，本案"犯罪情节"的认定应该充分考量网络信息平台传播特点。P2P 视频传播技术更新速度快，传播能力迅速攀升，其所产生的正面或负面影响，均与传播淫秽物品牟利罪刑法条文和司法解释制定时的情形难以同日而语。缓存服务器参与下的 P2P 视频点播技术使淫秽物品传播产生了超高速率、超大范围的传播效果，缓存服务器提供存储服务的淫秽视频数量动辄数以万计。故，不宜按照相关司法解释所规定的传播淫秽视频牟利罪的数量标准来确定刑罚。科学技术的应用必须符合法律规范，法律也应当鼓励优先运用技术措施解决技术问题，从而使科学技术具有更大的发展空间。本案应当充分考虑科技发展的特殊性，将新类型网络传播淫秽物品犯罪的量刑方法区别于传统传播行为，体现谦抑性，实现罪责刑相统一。

综合主客观方面，快播公司缓存服务器内存储的淫秽视频数量与相关司法解释中数量标准规定的情形不同，法院不宜适用现有司法解释中的数量标准认定"情节特别严重"。

第二，快播公司放任淫秽视频大量传播并获取巨额非法利益的行为应当认定为"情节严重"。

"情节严重"，是出于立法技术的考虑而对犯罪情形的综合表述。一方面，立法者不能预见所有情节严重的情况而作出明确具体的规定；另一方面，即使有所预见，也不能使用冗长表述而使刑法丧失简明价值。传播淫秽物品牟利罪中的"情节严重"，是法定刑升格的依据。司法实践中，这种情节可以根据具体案情综合判定。就本案而言，深圳网监和南山广电局先后两次针对快播公司存在的网络信息安全问题进行行政处罚，快播公司及各被告人明知这些执法活动的具体指向就是其网络上存在的涉嫌传播淫秽、侵权等网络违法犯罪行为，消极对待整改，以作为的形式掩盖不作为的实质，继续放任自己控制的缓存服务器被他人利用并提供加速服务，放任快播网络平台大量传播淫秽视频，其主观恶性和社会危害性，显然大于一般的传播淫秽物品牟利行为。淫秽视频污染网络环境，尤其对青少年身心健康带来巨大损害，因此我国法律法规明确规定了网络信息服务提供者的网络信息安全管理责任。综合考虑快播公司拒不履行视频信息服务企业的网络安全管理义务，放任其网络系统被用于传播淫秽信息，两次受到行政处罚后仍以作为的形式掩盖不作为的实质，造成淫秽视频大量传播，间接获取巨额非法利益，法院认为，应当依据《刑法》第363条第1款的规定，认定为"情节严重"。

综上所述，被告单位快播公司及被告人王某、吴某、张某东、牛某以牟利为目的，在互联网上传播淫秽视频，其行为均已构成传播淫秽物品牟利罪，情节严重，应依法惩处。北京市海淀区人民检察院指控被告单位快播公司，被告人王某、吴某、张某东、牛某犯传播淫秽物品牟利罪的事实清楚，证据确实、充分，指控罪名成立。被告单位、各被告人及辩护人在第一次庭审中所提之无罪辩护意见，没有事实及法律依据，不予采纳。

综上，法院依法判决如下：被告单位快播公司犯传播淫秽物品牟利罪，判处罚金人民币1000万元；被告人王某犯传播淫秽物品牟利罪，判处有期徒刑三年六个月，罚金人民币100万元；被告人张某东犯传播淫秽物品牟利罪，判处有期徒刑三年三个月，罚金人民币50万元；被告人吴某犯传播淫秽物品牟利罪，判处有期徒刑三年三个月，罚金人民币30万元；被告人牛某犯传播淫秽物品牟利罪，判处有期徒刑三年，罚金人民币20万元。

（二）黄某华等组织淫秽表演罪案

[**案例案号**] 江苏省徐州市贾汪区人民法院（2016）苏0305刑初309号刑事判决书

[**基本案情**]

2016年5~8月，被告人黄某华在浙江省湖州市南浔镇其经营的彩票店内，在互联网上利用数十个QQ号组建"中国夜莺"QQ群（最大容纳2000名群成员），并以群主的身份组织他人在该QQ群视频聊天室内进行淫秽表演。被告人马某红、王某、陆某琴、杜某祖、张某凤、焦某、戚某其、张某华、梁某玉、吴某强在明知黄某华在"中国夜莺"QQ群内组织他人淫秽表演的情况下，为寻求精神刺激，分别以管理员、麦手等身份先后加入该QQ群，通过对淫秽表演进行解说、配音、加音乐、调动气氛等方式对观看淫秽表演的人进行煽动，对不听从管理或者对视频效果造成影响的部分观众采取驱逐出QQ群、禁言等管理方式以配合被告人黄某华在该QQ群视频聊天室内多次组织不特定群内成员进行淫秽表演并现场直播给进入该群视频聊天室的成员观看。2016年7月9日、7月14日，经侦查人员远程勘验，被告人黄某华建立的"中国夜莺"QQ群在视频聊天室内组织两场淫秽表演，每场淫秽表演的表演者均达到10多人次，进入视频区观看淫秽表演的观众超过50人。

[**审理意见**]

法院认为，被告人黄某华为寻求刺激在互联网上创建淫秽表演QQ群，以群主的身份对群内观看人员进行管理，组织他人在QQ群视频聊天室内进行淫秽表演，被告人马某红、王某、陆某琴、杜某祖、焦某、张某凤、戚某其、张某华、梁某玉、吴某强明知被告人黄某华在QQ群内组织淫秽表演，仍然积极参与管理，上述被告人的行为均已构成组织淫秽表演罪，且情节严重，依法应处三年以上十年以下有期徒刑，并处罚金。综上，根据各被告人犯罪的事实、性质、情节和对社会的危害程度，法院依法判决如下：被告人黄某华犯组织淫秽表演罪，判处有期徒刑三年，并处罚金人民币 2 万元；被告人马某红犯组织淫秽表演罪，判处有期徒刑一年六个月，并处罚金人民币 1 万元；被告人王某犯组织淫秽表演罪，判处有期徒刑十个月，缓刑一年，并处罚金人民币 8000 元；被告人陆某琴犯组织淫秽表演罪，判处有期徒刑七个月，缓刑一年，并处罚金人民币 5000 元；被告人杜某祖犯组织淫秽表演罪，判处有期徒刑一年，缓刑一年六个月，并处罚金人民币 1 万元；被告人焦某犯组织淫秽表演罪，判处有期徒刑八个月，缓刑一年，并处罚金人民币 6000 元；被告人张某凤犯组织淫秽表演罪，判处有期徒刑七个月，缓刑一年，并处罚金人民币 5000 元；被告人戚某其犯组织淫秽表演罪，判处有期徒刑十一个月，缓刑一年，并处罚金人民币 8000元；被告人张某华犯组织淫秽表演罪，判处有期徒刑七个月，缓刑一年，并处罚金人民币 5000 元；被告人梁某玉犯组织淫秽表演罪，判处有期徒刑八个月，缓刑一年，并处罚金人民币 6000 元；被告人吴某强犯组织淫秽表演罪，判处有期徒刑六个月，缓刑一年，并处罚金人民币 5000 元；扣押在案的电脑、手机等物品予以没收，由公安机关依法处置。

（三）吴某等组织卖淫案

[**案例案号**] 湖南省郴州市中级人民法院（2020）湘 10 刑终 188 号刑事裁定书

[**基本案情**]

2017 年 10 月，（厦门）C 公司股东吴某以及洪某鑫、肖某河（二人在逃）三人为牟利共同出资准备搭建一个色情直播网络平台。被告人吴某找到（厦门）Y 公司的被告人陈某棠，要其帮忙开发聚合淫秽视频直播平台的软件，并许以报酬。陈某棠接受委托后，邀请 Y 公司的被告人吴某都一起开发该聚合直播平台，陈某棠负责平台的前端播放技术，吴某都负责后端平台搭建。约 3 周后，平台搭建完成并投入运营。该平台本身无法进行直播，由吴某都盗取其他色情直播平台上的直播流，放在该平台上（即抓包、破包），从而实现盈利。平台搭建好之后，陈某棠将该平台交给吴某运营。吴某为该平台取名"泡泡宝盒"（后期改为"桃花岛宝盒"）。平台上线运营后，由吴某负责和软件方进行技术层面的对接及和运营方进行经济层面的对接。李某（在逃）负责营销运营，运营团队在台湾金门工作。被告人郑某奖是该运营团队成员，负责平台财务统计工作。技术维护由陈某棠负责，盗取直播流由吴某都负责。陈某棠、吴某都除从吴某处获得搭建该平台的酬金外，还按比例拿该直播平台的分红。2017 年 12 月，吴某安排被告人张某锦跟吴某都学习抓包、破包技术，并逐渐替代吴某都负责桃花岛宝盒的相关工作。2018 年 4 月 1 日，张某锦离职，由被告人郭某林接替。

公安机关于 2018 年 4 月 18 日~4 月 23 日远程勘验取证的桃花岛宝盒直播平台的 104 部直播视频，经鉴定均属于淫秽物品；公安机关远程勘验取得的 MAX 直播平台内的 103 部视频，经鉴定其中的 102 部视频属于淫秽物品。

2018 年 3 月，被告人吴某在尝到桃花岛宝盒带来的利益甜头后，为谋取更大利益，再次找到陈某棠，要其帮忙搭建一个可以进行色情直播的平台。因陈某棠提供技术服务的厦门 CY 公司 2017 年花费 18 万元从福州方维公司购买了一套源码，用于该公司的星动直播平台，而该平台经营不善，2018 年春节期间已停播。陈某棠便找到该公司法人代表石某华，告知石某华有人欲购买星动直播平台代码，陈某棠组建的技术团队可改成外包团队。石某华同意后，被告人陈某棠带领技术团队成员被告人郭某林（负责办公网络通畅、服务器正常运营及传达陈某棠的工作指示）、被告人苏某纯（负责 PHP 开发）、被告人李某彬（配合苏某纯工作，负责 PHP 开发）、被告人许某东和卢某贵（二人负责苹果系统 IOS 开发）、被告人蔡某珍和陈某峰（负责安卓系统 App 开发）、被告人方某（负责页面美工和测试）在星动直播平台代码的基础上进行改进，搭建了一代佳人直播平台。由吴某、李某负责的运营团队召集直播女在该平台上进行色情直播。

2018 年 4 月 27 日，民警通过郭某林提供的账户及密码，利用扣押的郭某林持有的手提电脑当着郭某林的面登录月兔直播平台的后台，对该平台的后台数据进行了提取、保存。后台数据显示，月兔直播平台的注册会员达到 65682 人。2018 年 6 月 6 日，经委托，湖南省公安厅物证鉴定中心对名为"月兔阿里云全量数据 . tar. gz"的文件进行检验分析，出具湘公鉴

（电证）字［2018］465号检验报告，该报告显示月兔直播平台注册用户为67917人，该平台注册用户可通过购买虚拟礼物进行账号升级，充值越多账号等级越高，如不充值则为一级。经筛选，一级用户为63277人，充值的二级以上用户为4640人。

2018年4月16日~4月25日，北湖分局民警在郴州市文化市场综合执法局工作人员的见证下对月兔直播平台的85部直播视频进行了远程勘验取证，经鉴定，该85部视频均属于淫秽物品。

［审理意见］

本案一审法院审理意见如下。

第一，关于本案电子证据的提取、留存、鉴定的合法性问题。

首先，针对被告人陈某棠辩护人辩称对淫秽物品的鉴定，不是由法定鉴定机构进行的，鉴定机构没有鉴定资质、没有接受委托、没有按照规定密封保存，有重大瑕疵，鉴定人员同时也是侦查人员的辩护意见。经查，鉴定机构及鉴定人员具有鉴定资质，程序合法，鉴定意见书可以作为定案依据。

其次，针对被告人陈某棠的辩护人辩称湖南省公安厅物证鉴定中心检验报告鉴定电子文档数据存疑。经查，湖南省公安厅物证鉴定中心检验报告程序合法，鉴定机构及鉴定人具备相关资质，该辩护人提出存疑但未提交相应证据，对该辩护意见不予采纳。

最后，针对被告人吴某的辩护人辩称对数据说明和解读报告有异议的辩护意见。经查，数据说明和解读报告，系根据湖南省公安厅物证鉴定中心检验报告所出具的对于鉴定报告恢复的数据进行的提取解读，具有真实性、合法性和关联性，可以作为月兔直播平台注册人数的参考。

第二，关于本案的定性问题。

本案的关键在于是否单位犯罪。桃花岛宝盒和月兔直播平台系由吴某找陈某棠搭建。陈某棠与吴某都共同搭建桃花岛宝盒直播平台，陈某棠在厦门CY公司带领技术团队外包，私下接受吴某的要求为月兔直播平台提供技术支持，均系个人行为，运营桃花岛宝盒和月兔直播平台的非法获利也并未进入公司账户，直接由各参与分红的人所得，在卷证据不能证明吴某、陈某棠、吴某都等人的行为系（厦门）C 公司、（厦门）Y 公司或厦门 CY 公司的公司行为，因此本案不是单位犯罪。

第三，关于本案的事实认定问题。

一是桃花岛宝盒和月兔直播平台注册会员人数的问题。辩护人提出，使用郭某林的账户登录桃花岛宝盒和月兔直播平台的后台管理账户提取的注册会员人数不客观，有一部分平台用户实际是虚拟的"机器人"，故后台显示的注册人数等数据不真实、不客观。根据后台数据的截图和视频，可以在会员统计中看到"机器人"的设置，结合现阶段直播平台的一般运营模式，后台数据中的注册会员人数确有可能存在一定"水分"。故仅依据后台数据，在无其他证据印证的情况下，不能排除合理怀疑，对此数据不予认定。但该后台数据显示的注册会员人数和充值金额，可以在一定程度上反映桃花岛宝盒直播平台和月兔直播平台的规模和社会影响，对此，在量刑时应予以考量。对于月兔直播平台注册会员人数，公诉机关经过筛选，变更指控注册会员人数为充值的二级以上会员用户 4640 人，更为合理、客观反映月兔直播平台的注册会员人数，也有利于被告人，予以采纳。

二是关于被告人非法获利的认定。根据被告人张某强、石某强、吴某斌的供述，结合微信转账记录、支付宝交易记录，被告人张某强非法获利 7000 元、石某强非法获利 7000 元、吴某斌非法获利 4 万元，公诉机关指控被告人吴某斌非法获利 50000 元，与查明的事实不符，予以纠正。

综上，一审法院依法以传播淫秽物品牟利罪判处被告人吴某等十个月至七年不等的有期徒刑。一审宣判后，吴某等不服提起上诉。

二审法院认为，上诉人吴某等以牟利为目的，传播淫秽物品，其中桃花岛宝盒直播平台传播淫秽视频达 100 部以上，月兔直播平台注册会员达 4000 人以上，原审被告人张某强、石某强、吴某斌以牟利为目的，贩卖桃花岛宝盒和 MAX 直播平台的卡密，传播淫秽视频达 100 部以上，均属情节严重，其行为均已构成传播淫秽物品牟利罪。关于上诉人陈某棠、吴某都辩护人提出应当以"帮助信息网络犯罪活动罪"定罪量刑的辩护意见。法院认为，本案中上诉人陈某棠、吴某都积极参与本案两个淫秽平台的设计、维护，是传播淫秽物品牟利犯罪行为的具体实施者，应当以传播淫秽物品牟利罪定罪量刑。辩护人的上述意见不成立，不予采纳。综上，原判认定事实清楚，证据确实充分，定罪准确，结合各被告人在共同犯罪中的地位作用，考虑了相应的量刑情节，在法定量刑幅度内对各被告人判处相应的刑罚，量刑适当，适用法律正确，审判程序合法。故，二审法院依法裁定如下：驳回上诉，维持原判。

（四）何某岳等制作、复制、出版、贩卖、传播淫秽物品牟利案

[**案例案号**] 广东省中山市中级人民法院（2018）粤 20 刑终 304 号刑事判决书

[**基本案情**]

2016 年 10 月，被告人陈某先分别与被告人何某岳、刘某斌合谋以经营直播平台的方式牟利，约定由被告人刘某斌负责成立直播公司的相关手续并参与分成，由被告人沈某作为运营总监，获取利润的 10%，由被告人何某岳、陈某先负责在位于广州市番禺区青蓝街有米科技大厦 5 楼的 B 公司内安排运营场所、开发直播平台和组建运营团队。同年 10 月 8 日，被告人刘某斌伙同被告人李某波在中山市注册成立了 M 公司，并由被告人李某波担任该公司法定代表人，被告人刘某斌向被告人李某波承诺参与直播平台的营利分成，后被告人刘某斌、李某波通过被告人陈某先取得直播平台的管理员账号，并对直播平台进行管理。被告人何某岳、陈某先则与被告人沈某合谋以打"擦边球"的方式运营直播平台，命名直播平台为"LOLO 直播"，注册登记在 M 公司名下。之后，被告人陈某先安排被告人沈某组建 LOLO 直播运营部及运营团队，被告人何某岳安排被告人魏某生、蔡某煌、郑某洪负责开发、维护 LOLO 直播 App，并与被告人沈某管理的 LOLO 直播运营部对接。被告人沈某安排被告人王某扬、钟某琪、陈某琪、李某豪组成 LOLO 直播的运营团队，负责 LOLO 平台相关的登记注册、账号开通、主播身份审核等工作，并由被告人王某扬联系主播中介鲁某（另案处理）等人带主播到 LOLO 直播平台进行大尺度直播以提高平台人气。后鲁某组织多名主播到 LOLO 平台进行直播，并从中牟利。

2016 年 12 月 1 日，LOLO 直播平台经测试后上线，用户以注册会员制的方式免费进行直播或收看直播视频，平台通过观众支付给主播的打赏费用参与分成获利。LOLO 直播平台上线期间，被告人何某岳、陈某先、沈某、王某扬等人明知该平台上有大量淫秽主播进行淫秽表演并广泛传播，仍以隐藏主播房间、选择性封号等方式放任淫秽视频的传播；被告人钟某琪、陈某琪、李某豪明知 LOLO 直播平台有主播传播淫秽直播视频，仍以帮助主播隐藏房间、选择性封号、为主播进行支付结算等方式提供帮助；被告人刘某斌、李某波、魏某生、蔡某煌、郑某洪明知 LOLO 直播平台被大量注册用户用于传播淫秽直播视频，仍继续维护 LOLO 直播的运作，导致大量淫秽视频以直播的形式广泛传播。经鉴定，LOLO 直播平台在服务器中储存的 4246 人次的淫秽主播表演的直播视频逾 4246 个属于淫秽物品。经统计，LOLO 直播平台上线期间的注册会员共 2852043 人，合计所得约人民币 1306624 元。

[审理意见]

原判认为，被告人何某岳、陈某先、沈某、刘某斌、李某波、王某扬、钟某琪、陈某琪、魏某生、蔡某煌、郑某洪、李某豪无视国家法律，以牟利为目的，传播淫秽物品，情节特别严重，其行为均已构成传播淫秽物品牟利罪，应依法惩处。被告人何某岳、陈某先、沈某在共同传播淫秽物品牟利犯罪中起主要作用，是主犯，均应当按照其所参与的全部犯罪处罚。被告人刘某斌、李某波、王某扬、钟某琪、陈某琪、魏某生、蔡某煌、郑某洪、李某豪在共同传播淫秽物品牟利犯罪中起次要作用，是从犯，依法均应当减轻处罚。公诉机关指控被告人何某岳、陈某先、沈某、刘某斌、李某波、王某扬、钟某琪、陈某琪、魏某生、蔡某煌、郑某洪、李某豪犯传播淫秽物品牟利罪的事实清楚，证据确实、充分，罪名成立，法院予以支持，但指控十二名被告人构成制作淫秽物品牟利罪的证据不足，法院不予支持。故，一审法院依法判决如下：被告人何某岳犯传播淫秽物品牟利罪，判处有期徒刑十年六个月，并处罚金人民币 50 万元；被告人陈某先犯传播淫秽物品牟利罪，判处有期徒刑十年六个月，并处罚金人民币 50 万元；被告人沈某犯传播淫秽物品牟利罪，判处有期徒刑十年，并处罚金人民币 30 万元；被告人刘某斌犯传播淫秽物品牟利罪，判处有期徒刑四年，并处罚金人民币 10 万元；被告人李某波犯传播淫秽物品牟利罪，判处有期徒刑三年九个月，并处罚金人民币 8 万元；被告人王某扬犯传播淫秽物品牟利罪，判处有期徒刑三年，缓刑四年，并处罚金人民币 3 万元；被告人魏某生犯传播淫秽物品牟利罪，判处有期徒刑三年，缓刑四年，并处罚金人民币 3 万元；被告人钟某琪犯传播淫秽物品牟利罪，判处有期徒刑三年，缓刑三年，并处罚金人民币 3 万元；被告人陈某琪犯传播淫秽物品牟利罪，判处有期徒刑三年，缓刑三年，并处罚金人民币 2 万元；被告人蔡某煌犯传播淫秽物品牟利罪，判处有期徒刑三年，缓刑三年，并处罚金人民币 2 万元；被告人郑某洪犯传播淫秽物品牟利罪，判处有期徒刑三年，缓刑三年，并处罚金人民币 2 万元；被告人李某豪犯传播淫秽物品牟利罪，免予刑事处罚。

一审宣判后，何某岳等不服，提起上诉。二审法院针对各上诉人及其辩护人所提上诉、辩护意见，根据本案的事实、证据及相关法律规定，综合评判如下。

第一，关于本案的定性问题。经查，根据最高人民法院、最高人民检察院《关于办理利用互联网、移动通讯终端、声讯台制作、复制、出版、贩卖、传播淫秽电子信息刑事案件具体应用法律若干问题的解释》第 9 条的规定，"淫秽物品"包括具体描绘性行为或者露骨宣扬色情的淫秽性的视频文件、音频文件、电子刊物、图片、文章、短信息等互联网、移动通信终端电子信息和声讯台语音信息。现有证据未反映 LOLO 直播平台具有点播、回放或下载视频的功能，淫秽主播在 LOLO 直播平台上的表演是即时性的，不具有视频文件、音频文件等文件的形式，属于视频流形式的存在，仅有当时在线观看的观众可以看到，一旦淫秽表演者结束表演，观众即无法反复观看，亦无法转给他人观看。而在具有视频文件、音频文件的情况下，淫秽文件获得者可将文件再传播给他人，通过不断的二次传播使淫秽文件得到极其广泛的传播，造成的社会危害性明显较大。综上，法院认为本案不应定性为传播淫秽物品牟利罪。何某岳等人组建 LOLO 直播平台运营团队，开发、维护 LOLO 直播平台，该平台即可供淫秽表演者向观众表演的场地，且该平台的运营费用均由何某岳等人提供，即何某岳等人实施了为淫秽表演提供场地、提供资金等组织行为。法院认为何某岳等人的行为符合组织淫秽表演罪的犯罪构成，应以组织淫秽表演罪定罪量刑。

第二，关于本案是否成立单位犯罪的问题。经查，现有证据未能证实何某岳等人以 B 公司或其子公司的名义与刘某斌、李某波合伙经营 LOLO 直播平台。何某岳与陈某先的微信聊天记录还反映，其二人一直想要撇清 B 公司及其子公司与 LOLO 直播平台的关系。何某岳亦供述商定的分成方式为刘某斌占得 30%～40%，沈某占得 10%，技术部人员也要分得部分，剩下的由其与陈某先平分，即经营 LOLO 直播平台所得的利益也并非归 B 公司或其子公司所有。综上，本案组织淫秽表演犯罪并非以单位名义实施，违法所得亦并非归单位所有，依法不成立单位犯罪。

第三，关于认定 LOLO 直播平台上线期间共组织淫秽表演 4246 人次及注册会员共 2852043 人证据是否充分的问题。经查，侦查机关依法从 M 公司提取 LOLO 直播平台的后台数据及数据的 MD5 校验值，其后由图谱公司对上述数据进行涉黄筛选，从 10440590 个视频中筛选出疑含淫秽内容的视频 149753 个，上述视频分别存在于 4284 个用户 ID 文件夹中，再从每个文件夹中各抽取一个视频文件，中山市检察院司法鉴定中心鉴定出该 4284 个视频文件与从 M 公司提取出来的 LOLO 直播平台的后台数据的 MD5 校验值一致，中山市公安局又对 4284 个视频文件进行淫秽物品审查鉴定，认定其中 4246 个视频文件含有淫秽内容。上述提取、鉴定过程，已遵循有利于被告人的原则，且证实数据在各提取、鉴定过程中并未受到污染，并无不当之处，鉴定意见足以证实何某岳等人组织淫秽表演 4246 人次。何某岳等人称 LOLO 直播平台有虚增观众数的情况，但该虚增仅为在主播页面上显示的观众数量，不等同于虚增注册会员数。而 Y 网络科技有限公司提供的《关于 M 公司使用我公司服务的相关情况》、原审被告人蔡某煌的聊天记录等相互印证，足以证实 LOLO 直播平台上线期间的注册会员已达 2852043 人。

第四，关于上诉人何某岳的犯罪地位的问题。经查，何某岳、陈某先决策开发 LOLO 直播平台，商定分成比例，并安排运营人员，对于平台的一切事项均有决策权。综上，上诉人何某岳在共同犯罪中起主要作用，应认定为主犯。

第五，关于上诉人沈某的犯罪地位的问题。经查，沈某虽受指派负责LOLO直播平台的运营，但其直接参与利润分成，直接管理运营团队，提出增加隐藏按钮使LOLO直播平台可以顺利运营，从而继续向公众直播淫秽表演。综上，上诉人沈某在共同犯罪中起主要作用，应认定为主犯。

第六，关于上诉人刘某斌的犯罪地位的问题。经查，刘某斌与陈某先合谋建立LOLO直播平台牟取利益，且刘某斌明知该平台会有"大尺度"的直播表演，仍在中山市负责筹建M公司，并找到其朋友李某波担任该公司的法定代表人。在LOLO直播平台正式上线后，刘某斌明知该平台存在大量淫秽直播表演，但为了追求不法利益，未采取积极措施应对，仅选择性封号。综合考虑上诉人刘某斌的主观故意、犯罪行为等，法院认为其在共同组织淫秽表演犯罪中起主要作用，应当认定为主犯，基于上诉不加刑的原则，对其维持原审量刑。

第七，关于上诉人李某波是否构成本案犯罪的问题。经查，李某波与他人的微信聊天记录反映，其明知刘某斌邀其挂名的直播平台会有"大尺度"的直播表演，但为了追求不法利益，仍同意担任法定代表人，配合建立M公司及上线LOLO直播平台。在LOLO直播平台上线后，李某波明知该平台存在大量淫秽直播表演，仍继续关注其能分享到的利润，仅选择性封号，未采取积极措施制止LOLO直播平台上的大量淫秽表演。综上，上诉人李某波构成组织淫秽表演罪无疑。

二审法院，上诉人何某岳、陈某先、沈某、刘某斌、李某波及原审被告人王某扬、钟某琪、陈某琪、魏某生、蔡某煌、郑某洪、李某豪无视国家法律，组织他人进行淫秽表演，情节严重，均已构成组织淫秽表演罪，依法应予惩处。在共同组织淫秽表演犯罪中，上诉人何某岳、陈某先、沈某、刘某斌起主要作用，是主犯，均应当按照其所参与的全部犯罪处罚；上诉人李某波及原审被告人王某扬、钟某琪、陈某琪、魏某生、蔡某煌、郑某洪、李某豪是从犯，依法均可以减轻处罚。原审判决认定本案基本事实清楚，但定性有误，导致量刑不当，二审予以纠正。各上诉人及其辩护人所提意见，经分析，有理部分予以采纳。故，二审依法判决如下：撤销中山市第一人民法院（2017）粤 2071 刑初 1507 号刑事判决的定罪及量刑部分；上诉人何某岳犯组织淫秽表演罪，判处有期徒刑七年，并处罚金人民币 50 万元；上诉人陈某先犯组织淫秽表演罪，判处有期徒刑七年，并处罚金人民币 50 万元；上诉人沈某犯组织淫秽表演罪，判处有期徒刑六年，并处罚金人民币 30 万元；上诉人刘某斌犯组织淫秽表演罪，判处有期徒刑四年，并处罚金人民币 10 万元；上诉人李某波犯组织淫秽表演罪，判处有期徒刑二年六个月，并处罚金人民币 8 万元；原审被告人王某扬犯组织淫秽表演罪，判处有期徒刑二年，缓刑三年，并处罚金人民币 3 万元；原审被告人魏某生犯组织淫秽表演罪，判处有期徒刑二年，缓刑三年，并处罚金人民币 3 万元；原审被告人钟某琪犯组织淫秽表演罪，判处有期徒刑二年，缓刑二年，并处罚金人民币 3 万元；原审被告人陈某琪犯组织淫秽表演罪，判处有期徒刑二年，缓刑二年，并处罚金人民币 2 万元；原审被告人蔡某煌犯组织淫秽表演罪，判处有期徒刑二年，缓刑二年，并处罚金人民币 2 万元；原审被告人郑某洪犯组织淫秽表演罪，判处有期徒刑二年，缓刑二年，并处罚金人民币 2 万元；原审被告人李某豪犯组织淫秽表演罪，免予刑事处罚。

（五）巫某乐等制作、复制、出版、贩卖、传播淫秽物品牟利案

[案例案号] 广东省高级人民法院（2019）粤刑终 248 号刑事裁定书
[基本案情]

2016 年 12 月，被告人巫某乐通过互联网联系到被告人吴某旭，要求被告人吴某旭为其重新优化其设立的淫秽色情网站"黑哥看片网"，即按照原来的网站内容，把网站的后门去掉，重新做一个网站。被告人吴某旭遂让其员工被告人胥某江等人负责该项目。被告人吴某旭、胥某江明知维护的网站是淫秽色情网站，仍为被告人巫某乐维护淫秽色情网站并收取报酬。2017 年 3 月，被告人胥某江离开被告人吴某旭所在公司，以个人身份继续帮被告人巫某乐维护淫秽色情网站并收取维护费用。2017 年 6 月 13 日，公安民警对被告人巫某乐的作案地进行搜查，查获作案用的电脑、银

行卡 18 张、他人的居民身份证 8 张等物品。经对涉案网站视频进行鉴定，241 部属淫秽片。后经深圳市司法会计鉴定中心审计，被告人巫某乐用于收取"黑哥看片网"会员费用及广告、点击流量费用的昵称"黑哥 2"微信号账户分别于 2016 年 12 月收入 27247 元，2017 年 1 月收入 30200 元，2017 年 2 月收入 23730 元，2017 年 3 月收入 614000 元，2017 年 4 月收入 590000 元，2017 年 5 月收入 557500 元，2017 年 6 月收入 439500 元；另根据被告人巫某乐、胥某江、吴某旭的支付宝账户交易记录，结合相关讯问笔录，统计出被告人巫某乐传播淫秽物品的相关支出共计 459727 元。

另查明，被告人巫某乐归案后，于 2017 年 6 月 14 日至 2017 年 6 月 25 日按照公安机关要求继续出资维护网站，并向公安机关如实供述了其与被告人胥某江的个人虚拟身份和交易细节。2017 年 6 月 19 日，被告人胥某江致电被告人巫某乐询问涉案网站情况，被告人巫某乐在公安机关控制下接听电话，未向胥某江透露其已被抓获的情况，并告知胥某江一切正常。后公安机关于同年 7 月 13 日将被告人胥某江抓获，并于次日抓获被告人吴某旭。

[审理意见]

一审法院认为，被告人巫某乐、吴某旭、胥某江无视国家法律，以牟利为目的，传播淫秽物品，情节特别严重，其行为均构成传播淫秽物品牟利罪。本案系共同犯罪，在共同犯罪中，被告人巫某乐通过网络找到被告人吴某旭，并委托吴某旭为其构建、优化、维护淫秽色情网站"黑哥看片网"，其本人则向该网站上传淫秽色情视频且管理、推广网站，并收取会员费、广告费等非法牟利，应认定为主犯。被告人吴某旭、胥某江明知被告人巫某乐运营淫秽色情网站，仍为其提供技术服务，并收取费用，系从犯，依法可以从轻或减轻处罚。

关于被告人巫某乐传播淫秽物品牟利的数额应当如何认定，本案是否构成情节特别严重的问题。经查，根据被告人巫某乐供述的涉案淫秽色情网站的运营模式及收费方式，其采用"黑哥会员专员 3"和"黑哥 2"两个微信号收取会员费、广告费等各项费用，并将"黑哥会员专员 3"微信号里的钱转入"黑哥 2"微信号后，提现至户名为李某努的工商银行账户内，再取出存入其本人尾号 8216 的招商银行账户。单以"黑哥 2"微信号自 2017 年 2 月至 2017 年 6 月"黑哥看片网"淫秽色情网站运营期间的营收情况为例，被告人巫某乐已收取各项费用高达人民币 200 余万元。结合被告人巫某乐供述和涉案专项审计报告统计的被告人巫某乐传播淫秽物品的相关支出情况，足以认定被告人巫某乐传播淫秽物品非法获利的数额远超最高人民法院、最高人民检察院《关于办理利用互联网、移动通讯终端、声讯台制作、复制、出版、贩卖、传播淫秽电子信息刑事案件具体应用法律若干问题的解释（二）》规定的情节特别严重的标准。综上，根据本案各被告人的犯罪事实、地位、作用和归案后的认罪态度，依法判决如下：被告人巫某乐犯传播淫秽物品牟利罪，判处有期徒刑七年，并处罚金人民币 10 万元；被告人吴某旭犯传播淫秽物品牟利罪，判处有期徒刑三年六个月，并处罚金人民币 3 万元；被告人胥某江犯传播淫秽物品牟利罪，判处有期徒刑三年六个月，并处罚金人民币 3 万元；扣押在案的手机、手提电脑、电脑主机、移动硬盘、身份证、银行卡等涉案物品予以没收，由公安机关依法处理。

巫某乐等不服一审判决，提起上诉。二审法院经审理认为，上诉人巫某乐、吴某旭、胥某江以牟利为目的利用网络传播淫秽物品，情节特别严重，其行为均构成传播淫秽物品牟利罪。在共同犯罪中，巫某乐起主要作用，是主犯，应当对其所犯的全部罪行进行处罚；吴某旭、胥某江起次要作用，系从犯，依法可以减轻处罚。原审判决认定事实清楚，证据确实、充分，定罪准确，量刑适当，审判程序合法。故，依法裁定如下：驳回上诉，维持原判。

（六）彭某传播淫秽物品牟利案

[案例案号] 北京市海淀区人民法院（2015）海刑初字第 513 号刑事判决书

[基本案情]

2013 年 8 月，被告人彭某入职北京某浪阅读信息技术有限公司，担任原创运营部编辑，负责对原创作品进行审核，并与作者沟通签约。

2013 年 12 月 30 日，被告人彭某与个人作者吴某均（另案处理）签订协议书，吴某均授权北京某浪阅读信息技术有限公司将其创作的小说《纵横乡野都市：狂猛小三爷》制作成电子出版物并在互联网上发行，后该小说在互联网上公开发行。经北京市公安局对该小说进行审查鉴定，认为该小说存在淫秽内容，为淫秽小说。经查，该小说在互联网上共发行 103 章，实际被点击次数经折算为 13897 次。2014 年 4 月 11 日，被告人彭某被公安机关抓获归案。

[审理意见]

法院认为，被告人彭某以营利为目的，传播淫秽物品，其行为已构成传播淫秽物品牟利罪，应予惩处。北京市海淀区人民检察院指控被告人彭某犯罪的事实清楚，证据确实、充分，但指控的罪名及适用的法律有误。现有证据足以证明北京某浪阅读信息技术有限公司已在网上发行图书并向读者收费，后与作者进行分成，具有获利的事实。被告人彭某也供称其关心的图书的销售情况，具有为公司牟利的目的。被告人彭某的行为更符合传播淫秽物品牟利的行为特征。公诉机关对被告人彭某犯传播淫秽物品罪的定性有误，法院依法予以更正。对于辩护人的相关辩护意见，法院采纳与否的理由如下。

首先，针对辩护人关于被告人彭某在犯罪中起次要作用的辩护意见。经查，被告人彭某负责与淫秽小说作者签约并约定分成比例，还负责对作品进行审查、上传，这些行为是传播淫秽物品牟利的主要行为，被告人彭某在犯罪中并非起次要作用。辩护人的此点辩护意见，不予采纳。

其次，针对辩护人关于被告人彭某积极参与删除淫秽书籍，应当认定为犯罪中止的辩护意见。经查，2014 年 4 月 11 日，被告人彭某因为得知近期会扫黄整风，于是删除淫秽书籍，但此时该书已经在网上传播，北京某浪阅读信息技术有限公司也已经获利，即已造成社会危害，且被告人彭某系为了隐匿罪证，逃避惩罚而删除涉案图书，主观上的自动性不强，不应当认定为犯罪中止，辩护人的此点辩护意见，不予采纳。

最后，针对辩护人关于起诉书所认定的被点击次数中存在重复计数的辩护意见。经查，北京某浪阅读信息技术有限公司出具的后台显示"点击"列表证实，《纵横乡野都市：狂猛小三爷》一书全部章节的被点击次数为 1431348 次，公诉机关据此认定该小说网络被点击次数为 1431348 次。鉴于网络销售平台对于全部章节被点击次数的计数标准过于宽泛，难以作为网络淫秽小说社会危害性的判定标准。法院认为，《纵横乡野都市：狂猛小三爷》作为一本书，其内容具有连贯性，应当将整部书籍作为一个整体看待，不能将各个章节作为独立个体。据此，2004 年最高人民法院、最高人民检察院《关于办理利用互联网、移动通讯终端、声讯台制作、复制、出版、贩卖、传播淫秽电子信息刑事案件具体应用法律若干问题的解释》规定的"实际被点击次数"，在本案中应当是《纵横乡野都市：狂猛小三爷》一书的总被点击次数，而非各个章节的被点击次数。该总被点击次数可通过该全部章节被点击次数 1431348 除以章节数 103 得出，据此，该小说实际被点击次数（保留整数）为 13897 次。辩护人的此点辩护意见，法院酌予采纳。

综上，法院依法判决如下：被告人彭某犯传播淫秽物品牟利罪，判处有期徒刑一年六个月，罚金人民币 5000 元。

（七）北京 W 科技有限公司行政处罚决定书

[**案例案号**]（京）文执罚〔2021〕第 400002 号行政处罚决定书
[**基本案情**]

根据京文执案举〔2020〕0666 号举报反映，"某音"App 存在大量低俗表演、未经审批的网络游戏直播等问题。经执法人员核查，"某音"App由北京 W 科技有限公司经营。

2020 年 12 月 30 日，经行政执法部门查实，北京 W 科技有限公司通过经营的"某音"App 向公众提供经营性互联网文化服务。2020 年 9 月 13 日至 2020 年 9 月 14 日，"某音"App 注册用户火大大（77828022）在 2020 年 9 月 13 日的直播表演过程中存在抽烟的行为；注册用户夜来香（dyze0yiyrzjm）在 2020 年 9 月 13 日的舞蹈表演过程中存在大尺度扭动身体和臀部的挑逗动作；注册用户南辞 SAMA（6666666nc）在 2020 年 9 月 14 日直播"僵尸世界大战"游戏，存在血腥暴力画面；注册用户渊哥打游戏

（chanjun）在 2020 年 9 月 14 日直播"最后生还者 2"网络游戏，存在杀人暴力镜头；注册用户闷骚型大叔（dyod96uk18xt）在 2020 年 9 月 14 日直播某夜总会两名女子舞蹈画面，画面存在挑逗性行为；注册用户努力的彦叔（yanshu8888）在 2020 年 9 月 13 日与注册用户阿童木 jomi 连麦表演，画面显示二人的直播表演过程中存在挑逗性行为。

[处理意见]

行政机关认为，北京 W 科技有限公司经营的"某音"App 上的用户存在提供含有禁止内容的互联网文化产品的行为。决定没收违法所得人民币 922.5 元，并处以罚款人民币 3 万元。

二　核心法条

1.《刑法》第 25 条第 1 款："共同犯罪是指二人以上共同故意犯罪。"

2.《刑法》第 26 条第 4 款："对于第三款规定以外的主犯，应当按照其所参与的或者组织、指挥的全部犯罪处罚。"

3.《刑法》第 27 条："在共同犯罪中起次要或者辅助作用的，是从犯。

"对于从犯，应当从轻、减轻处罚或者免除处罚。"

4.《刑法》第 30 条："公司、企业、事业单位、机关、团体实施的危害社会的行为，法律规定为单位犯罪的，应当负刑事责任。"

5.《刑法》第 31 条："单位犯罪的，对单位判处罚金，并对其直接负责的主管人员和其他直接责任人员判处刑罚。本法分则和其他法律另有规定的，依照规定。"

6.《刑法》第 37 条之一："因利用职业便利实施犯罪，或者实施违背职业要求的特定义务的犯罪被判处刑罚的，人民法院可以根据犯罪情况和预防再犯罪的需要，禁止其自刑罚执行完毕之日或者假释之日起从事相关职业，期限为三年至五年。

"被禁止从事相关职业的人违反人民法院依照前款规定作出的决定的，由公安机关依法给予处罚；情节严重的，依照本法第三百一十三条的规定定罪处罚。

其他法律、行政法规对其从事相关职业另有禁止或者限制性规定的，从其规定。"

7.《刑法》第 52 条："判处罚金，应当根据犯罪情节决定罚金数额。"

8.《刑法》第 53 条第 1 款："罚金在判决指定的期限内一次或者分期缴纳。期满不缴纳的，强制缴纳。对于不能全部缴纳罚金的，人民法院在任何时候发现被执行人有可以执行的财产，应当随时追缴。"

9.《刑法》第 64 条："犯罪分子违法所得的一切财物，应当予以追缴或者责令退赔；对被害人的合法财产，应当及时返还；违禁品和供犯罪所用的本人财物，应当予以没收。没收的财物和罚金，一律上缴国库，不得挪用和自行处理。"

10.《刑法》第 67 条第 1、3 款："犯罪以后自动投案，如实供述自己的罪行的，是自首。对于自首的犯罪分子，可以从轻或者减轻处罚。其中，犯罪较轻的，可以免除处罚。

"犯罪嫌疑人虽不具有前两款规定的自首情节，但是如实供述自己罪行的，可以从轻处罚；因其如实供述自己罪行，避免特别严重后果发生的，可以减轻处罚。"

11.《刑法》第 68 条："犯罪分子有揭发他人犯罪行为，查证属实的，或者提供重要线索，从而得以侦破其他案件等立功表现的，可以从轻或者减轻处罚；有重大立功表现的，可以减轻或者免除处罚。"

12.《刑法》第 72 条："对于被判处拘役、三年以下有期徒刑的犯罪分子，同时符合下列条件的，可以宣告缓刑，对其中不满十八周岁的人、怀孕的妇女和已满七十五周岁的人，应当宣告缓刑：

（一）犯罪情节较轻；

（二）有悔罪表现；

（三）没有再犯罪的危险；

（四）宣告缓刑对所居住社区没有重大不良影响。

"宣告缓刑，可以根据犯罪情况，同时禁止犯罪分子在缓刑考验期限内从事特定活动，进入特定区域、场所，接触特定的人。

"被宣告缓刑的犯罪分子，如果被判处附加刑，附加刑仍须执行。"

13.《刑法》第 73 条第 2、3 款："有期徒刑的缓刑考验期限为原判刑期以上五年以下，但是不能少于一年。

"缓刑考验期限，从判决确定之日起计算。"

14.《刑法》第 363 条第 1 款："以牟利为目的，制作、复制、出版、贩卖、传播淫秽物品的，处三年以下有期徒刑、拘役或者管制，并处罚金；情节严重的，处三年以上十年以下有期徒刑，并处罚金；情节特别严重的，处十年以上有期徒刑或者无期徒刑，并处罚金或者没收财产。"

15.《刑法》第 365 条："组织进行淫秽表演的，处三年以下有期徒刑、拘役或者管制，并处罚金；情节严重的，处三年以上十年以下有期徒刑，并处罚金。"

16.《刑法》第 366 条："单位犯本节第三百六十三条、第三百六十四条、第三百六十五条规定之罪的，对单位判处罚金，并对其直接负责的主管人员和其他直接责任人员，依照各该条的规定处罚。"

17.《全国人民代表大会常务委员会关于加强网络信息保护的决定》第 5 条："网络服务提供者应当加强对其用户发布的信息的管理，发现法律、法规禁止发布或者传输的信息的，应当立即停止传输该信息，采取消除等处置措施，保存有关记录，并向有关主管部门报告。"

18.《互联网文化管理暂行规定》第 28 条第 1 款："经营性互联网文化单位提供含有本规定第十六条禁止内容的互联网文化产品，或者提供未经文化部批准进口的互联网文化产品的，由县级以上人民政府文化行政部门或者文化市场综合执法机构责令停止提供，没收违法所得，并处 10000 元以上 30000 元以下罚款；情节严重的，责令停业整顿直至吊销《网络文化经营许可证》；构成犯罪的，依法追究刑事责任。"

19. 最高人民法院、最高人民检察院《关于办理利用互联网、移动通讯终端、声讯台制作、复制、出版、贩卖、传播淫秽电子信息刑事案件具体应用法律若干问题的解释》第 1 条："以牟利为目的，利用互联网、移动通讯终端制作、复制、出版、贩卖、传播淫秽电子信息，具有下列情形之一的，依照刑法第三百六十三条第一款的规定，以制作、复制、出版、贩卖、传播淫秽物品牟利罪定罪处罚：

（一）制作、复制、出版、贩卖、传播淫秽电影、表演、动画等视频文件二十个以上的；

（二）制作、复制、出版、贩卖、传播淫秽音频文件一百个以上的；

（三）制作、复制、出版、贩卖、传播淫秽电子刊物、图片、文章、短信息等二百件以上的；

（四）制作、复制、出版、贩卖、传播的淫秽电子信息，实际被点击数达到一万次以上的；

（五）以会员制方式出版、贩卖、传播淫秽电子信息，注册会员达二百人以上的；

（六）利用淫秽电子信息收取广告费、会员注册费或者其他费用，违法所得一万元以上的；

（七）数量或者数额虽未达到第（一）项至第（六）项规定标准，但分别达到其中两项以上标准一半以上的；

（八）造成严重后果的。

"利用聊天室、论坛、即时通信软件、电子邮件等方式，实施第一款规定行为的，依照刑法第三百六十三条第一款的规定，以制作、复制、出版、贩卖、传播淫秽物品牟利罪定罪处罚。"

20. 最高人民法院、最高人民检察院《关于办理利用互联网、移动通讯终端、声讯台制作、复制、出版、贩卖、传播淫秽电子信息刑事案件具体应用法律若干问题的解释》第9条第1款："刑法第三百六十七条第一款规定的'其他淫秽物品'包括具体描绘性行为或者露骨宣扬色情的淫秽性的视频文件、音频文件、电子刊物、图片、文章、短信息等互联网、移动通信终端电子信息和声讯台语音信息。"

三　要点提示

1. 利用网络非法发布、传播淫秽色情信息所涉犯罪的定性问题，即应当认定为传播淫秽物品牟利罪、组织淫秽表演罪还是刑法规定的其他罪名的问题。

2. 关于此类案件是否成立单位犯罪的问题。单位犯罪一般表现为本单位谋取非法利益或者以单位名义为本单位全体成员或多数成员谋取非法利益。对于单位犯罪，除了处罚单位外，还要对单位直接负责的主管人员和其他直接责任人员定罪量刑。在利用网络非法发布、传播淫秽色情信息类案中，大多表现为在网络色情犯罪中为色情网站运行及营利等提供各类支持、协助，此类行为是否构成单位犯罪值得研究。

3. 关于淫秽物品、色情信息的数量认定问题。在对互联网环境下传播淫秽物品牟利罪等罪名进行量刑时，不宜将淫秽作品各个部分的被点击次数简单累加得出的被点击数量作为量刑依据，而应把淫秽作品作为整体看待，并结合案件实际情况采用恰当的数量计算方式。

4. 网络服务提供商对他人利用自身网络平台实施发布、传播色情信息的责任认定及入罪机制问题。在网络淫秽色情案件中，确立网络服务提供商的法律责任，往往需要考虑多维因素。以"吴某等制作、复制、出版、贩卖、传播淫秽物品牟利案"（简称"快播案"）为例，该案之所以确立快播公司负有法律责任，主要原因至少包括：第一，快播公司负有网络视频信息服务提供者应当承担的网络安全管理义务；第二，快播公司及各被告人均明知快播网络系统内大量存在淫秽视频并介入了淫秽视频传播活动；第三，快播公司及各被告人放任其网络服务系统大量传播淫秽视频存在间接故意；第四，快播公司具备承担网络安全管理义务的现实可能但拒不履行网络安全管理义务；第五，快播公司及各被告人的行为具有非法牟利目的；第六，此案既不适用"技术中立"的责任豁免也不属于"中立的帮助行为"；第七，快播公司以牟利为目的放任淫秽视频大量传播的行为构成传播淫秽物品牟利罪的单位犯罪。

5. 利用网络非法发布、传播淫秽色情信息案中电子证据提取、留存、鉴定的合法性问题。例如，在"吴某等组织卖淫案"中，关于电子证据的提取、留存、鉴定等问题，被告人及其辩护人至少提出以下疑问并形成案件争议焦点：第一，被告人及其辩护人辩称鉴定机构在对淫秽物品进行鉴定时，相关鉴定主体不是法定鉴定机构、没有鉴定资质、没有依法接受委托、没有按照规定密封保存，鉴定人员同时也是侦查人员。第二，被告人及其辩护人对湖南省公安厅物证鉴定中心检验报告鉴定电子文档数据存疑。第三，被告人及其辩护人对数据说明和解读报告有异议。

四 法理评析

前互联网时代的淫秽色情信息传播，主要是通过平面媒体来传播文字和图片、通过广电媒体传播图像和声音。20 世纪 90 年代以后，随着互联网的普及，色情信息的传播开始向网络发展，并呈现出前所未有的膨胀趋势。随着网络技术的发展，色情信息传播也衍生出更多的形式，如借助网络服务商提供的网友视频聊天室或 QQ、微信等聊天工具搭载的一对一视频聊天功能。

2015 年被誉为网络直播元年，斗鱼、花椒、快手等网络直播平台次第兴起。这类新的网络社交方式同时也催生出新的色情信息传播方式，大量的网络主播开始通过直播的方式向不特定群体进行淫秽色情表演，观看者则通过留言、"打赏"、刷礼物等方式与主播进行互动。可以看出，互联网技术的普及与发展使得原先单向的色情传播演变为一种双向的互动传播。除此之外，网络技术的更新不仅催生了许多新型的色情传播方式，而且由于网络空间本身所具有的全球性、共享性、交互性等特征，也导致了色情信息传播的范围更大，交互性更强，还通过网络技术手段变得更隐蔽。色情淫秽在互联网时代深流暗涌、肆无忌惮，社会危害严重。但司法实务和学术界对于淫秽网站上管理者、上传者传播行为的定性，淫秽物品的认定，"技术中立"原则的适用等仍存在争议。在集中力量加大技术攻关力度、清朗网络空间的同时，也应当重视对已经浮出水面的违法行为进行准确定性，以此形成强有力的法治威慑力。

在互联网这样一个兼具复杂性和动态性的虚拟现实空间里，色情信息发布、传播的治理长期以来都是网络空间治理中的难点和重点之一。利用网络非法发布、传播色情信息的主要形式，包括建立色情网站、网络色情表演直播、利用互联网组织介绍卖淫嫖娼、利用网络技术传播淫秽视频等。其中涉及的罪名则包括制作、复制、出版、贩卖、传播淫秽物品牟利罪，组织卖淫罪，组织淫秽表演罪等。本章通过对利用网络非法发布、传播色情信息类案进行检索，归纳总结出处理此类案件所面临的如下几个争议焦点问题，并尝试进行了专项探讨和分析。

（一）淫秽、色情的认定标准

治理淫秽、色情信息的基本问题，就是淫秽、色情的认定标准问题，即何为淫秽，何为色情，应该对其分别采取什么样的合理规制措施。准确把握色情、淫秽信息的内涵及标准，与各种网络色情犯罪的定罪量刑都联系紧密。我国现行淫秽、色情的法定认定标准主要为 1997 年《刑法》、1988 年《关于认定淫秽及色情出版物的暂行规定》与 1990 年《全国人民代表大会常务委员会关于惩治走私、制作、贩卖、传播淫秽物品的犯罪分子的决定》中的相关规定，距今已较为久远。随着时代的发展和人们社会观念的转变，这些认定标准是否过于陈旧，应当如何与时俱进，值得商榷和探讨。

1. 淫秽、色情的基本概念

（1）立法沿革

1988 年新闻出版署发布的《关于认定淫秽及色情出版物的暂行规定》第 2 条规定了淫秽出版物的概念，同时列举了 7 种淫秽出版物类型[①]，并在该规章第 3 条指出，色情出版物指那些"对普通人特别是未成年人的身心健康有毒害，而缺乏艺术价值或者科学价值的出版物"。1990 年制定、2009 年修订的《全国人民代表大会常务委员会关于惩治走私、制作、贩卖、传播淫秽物品的犯罪分子的决定》第 8 条规定了淫秽物品的概念，强

---

① 《关于认定淫秽及色情出版物的暂行规定》第 2 条规定："淫秽出版物是指在整体上宣扬淫秽行为，具有下列内容之一，挑动人们的性欲，足以导致普通人腐化堕落，而又没有艺术价值或者科学价值的出版物：（一）淫亵性地具体描写性行为、性交及其心理感受；（二）公然宣扬色情淫荡形象；（三）淫亵性地描述或者传授性技巧；（四）具体描写乱伦、强奸或者其他性犯罪的手段、过程或者细节，足以诱发犯罪的；（五）具体描写少年儿童的性行为；（六）淫亵性地具体描写同性恋的性行为或者其他性变态行为，或者具体描写与性变态有关的暴力、虐待、侮辱行为；（七）其他令普通人不能容忍的对性行为的淫亵性描写。"

调其淫秽性①的特点。有关人体生理、医学知识的科学著作及含有色情内容的有艺术价值的文学、艺术作品不视为淫秽物品。全国人大常委会还通过该规定授权国务院有关部委规定淫秽物品的种类和目录，实际同时把淫秽物品认定标准进行了授权立法，只是不得与上位法相抵触。2012 年修正的《治安管理处罚法》第 68 条②规定了对制作、运输、复制、出售、出租淫秽物品或者利用计算机信息网络、电话以及其他通讯工具传播淫秽信息等违法行为的行政管理措施。但由于该法没有具体规定淫秽物品认定标准，实践中一般是根据其他行政法规和部委规章标准开展相关执法活动的。《刑法》第 367 条对淫秽物品作了类似规定③。根据上述规定，涉及淫秽物品的罪名有《刑法》第六章第九节的"制作、贩卖、传播淫秽物品罪"、第三章第二节第 152 条第 1 款的"走私淫秽物品罪"。《出版管理条例》第 25、45、62、63 条分别规定了对淫秽出版物的内容审查、印刷、复制和发行、进出口管理等行为进行行政执法的标准，但也没有规定淫秽物品认定标准，实务中一般通过《出版管理条例》、《海关法》和《刑法》等规定进行判定和规制。

近年来，互联网、移动通讯、声讯等技术发展迅猛，随之出现了以淫秽电子信息和声讯台淫秽语音信息为新的表现形式的违法犯罪活动。2000 年 9 月国务院发布的《互联网信息服务管理办法》规定，互联网信息服务提供者应当向上网用户提供良好的服务，并保证所提供的信息内容合法，不得复制、传播淫秽、色情信息。2000 年 12 月《全国人民代表大会常务

---

① 《全国人民代表大会常务委员会关于惩治走私、制作、贩卖、传播淫秽物品的犯罪分子的决定》第 8 条第 1 款规定："本决定所称淫秽物品，是指具体描绘性行为或者露骨宣扬色情的诲淫性的书刊、影片、录像带、录音带、图片及其他淫秽物品。"

② 《治安管理处罚法》第 68 条规定："制作、运输、复制、出售、出租淫秽的书刊、图片、影片、音像制品等淫秽物品或者利用计算机信息网络、电话以及其他通讯工具传播淫秽信息的，处十日以上十五日以下拘留，可以并处三千元以下罚款；情节较轻的，处五日以下拘留或者五百元以下罚款。"

③ 《刑法》第 367 条规定："本法所称淫秽物品，是指具体描绘性行为或者露骨宣扬色情的诲淫性的书刊、影片、录像带、录音带、图片及其他淫秽物品。有关人体生理、医学知识的科学著作不是淫秽物品。包含有色情内容的有艺术价值的文学、艺术作品不视为淫秽物品。"

委员会关于维护互联网安全的决定》规定，对于在互联网上建立淫秽网站、网页，提供淫秽站点链接服务，或者传播淫秽影片、音像，构成犯罪的，依照刑法有关规定追究刑事责任。2004 年 9 月 6 日，最高人民法院、最高人民检察院《关于办理利用互联网、移动通讯终端、声讯台制作、复制、出版、贩卖、传播淫秽电子信息刑事案件具体应用法律若干问题的解释》将"其他淫秽物品"解释为，包括具体描绘性行为或者露骨宣扬色情的淫秽性的视频文件、音频文件、电子刊物、图片、文章、短信息等（6种）互联网、移动通讯终端电子信息和声讯台语音信息。该司法解释中提及的电子传播平台有聊天室、论坛、即时通信软件、电子邮件等（4 种）。2007 年发布的《互联网视听节目服务管理规定》进一步明确，互联网视听节目服务单位提供的、网络运营单位接入的视听节目应当符合法律、行政法规、部门规章的规定，视听节目不得含有诱导未成年人违法犯罪和渲染暴力、色情等活动的内容。2012 年施行的《全国人民代表大会常务委员会关于加强网络信息保护的决定》第 5 条规定，"网络服务提供者应当加强对其用户发布的信息的管理，发现法律、法规禁止发布或者传输的信息的，应当立即停止传输该信息，采取消除等处置措施，保存有关记录，并向有关主管部门报告"。

（2）学界观点

色情、淫秽信息本质上属于性表达，是涉及言论自由、艺术自由的议题。是否需要动用刑法规制性表达、刑法应当规制什么程度的性表达，是罪与非罪的基础，但并非不证自明的、单纯的刑法议题或司法鉴定上的技术问题。[1] 有学者认为淫秽信息或物品的实质属性是无端挑起人们的性欲和损害普通人的正常的性道德观念。[2] 理解淫秽信息或物品的实质属性，只是为我们认定淫秽信息或物品提供了方向，但在具体认定某种信息或物品是否淫秽时，还必须依靠对淫秽信息或物品的具体内容的认识。该学者还提出了确定淫秽信息或物品的判断原则，包括整体性原则、客观性原则

---

[1] 参见袁瑶映玥《新态势下传播淫秽物品牟利罪的认定——以"九九情色论坛案"为例》，《荆楚学刊》2021 年第 1 期。

[2] 参见张明楷《论淫秽物品的认定》，《法学评论》1995 年第 1 期。

及关联性原则。[①] 但这些概念在实践中的可操作性一定程度上仍显得较弱。如何对淫秽规定一个具有较强操作性的定义，是学界和实务界面临的共同难题。对此，有学者以"硬色情"的普通人标准和"软色情"的易感人群标准总结了我国淫秽色情认定标准。[②] 还有学者认为，认识淫秽性，要导入的不是相对的淫秽概念，而是在社会通念这种抽象的规范要素的基础上，采用客观的、记述的方式将淫秽性具体化。[③] 但社会通念也是个模糊概念，无助于执法和司法。此外，还有学者认为"淫秽物品"存在定义瑕疵，"物品"二字难荷其重。[④] 在淫秽物品定义中，书刊、图片等有实物形态的物品，符合通常人们对物品是"具有一定外在形状，占有一定物理空间的东西"的认知，而《关于办理利用互联网、移动通讯终端、声讯台制作、复制、出版、贩卖、传播淫秽电子信息刑事案件具体应用法律若干问题的解释》将"其他淫秽物品"中的电子信息和声讯语音信息也规定为"物品"，则颠覆了人们对"物品"内涵的理解，因为电子信息和语音信息不具有一定外在形态，不占用任何物理空间。

（3）实务做法

依照全国人民代表大会常务委员会《关于司法鉴定管理问题的决定》，淫秽信息或物品的鉴定应当属于司法鉴定。实务界通用的认定做法，是根据最高人民法院、最高人民检察院《关于办理利用互联网、移动通讯终端、声讯台制作、复制、出版、贩卖、传播淫秽电子信息刑事案件具体应用法律若干问题的解释》第 9 条的规定——"淫秽物品"包括具体描绘性行为或者露骨宣扬色情的淫秽性的视频文件、音频文件、电子刊物、图片、文章、短信等互联网、移动通信终端电子信息和声讯台语音信息。但随着社会法治水平的逐步发展，时有涉案个体与机构，依据《关于司法鉴定管理问题的决定》以及相关规章质疑公安部门的淫秽物品鉴定机构和

---

① 参见张明楷《论淫秽物品的认定》，《法学评论》1995 年第 1 期。

② 参见赵晓力《我国法律政策中认定"淫秽色情"的标准》，《信息网络安全》2005 年第 6 期。

③ 参见蒋小燕《淫秽物品的"淫秽性"之判断标准——以社会通念为基点》，《法学评论》2011 年第 1 期。

④ 参见王立岩《淫秽物品认定及实务研讨》，《辽宁警察学院学报》2020 年第 1 期。

鉴定人的资质问题。这些质疑意见，有时并不直接针对涉案信息或物品是否属于淫秽信息或物品的概念界定本身，而是质疑机构或主体无相应鉴定资格，或者鉴定程序有瑕疵。由此，"淫秽"之内涵与外延到底如何，实务界也尚未得出十分令人信服之最终准则。

2. 淫秽、色情认定的域外标准

（1）美国

美国现行法律中并没有对淫秽、色情的明确界定。为保护成年人的言论自由，美国法院将网络与平面媒体等同，采取宽松的控制标准，即以"淫秽"（Obscinity）为查禁标准，对内容控制采取事后管制的方式。

对于"淫秽"的界定，美国现行法律并没有作出明确说明，目前主要沿用美国最高法院在1973年米勒诉加利福尼亚州（*Miller v. California*）案（简称"米勒案"）① 中确定的标准：第一，运用当代社区标准，普通人是否发现该作品整体上能够引发淫欲；第二，该作品是否以明显令人生厌的方式描述性行为，违反了可适用的有关州法的特别规定；第三，该作品是否缺乏严肃的文学、艺术、政治或者科学价值。

为减弱该标准的模糊性，该案判决进一步明确了"赤裸裸描写性行为的淫秽"（hardcore pornography）的含义，并列举了应被认定为淫秽的两种非法行为：第一，以明显令人生厌的方式呈现或描写完整的性行为（ultimate sexual acts），不论该性行为是正常的还是反常的，是实际发生的还是假想的；第二，以明显令人生厌的方式呈现或描写手淫、排泄功能和淫猥地展示生殖器。

米勒案之后，美国最高法院在判决中对上述认定标准作了进一步解释：陪审员可以适用他/她所处地区的标准作为判定淫秽的"社区标准"②，各州既可以规定没有进一步说明的社区标准，也可以以精确的地理范围来确定社区标准。该法案进一步延伸了米勒标准的适用，将"引发淫欲"解释为"可耻的或者病态的性欲"，排除了"正常的性欲"；将"普通人"进一步解释为"不包括未成年人"；将"严肃的文学、艺术、政治或者科

---

① See *Miller v. California*, 413 U. S. 15 (1973).

② See *Pope v. Illinois*, 481 U. S. 497 (1987).

学价值"延伸成为各州统一标准适用，同时作为米勒标准的排除认定，与其他两项认定一同适用。随着时间的推移，社会观念的进步，裁判的标准也在不断变化，当代社区标准逐渐成为美国陪审团代表普通人认定的标准。

（2）英国

1868 年，英国首席法官科伯恩（Cockburn）在里根纳诉黑科林（*Reagan* v. *Hicklin*）案上诉审中指出了评判淫秽的著名准则——"黑科林"准则（Hicklin test）："任何倾向于腐化那些将自己的心灵暴露在不道德影响之下的公众的内容，无论它是否具备艺术或文学价值，或者为了公共利益。"但是，在其后英国适用该标准的几十年中，包含《尤利西斯》《洛丽塔》等著名小说以及一些医学教科书在内的作品都因之被禁，从而引起广泛争议。于是 1959 年英国颁布了《淫秽出版物法》①，在"公共利益抗辩"方面，该法将"出于科学、文学、艺术或者学术，或者具有普遍重要性的其他事物之利益"的作品特别排除在淫秽出版物之外。显然，将严肃作品与淫秽出版物相区别彰显了该法名称中宣示的保护文学艺术发展的立法目的。至于"色情"，英国内政部淫秽与电影审查委员会（通称"威廉姆斯委员会"）在 1978 年的报告中，将之定义为"以激发性欲为目的而对性进行的露骨描写"。②

（3）新加坡

新加坡政府在网络色情管理方面居于主导地位。为严加防范有悖于道德标准的内容经卫星传输渠道传入，新加坡的法律严格限制居民安装卫星天线接收国外电视节目。③ 新加坡法律未对淫秽、色情信息的含义进行明确界定，但在新加坡《互联网运行准则》第 4 条第 2 款和《互联网内容指

---

① 该法第 1 条第 1 款规定："某件物品的效果或由两个或更多种类不同的项目组成的物品中的任何项目中的一项，如果从整体看，会腐化或者引诱一个经过各方面考虑后仍会阅读、观看或听取其中包含或收录的内容的人堕落的话，该物品将被认为是淫秽的。"

② 参见周书环《英国对网络淫秽色情传播的规制体系研究》，《西南政法大学学报》2018 年第 2 期。

③ 参见龚文库、张向英《美国、新加坡网络色情管制比较》，《新闻界》2008 年第 5 期。

导原则》第 6 条中，均对色情的判断标准进行了概括。① 《互联网运行准则》同时规定在执行这些标准的时候，也应进一步考虑内容是否具有内在的医学价值、科学价值、艺术价值和教育价值。

3. 我国司法实践中淫秽、色情的认定标准

根据刑法的明文规定，我国关于淫秽色情的具体认定标准，集中体现于两个方面：一是如何界定"诲淫性"，二是如何解释"不具有科学和艺术价值"。

第一，"诲淫性"的证立。诲秽性是淫秽的本质属性，是判断淫秽成立与否的基本标准。比较法上，著名的"米勒准则"所确立的诲淫性认定标准为"根据当代地方社区标准，作品总体上引起淫欲及对性行为的描写具有明显的冒犯性，且缺乏严肃文学、艺术、政治或科学价值"。②

我国立法并未对"淫秽""色情"作出明确区分，在日常表达中常将淫秽色情与"黄赌毒"中的"黄"联系在一起，多指向"不健康的性"或"腐朽、堕落的生活方式"。③ 从字面及文义看，"淫秽"与"色情"在本质上具有同源性，但程度上有差异，色情构成淫秽的基础，色情达到一定程度则演变成"淫秽"。④ 在规范文本中，根据我国现行《刑法》第 367 条的规定，诲淫性必须体现为"具体描写性行为"或者"露骨宣扬色情"。其包含了两个方面的涵义：一方面，诲淫性的实质是无端挑起性欲和损害普通人的正常性道德观念或对性的正常羞耻心；另一方面，形式上具体而非隐晦地描绘性行为，露骨而非隐含地宣扬色情。⑤ 这两项标准，一般被

---

① 其大意为：以使人刺激的方式描写性；宣扬性暴力或强迫的性描写；公然描写性活动，包括以一种煽动的或令人厌恶的方式描写 16 岁以下的人从事性活动；主张同性恋或描写、提倡乱伦、奸童、兽奸和恋尸癖。

② See *Miller v. California* 413 U. S. 15（1973）

③ 参见董玉庭、黄大威《论传播淫秽、色情物品犯罪的刑事立法政策——以无被害人犯罪为视角》，《北方法学》2014 年第 1 期。

④ 参见钱叶芳、刘展睿《传播淫秽物品罪修改建议——基于对儿童成长环境权的保护》，《福建警察学院学报》2015 年第 6 期。

⑤ 参见罗翔《论淫秽物品犯罪的惩罚根据与认定标准——走出法益理论一元论的独断》，《浙江工商大学学报》2021 年第 6 期；张明楷《刑法学》（下），法律出版社，1997，第 887~891 页；王作富《刑法分则实务研究》（下），法律出版社，2001，第 301 页。

归纳为我国判断诲淫性的通说"二阶法"。

对于上述"二阶法"的通说看法，有学者提出反对意见。主要认为，对人之性欲的无端挑动并非淫秽的有机内容之一：第一，受淫秽品影响而致性欲产生是正常生理现象，并非"无端"；第二，并非所有对性行为的具体描绘和对色情的露骨宣扬都会挑动性欲；第三，大量淫秽品被"入罪化"的原因，主要在于其使人类性行为公开化，违背正常的性道德观念和性羞耻感情。① 换言之，"淫秽"之危害在于其会损害传统性道德和性羞耻感，进而影响正常的性秩序，是否无端挑动性欲并非必要要件。②

同时，"二阶法"还存在一个难以自圆其说的"漏洞"，即如果有些有害信息仅对"特定群体"（如对施虐和受虐性行为等有特殊癖好）产生性挑动但却令一般人作呕时，此类信息是否可能构成淫秽？对于该问题，"二阶法"在形式上难以自我作答。

针对"二阶法"的上述反驳意见，同样存在认识上的误区。这是因为，"二阶法"将"无端挑起性欲"作为淫秽的构成要件，仅表明该要件是"一般性"原则的具体要求，并不要求对每一主体无差别地产生性挑动的客观结果。如果非要坚持不良信息仅在对当事人产生客观性挑动时方构成淫秽色情，那么无法解释类似情况：即若有主体对性产生麻木感，无论怎么对其挑动都不会刺激其性欲，那是否说明无论对其传播何种诲淫信息，均不构成法律上的淫秽色情呢？这种认识显然难以成立。

在不考虑对象的情况下，是否需要考虑行为人的主观目的，即是否需要行为人在主观上有挑动他人性欲之目的？对此，我们认为，诲淫性的判定应当坚持"客观"标准，即相关信息在客观上是否属于"具体描绘性行为"或"露骨宣扬色情"，至于行为人主观是否有性挑动的目的并非认定诲淫性的构成要件。一方面，行为人的主观目的难以外证，很多时候，强调主观目的只是让当事人增加了一项自我辩解的借口。另一方面，如果强调主观目的属于认定诲淫性的必要条件，可能会出现罪行不相适应的问

---

① 参见张明楷《刑法学》（第 6 版），法律出版社，2021，第 1538 页。
② 参见何成、张平寿《淫秽物品传播犯罪若干问题之探讨》，《西南民族大学学报（人文社科版）》2004 年第 11 期。

题。例如，有女性受害者无法偿还网络"裸贷"，贷款人为逼迫还款，公
开发布传播其"裸照"，这些露骨"裸照"可能完全符合淫秽色情的认定
标准，但行为人传播裸照的主要目的不是为了激发他人性欲，而是为了贬
损他人名誉。若坚持行为人主观目的是构成淫秽色情的必要条件，此时就
不能认定行为人构成传播淫秽物品相关罪行，但这种认识显然违反一般法
理和刑事法规定。此时，妥当的理解是，应将这种以"催债"为目的公开
传播"裸照"的行为按照想象竞合规则加以处理，即在传播淫秽物品罪与
侮辱罪等罪名间择一重罪加以定罪量罚。简言之，按照目前的主流认识，
海淫性的判断标准，主要在于客观上是否"具体描绘性行为"或者"露骨
宣扬色情"，进而是否违背"一般人"公认的普遍性道德、性行为不公开
原则，至于发布、传播者的主观目的并不属于定性的考量要素。基于上述
分析，通识的"二阶法"仍然值得继续坚守和践行。

第二，"不具有科学和艺术价值"的排除。《刑法》第 367 条第 2 款、第
3 款将"具有科学和艺术价值"作为在法律上认定淫秽色情的阻却要件。

有学者认为，科学性、艺术性与淫秽性是不同的观念，故不能用科学
性、艺术性否定淫秽性。也就是说，即使是科学作品、艺术作品，也可能
同时是淫秽物品。[①] 但另有学者指出："没有科学或艺术价值不是海淫性的
附随特征，而是与海淫性相对抗的反向特征，是对一种表面上具备海淫性
的作品提供正当化的除罪特征。"[②] 相对而言，后一看法应该更为合理。因
为科学性、艺术性与淫秽性根本属性不同，正是其间质的差异才导致二者
不可能出现并存的局面。在价值取向上，具有科学性、艺术性的事物，能
够启迪心灵、陶冶情操、赓续知识，能够促进个人和社会进步；而海淫性
则往往使人和社会腐化、堕落。两者的导向在根本上不同，故一部作品不
可能出现科学性、艺术性与淫秽性兼顾的结果。[③]

---

① 参见李希慧主编《妨害社会管理秩序罪新论》，武汉大学出版社，2001，第 734 页。
② 罗翔：《论淫秽物品犯罪的惩罚根据与认定标准——走出法益理论一元论的独断》，《浙
江工商大学学报》2021 年第 6 期。
③ 参见何成、张平寿《淫秽物品传播犯罪若干问题之探讨》，《西南民族大学学报（人文社
科版）》2004 年第 11 期。

换言之，"诲淫性"和"不具有科学和艺术价值"是判断淫秽色情的两项实质标准，对任何一项争议信息，在根本属性上，其要么属于淫秽色情，要么不属于，不应该出现模棱两可的中间状态。只不过，实践中经常会出现一些特殊情况：有些作品具有科学和艺术价值但在形式上夹杂了一些淫秽色情"元素"；有些作品仅部分具有诲淫性，而非全部；还有些作品属于"尺度较大"，但读者见仁见智，有些人认为"低级下流"，其他人则可能认为"无伤大雅"。面对实践中的这些真实场景，为充分权衡并妥当定性，需运用"整体性"的判断方法，并从"相对性"角度考量系列差异，最终作出类型化区分。

一方面，整体性判断。所谓整体性，指判断物品或信息是否属于淫秽，须就其全体内容进行整体判断，不能仅就某一部分进行片面评价。[①]即在考究科学性、艺术性与淫秽性时，需将物品或信息当作一个"整体"予以综合考虑。[②]

整体性原则在我国实然法律规范文本中有明确体现，如根据我国《关于认定淫秽及色情出版物的暂行规定》第 2 条规定，淫秽出版物是指在整体上宣扬淫秽行为，又没有艺术价值或者科学价值的出版物。在理论界，主流认识基本均赞成以整体性的原则来看待淫秽色情尤其是"夹杂淫秽色情信息之作品"的法律属性问题，并强调应从两个方面认识和适用整体性原则：其一，要从整体上评价作品，而不能在局部或具体细节上纠缠；其二，要从待检段落或片段或图片等所能辐射的篇幅范围来确定，即从其文义射程范围来确定表述所波及的范围，进而确定"整体性"，而不能无限扩大。[③]

那么，在具体适用整体性原则时应如何区分整体与部分呢？综合学界共识和适法实践，主要应考虑作品的重心、主旨和目的等关键要素。任何

① 参见张明楷《刑法学》（第 6 版），法律出版社，2021，第 1540 页。
② 参见何成、张平寿《淫秽物品传播犯罪若干问题之探讨》，《西南民族大学学报（人文社科版）》2004 年第 11 期。
③ 参见周茂雄、范亲敏《走出困境：网络淫秽色情之规制》，《重庆邮电大学学报（社会科学版）》2017 年第 5 期。

作品之形成和传播，都有一条中心主线，也体现着作者的本意和目的追求。作品中局部的淫秽性描写的确能够成立诲淫性，但只要其非作品重心和主旨所在，而以服务作品的科学性、艺术性思想为目的，[①] 或者能被作品的科学性、艺术性、思想性所缓和与淡化，[②] 则不可能导致整部作品被认定为淫秽。此时，关键点是作品的"重心、主旨和目的"，而不是篇幅上的数量多寡差异。这表明相关的认定过程是综合性、系统性的，也意味着认定过程会带有一定主观能动性。由此也使得后续的其他判定原则与标准具有积极跟进之必要。

另一方面，相对性权衡。所谓相对性，指淫秽色情的主观感知和客观表征均存在一定程度的相对性，故在认定其法律属性时要综合多种因素予以个案权衡和相对比较。相对性权衡可谓判定淫秽色情的"黄金准则"，因为那种认为只要具有诲淫性就构成淫秽色情，或者只要具有科学和艺术价值就一定不构成淫秽色情的看法，都是如此偏颇，以至于让人一目了然就能看出其不足。但实践中，要妥当适用相对性权衡方法，并非易事。

从比较法和法理上讲，相对性又可具体区分为"比较衡量说"和"相对淫秽说"两种。"比较衡量说"认为，就作品的科学艺术价值带来的利益与淫秽性侵害法益的负面效果相比较，如果前者的利益大，就不是淫秽物品，反之就是；"相对淫秽说"认为，除了对作品中淫秽性的判断以外，还要通过作品的特点、广告及销售方法、传播对象等进行综合比较以判断淫秽性。[③] 显然，前者强调以作品内容及其对应的利益比例为标准来定性，后者则强调除关注作品内容外，还需结合"外因"以作综合判断。这两种方法本质上揭示的是判定淫秽色情的考量因素，至于这些因素如何起作用、如何量化这些因素所对应的利益和效应、效果的比较应取"一般多数决"还是"绝对多数决"以及由谁来作终局性权衡与判断等问题，则仍需

① 参见何成、张平寿《淫秽物品传播犯罪若干问题之探讨》，《西南民族大学学报（人文社科版）》2004 年第 11 期。
② 参见张明楷《刑法学》（第 6 版），法律出版社，2021，第 1540 页。
③ 参见董玉庭、黄大威《论传播淫秽、色情物品犯罪的刑事立法政策——以无被害人犯罪为视角》，《北方法学》2014 年第 1 期。

结合个案案情，仰赖适法者在个案中的"一事一议"，并不可避免会涉及裁决者的自由裁量。但这些事先明晰的判断标准、考量因素和权衡方法，则可为个案中的具体解释工作提供前提，并一定程度上限制裁决权的独断和滥用。

具体而言，在运用相对性权衡立场判断淫秽色情时主要需从如下几个方面进行权衡与比较。一是应当结合比重、主旨、题材、制作者主观目的、客观上是否导致无端挑动性欲之结果等来综合判断。二是要结合特有的时代背景和社会道德标准来判定，要尊重时空和背景的相对性和历时变动性。① 三是要考虑主体的差异，尤其是成年人与未成年人的不同，来确立不同的淫秽、色情判准。四是应在形式与实质间进行反复权衡，感悟两者的辩证关系。例如，既要摆脱单纯以是否"露点"或露多少"点"作为认定依据的粗陋观念，② 也要将那种虽然主题严肃但通篇都在具体描绘性行为或者露骨宣扬色情的作品严加限制。③ 五是注意区分程度差异。应根据相关信息诲淫性程度之差异，将信息归类为淫秽信息、色情信息或一般情色信息，而分别采取刑事制裁、行政处罚或者交由行业自治。

（二）网络淫秽作品的数量认定

关于以网络淫秽作品的实际被点击数作为入罪条件的问题，最高人民法院、最高人民检察院《关于办理利用互联网、移动通讯终端、声讯台制作、复制、出版、贩卖、传播淫秽电子信息刑事案件具体应用法律若干问题的解释》第 1 条第 4 项规定，"制作、复制、出版、贩卖、传播的淫秽电子信息，实际被点击数达到一万次以上的"，构成传播淫秽物品牟利罪。可见，实际被点击数的认定是衡量被告人行为是否应当受到刑事制裁以及如何量刑的重要依据之一。

---

① 参见佟新《我国淫秽物品的社会危害》，《社会学研究》1993 年第 3 期。
② 参见蒙晓阳、李华《作品淫秽色情信息认定与公民权益保护》，《出版发行研究》2017 年第 9 期。
③ 参见罗翔《论淫秽物品犯罪的惩罚根据与认定标准——走出法益理论一元论的独断》，《浙江工商大学学报》2021 年第 6 期。

1. 一般认定

在"彭某传播淫秽物品牟利案"中，判断实际被点击数时，法院认为宜将淫秽作品作为一个整体看待，而不应简单将作品各个章节的被点击数累加。理由如下。其一，判断一部作品是否属于淫秽物品，应就作品的全部内容进行整体判断，不能仅就某一部分进行片面评价。因为一部作品各部分之间的关联会导致作品的科学性、艺术性与淫秽性的权重不同。例如在一些经典文学著作中，高艺术性的其他部分会淡化个别部分的两性描写带来的淫秽性。其二，阅读了某一部分并不代表阅读了整部作品，某一部分的传播量也就不能代表整部作品的传播量。互联网作品具有拆分各章节进行发布和点击阅读的基本特点，因此各章节单独的被点击数仅能代表该章节的传播量。将每章节被点击数直接累加将存在对整部作品的被点击数的重复计数。在"彭某传播淫秽物品牟利案"中，起诉书中认定的被点击数为 1431348 次，这一次数是对淫秽小说全部章节各自被点击数的累加。这种认定方式实际上并未将淫秽网络小说作为一个整体看待，而是认为每一章节都是独立的，因而得出本案中淫秽网络小说的实际被点击数是各个章节被点击数之和。[①]

但网络淫秽小说的内容具有连贯性，不宜将各个章节作为独立个体，而应作为一个整体看待来考察其传播量和判断社会危害性。在互联网环境下，被点击数等指标可协助判断淫秽小说的传播数量。此案中各个章节被点击数之和为 1431348 次，案情中也无更详细的各个章节被点击数可供参考，因此可采用除以全书章节数的方法得到平均每章节的被点击数，即估算连续阅读完所有章节的读者数量，来得到较为合理的该淫秽小说的真实传播量级。本案涉案小说共有 103 章，与各个章节被点击数之和相除得到 13897 次，生效裁判即使用此数字作为最终认定的该小说实际被点击数。

2. 现实发展

然而，随着互联网的不断发展，传统认定淫秽作品的实际被点击数的方法也逐渐出现不同的例外。在以视频方式传播淫秽信息案件中，传统的传播行为一般由淫秽网站"站长"或用户以直观陈列的方式实施，传播者

---

① 参见北京市海淀区人民法院（2015）海刑初字第 513 号刑事判决书。

直接将淫秽视频链接放到网上提供给他人点播，或直接展示播放，或直接提供下载服务。比较而言，新技术下的很多传播方式比传统单纯的 P2P 传播模式要更为复杂。例如，快播案中，快播公司提供的是在用户之间建立链接渠道的程序，难以认定快播公司是淫秽视频的内容提供者，但在运用缓存服务器提供加速服务的传播模式下，快播公司放任其缓存服务器参与淫秽视频的传播过程，却没有开展有效的事前审查或后台审查，刑法应当责难此种不履行法定义务的行为。但即便缓存服务器介入视频传播过程，也不是直接提供缓存服务器的链接，而是用户点击淫秽网站上的链接后，快播公司的缓存服务器才因调度服务器的指挥提供加速服务，其实现方式更多地体现出网络技术的后台传输特点，技术介入的非直观性特征明显。考虑快播公司的放任传播方式的非直观性与传统直观陈列方式传播的区别以及技术介入性特点，单纯以缓存服务器内实际存储的淫秽视频数量来评价快播公司及各被告人的刑事责任，过于严苛。① 快播案的最终判决也并未采取此种评定标准。

（三）具有牟利目的的认定

传播淫秽物品牟利罪要求"以牟利为目的"，即行为人主观上具有牟取非法利益的目的。这里的利益，既包括直接利益，也包括间接利益。司法实践中认定的"以牟利为目的"，既包括通过制作、复制、出版、贩卖、传播淫秽物品直接获取对价的目的，也包括通过广告、流量、用户数量等获得间接收入的目的。淫秽视频被搜索、点播、下载的数量越多，淫秽视频的网络传播者获取间接利益的可能就越大。所以，以获取广告费等间接利益为目的，为吸引网民、增加网站网页访问量、提高用户数量而在互联网上发布、陈列、播放淫秽视频的行为，应当认定为"以牟利为目的"传播淫秽物品的行为。在符合"传播"与"淫秽物品"两项构成要件的前提下，需要对传播淫秽物品牟利罪与传播淫秽物品罪进行区分。对于达一定数量标准的上传者是否存在牟利目的以及构成传播淫秽物品牟利罪的争

---

① 　参见北京市海淀区人民法院（2015）海刑初字第 512 号刑事判决书。

议，必须回归到对刑法"以牟利为目的"的解释上，牟利目的的有无是区分传播淫秽物品牟利罪与传播淫秽物品罪的关键。

1. 利益说

以"以牟利为目的"为构成要件的 8 个相关罪名基本都与以金钱为对价的市场交易行为相关联，以金钱为表现形式的利益追求毫无疑问属于"以牟利为目的"。但也有学者提出行为人所牟之利应当可以扩张至如商业优惠、职务照顾、身份变化等非物质利益，甚至还可以包括如劳务付出的行为利益、性交等身体利益。[①] 非物质利益虽然能驱使行为人实施刑法禁止的行为，且具有一定的交换价值，但这种价值不便量化细分，难以认定为我国《刑法》分则中所认定的"牟利目的"。

那么，是否只要是可量化的利益均符合所牟之利的要求，而不论该利益是直接获利还是间接获利？在快播案中，快播播放器的安装和使用带来的资讯快播和第三方软件捆绑是最主要的盈利实现方式。2008 年至 2013 年，快播公司营业收入逐年快速增长，仅快播事业部 2013 年营业收入就达到人民币 1.4 亿元，其中资讯快播营业收入约为人民币 7046 万元，占 49.25%，第三方软件捆绑营业收入约为人民币 3948 万元，占 27.59%。[②] 显然，快播公司通过具有独占性的第三方软件捆绑和广告资讯等盈利。快播公司虽然并未主动上传淫秽视频，但不监管，甚至通过有条件的存储、调取方式提供网络支持，为用户上传、搜索、点播淫秽视频提供便利，以致淫秽视频在网络上大量传播，借此提高市场占有率，增加收入。

我们认为，一般意义上，"利"的范围延伸至非物质利益并不合适，且间接获利之认定与直接获利区别较大。在快播案中，法院认为快播公司放任淫秽视频传播的直接获利数额难以认定。现有证据可以认定快播公司及各被告人之所以放任淫秽视频传播，目的是利用淫秽视频传播带动用户增加从而产生更多收入，且实际获利巨大。但应当看到，现有证据没有证明快播公司经营的网络平台通过传播淫秽视频直接收取费用，不能区分快

① 参见王继鹏、陆涛忠《论高利转贷罪的特征及其认定》，《石家庄经济学院学报》1999 年第 1 期。
② 参见北京市海淀区人民法院（2015）海刑初字第 512 号刑事判决书。

播公司现有营业收入中具体有哪些属于传播淫秽视频所得，哪些是合法经营所得。实际上，快播公司及各被告人在经营视频点播业务过程中，主观上兼有合法经营目的和非法牟利目的，客观上难以即时区分合法视频点播服务和非法视频点播服务。快播公司获利方式的间接性决定了这种合法经营和非法经营的混同存在，所反映出的主观恶性和行为的社会危害性，比纯粹以淫秽物品传播为专营业务的淫秽网站要小。但需指出，间接获取非法利益的目的包含在刑法所规定的非法牟利目的的范围之内，只是间接获利与直接获利在刑罚适用标准方面有所区别。

2. 利润说

牟利目的是否应当进一步缩小范围，仅指行为人追求获得利润？有论者认为，为谋取利润而实施刑法禁止的行为是牟利目的支配的客观外在表现。[①] 在刑法层面上，行为人认识到并意图通过犯罪行为取得一定可用金钱衡量的"好处"，犯罪成本与"好处"的衡量可以影响行为人是否决定实施犯罪行为。但一旦行为人决定实施犯罪行为，行为人追求该好处这一目的的认定就不应当再受犯罪成本的影响，因此，计算犯罪数额时不应当考虑扣除犯罪成本。当行为人决意并实际实施犯罪，无论目标收益是否超过犯罪成本，行为人都应当被认定为具有牟利目的。

在快播案的庭审现场，被告人曾供述："我们公司收入是基于用户的使用量。有大量淫秽视频的存在，必然增加公司的用户使用量，也必然导致公司收入提高。"在淫秽物品的传播中，快播公司也利用收取广告费、会员费等方式非法牟利，这也可以证明快播公司具有牟利目的，并且已经外化为行为。[②] 显然，快播公司收取的会员费和广告费应被认定为传播淫秽物品牟利罪中的"利润"部分，这也是当下以盈利运营为目的的网络或者平台获得收入的常见做法。此案争议焦点还有作为管理员的各被告人为运营者牟利是否可以被认定为刑法中的"以牟利为目的"。刑法并没有将牟利限定为"以为自己牟利为目的"，故将牟利目的的受益者解释为本人

---

① 参见罗永林《论刑法中的"以营利为目的"和"以牟利为目的"》，《晋东南师范专科学校学报》2004 年第 1 期。

② 参见北京市海淀区人民法院（2015）海刑初字第 512 号刑事判决书。

或第三人并不违背罪刑法定原则，也在体系上与非法占有目的可以是"为第三人非法占有"的解释保持一致。[①] 各被告人作为管理者实施维护、管理网站的行为是为了网站能持续运营，目的的指向是让网站和"站长"获得更多非法利益，故可以被认定为具有牟利目的。

（四）网络服务提供商的行为定性

1. 网络服务提供商的网络安全管理义务

网络色情犯罪不能脱离网络平台来认定责任。淫秽视频污染网络环境，尤其对青少年身心健康带来巨大损害，我国法律法规明确规定了网络信息服务提供者的网络信息安全管理责任。[②] 首先，网络平台负有网络视频信息服务提供者应当承担的网络安全管理义务。在快播案中，被告是一家流媒体应用开发和服务供应企业，其免费发布快播资源服务器程序和播放器程序，使快播资源服务器、用户播放器、中心调度服务器、缓存调度服务器和上千台缓存服务器共同构建起了一个庞大的基于 P2P 技术提供视频信息服务的网络平台。用户使用快播播放器客户端点播视频、"站长"使用快播资源服务器程序发布视频，快播公司中心调度服务器均参与其中。中心调度服务器为使用资源服务器程序的"站长"提供视频文件转换、链接地址发布服务，为使用播放器程序的用户提供搜索、下载、上传服务，进而通过其缓存服务器提供视频存储和加速服务。快播公司缓存服务器内存储的视频文件，也是在中心调度服务器、缓存调度服务器控制下，根据视频被用户的点击量自动存储下来，即只要在一定周期内点击量达到设定值，就能存储并随时提供用户使用。快播公司由此成为提供包括视频服务在内的网络信息服务提供者。快播公司作为快播网络系统的建立

[①] 参见刘德法、郭晨阳《论我国刑法中的"以营利为目的"及其司法认定》，《河南警察学院学报》2018 年第 5 期。

[②] 《网络安全法》第 22 条前 2 款规定："网络产品、服务应当符合相关国家标准的强制性要求。网络产品、服务的提供者不得设置恶意程序；发现其网络产品、服务存在安全缺陷、漏洞等风险时，应当立即采取补救措施，按照规定及时告知用户并向有关主管部门报告。网络产品、服务的提供者应当为其产品、服务持续提供安全维护；在规定或者当事人约定的期限内，不得终止提供安全维护。"

者、管理者、经营者，应当依法承担网络安全管理义务。而 P2P 技术容易被利用于淫秽视频、盗版作品传播，这在行业内已经是众所周知的事实，应当认定快播公司对此是有一定预知甚至明知的。因此，监管淫秽视频以避免淫秽视频通过快播网络传播，不仅是快播公司作为网络视频信息服务提供者的法律义务，更是其应当积极承担的社会责任。

快播公司与缓存服务器所有者光通公司签订了民事合同，这不能作为否定快播公司对其控制、维护的缓存服务器负有网络信息安全责任的抗辩理由。快播公司是事实上的使用者和控制者，光通公司不具备审查缓存服务器上存储内容合法性的能力。任何经营策略都应当计算自身承担法定义务的成本，作为自身技术规则的设定者，网络平台应当具备网络服务的信息安全管理能力，问题的关键是其愿不愿意把这种能力转变为现实的行动。[①] 显然快播公司并不愿为此花费，因而选择铤而走险，消极放任。

2. 作为前置程序的行政处理措施

快播案是一个社会影响较为重大的涉淫秽信息刑事案件，但在被刑事处罚之前，行政机关其实已经介入对该公司的处理。只不过，作为"前置"处理程序的行政处理，并未达到最佳效果，行政阻却功能在一定程度上是"失灵"的，其未能阻止该案最终演变为更为严重的刑事犯罪案件。判决书显示，自 2012 年 8 月 1 日开始，深圳网监即上门对快播公司进行信息安全管理情况检查，发现快播公司存在未建立安全保护管理制度、未落实安全保护技术措施等情况，遂依据《计算机信息网络国际互联网安全保护管理办法》第 21 条之规定，开具正式法律文书，对快播公司给予行政处罚警告，并责令快播公司立即整改，并要求其在 2012 年 8 月 16 日前整改完毕。[②] 但是，这种行政处理并没有遏制住快播公司的违法状态继续向前蔓延，相关处理在力度上偏弱，在后续监督和整改效果评估上没有继续跟进。简言之，刑事处理之前的行政手段并没有遏制快播公司继续实施违法行为，这在一定程度上反映出行政主体和行政措施在规制网络违法犯罪

---

① 参见北京市海淀区人民法院（2015）海刑初字第 512 号刑事判决书。
② 参见北京市海淀区人民法院（2015）海刑初字第 512 号刑事判决书。

行为方面的乏力和"失灵"。

同样因为平台涉黄、涉低俗信息而受到行政处罚的还有"某音"所属的北京 W 科技有限公司。2021 年 1 月 4 日，根据群众举报线索，北京市"扫黄打非"办公室指导北京市文化市场综合执法总队对"某音"平台进行约谈，对其传播淫秽色情低俗信息行为作出顶格罚款的行政处罚。文化执法部门依法对"某音"平台运营公司北京 W 科技有限公司作出行政罚款的处罚，责令立即改正有关违法行为，并要求该公司严格落实主体责任，加强内容管理，对发布色情内容及引流信息的用户坚决予以封禁。① 但网络服务提供者后续是否能规范运营，避免走向刑事犯罪，目前仍不明确，仍有待进一步的观察和跟进监督、评估。

3. "技术中立"原则

关于技术中立原则，又称技术无罪原则。简单地讲，该原则意指技术本身是中立的，在违法犯罪案件中不能仅因某主体系某项中立技术的研发者或提供者，就认定其构成侵权或犯罪。因为一项中立的技术是既有可能用于"有益"的方面，也有可能用于"有害"的方面，这不是技术提供者和研发者所能决定和控制的。但在"上海步某音乐诉北京飞某网、北京舶某舫利用酷某软件侵犯录音制作者权益案"中，法院使用了"非中立性技术应用"一词，"非中立性技术应用"指中立的技术一旦用于"非中立技术应用"，技术就不再中立。② 在目前 P2P 类和搜索引擎类侵权或犯罪案件中，"技术中立与非中立性技术应用"问题已经成为处理这类案件技术和法律层面的核心问题，特别是中立性技术是否进行了"非中立性技术应用"的问题，将成为判断此类案件是否构成（共同、帮助）侵权的关键③。

任何一项以使用为目的的技术从无到有都不得不经过两个阶段——技术开发和技术应用。最后得到的技术产品是中立的。但是在技术开发和技

---

① 参见（2021）文执罚第 400002 号行政处罚决定书。
② 参见北京市第二中级人民法院（2005）二中民初字第 13739 号民事判决书。
③ 参见董颖《技术中立与非中立性技术应用——评中国 P2P 第一案》，《电子知识产权》2007 年第 4 期。

术应用这两大阶段因为人的参与从而不可避免产生非中立性，所有的技术非中性论思想家都将思考的目光放在了技术的社会使用和现实影响方面。[①]例如，快播案的判决书显示，快播公司的自辩理由之一便是，其认为快播公司开发 P2P 技术，设计快播网络，建立数据服务器的行为仅仅发生在技术领域，并不涉及社会伦理，因此刑法无须评价。[②] 该辩护意见初听起来有一定道理，但是法院否定了此种观点。法院认为，技术本身无罪，但当技术提供给用户使用、传播、分享和交换时，就赋予了技术一定的社会属性，而此种技术应当为法律规制，并纳入法治范畴。且基于既往案件判决观点及刑法学的相关理论，快播公司以作为方式构成传播淫秽物品牟利罪，"技术中立"原则并不能成为快播公司脱罪的抗辩理由。

（五）争议解决

信息技术的发展推动了互联网的繁荣与发展，但是也给淫秽、色情信息的传播带来了极大的技术便利。网络信息传播的隐藏性强、传播速度快、传播影响大、传播手段多变和传播区域无界化等特点都加剧了淫秽色情信息在网络上的泛滥。加强互联网内容建设，建立网络综合治理体系，营造清朗的网络空间，是党的十九大作出的战略部署[③]。为了创造一个风清气正的网络空间，寻求治理网络色情传播的有效路径是一项紧迫且必要的任务。

1. 制定可操作性标准

首先，确立淫秽和色情区分认定的审核标准。从概念形式和内涵上看，淫秽信息与色情信息均有区别。美国即通过制定动态的淫秽认定标准，以使其与色情信息加以区别，并根据适用对象是成年人或未成年人而采取宽严不一的认定口径。我国对淫秽信息与色情信息虽然均有讨论，但一般均将两者混为一谈，未进行明确区分。明确划分淫秽信息与色情信息

[①] 参见林艳梅《解读技术非中性论》，《北京行政学院学报》2003 年第 6 期。
[②] 参见北京市海淀区人民法院（2015）海刑初字第 512 号刑事判决书。
[③] 参见王四新等《网络综合治理体系如何构建》，《法制日报》2017 年 10 月 25 日，第 5 版。

的界限，是对之采取差异化治理态度和措施的前提。其次，将单一认定主体拓展为多元主体。在我国，公权力垄断了对淫秽的解释权，尤其是作为执法者和认定者的公安机关，兼具双重身份，这显然存在矛盾。根据职能分离的基本原则，需要将认定者的身份从作为决定主体的公安机关中剥离开来，至少不能由公安机关享有绝对认定权，应当让其他机构或组织也参与淫秽的认定程序。最后，对淫秽与色情应制定更具体、更具有可操作性的解释性条文规定。为加强可操作性，减少模糊性用语，欧美国家对于性及裸体等信息采取"内容分级"的标准，这对我国应该有一定借鉴作用。[①]我们在制定淫秽、色情信息的具体判定标准时，要重视性法学和性社会学的研究，既要借鉴域外经验，也要广泛征求国内意见，关注我国淫秽色情观念的时代变迁，以增强标准的明确性和社会认可度。[②]

2. 淫秽、色情的数量认定

参照最高人民法院、最高人民检察院《关于办理利用互联网、移动通讯终端、声讯台制作、复制、出版、贩卖、传播淫秽电子信息刑事案件具体应用法律若干问题的解释》第 1 条的规定，"实际被点击数"是该罪定罪量刑的重要依据。[③] 对于"实际被点击数"的不同判断，会导致裁判尺度上存在较大差别。如何对"实际被点击数"作出正确的理解，以防止量

---

① 参见张志铭、李若兰《内容分级制度视角下的网络色情淫秽治理》，《浙江社会科学》2013 年第 6 期。

② 参见谈大正《色情信息法律规制和公民性权利保护》，《东方法学》2010 年第 3 期。

③ 该解释第 1 条规定："以牟利为目的，利用互联网、移动通讯终端制作、复制、出版、贩卖、传播淫秽电子信息，具有下列情形之一的，依照刑法第三百六十三条第一款的规定，以制作、复制、出版、贩卖、传播淫秽物品牟利罪定罪处罚。（一）制作、复制、出版、贩卖、传播淫秽电影、表演、动画等视频文件二十个以上的；（二）制作、复制、出版、贩卖、传播淫秽音频文件一百个以上的；（三）制作、复制、出版、贩卖、传播淫秽电子刊物、图片、文章、短信息等二百件以上的；（四）制作、复制、出版、贩卖、传播的淫秽电子信息，实际被点击数达到一万次以上的；（五）以会员制方式出版、贩卖、传播淫秽电子信息，注册会员达二百人以上的；（六）利用淫秽电子信息收取广告费、会员注册费或者其他费用，违法所得一万元以上的；（七）数量或者数额虽未达到第（一）项至第（六）项规定标准，但分别达到其中两项以上标准一半以上的；（八）造成严重后果的。利用聊天室、论坛、即时通信软件、电子邮件等方式，实施第一款规定行为的，依照刑法第三百六十三条第一款的规定，以制作、复制、出版、贩卖、传播淫秽物品牟利罪定罪处罚。"

刑时畸轻畸重，是实务中需要直面的重要问题。[①]

首先，司法解释在对传播淫秽物品牟利罪的量刑进行判定时，使用了"数量""实际被点击数""注册会员数""淫秽电子信息""违法所得"等多种判定依据，以期尽可能衡量淫秽物品的实际传播数量和最终获利金额，目的是指导法院在各种复杂的现实案件情形下，判断违法制作、复制、出版、贩卖、传播行为的社会危害性。

其次，判断一部互联网淫秽作品的"实际被点击数"，应结合互联网特征，在将淫秽作品视为整体的原则指导下进行。[②] 分散阅读作品是互联网发布内容作品的显著特征，每一部分和章节都能显示"被点击数"，如果一部性质存疑的作品的每一部分和章节都作为一个独立的淫秽、色情作品，那么实际上"被点击数"的累计数则会大大超过实际传播数，因此，选择适当的计数方法，对互联网平台中传播淫秽作品的数量认定尤为关键。实务中，法院多采纳平均值指标的计算方法。平均值指标的计算方法，更适合作品各部分内容连贯、难以取得各个部分单独的点击数量、只能获知总被点击数的情形，此时以总被点击数除以章节数，即代表连续阅读完所有章节的人数有多少，是衡量实际传播量级相对客观的方法。[③]

最后，"实际被点击数""注册会员数""淫秽电子信息""违法所得"等各种判定依据只是衡量实际传播量的一种依据。在个案存在其他衡量依据的情况下，法院并不完全需要机械参照司法解释中出现的指标进行数量认定，也可以根据实际情况推导真实传播数量。

3. 明确网络服务提供商的法律责任

目前，我国关于网络淫秽、色情信息治理中网络服务商责任的规定主要包含在最高人民法院、最高人民检察院的司法解释中。其中，2010 年出台的最高人民法院、最高人民检察院《关于办理互联网、移动通讯终端、声讯台制作、复制、出版、贩卖、传播淫秽电子信息刑事案件具体应用法

---

① 参见北京市海淀区人民法院（2015）海刑初字第 513 号刑事判决书。
② 参见北京市海淀区人民法院（2015）海刑初字第 513 号刑事判决书。
③ 参见北京市海淀区人民法院（2015）海刑初字第 513 号刑事判决书。

律若干问题的解释（二）》的规定相对更为全面。① 实务观点认为，网络服务提供商只要尽到必要的注意义务，根据"避风港规则"，② 即不会追究其刑事责任。但对于网络内容服务提供商来说，内容运营是其主营业务之一，网络服务提供商与网络内容服务提供商在不同阶段承担不同的责任，显然网络内容服务提供商的责任更重。对于传统的网络淫秽色情信息传播方式而言，网络内容服务提供商多通过购买、租用境外网络服务器来建立淫秽色情网站，但对于新兴的直播平台的主播所进行的色情表演来说，网络内容服务提供商相当于一个信息提供者，对其提供的内容应尽到严格的审查义务。同时他们也有能力和条件避免色情信息的传播，一旦主播进行色情表演，直播平台应当立即采取行动。③ 此种情形下直播平台是否构成组织播放淫秽音像制品罪、组织淫秽表演罪，学界一直存在很大的争议，因为这两项罪名的成立需要证明直播平台存在主观故意，但这一点在实践中往往很难进行举证。④

综上可以看出，无论是传统的网络色情信息传播还是新兴的直播平台等传播方式，都与网络内容服务提供商有着密切的联系。因此明确网络内容服务提供商责任是规范网络色情信息传播治理的重要环节。针对新兴的传播方式，网络内容服务提供商应当建立起完整的规范来约束主播的行为，包括但不限于双方或多方合同约定、平台规范公约、定期抽检内容

---

① 该司法解释第6条规定：电信业务经营者、互联网信息服务提供者明知是淫秽网站，为其提供互联网接入、服务器托管、网络存储空间、通讯传输通道、代收费等服务，并收取服务费，具有下列情形之一的，对直接负责的主管人员和其他直接责任人员，依照刑法第三百六十三条第一款的规定，以传播淫秽物品牟利罪定罪处罚：（一）为五个以上淫秽网站提供上述服务的；（二）为淫秽网站提供互联网接入、服务器托管、网络存储空间、通讯传输通道等服务，收取服务费数额在二万元以上的；（三）为淫秽网站提供代收费服务，收取服务费数额在五万元以上的；（四）造成严重后果的。实施前款规定的行为，数量或者数额达到前款第（一）项至第（三）项规定标准五倍以上的，应当认定为刑法第三百六十三条第一款规定的"情节严重"；达到规定标准二十五倍以上的，应当认定为"情节特别严重"。

② 《信息网络传播权保护条例》第14~17条非常详细地规定了"通知—删除—反通知—恢复"的完整操作流程，第20~23条规定了网络服务提供者可以免责的情形。

③ 参见广东省中山市中级人民法院（2018）粤20刑终304号刑事判决书。

④ 参见江苏省徐州市贾汪区人民法院（2016）苏0305刑初309号刑事判决书。

等，确有必要时可以进行审查认定，对违规或者"擦边球"行为则可采取暂时封禁、定期培训等措施。

4. "技术中立"原则的运用

我国司法实践对于技术中立的肯定，意在鼓励技术创新和发展，但技术是人类利用自然规律的成果，一定程度上受到技术提供者和使用者意志的控制和影响，并体现技术提供者和使用者的目的和利益。[1] 法律对于以技术中立原则为由给予责任豁免的情形，通常限于网络服务提供商中的技术开发者，对实际上通过使用技术运营、服务及营利的主体，司法机关则往往根据行为的危害性及是否符合法律规定判断其是否可以免责。恶意使用技术、非法传播淫秽色情信息的行为，必然不受该原则豁免。对于网络内容服务提供商而言，即便客观上没有对其传播的内容进行选择，但当其明知自己使用的技术服务被他人利用传播淫秽色情时，或当技术服务被利用成为大量淫秽色情信息的加速传播工具时，或当自己有义务、有能力阻止而不阻止时，一般都不可能再依"技术中立"原则而主张责任豁免。

简言之，明确网络服务提供者的责任并依据"技术中立"原则对不同类型的网络服务提供者设置有区分度的注意义务，认识到人与技术的相互建构作用，谨慎把握"技术中立"原则及其运用，才能为法律规制与技术发展构建出一片合理的缓冲区域。[2]

（六）小结

网络提供的海量信息极大地开阔了人们的视野，而混杂其中的淫秽、色情信息所带来的危害也不容忽视。本章以此为出发点，归纳总结了利用网络非法发布、传播色情信息案件所涉及的核心法条、典型个案争议焦点，并在此基础上进行了法理评析和研究，以期对网络色情淫秽信息之治理实践有所启发和借鉴。网络淫秽、色情信息的规制是一项长期、持续的工作，长远来看，只有进一步明确区分淫秽、色情信息之标准和差异，制

---

[1] 参见北京市海淀区人民法院（2015）海刑初字第 512 号刑事判决书。

[2] 参见李涵《互联网视阈下的技术中立抗辩——快播公司传播淫秽物品牟利案》，载赵秉志主编《刑事法判解研究》（第 38 辑），人民法院出版社，2018，第 104~111 页。

定更加具有可操作性的解释细则，明确网络服务提供商的法律责任，完善法律规制程序，同时综合运用法律、行政和技术等多种手段，集合政府、行业协会以及社会各界的综合力量，才能更好地治理此类信息，维护一个清朗、洁净的网络世界。

第七章　利用网络发布、传播虚假信息案

一　典型类案

（一）黄某兰等诉赵某名誉权纠纷案

[**案例案号**] 北京市第三中级人民法院（2018）京 03 民终 725 号民事判决书

[**基本案情**]

L 公司在顺义区开有一家美容店，黄某兰系 L 公司股东，并在该美容店兼任美容师工作。2017 年 1 月 17 日 16 时许，赵某陪同住小区的另一业主徐某到上述美容店做美容。在黄某兰为顾客做美容的过程中，赵某向黄某兰询问之前在该美容店进行的祛斑事宜。后赵某与黄某兰因美容服务问题发生口角，赵某推翻了美容店桌子上的一个装有美甲物品等杂物的盒子。黄某兰随即拨打了报警电话。赵某推倒了另一个美容推车并欲离开，黄某兰抱住赵某阻止其离开，二人撕扯在一起。后赵某的一男性朋友赶到，将二人分开。之后北京市公安局顺义分局后沙峪派出所民警也赶到现场并拍摄了出警视频。当日，黄某兰到首都医科大学附属北京地坛医院急诊外科检查，彩色超声检查报告单检查记录显示未见异常，超声提示盆腔积液。黄某兰为此支出检查费 165 元。2017 年 3 月 13 日，北京市公安局顺义分局对赵某作出行政拘留三日的行政处罚决定。

上述事件发生后，赵某以"冷静郡主"为网名，在其与黄某兰共同居

住的小区业主微信群中发布大量涉及黄某兰以及 L 公司美容店的照片和文字，其中包括大量侮辱性内容。黄某兰、L 公司遂对赵某提起名誉权侵权之诉。

[审理意见]

一审法院认为，公民、法人享有名誉权，公民的人格尊严受法律保护，禁止用侮辱、诽谤等方式损害公民、法人的名誉。本案中，赵某否认其微信号所发的有关涉案信息是本人所为，但未就此提交证据证明。根据庭审查明情况，结合微信截屏信息内容、证人证言、一审法院自深圳市腾讯计算机系统有限公司调取的材料，一审法院认定赵某在 2017 年 1 月 17 日与黄某兰发生纠纷后，在双方共同居住的小区业主微信群中发表涉案言论并使用黄某兰照片作为配图，对黄某兰及 L 公司美容店使用了贬损性言辞，赵某亦未提交证据证明其所发表的涉案言论的客观真实性，其将上述不当言论通过微信发至有众多小区业主的微信群，造成上述不当言论的传播，故一审法院认定赵某在主观上具有过错。从微信群中其他用户询问的情况以及网络信息传播的便利及快捷特点看，涉案言论确易引发对黄某兰、L 公司经营的美容店的猜测和误解，导致对二者产生负面认识和社会评价降低，故赵某的行为侵犯了黄某兰、L 公司的名誉权，赵某应当就此承担民事侵权责任。行为人因过错侵害他人民事权益，应当承担侵权责任。公民、法人的名誉权受到侵害，有权要求停止侵害，恢复名誉，消除影响，赔礼道歉，并可以要求赔偿损失。现黄某兰、L 公司要求赵某基于侵犯名誉权之行为赔礼道歉，符合法律规定，一审法院予以支持，赔礼道歉的具体方式由一审法院酌情确定。关于名誉权被侵犯产生的经济损失，L 公司提供的证据不能证明实际经济损失数额，但 L 公司在案涉小区经营美容店，而赵某在有众多小区业主的微信群中发表不当言论，这势必会给 L 公司造成一定影响，故对 L 公司的该项请求，一审法院综合考虑赵某的过错程度、侵权行为内容与造成的影响、侵权持续时间、L 公司实际营业情况等因素酌情确定。关于黄某兰主张的精神损害抚慰金，一审法院亦根据上述因素酌情确定具体数额。关于 L 公司主张的精神损害抚慰金，缺乏法律依据，一审法院不予支持。综上，一审法院判决：赵某于判决生效之日起 7 日内在案涉美容店门口张贴致歉声明，向黄某兰、L 公司赔礼道歉，张贴时间为 7 日，致歉内容须经法院审核，如逾期不执行上述内容，则由法院在案涉美容店门口全文张贴本判决书内容；赵某于判决生效之日起 7 日内赔偿 L 公司经济损失 3000 元；赵某于判决生效之日起 7 日内赔偿黄某兰精神损害抚慰金 2000 元；驳回黄某兰、L 公司的其他诉讼请求。

一审宣判后，赵某不服提起上诉。二审法院经审理认为，名誉权是民事主体依法享有的维护自己名誉并排除他人侵害的权利。《中华人民共和国民法通则》（简称《民法通则》）第 101 条规定，"公民、法人享有名誉权，公民的人格尊严受法律保护，禁止用侮辱、诽谤等方式损害公民、法人的名誉"。

关于赵某上诉称其没有侵害黄某兰和 L 公司名誉权的问题，二审法院认为，根据已查明的事实，赵某与黄某兰发生纠纷后，赵某在微信群中发布的信息使用了"精神分裂""装疯卖傻"等明显带有侮辱性的言论，并使用黄某兰的照片作为配图，使上述言论被微信群中的其他成员所知晓。案涉微信群人数众多，赵某发布的侮辱性言论及图片导致黄某兰及 L 公司的社会评价降低，赵某的损害行为与黄某兰、L 公司名誉受损之间存在因果关系，故赵某的行为已经侵犯了黄某兰、L 公司的名誉权。一审法院认定赵某侵害了黄某兰、L 公司名誉权的判决正确，赵某的该项上诉理由不能成立，不予支持。

关于赵某上诉称 L 公司没有经济损失的问题，二审法院认为，《民法通则》第 120 条规定，"公民的姓名权、肖像权、名誉权、荣誉权受到侵害的，有权要求停止侵害，恢复名誉，消除影响，赔礼道歉，并可以要求赔偿损失。法人的名称权、名誉权、荣誉权受到侵害的，适用前款规定"。本案中，L 公司的经营地点在案涉小区内，而赵某的不当言论发布在人数众多的案涉小区住户所在的微信群中，势必对 L 公司的经营造成不良影响，故一审法院判决赵某赔偿 L 公司经济损失 3000 元并无不当，应予维持。关于黄某兰主张的精神损害抚慰金，一审法院酌情确定的数额并无不当，二审法院不持异议。

综上所述，赵某的上诉请求不能成立，应予驳回。一审判决认定事实清楚，适用法律正确，应予维持。故，二审法院依法判决如下：驳回上诉，维持原判。

（二）葛某生诉洪某快名誉权、荣誉权纠纷案

[**案例案号**] 北京市第二中级人民法院（2016）京 02 民终 6272 号民事判决书

[**基本案情**]

2013 年 8 月 27 日，新浪微博网民张某红发布信息称，"狼牙山五壮士实际上是几个土八路，当年逃到狼牙山一带后，用手中的枪欺压当地村民，致当地村民不满。后来村民将这 5 个人的行踪告诉日军，又引导这 5 个人向绝路方向逃跑……"。网民张某红被抓获后，承认自己虚构信息、散布谣言的违法事实，被警方依法行政拘留 7 日。

2013 年 9 月 9 日，洪某快在财经网发表《小学课本〈狼牙山五壮士〉有多处不实》一文。文中写道："据《南方都市报》2013 年 8 月 31 日报道，广州越秀警方于 8 月 29 日晚间将一位在新浪微博上污蔑狼牙山五壮士的网民抓获，以虚构信息、散布谣言的罪名予以行政拘留 7 日。所谓污蔑狼牙山五壮士的'谣言'其来有自。"

2013 年 11 月 8 日，洪某快发表了其本人撰写的《"狼牙山五壮士"的细节分歧》一文。该文分为几个部分，分别为"在何处跳崖""跳崖是怎么跳的""敌我双方战斗伤亡""'五壮士'是否拔了群众的萝卜"。文章通过援引不同来源、不同内容、不同时期的报刊资料等，对狼牙山五壮士事迹中的细节提出疑问，并写道："当我们深入'狼牙山五壮士'有关叙述的细节时，就发现上述人员在不同时间、不同场合下的陈述存在诸多相互矛盾之处。而对于同一件事，相互矛盾的描述可能都不符合事实，也可能有一个符合事实，但不可能同时都符合事实。"

作为"狼牙山五壮士"之一的葛振林之子葛某生，认为洪某快虚构事实、散布谣言，侵犯了葛振林等人名誉权、荣誉权，遂依法提起名誉权侵权之诉。

[审理意见]

一审法院认为，1941 年 9 月 25 日，在易县狼牙山发生的狼牙山战斗，是被大量事实证明的著名战斗。在这场战斗中，狼牙山五壮士英勇抗敌的基本事实和舍生取义的伟大精神，赢得了全中国人民高度认同和广泛赞扬，是五壮士获得"狼牙山五壮士"崇高名誉和荣誉的基础。我国法律规定，公民享有名誉权、荣誉权，禁止用侮辱、诽谤等方式损害公民的名誉、荣誉等民事权益。公民的姓名、肖像、名誉、荣誉受到侵害的，相关当事人有权要求侵权人停止侵害，恢复名誉，消除影响，赔礼道歉，并可以要求赔偿损失。

对于洪某快发表的案涉文章是否构成名誉侵权的案件核心争议问题，法院分析如下。《民法通则》第 106 条第 2 款规定，"公民、法人由于过错侵害国家的、集体的财产，侵害他人财产、人身的，应当承担民事责任"。《侵权责任法》第 2 条规定，"侵害民事权益，应当承担侵权责任"。从上述法律规定来看，我国关于侵权的客体范围包含了权利和利益。《最高人民法院关于确定民事侵权精神损害赔偿责任若干问题的解释》第 3 条规定，自然人死亡后，他人仍不得以侮辱、诽谤、贬损、丑化或者违反社会公共利益、社会公德的方式，侵害死者的姓名、肖像、名誉、荣誉。由此可知，自然人死亡后，其生前人格利益仍然受法律的保护。

从本案涉及的事实来看，案涉文章涉及的人物之一是葛某生的父亲葛振林。1941 年 10 月 18 日，时任晋察冀军区司令员兼政治委员的聂荣臻签发训令，对宁死不屈、光荣殉国的马宝玉、胡德林、胡福才三位烈士及跳崖负伤的葛振林、宋学义两位同志予以表彰，并号召全体指战员学习。之后，几十年中，"狼牙山五壮士"这一称号在全军、全国人民中广泛传播，获得了普遍的公众认同，成为全军、全国人民学习的榜样和楷模。从这些英雄人物的角度看，他们的英雄事迹反映了他们不怕牺牲、宁死不屈、英勇抗敌的精神。"狼牙山五壮士"的英雄称号，既是国家及公众对他们作为中华民族的优秀儿女在反抗侵略、保家卫国做出巨大牺牲的褒奖，也是他们应当获得的个人名誉和个人荣誉。

不仅如此，"狼牙山五壮士"是中国共产党领导的八路军在抵抗日本帝国主义侵略伟大斗争中涌现出来的英雄群体，是中国共产党领导的全民抗战并取得最终胜利的重要事件载体。这一系列英雄人物及其事迹，经由广泛传播，在抗日战争时期，成为激励无数中华儿女反抗侵略、英勇抗敌的精神动力之一，成为人民军队誓死捍卫国家利益、保障国家安全的军魂来源之一；在和平年代，"狼牙山五壮士"的精神，仍然是我国公众树立不畏艰辛、不怕困难、为国为民奋斗终身的精神指引。这些英雄人物及其精神，已经获得全民族的广泛认同，是中华民族共同记忆的一部分，是中华民族精神的内核之一，也是社会主义核心价值观的重要内容。而民族的共同记忆、民族精神乃至社会主义核心价值观，无论是从我国的历史看，还是从现行法上看，都已经是社会公共利益的一部分。

在此意义上，案涉文章侵害的不仅仅是葛振林个人的名誉和荣誉，还是融入了英雄人物的名誉、荣誉的社会公共利益。

关于案涉文章是否实施了加害行为的问题。《民法通则》第 101 条规定，"公民、法人享有名誉权，公民的人格尊严受法律保护，禁止用侮辱、诽谤等方式损害公民、法人的名誉"。《最高人民法院关于贯彻执行〈中华人民共和国民法通则〉若干问题的意见（试行）》第 140 条将侵害名誉权的行为类型，确定为"宣扬他人的隐私，或者捏造事实公然丑化他人人格，以及用侮辱、诽谤等方式"。《最高人民法院关于审理名誉权案件若干问题的解答》之七、之八规定的行为类型包括"侮辱或者诽谤"、"新闻报道严重失实"或者撰写、发表的批评文章"基本内容失实"等。《最高人民法院关于确定民事侵权精神损害赔偿责任若干问题的解释》第 3 条则规定了"以侮辱、诽谤、贬损、丑化或者违反社会公共利益、社会公德的方式"等行为类型。法院认为：第一，上述法律或司法解释关于行为类型的规定，是列举式的而非穷尽式的，这一点上述法律或司法解释规定中的"等"字可以说明；第二，侵害名誉或者名誉权的行为通常表现为侮辱、诽谤，但不以此为限，它还包括"贬损、丑化或者违反社会公共利益、社会公德的方式"以及其他行为类型；第三，进一步说，前述法律和司法解释所规定的行为类型的具体表现形态，应当根据侵权行为方式的变化而变化，只有这样，才能让法律更好地保护公民的人格权益不受非法侵害。

具体到本案，洪某快发表的《小学课本〈狼牙山五壮士〉有多处不实》《"狼牙山五壮士"的细节分歧》两篇文章，其所描述的主要内容是对我国抗日战争史中的狼牙山五壮士英雄事迹的解构。案涉文章具有如下特征，即对于狼牙山五壮士在狼牙山战斗中所表现的英勇抗敌的事迹和舍生取义的精神这一基本事实，案涉文章自始至终未作出正面评价。而是以考证"在何处跳崖"、"跳崖是怎么跳的"、"敌我双方战斗伤亡"以及"'五壮士'是否拔了群众的萝卜"等细节为主要线索，通过援引不同时期的材料、相关当事者不同时期的言论为主要证据，全然不考虑历史的变迁、各个材料所形成的时代背景以及各个材料的语境。在无充分证据的情况下，案涉文章多处作出似是而非的推测、质疑乃至评价。法院认为，尽管案涉文章无明显侮辱性的语言，但洪某快采取的行为方式却是，通过强调与基本事实无关或者关联不大的细节，引导读者对"狼牙山五壮士"这一英雄人物群体英勇抗敌事迹和舍生取义精神产生怀疑，从而否定基本事实的真实性，进而降低他们的英雄形象和精神价值。洪某快的行为方式符合以贬损、丑化的方式损害他人名誉和荣誉权益的特征。洪某快主张其行为方式不符合侮辱、诽谤特征就不构成名誉侵权的抗辩理由于法无据，法院不予支持。

在损害后果上，案涉文章经由互联网传播，已经在全国范围内产生了较大的影响。这一点，从案涉文章所引发的后果即可知，它们不仅损害了葛某生之父葛振林的名誉及荣誉，而且伤害了葛某生的个人感情，在一定范围和程度上伤害了社会公众的民族和历史情感。如前所述，在我国，由于"狼牙山五壮士"的精神价值已经内化为民族精神和社会公共利益的一部分，因此，也损害了社会公共利益。

除此之外，洪某快在主观方面存在过错。通常情形下，侵害名誉或者荣誉权益案件中的过错，是指明知或应当预见到其行为造成他人社会评价降低的后果而仍然为之或认为仍可避免的主观状态。在侵害名誉或者荣誉权益的案件中，对行为人主观过错的认定往往依据通常人的认知并辅之以社会常识、行为人的职业或专业及控制危险的成本等客观因素加以判断。

本案中，洪某快作为生活在中国的一位公民，对"狼牙山五壮士"的历史事件所蕴含的精神价值，应当具有一般公民所拥有的认知。对"狼牙山五壮士"及其所体现的民族精神和民族感情，应当具有通常成年人所具有的体悟。尤其是作为具有一定研究能力和能够熟练使用互联网工具的人，更应当认识到案涉文章的发表及其传播将会损害到"狼牙山五壮士"的名誉及荣誉，也会对其近亲属造成感情和精神上的伤害，更会损害社会公共利益。在此情形下，洪某快有能力控制文章所可能产生的损害后果而未控制，仍以既有的状态发表，在主观上显然具有过错。

一审法院还认为，学术自由、言论自由以不侵害他人合法权益、社会公共利益和国家利益为前提。这是我国宪法所确立的关于自由的一般原则，是为言论自由和学术自由所划定的边界。任何公民在行使言论自由、学术自由及其他自由时，都负有不得超过自由界限的法定义务。这是法治国家和法治社会对公民的基本要求，也是任何一个公民应当承担的社会责任。本案中，"狼牙山五壮士"及其事迹所凝聚的民族感情和历史记忆以及所展现的民族精神，是当代中国特色社会主义核心价值观的重要来源和组成部分，具有巨大的精神价值，也是我国作为一个民族国家所不可或缺的精神内核。对"狼牙山五壮士"名誉的损害，既是对葛某生之父葛振林的名誉、荣誉的损害，也是对中华民族的精神价值的损害。洪某快完全可以在不损害五壮士名誉、荣誉和社会公共利益的前提下，自由地进行学术研究和自由发表言论，包括对狼牙山战斗的某些细节进行研究，但洪某快却未采用这种方式，而是通过所谓的细节研究，甚至与网民张某红对狼牙山五壮士的污蔑性谣言相呼应，质疑五壮士英勇抗敌、舍生取义的基本事实，颠覆五壮士的英勇形象，贬损、降低五壮士的人格评价。这种"学术研究"或"言论自由"不可避免地会侵害五壮士的名誉、荣誉，以及融入了这种名誉、荣誉的社会公共利益。因此，洪某快以侵害他人合法权益和社会公共利益的言论自由，作为其侵权责任的抗辩理由，法院不予支持。

最后，由于洪某快的行为侵害了葛某生之父葛振林的名誉和荣誉，应当承担相应的侵权责任。现葛某生要求洪某快立即停止侵犯葛振林等狼牙山五壮士的民族英雄名誉，及要求洪某快在网站、媒体公开向葛某生赔礼道歉、消除影响等诉讼请求于法有据，根据《侵权责任法》第15条的规定，应予支持。关于赔礼道歉及消除影响的范围和持续时间，由法院根据侵权言论造成不良影响的范围予以认定。

据此，一审法院判决：洪某快立即停止侵害葛振林名誉、荣誉的行为；判决生效后三日内，洪某快公开发布赔礼道歉公告，向葛某生赔礼道歉，消除影响。

洪某快不服一审判决，提起上诉。二审法院针对洪某快发表的案涉文章是否侵犯葛某生之父葛振林的名誉、荣誉权益的问题，评析如下。

1941年9月25日，在易县狼牙山发生的狼牙山战斗，是被大量事实证明的著名战斗。在这场战斗中，狼牙山五壮士英勇抗敌的基本事实和舍生取义的伟大精神，赢得了全中国人民的高度认同和广泛赞扬，是五壮士获得"狼牙山五壮士"崇高名誉和荣誉的基础。本案中，虽然洪某快上诉对五壮士跳崖等相关事实提出疑问，但是洪某快提交的证据并不充分，不能推翻狼牙山五壮士英勇抗敌的基本事实。在二审法院审理期间，洪某快提交的《冈山步兵第百十联队史》复印件未经公证、认证，法院对其证据的真实性、合法性不予认定。洪某快提交的姜克实撰写的文章等其他证据不能推翻一审判决认定的事实，洪某快此项上诉理由不能成立。

洪某快发表的《小学课本〈狼牙山五壮士〉有多处不实》《"狼牙山五壮士"的细节分歧》两篇案涉文章，以考证"在何处跳崖"、"跳崖是怎么跳的"、"敌我双方战斗伤亡"以及"'五壮士'是否拔了群众的萝卜"等细节为主要线索。洪某快在文中援引了资料并注明出处，从资料内容看，洪某快以不同时期的材料、相关当事者不同时期的言论为主要证据。二审法院认为，对于言论的分析、理解，应当放到特定的语境下，探究言论的原意并努力查证该言论是否具有其他证据予以佐证，同时应尽可能穷尽关于同一问题的其他研究资料，对资料进行综合分析判断。案涉文章在没有充分证据的情况下，以引而不发的手法，在多处作出似是而非的推测、质疑乃至评价。在法院审理阶段，洪某快一改过去引而不发的手法，在上诉状和庭审中公开否认"狼牙山五壮士"英勇抗敌、舍生取义的基本事实，并明确表示，训令等文件关于作战对象、被困军民四万人突围、敌军死伤情况等的描述全系撒谎，是虚假战绩，葛振林荣誉的获得，与其撒谎有关，存在重大瑕疵，是不当得利，不能将其所得荣誉视为理所应当并竭力维护。洪某快在二审中的自认足以说明，一审判决认定洪某快撰写文章的行为方式是通过所谓"细节"探究，引导读者对狼牙山五壮士英勇抗敌事迹和舍生取义精神产生怀疑，从而否定基本事实的真实性，进而降低他们的英雄形象和精神价值，是正确的，法院予以认可。一审法院在上述认定的基础上认为洪某快的行为方式符合以贬损、丑化的方式损害他人名誉和荣誉权益的特征，二审法院予以支持。洪某快上诉以其文章发表时提供了证据、文章没有侮辱他人人格内容为由抗辩不构成名誉、荣誉侵权的意见，缺乏依据，不予采纳。

关于洪某快的行为是否构成对公共利益的侵害的问题。洪某快在本院二审中认为自己的行为不构成对公共利益的侵害主要基于以下理由：一是认为"狼牙山五壮士"已经获得全民族的广泛认同，是法院的主观臆断；二是认为"狼牙山五壮士"的事迹和精神已经成为民族共同记忆缺乏事实依据；三是认为"狼牙山五壮士"的事迹是虚假的，其精神不能同核心价值观画等号；四是认为"狼牙山五壮士"的精神构成的不是公共利益，而是"狼牙山五壮士"后人和相关既得利益者的利益，是中国共产党的利益。二审法院认为，首先，"狼牙山五壮士"英勇抗敌和舍生取义的基本事实，已经是被大量的历史事实证明的不争事实，一审和本院二审审理期间亦有大量的证据在案佐证，洪某快的质疑缺乏事实依据。其次，"狼牙山五壮士"英勇抗敌的事实发生后，经各种途径广泛传播，在抗日战争、解放战争、抗美援朝战争等为民族独立、人民解放和保卫国家安全战斗的时期，成为激励无数中华儿女反抗侵略、英勇抗敌的精神动力之一，成为人民军队誓死捍卫国家利益、保障国家安全的军魂来源之一。在和平年代，"狼牙山五壮士"的精神，仍然是我国公众树立不畏艰辛、不怕困难、为国为民奋斗终身的精神指引。这些英雄人物及其精神，已经获得全民族的广泛认同，成为广大民众精神需求的重要组成部分，是社会公共利益的一部分，这也是不争的社会现实和历史事实。同时，中国共产党是中国人民和中华民族的先锋队，代表全国人民的共同利益，没有脱离国家、民族利益之外的任何私利。中国共产党宣扬"狼牙山五壮士"的事迹和精神体现的也是国家利益、民族利益，没有任何私利可言。因此，洪某快上诉关于这仅是"狼牙山五壮士"后人和相关既得利益者的利益、是中国共产党的利益，不是公共利益的主张显然不能成立。根据前文的认定，洪某快发表的案涉文章否认"狼牙山五壮士"英勇抗敌的事实和舍生取义的精神，不仅对"狼牙山五壮士"的名誉和荣誉构成侵害，同时构成了对英雄人物的名誉、荣誉所融入的社会公共利益的侵害。

洪某快上诉主张其发表案涉文章，目的是要抵制历史谣言，还原历史真相，追求历史正义，对公众人物进行批评和质疑是为了满足公众的知情权。二审法院认为，抵制历史谣言，还原历史真相，追求历史正义，满足公众知情权，我国现行法律均予以保护和支持。但从本院查明的事实看，洪某快之所以要写案涉文章，其目的是要为散布历史谣言、污蔑"狼牙山五壮士"的张某红鸣不平，这在洪某快的文章中有明确表述。要还原历史真相，追求历史正义，满足公众的知情权，应当建立在严肃认真地对历史的研究上，但洪某快在没有充分证据的情况下，极不严肃地、轻率地否认"狼牙山五壮士"英勇抗敌的事迹和舍生取义的精神这一基本事实，误导社会公众对"狼牙山五壮士"的认知，这显然与洪某快自己的上诉主张是相互矛盾的。二审法院认为，满足公众的知情权与保护公民的人格权不受侵害并不矛盾。洪某快提出的满足公众知情权的行为，是建立在否认狼牙山五壮士英勇抗敌事迹和舍生取义精神这一基本事实基础上的，且这种否认无确凿真实的证据，这就决定了他的所谓"满足公众知情权"的行为不可避免地会成为误导社会公众的侵权行为。故洪某快以满足公众知情权为由主张免责，不能成立。

从损害后果看，案涉文章通过刊物发行和网络传播，客观上已经在社会上产生较大影响，损害了葛某生之父葛振林的名誉及荣誉，同时伤害了葛某生的个人情感。洪某快上诉关于葛某生没有提供任何证据证明案涉文章造成危害后果的主张，与客观事实不符，二审法院对洪某快该项意见不予采纳。

洪某快上诉提出其撰写案涉文章的动机并非针对葛某生之父葛振林，没有主观过错。但其上诉主张葛振林欺骗组织，夸大战绩，自我美化，其是否跳崖、如何跳崖难免让人生疑等。这一自认证明，洪某快撰写文章确有贬低葛振林的主观目的。为此，法院认为，洪某快明知其行为会造成他人社会评价降低的后果而仍然为之，其主观过错明显，法院对于洪某快的该项上诉主张不予支持。

最后，关于洪某快上诉提出的言论自由、学术自由及与人格权利冲突的平衡问题，二审法院认为，我国现行法律保护公民言论的自由和进行科学研究的自由，同样也保护公民的人格尊严不受侵犯，保护公民享有的名誉、荣誉等权益。公民享有法律规定的权利，同时也必须履行法律规定的义务，包括公民在行使自由和权利的时候，不得损害国家的、社会的、集体的利益和其他公民的合法的自由和权利。因此，自由和权利的行使，并非没有边界，这个边界就是法律。具体到本案中，洪某快上诉所称的其行使言论自由和学术自由的权利，需要在法律范围内进行，洪某快应当采取适当的方式从事研究及发表言论，同时应当充分考虑可能造成的社会影响。洪某快撰写的案涉文章侵害了葛振林的名誉和荣誉，侵害了社会公共利益，违反了法律规定，洪某快的行为已经超出了法律允许的范围，不受法律保护。因此，洪某快以言论自由、学术自由作为其不承担侵权责任的抗辩理由，不能成立，二审法院不予支持。

综上所述，洪某快的上诉请求不能成立，二审法院依法判决如下：驳回上诉，维持原判。

（三）巫某富编造、传播虚假信息案

[**案例案号**] 四川省泸州市江阳区人民法院（2017）川 0502 刑初 487号刑事判决书

[**基本案情**]

2017 年 4 月 1 日，四川省泸县某中学学生赵某在学校内意外坠亡。同月 7 日，泸州市人民政府向社会通报了赵某系意外坠亡的调查报告。被告人巫某富从微信上获悉该调查报告后，为发泄对社会的不满情绪，于同月 13 日 22 时 50 分许在江西省赣州市赣县区的家中假借赵某父母的名义编撰了《赵某父母告全国人民书》一文。文中编造了在事件发生后，赵某家人及全家族的人被泸县政府和泸州市公安局的人员全天跟踪，政府出具的报告不实，赵某生前系被校霸收保护费未果后惨遭活活打死等虚假信息。巫某富编造上述虚假信息后，随即发送至其创建或加入的 24 个微信群及其部分微信好友。该虚假信息迅速在微信群、"重庆版纳知青网"等网站中广泛传播，引起大量的网民点击、浏览、评论。因该虚假信息扩散迅速，煽动性强，影响恶劣，泸县政府、泸县公安局等单位紧急开展了网上辟谣、舆情引导，安排部署了应急防范等大量工作。

[审理意见]

法院认为，被告人巫某富基于自身原因对社会不满，编造并故意传播虚假信息，其主观上就是为了达到给泸州当地政府增加麻烦、扰乱社会秩序的目的，具有无事生非、起哄闹事的主观故意。其编造和传播的虚假信息并不仅限于警情的内容，还包含大量其他方面的虚假内容，该虚假信息在网络上大量传播，客观上造成了网络秩序的混乱和负面影响，并给当地增添了大量工作，其行为符合寻衅滋事罪的构成要件，应当以寻衅滋事罪定罪处罚。故，依法判决如下：被告人巫某富犯寻衅滋事罪，判处有期徒刑二年；对公安机关扣押在案的被告人巫某富的作案工具三星牌手机一部、黑色平板电脑一台予以没收。

二 核心法条

1. 《民法典》第 185 条："侵害英雄烈士等的姓名、肖像、名誉、荣誉，损害社会公共利益的，应当承担民事责任。"

2. 《民法典》第 1024 条："民事主体享有名誉权。任何组织或者个人不得以侮辱、诽谤等方式侵害他人的名誉权。

"名誉是对民事主体的品德、声望、才能、信用等的社会评价。"

3. 《民法典》第 1031 条："民事主体享有荣誉权。任何组织或者个人不得非法剥夺他人的荣誉称号，不得诋毁、贬损他人的荣誉。

"获得的荣誉称号应当记载而没有记载的，民事主体可以请求记载；获得的荣誉称号记载错误的，民事主体可以请求更正。"

4.《民法典》第 1167 条："侵权行为危及他人人身、财产安全的，被侵权人有权请求侵权人承担停止侵害、排除妨碍、消除危险等侵权责任。"

5.《民法典》第 1182 条："侵害他人人身权益造成财产损失的，按照被侵权人因此受到的损失或者侵权人因此获得的利益赔偿；被侵权人因此受到的损失以及侵权人因此获得的利益难以确定，被侵权人和侵权人就赔偿数额协商不一致，向人民法院提起诉讼的，由人民法院根据实际情况确定赔偿数额。"

6.《民法典》第 1183 条："侵害自然人人身权益造成严重精神损害的，被侵权人有权请求精神损害赔偿。

"因故意或者重大过失侵害自然人具有人身意义的特定物造成严重精神损害的，被侵权人有权请求精神损害赔偿。"

7. 最高人民法院《关于审理利用信息网络侵害人身权益民事纠纷案件适用法律若干问题的规定》第 12 条："被侵权人为制止侵权行为所支付的合理开支，可以认定为民法典第一千一百八十二条规定的财产损失。合理开支包括被侵权人或者委托代理人对侵权行为进行调查、取证的合理费用。人民法院根据当事人的请求和具体案情，可以将符合国家有关部门规定的律师费计算在赔偿范围内。

"被侵权人因人身权益受侵害造成的财产损失以及侵权人因此获得的利益难以确定的，人民法院可以根据具体案情在 50 万元以下的范围内确定赔偿数额。"

8.《刑法》第 246 条："以暴力或者其他方法公然侮辱他人或者捏造事实诽谤他人，情节严重的，处三年以下有期徒刑、拘役、管制或者剥夺政治权利。

"前款罪，告诉的才处理，但是严重危害社会秩序和国家利益的除外。

"通过信息网络实施第一款规定的行为，被害人向人民法院告诉，但提供证据确有困难的，人民法院可以要求公安机关提供协助。"

9.《刑法》第 299 条之一："侮辱、诽谤或者以其他方式侵害英雄烈士的名誉、荣誉，损害社会公共利益，情节严重的，处三年以下有期徒刑、拘役、管制或者剥夺政治权利。"

10.《中华人民共和国英雄烈士保护法》(简称《英雄烈士保护法》)第22条:"禁止歪曲、丑化、亵渎、否定英雄烈士事迹和精神。

"英雄烈士的姓名、肖像、名誉、荣誉受法律保护。任何组织和个人不得在公共场所、互联网或者利用广播电视、电影、出版物等,以侮辱、诽谤或者其他方式侵害英雄烈士的姓名、肖像、名誉、荣誉。任何组织和个人不得将英雄烈士的姓名、肖像用于或者变相用于商标、商业广告,损害英雄烈士的名誉、荣誉。

"公安、文化、新闻出版、广播电视、电影、网信、市场监督管理、负责英雄烈士保护工作的部门发现前款规定行为的,应当依法及时处理。"

11.《英雄烈士保护法》第25条:"对侵害英雄烈士的姓名、肖像、名誉、荣誉的行为,英雄烈士的近亲属可以依法向人民法院提起诉讼。

"英雄烈士没有近亲属或者近亲属不提起诉讼的,检察机关依法对侵害英雄烈士的姓名、肖像、名誉、荣誉,损害社会公共利益的行为向人民法院提起诉讼。

"负责英雄烈士保护工作的部门和其他有关部门在履行职责过程中发现第一款规定的行为,需要检察机关提起诉讼的,应当向检察机关报告。

"英雄烈士近亲属依照第一款规定提起诉讼的,法律援助机构应当依法提供法律援助服务。"

12.《英雄烈士保护法》第26条:"以侮辱、诽谤或者其他方式侵害英雄烈士的姓名、肖像、名誉、荣誉,损害社会公共利益的,依法承担民事责任;构成违反治安管理行为的,由公安机关依法给予治安管理处罚;构成犯罪的,依法追究刑事责任。"

13. 最高人民法院、最高人民检察院《关于办理利用信息网络实施诽谤等刑事案件适用法律若干问题的解释》第1条:"具有下列情形之一的,应当认定为刑法第二百四十六条第一款规定的'捏造事实诽谤他人':

(一)捏造损害他人名誉的事实,在信息网络上散布,或者组织、指使人员在信息网络上散布的;

(二)将信息网络上涉及他人的原始信息内容篡改为损害他人名誉的事实,在信息网络上散布,或者组织、指使人员在信息网络上散布的;

明知是捏造的损害他人名誉的事实，在信息网络上散布，情节恶劣的，以'捏造事实诽谤他人'论。"

14. 最高人民法院、最高人民检察院《关于办理利用信息网络实施诽谤等刑事案件适用法律若干问题的解释》第2条："利用信息网络诽谤他人，具有下列情形之一的，应当认定为刑法第二百四十六条第一款规定的'情节严重'：

（一）同一诽谤信息实际被点击、浏览次数达到五千次以上，或者被转发次数达到五百次以上的；

（二）造成被害人或者其近亲属精神失常、自残、自杀等严重后果的；

（三）二年内曾因诽谤受过行政处罚，又诽谤他人的；

（四）其他情节严重的情形。"

15. 最高人民法院、最高人民检察院《关于办理利用信息网络实施诽谤等刑事案件适用法律若干问题的解释》第3条："利用信息网络诽谤他人，具有下列情形之一的，应当认定为刑法第二百四十六条第二款规定的'严重危害社会秩序和国家利益'：

（一）引发群体性事件的；

（二）引发公共秩序混乱的；

（三）引发民族、宗教冲突的；

（四）诽谤多人，造成恶劣社会影响的；

（五）损害国家形象，严重危害国家利益的；

（六）造成恶劣国际影响的；

（七）其他严重危害社会秩序和国家利益的情形。"

16. 最高人民法院、最高人民检察院《关于办理利用信息网络实施诽谤等刑事案件适用法律若干问题的解释》第4条："一年内多次实施利用信息网络诽谤他人行为未经处理，诽谤信息实际被点击、浏览、转发次数累计计算构成犯罪的，应当依法定罪处罚。"

17. 最高人民法院、最高人民检察院《关于办理利用信息网络实施诽谤等刑事案件适用法律若干问题的解释》第5条："利用信息网络辱骂、恐吓他人，情节恶劣，破坏社会秩序的，依照刑法第二百九十三条第一款第

（二）项的规定，以寻衅滋事罪定罪处罚。

"编造虚假信息，或者明知是编造的虚假信息，在信息网络上散布，或者组织、指使人员在信息网络上散布，起哄闹事，造成公共秩序严重混乱的，依照刑法第二百九十三条第一款第（四）项的规定，以寻衅滋事罪定罪处罚。"

18. 最高人民法院《关于审理编造、故意传播虚假恐怖信息刑事案件适用法律若干问题的解释》第 2 条："编造、故意传播虚假恐怖信息，具有下列情形之一的，应当认定为刑法第二百九十一条之一的'严重扰乱社会秩序'：

（一）致使机场、车站、码头、商场、影剧院、运动场馆等人员密集场所秩序混乱，或者采取紧急疏散措施的；

（二）影响航空器、列车、船舶等大型客运交通工具正常运行的；

（三）致使国家机关、学校、医院、厂矿企业等单位的工作、生产、经营、教学、科研等活动中断的；

（四）造成行政村或者社区居民生活秩序严重混乱的；

（五）致使公安、武警、消防、卫生检疫等职能部门采取紧急应对措施的；

（六）其他严重扰乱社会秩序的。"

19. 最高人民法院《关于审理编造、故意传播虚假恐怖信息刑事案件适用法律若干问题的解释》第 4 条："编造、故意传播虚假恐怖信息，严重扰乱社会秩序，具有下列情形之一的，应当认定为刑法第二百九十一条之一的'造成严重后果'，处五年以上有期徒刑：

（一）造成三人以上轻伤或者一人以上重伤的；

（二）造成直接经济损失五十万元以上的；

（三）造成县级以上区域范围居民生活秩序严重混乱的；

（四）妨碍国家重大活动进行的；

（五）造成其他严重后果的。"

20. 最高人民法院《关于审理编造、故意传播虚假恐怖信息刑事案件适用法律若干问题的解释》第 6 条："本解释所称的'虚假恐怖信息'，是指以发生爆炸威胁、生化威胁、放射威胁、劫持航空器威胁、重大灾情、重大疫情等严重威胁公共安全的事件为内容，可能引起社会恐慌或者公共安全危机的不真实信息。"

三　要点提示

1. 网络虚假信息的认定。虚假信息，字面意思即不真实的信息。根据编造、故意传播虚假信息罪的相关规定可知，该罪名下的虚假信息主要包括"虚假的险情、疫情、灾情、警情"四种类型，但虚假信息并不限于此，其他类型的虚假信息在达到一定严重和危害程度时，同样可能构成违法或犯罪性质的虚假性有害信息。网络虚假信息是虚假信息的一种类型或其在网络这种特殊场域中的一种具体体现，但其危害范围往往更广，影响往往更大。根据学界一般认识和司法实务中的诸多判例认定，在判断网络虚假性有害信息的法定范围时，既要对相关信息进行事实性信息与评价性信息的区分，也要考察虚假信息内容的法益侵害性和严重程度，并需要在不同利益间进行权衡。其判定过程十分复杂，既要接受宏观法律原则指导，也要关注个案中的利益平衡。

2. 社会公共秩序的认定。在认定网络型寻衅滋事罪和网络型诽谤罪时，均不可避免地涉及网络空间秩序是否属于社会公共秩序的判断问题，而对该问题的回答将直接影响到行为性质的认定。网络空间的信息交流交换虽然具有明显的虚拟性和从属性，但与现实社会并非毫无关联。司法实践一般认定，网络空间秩序不完全等同于社会公共秩序，在认定网络虚假信息相关犯罪时，仍应将行为对社会公共秩序造成严重危害之结果作为入罪的重要标准。

3. 编造、传播行为的定性。在网络虚假信息侵权或犯罪的行为方式中，主要分为编造和传播两类。前者是在源头制造网络虚假信息，后者是对业已存在的网络虚假信息进行散布。实践中的行为方式则具体包括三种：一是编造或者组织他人编造虚假信息，二是在原虚假信息的基础上进行"二次创作"并传播，三是在信息网络传播虚假信息。对于前两种方式，学界和实务界看法较为一致，一般均认为符合网络虚假信息犯罪中相关罪名的行为特征。但是在诽谤犯罪中，由于第三种方式仅具有传播行为，且所传播的信息属于已经客观存在于网络的信息，对该行为是否构成犯罪尚存在一定争议。

4. 因果关系的认定。利用网络发布、传播虚假信息与行为结果间往往会介入第三人的传播或再传播行为。因此，在因果关系的判断上，需要重点分析他人的点击、转发行为能否导致行为人与侵害结果之间因果关系的中断，尤其是他人的转发行为能否导致危害结果进一步扩大，从而阻断结果归责于虚假信息制造者或上一轮传播者。

5. 网络诽谤的刑事入罪标准。我国目前对网络诽谤行为的立法规制，主要表现在以下方面：一是民事领域的人格权保护条款，二是行政法领域的治安管理处罚规定，三是刑事领域关于侮辱罪、诽谤罪、寻衅滋事罪等罪名的规定以及相关的司法解释。对于刑民界分问题，网络诽谤侵权行为与网络诽谤犯罪行为的界限在于是否符合"情节严重"的标准。

6. 公众人物的注意义务与容忍义务。公众人物的注意义务和容忍义务来源于"公众人物理论"，"注意义务与言论自由""容忍义务与人格权保护"这两组概念在公众人物与社会公众之间一定程度上是交叉对应的。针对不同的案情，双方博弈的结果不尽相同。而影响博弈结果的因素，一般包括公众人物的类型、公众人物的知名度和话语影响力、案涉虚假信息的危害性、公众的认知能力和主观过错、案件时代背景等。

四 法理评析

随着互联网技术的应用和自媒体的发展，利用网络发布、传播虚假信息的行为时有发生，具体表现为侵害特定主体的名誉权、荣誉权等人格利益，或损害社会公众利益、国家利益，破坏社会秩序等。处理利用网络发布、传播虚假信息的侵权或刑事犯罪问题，既要依据法律上的构成要件进行性质认定，又要结合网络信息利用的整体价值和网络传播的特性在多方利益间进行取舍和平衡。

（一）网络特性对虚假信息发布、传播的影响

利用网络发布、传播虚假信息的行为方式是"利用网络"，即以网络

作为信息传输媒介，将虚假信息呈现给受众。目前较为普遍的网络信息传输媒介主要是微博、微信、直播平台、QQ、知乎、贴吧、网络论坛等社交平台。互联网和移动终端的飞速发展使社交软件的用户激增，网络传播的特性也为网络虚假信息的泛滥提供了温床，并对其散布方式、波及范围和危害后果等产生重大影响，具体表现如下。

1. 匿名性：弱化用户责任意识

互联网具有匿名性，一个用户可以拥有多个网络身份，且这些网络身份都是非显名的，且并非都可以实名追查。《网络安全法》第 24 条规定，网络用户不提供真实身份信息的，网络运营者不得为其提供相关服务。网络用户的真实身份信息虽然基本为网络运营者"后台"所掌握和知晓，但就网络空间的众多参与者——公众而言，信息交换是匿名性的（实践中还存在大量"借名"注册、"一人多号"、"多人一号"、个人账号与机构账号混用等多种规避实名制的情况）。匿名性给用户提供了强烈的安全感，弱化其责任意识，从而导致信息传播的随意性。另外，尽管意识到被追责的可能性，但抱着"法不责众"的心态，很多虚假信息发布者、传播者并不因网络的实名制而忧惧，往往存在自我约束主观意志涣散的问题。

2. 即时性：导致虚假信息蔓延

互联网的即时性信息传播功能虽然便利了社会交往，但是也提升了虚假信息的蔓延速度，扩大了其波及范围。以"郎某、何某诽谤案"[①] 为例，郎某将捏造的微信聊天记录截图数十张，与偷拍的视频、图片陆续发布在微信群中，引发群内大量低俗、淫秽评论。随后，上述偷拍的视频以及捏造的微信聊天记录截图被他人即时合并转发，并相继扩散到 110 余个微信群（群成员总数 2 万余人），引发大量围观和低俗评论，多个微信公众号、网站等还继续对上述聊天记录合辑转载推文（总阅读数 2 万余次）。尽管绝大多数网络系统具有删除、撤销功能，但由于传播的即时性和网络截图、拍照等功能的存在，虚假信息一旦被散布于网络，便可能形成不可逆转的蔓延态势，并以开放的形式面向无法未知的空间和场域无限波及。

---

① 参见最高人民检察院第三十四批指导性案例，朗某、何某诽谤案（检例第 137 号）。

3. 交互性：盲目增加虚假信息可信度

互联网具有交互性，四通八达的网络可以实现网民之间"一对一""一对多""多对一""多对多"的传播。传播学中的"使用与满足理论"认为，大众传播中的受众对信息的接收具有能动性。即用户往往寻求和获得符合自己的价值倾向和兴趣需要的信息，从而实现个人心理上的满足。据统计数据可知，在社交平台中大量"关注的人"和"粉丝"组成的简单网络结构中，参与者对其本身加入的群体有高度认同感和归属感，所属群体的价值观趋向一致。[1] 因此，当虚假信息被散布于网络，大多数人会选择性认可符合自己对该事件心理预期的内容。而互动过程是具有创造性、建构性和可变性的，对于虚假信息有疑问的一部分群体会被另一部分认可虚假信息的群体而感染，这种感染大多数是在一问一答的互动交流中完成的。在这种不断变化的互动过程中，虚假信息的真实面貌越来越模糊，可信度却逐渐提升。虽然这种可信度是盲目的，不以客观事实为基础，但其却是客观存在且具有历时增长性的。

4. 公共性：增加侵害多种法益的可能性

发布和传播虚假信息之影响范围可能涉及具体个人和机构，也可能涉及公共空间和公共秩序，这是这类违法犯罪行为的固有属性，但互联网环境加剧了这种属性。公共性是互联网的基本特点，网络用户在网络中可以公开发表言论和看到他人的言论。这意味着任何一则信息，都可能会突然受到广大网民的关注并变成"新闻"。全球网络时代，通信技术、移动设备的高度发达及其与人的深度融合，使网络社交软件、自媒体平台的应用爆炸式增长。如今我们不仅生活在传统的现实社会，更生活在网络虚拟社会中，Web3.0 时代的网络社会已经被赋予社会意义，成为人类生存、生活、生产的现实场域，网络空间已然成为实实在在的社会公共空间。[2] 可以说，互联网的公共属性给行为人以虚假信息侵害他人法益或社会法益提供了条件。受侵害的法益既有可能是个人名誉、隐

---

[1]　参见罗佳慧《从传播学视角分析微博暴力》，《科技传播》2016 年第 13 期。

[2]　参见丁灵敏等《网络诽谤犯罪"自诉转公诉"的法理评析——以杭州诽谤案为视角》，《中国检察官》2021 年第 10 期。

私，也有可能是公共的伦理道德、国家荣誉、社会秩序等。

（二） 立法现状

目前，我国关于网络虚假性信息的法律规定散见于多部立法、司法解释及政策性文件之中，且往往与名誉权、商誉权侵权以及网络诽谤型犯罪等紧密相连。

《网络安全法》第 12 条规定，任何个人和组织"不得利用网络编造、传播虚假信息扰乱经济秩序和社会秩序，以及侵害他人名誉、隐私和其他合法权益"。这是关于网络虚假、诽谤性有害信息的"总括性"立法，属于限制性条款。其主要涉及三类有害信息：一是扰乱经济秩序的虚假信息，二是扰乱社会秩序的虚假信息，三是侵害他人名誉权等权利的虚假信息。若同时侵犯三种法益中的任意两种或三种，无疑属于法定的有害信息。但该条文内容较为原则和抽象，且存在不少争议，在执法和司法实践中，仍需作进一步的补充解释和具体化，法律适用应有的明确性、统一性、稳定性等均需强化。

在刑事领域，关于网络虚假、诽谤性有害信息的立法条文和司法解释条文数量较多。单就诽谤罪而言，我国《刑法》第 246 条规定："以暴力或者其他方法公然侮辱他人或者捏造事实诽谤他人，情节严重的，处三年以下有期徒刑、拘役、管制或者剥夺政治权利。"关于网络诽谤，最高人民法院、最高人民检察院于 2013 年 9 月 6 日发布《关于办理利用信息网络实施诽谤等刑事案件适用法律若干问题的解释》，对网络诽谤犯罪相关问题作出了专项特别规定。2013 年 9 月 18 日最高人民法院又发布了《关于审理编造、故意传播虚假恐怖信息刑事案件适用法律若干问题的解释》。2015 年《刑法修正案（九）》在编造、故意传播虚假恐怖信息罪的基础上，又新增了编造、故意传播虚假信息罪，这是我国刑法中唯一直接指向网络造谣、传谣行为的罪名。2021 年《刑法修正案（十一）》在刑法第299 条基础上增加了侵害英雄烈士名誉、荣誉罪。立法及司法解释的这些"正常反应"，一方面表现了网络言论日益呈现危害性、多发性的现状，另一方面也体现出国家针对网络言论从严打击的趋势。①

　　上述法律规定为通过刑事手段打击网络虚假、诽谤信息提供了重要的法律依据，但也引发了法律适用的难题与争议。典型如，诽谤罪的构成要件问题。根据我国《刑法》第246条第1款的规定，诽谤罪的构成要件为"捏造事实诽谤他人"，《关于办理利用信息网络实施诽谤等刑事案件适用法律若干问题的解释》则将在网络上"捏造事实并散布"以及"明知是他人捏造的事实，但仍然散布"的行为均认定为诽谤罪的构成要件。换言之，按照司法解释的规定及精神，诽谤罪的构成要件行为并不是复数行为，而是单一行为，即诽谤罪的行为构成并不需要同时具备"捏造"和"散布"两个行为，只要有"以捏造（或者虚假）的事实诽谤他人"这一个构成要件即可。② 还有关于网络诽谤中的"点击5000次""转发500次"的合理性问题。③ 我国刑法总体上仍依据网络虚假、诽谤性言论所涉内容以及所针对对象的不同，将网络造谣、传谣、诽谤等行为拆解开来，分别

---

①　参见刘宪权《网络造谣、传谣行为刑法规制体系的构建与完善》，《法学家》2016年第6期；刘艳红《网络时代言论自由的刑法边界》，《中国社会科学》2016年第10期。

②　因此，行为人自己没有捏造事实，但故意将他人捏造的虚假事实由"网下"转载至"网上"的，或者从不知名网站转发至知名网站的，或者从他人的封闭空间窃取虚假信息后发布到互联网的，以及其他以捏造的事实诽谤他人的，都属于诽谤。《关于办理利用信息网络实施诽谤等刑事案件适用法律若干问题的解释》关于"捏造事实诽谤"的解释属于平义解释，而非类推解释，具有正当性与合理性。张明楷：《网络诽谤的争议问题探究》，《中国法学》2015年第3期。

③　《关于办理利用信息网络实施诽谤等刑事案件适用法律若干问题的解释》第2条第（一）项规定"同一诽谤信息实际被点击、浏览次数达到五千次以上，或者被转发次数达到五百次以上的"，构成情节严重，该规定在实践中备受争议。有学者指出，该规定"会导致一个人是否构成犯罪或是否符合'诽谤罪'的标准并不完全由犯罪人自己的行为来决定，而是夹杂进其他人的行为推动（如'点击'或'转发'等），甚至最终构成与否要看他们实际点击或转发的次数。"这有"客观归罪"或'他人助罪'之嫌。参见李晓明《诽谤行为是否构罪不应由他人的行为来决定》，《政法论坛》2014年第1期。但也有学者认为上述规定并不存在主观归罪与客观归罪的问题。在网络上，行为人对自己散布的虚假信息被他人点击、浏览或者转发，以及对被害人名誉的侵害结果，并不只是具有间接故意，相反完全可能具有直接故意。而且，当行为人在信息网络上发表诽谤他人的言论时，其行为就已经既遂且使危害性处于持续状态，且存在应当删除却一直没有删除的不作为，这增加了言论的危险性，已经构成情节严重。换言之，行为人将不实信息发送到网上，本身就属于情节严重，本不应当有点击、浏览与转发次数的要求。而且，该项规定的"实际被点击、浏览"与"被转发"显然是指行为人之外的第三者点击、浏览与转发。参见张明楷《网络诽谤的争议问题探究》，《中国法学》2015年第3期。

划入各传统罪名的"领地"，故在规制"广度"和"深度"方面均有一定欠缺。[1] 这些问题，究其本质，均属于网络虚假、诽谤性信息刑事入罪的判断标准问题，即到底何种虚假、诽谤性信息才构成"有害"并达到"刑事犯罪"的标准，需要进一步通过法律解释和利益衡量等方法得到统一明确。

在民事领域，关于网络虚假、诽谤性信息侵犯他人名誉权、商誉权等问题，相关立法也有规定。在 2020 年《民法典》颁布之前，我国 1986 年的《民法通则》第 101 条、第 120 条规定，公民、法人享有名誉权，公民的人格尊严受法律保护，禁止用侮辱、诽谤等方式损害公民、法人的名誉，并规定了侵害名誉权的民事责任。嗣后，最高人民法院于 1993 年、1998 年相继颁布了《关于审理名誉权案件若干问题的解答》《关于审理名誉权案件若干问题的解释》两部司法解释。在前述规定的基础上，2020 年颁布的《民法典》第 1024 ~ 1027 条对名誉侵权问题进行了更详细的规定。在司法实践中，典型案件则主要围绕所涉言论是否"属实""失实""侮辱"等争点展开。[2] 上述规定被认为是我国目前审理名誉侵权民事案件的主要法律依据，但有学者认为，这些既有立法依然争议众多。例如，《关于审理名誉权案件若干问题的解答》第 7 条第 1 款明确将名誉侵权界定为一般侵权行为，适用过错责任归责原则，但按照第 7 条第 4 款的规定，凡新闻报道因严重失实而造成他人名誉受损后果者，即应认定名誉侵权成立，至于被告对"报道严重失实"的主观认知如何，亦即是否存在"过错"，司法解释则置之不问，过错要件对于责任成立与否毫无影响。[3] 另外，根据《民法典》的相关规定，行为人侵害名誉权存在两种行为样态：一是以侮辱性、诽谤性的表达方式实施直接侵害，二是以失实的陈述实施间接侵害。在第一种样态下，凡理性之人皆有辨识究竟何种措辞具有侮辱

---

[1] 刘宪权：《网络造谣、传谣行为刑法规制体系的构建与完善》，《法学家》2016 年第 6 期。

[2] 参见张红《事实陈述、意见表达与公益性言论保护——最高法院 1993 年〈名誉权问题解答〉第 8 条之检讨》，《法律科学（西北政法大学学报）》2010 年第 3 期。

[3] 该款规定："文章反映的问题虽基本属实，但有侮辱他人人格的内容，使他人名誉受到侵害的，应认定为侵害他人名誉权。"

性、诽谤性的能力，故第一种行为样态属过错侵权自无疑问。但在第二种样态下，不问行为人对陈述失实是否存在过错，直接认定为侵权行为则明显与过错归责原则相悖。概括而言，表达自由与名誉权保护二者之间能否实现平衡，首先取决于过错责任原则能否切实得到贯彻，过错要件的调节功能是否得以充分发挥。而造成我国现行名誉侵权制度不利于表达自由的"症结"，恰在于归责原则的"扭曲"和过错要件的"虚化"。①

（三）网络虚假信息的认定

虚假信息，字面意思即不真实的信息。根据编造、故意传播虚假信息罪的规定可以推知，该罪名下的虚假信息主要包括"虚假的险情、疫情、灾情、警情"四种类型。② 这是该罪所涉信息的典型类型，但网络中实际存在的虚假信息类型不止于此。关于网络虚假信息的具体范围和定义，法学界仍有不同的看法，并大致认为网络虚假信息主要包括诽谤性网络虚假信息和恐怖性网络虚假信息两种。

1. 诽谤性网络虚假信息，指在信息网络中以损害他人名誉、商誉为主要内容，足以侵害他人名誉、商业信誉、商品声誉的不真实信息。根据相关司法解释的规定，利用网络发布、传播该类虚假信息的行为，可能涉及以下罪名：诽谤罪，损害商业信誉、商品声誉罪，寻衅滋事罪。其中，行为人利用网络发布、传播以诽谤他人名誉为内容的不真实信息，可能构成诽谤罪；如果该信息是以损害他人商业信誉、商品声誉为内容的，则可能构成损害商业信誉、商品声誉罪；如果行为人利用网络发布、传播的诽谤性虚假信息，没有达到足以损害他人名誉、商业信誉、商品声誉的程度，但引起社会秩序混乱的，则可能构成寻衅滋事罪。③

2. 恐怖性网络虚假信息。该类网络虚假信息与编造、故意传播虚假恐

① 参见靳羽《名誉侵权"过错"要件的比较研究——基于我国大陆和台湾地区典型判例的分析》，《比较法研究》2015 年第 6 期。
② 参见喻海松《刑法的扩张——〈刑法修正案（九）〉及新近刑法立法解释司法适用解读》，人民法院出版社，2015，第 266~269 页。
③ 参见陈伟、霍俊阁《论恶意转发网络虚假信息的司法认定》，《重庆大学学报（社会科学版）》2017 年第 5 期。

怖信息罪中的虚假信息类型基本相同。根据相关司法解释对"虚假恐怖信息"的界定，所谓恐怖性网络虚假信息，主要是指以严重威胁公共安全的事件为内容，可能引起社会恐慌或公共安全危机的不真实信息。值得注意的是，编造、故意传播虚假信息罪中的"虚假的险情、疫情、灾情、警情"在信息网络中同样属于恐怖性网络虚假信息。最高人民法院发布的《关于审理编造、故意传播虚假恐怖信息刑事案件适用法律若干问题的解释》第 6 条规定，以"重大灾情、重大疫情等严重威胁公共安全的事件为内容"的虚假信息也可能属于"虚假恐怖信息"。"这就导致在部分重大灾情、重大疫情虚假信息传播犯罪中，当同时符合两罪构成要件时，本罪和编造、故意传播虚假恐怖信息罪可能存在竞合关系。由于本罪的法定刑低于编造、故意传播虚假恐怖信息罪，按照想象竞合犯的处断原则，应当以编造、故意传播虚假恐怖信息罪定罪量刑。"① 但是，如果利用网络发布、传播恐怖性虚假信息的行为仅一般性地扰乱社会秩序，没有达到刑罚处罚程度，则可能构成《治安管理处罚法》第 25 条规定的"散布谣言，谎报险情、疫情、警情或者以其他方法故意扰乱公共秩序"的行为，从而被进行相应的治安管理处罚。

结合既有立法和学界认识，我们认为，对于"网络虚假信息"的认定可以从以下角度展开。

第一，认定网络虚假信息时，应区分事实性信息与评价性信息。网络虚假信息应当主要指向事实性信息，而不宜包括评价性信息。首先，参照刑法语境中关于"虚假恐怖信息"的定义，虚假信息是指与事实不符的信息，客观事实是判断"是否相符"的基础。评价性信息是个人观点的表达，无法判断是否虚假，所以不应属于虚假信息的范畴。其次，行为人往往不仅单纯地发布、传播虚假的事实性信息，经常伴随虚假事实性信息的还有虚假的评价性信息，对于行为人发布、传播虚假的评价性信息，不应当纳入虚假信息的范畴，但可能属于诽谤罪的规制范围。最后，当事实性

---

① 金鸿浩：《编造、故意传播虚假信息罪的实务反思与探讨》，《中国刑事法杂志》2021 年第 3 期。

信息与评价性信息相混合而无法分辨时，应当按照社会通常观念判断。某种观念虽然从本质上说是主观的，但是当这种观念具备社会通常性时，则成为一种客观的标准。这种客观标准不仅能够限制法官的自由裁量权，也能为公众的行为提供指引。因此，如果某个包括事实性和评价性信息的虚假信息，从社会通常观念而言，属于事实性信息，则应认定为事实性虚假信息。例如，行为人通过微信群和朋友圈多次发布和传播某特定人"水性杨花，多次与不同男人进出某酒店"的不实内容，此时"水性杨花"应当与"多次与不同男人进出某酒店"一并认定为虚假信息。

第二，认定网络虚假信息时，应限定为足以侵害法益的虚假信息。只有具有严重侵害法益可能性的虚假信息才是法律规制的对象。当网络虚假信息具备法益侵害内容时，发布、传播该信息的行为才能威胁法益。行为人利用网络发布、传播虚假信息可能侵害个人法益，也可能侵害社会法益，但无论哪种情形，仅在该虚假信息对法益侵害达到一定程度时，方可成为法律制裁对象。例如"巫某富编造、传播虚假信息案"中，被告人编造《赵某父母告全国人民书》的不实言论，影响了当地政府机关的形象。为应对该信息，泸县政府进行了大量秩序维护工作。该信息对社会秩序之侵害是较为严重的，已经达到一定程度，故属于足以侵害法益的虚假信息。同时，不以侵害法益为目的和内容的虚假信息，并不会对社会产生不良影响，不能纳入法律制裁范畴。例如，假设巫某富所发布的内容中描述的事实确实存在，只是在时间、地点、事实情节等方面存在出入，则属于公民正当行使监督权、举报权的行为，不存在法益侵害的可能性，则不能对其定罪处罚。可见，认定网络虚假信息时，应当采取审慎态度，将信息的后果是否达到足以危害法益的程度作为认定该信息是否属于"法定有害"的重要判准。

第三，有无根据并不是判断信息是否虚假的标准。即使是有根据的信息，如果信息本身不符合事实，亦属于网络虚假信息。一方面，网络虚假信息大多由真实的信息改编而来。例如"黄某兰等诉赵某名誉权纠纷案"中，被告赵某发布的信息并非都空穴来风，赵某确实在黄某兰美容店做过祛斑，但其发布的信息与具体事实相比，存在明显的夸大、歪曲描述的成分。而且，与毫无根据的虚假信息相比，经过改编的虚假信息不仅更能迷惑、欺骗公众，且削弱了公众的求真欲望，其危害性同样不可小视。另一方面，根据相关司法解释和社会观念，不真实性是网络虚假信息的本质属性。"虽然该信息存在一定的事实根据，但是缺乏信息的准确性要素，公众无疑会认为其是虚假信息。"① 显然，有无根据并不是判断信息是否虚假的标准，存在一定事实根据的夸大化、歪曲性、改编型虚假信息，同样具有严重社会危害性，理应认定为虚假信息。

总之，网络虚假信息的认定，应在区分事实性信息与评价性信息的基础上，考察虚假信息内容的法益侵害性以及信息本身是否符合事实，以此来进行综合判定。

（四）社会秩序的界定

当对社会秩序造成一定程度的危害后果时，发布、传播网络虚假信息犯罪可能涉嫌构成寻衅滋事罪或编造、故意传播虚假信息罪等罪名。这种破坏一般需达到"严重破坏"程度，例如，诽谤罪之公诉标准便是"严重危害社会秩序和国家利益"。一般认为，《刑法》关于以上罪状中"社会秩序"的表述，应当理解为社会公共秩序，因为社会秩序是抽象的概念，而刑罚的根本目标就是保障社会秩序。社会秩序可以分为对公共事务的管理秩序和对个人的管理秩序。从刑法对该类犯罪的打击目的来看，显然以公共管理秩序作为保护对象。所以按照目的解释，此处的社会秩序应当解释为社会公共秩序。②

那么，网络虚假信息对社会秩序的危害达到何种程度时，才能视为法律意义上的"有害信息"呢？归纳立法和实践中的做法，应当重点考虑两个方面的因素并恪守相应标准。

第一，网络虚假性信息侵害的社会秩序，应当是真实的社会空间秩

---

① 陈伟、霍俊阁：《论恶意转发网络虚假信息的司法认定》，《重庆大学学报（社会科学版）》2017 年第 5 期。

② 参见孙万怀、卢恒飞《刑法应当理性应对网络谣言——对网络造谣司法解释的实证评估》，《法学》2013 年第 11 期。

序，而不是虚无的网络空间秩序或网络公共秩序。根据《治安管理处罚法》第25条第1款的规定，散布谣言，谎报险情、疫情、警情或者以其他方法故意扰乱公共秩序的可处拘留、罚款等行政处罚。本条所使用的法律概念是"公共秩序"，这与《网络安全法》第12条所用的"社会秩序"稍有不同，但其核心涵义是一致的，即均指一种相对稳定和协调的社会结构和社会活动，两者的内涵和外延并无本质区别。鉴于公共秩序是一个抽象概念，若想以言论自由为中心对这类虚假、诽谤信息的范围进行界定，必须准确理解"公共秩序"的边界。从字面文字以及概念的内涵与外延上讲，社会秩序与公共秩序、社会管理秩序均有差异。整体上，社会秩序的范围要广于公共秩序，公共秩序与金融秩序、经济秩序、道德秩序等都属于社会秩序的一种类型。如果泛化公共秩序的范围，将所有的社会秩序都涵盖在内，无异于降低了关于侵犯公共秩序类犯罪的入罪标准，人为夸大了相关违法、犯罪行为的社会危害性。

《关于办理利用信息网络实施诽谤等刑事案件适用法律若干问题的解释》第3、5条中规定的"公共秩序"，是一种"以信息网络为工具"导致的在现实社会中"公共秩序"或"公共场所秩序"的"严重混乱"，并不是说"虚拟世界"或"网络空间"中有一个"公共秩序"并造成其"严重混乱"。因此，作为对《关于办理利用信息网络实施诽谤等刑事案件适用法律若干问题的解释》第3条第2项和第5条第2款的理解，完全没有必要想象或杜撰出一个信息网络上的"公共秩序"，尤其是试图用"公共秩序"来替代《刑法》第293条第1款第4项规定的"公共场所秩序"就更不可取。[1] 另外，《关于办理利用信息网络实施诽谤等刑事案件适用法律若干问题的解释》第5条也并未明确一定要把"现实社会"中"物理空间"的"公共场所"扩展到"虚拟世界"的"网络空间"中来，而且网络上的"公共场所秩序"与现实中的"公共场所秩序"并不相同。一般情况下，只在网络上发表一些言论并不足以达到扰乱现实社会中"公共场所

---

① 参见李晓明《刑法："虚拟世界"与"现实社会"的博弈与抉择——从两高"网络诽谤"司法解释说开去》，《法律科学（西北政法大学学报）》2015年第2期。

秩序"或"公共秩序"严重混乱的后果。只有网上的言论真的导致了现实社会里"物理空间"的"公共场所秩序"的"严重混乱"，才有可能最终适用《刑法》第 293 条第 1 款第 4 项规定的"寻衅滋事罪"。[①]

　　第二，扰乱网络公共秩序，不应一概视为扰乱"公共场所秩序"，不能恣意将此类行为入罪。在网络传播、发布虚假信息扰乱社会秩序，往往被认定为"起哄闹事"型的寻衅滋事罪，但容易出现恣意扩大刑事打击范围的问题，刑法及相关司法解释中的法条原文应作严格的限缩解释。我国《刑法》中对"起哄闹事"的结果要求为造成"公共场所秩序"的严重混乱，而司法解释中的结果要求为造成"公共秩序"严重混乱。因此，对于司法解释中的公共秩序是否能够替换公共场所秩序存在争议。对此，理论上存在两种不同的观点。[②] 赞成者认为，公共秩序属于公共场所秩序的上位概念，公共秩序替换公共场所秩序具有现实意义。[③] 反对者认为，以公共秩序替换公共场所秩序实质上不当扩大了寻衅滋事罪的适用范围，是以解释为名行立法之实。[④]《刑法》第 293 条第 1 款第 4 项规定的"起哄闹事"是指"在公共场所起哄闹事"，也即在"现实社会"中"物理空间"的公共场所滋事生非、起哄喧闹。虽然其立法原意中有"其他公共场所"的"兜底"表述，但这里的"其他"显然是指尚未列出的性质类似、规模一致的"现实社会"中"物理空间"的"公共场所"，而非"网络空间"中的"公共场所"。也即《关于办理利用信息网络实施诽谤等刑事案件适用法律若干问题的解释》第 5 条第 2 款中的"起哄闹事"并不包括"网络空间"，其表述的"造成公共秩序严重混乱"中的"公共秩序"也不包括"网络空间"的"公共秩序"。[⑤] 严格来讲，"网络空间"中的"起哄闹事"

---

①　参见李晓明《刑法："虚拟世界"与"现实社会"的博弈与抉择——从两高"网络诽谤"司法解释说开去》，《法律科学（西北政法大学学报）》2015 年第 2 期。
②　参见盛豪杰《网络寻衅滋事罪的刑法规制边界——以行为空间与结果空间的限缩解释为路径》，《江西警察学院学报》2019 年第 5 期。
③　参见潘修平、赵维军《网络型寻衅滋事罪的定性》，《江西社会科学》2015 年第 8 期。
④　参见孙万怀、卢恒飞《刑法应当理性应对网络谣言——对网络造谣司法解释的实证评估》，《法学》2013 年第 11 期。
⑤　参见李晓明《刑法："虚拟世界"与"现实社会"的博弈与抉择——从两高"网络诽谤"司法解释说开去》，《法律科学（西北政法大学学报）》2015 年第 2 期。

不应与"现实社会"中"公共场所"的"起哄闹事"相等同。前者发生在"虚拟世界"里，没有真实的物理架构，很难造成现实社会的实际损害，充其量只是言语上的发泄。像有学者所说，"在信息网络空间'起哄闹事'的行为，没有造成信息网络系统中'公共场所'秩序混乱"。[①]

因此，就网络空间的虚假信息入罪问题而言，应当适用"消极主义"的刑法解释观，应当允许"扩大"，但反对"类推"。如果一味地把"网络空间"中的"公共场所"与"现实社会"中的"公共场所"相等同，就会"罚不当罪"，甚至伤及无辜。而且，不能只顾打击犯罪或眼前的"功利"，一味地搞扩大解释或类推解释，否则必然破坏"法治"。[②]

综上，从严格法治角度出发，公共场所秩序不能扩大解释为公共秩序。刑罚对当事人的影响重大，且刑法本身就具有谦抑、谨慎的特点，在此背景下，更不宜泛化刑法条文的解释适用。

（五）编造、传播行为的定性

网络虚假信息犯罪所涉行为方式，主要包括三种：一是编造传播或者组织他人传播虚假信息，二是在原虚假信息的基础上进行"二次创作"并传播，三是故意在信息网络传播虚假信息。对于前两种方式，学界和实务界看法较为一致，即认为其均符合网络虚假信息犯罪中相关罪名的行为特征。但对第三种方式是否构成犯罪的问题，学界仍有争议。其一，单一行为说。即认为诽谤罪的刑法表述并不意味着认定诽谤罪必须先捏造再散布，可以将"捏造事实诽谤他人"解释为"利用捏造的事实诽谤他人"或者"以捏造的事实诽谤他人"。[③] 其二，行为复数说。即认为根据《刑法》第 246 条第 1 款的文字表述，诽谤罪的认定应当具备"捏造"和"散布"两种行为，只散布他人捏造的虚假信息，不符合诽谤罪的构成要件。持该观点的学者认为，单一行为说的解释已经超出了刑法的原意，且不具有国

---

① 参见曲新久《一个较为科学合理的刑法解释》，《法制日报》2013 年 9 月 12 日，第 7 版。
② 参见李晓明《刑法："虚拟世界"与"现实社会"的博弈与抉择——从两高"网络诽谤"司法解释说开去》，《法律科学（西北政法大学学报）》2015 年第 2 期。
③ 参见张明楷《网络诽谤的争议问题探究》，《中国法学》2015 年第 3 期。

民可预测性，属于类推解释。①

相较而言，目前司法实务中较多采用的是单一行为说的观点，《关于办理利用信息网络实施诽谤等刑事案件适用法律若干问题的解释》对此规定，"明知是捏造的损害他人名誉的事实，在信息网络上散布，情节恶劣的，以'捏造事实诽谤他人'论"。将"捏造事实诽谤他人"解释为"利用捏造的事实诽谤他人"或者"以捏造的事实诽谤他人"存在合理性和正当性，而非类推解释。主要原因如下。第一，从比较法的角度看，以捏造的事实侵害他人名誉的，在我国成立诽谤罪，在德国、日本等国也成立毁损名誉罪等罪名。德国、日本等国刑法将损毁名誉罪的构成要件表述为"针对他人提出或者散布使人受到公众鄙视或者被贬低的事实"（《德国刑法》第185条），"公然指摘事实，毁损他人名誉"（《日本刑法》第230条）。可见，损毁名誉罪仅要求通过披露或者散布事实以贬损他人名誉，属于单一的行为要求。不同国家在该问题上的立法具有一致性，说明将诽谤罪解释为单一行为犯具备普遍共识。第二，从保护法益的目的来说，犯罪实行行为本质上具有法益侵害性，单纯的捏造行为并不会直接造成侵害他人名誉的结果，而单纯散布捏造虚假信息的行为却能够达到侵害法益的结果。例如，在"郎某、何某诽谤案"②中，被告人虽然实施了捏造和散布两个行为，但是认定其行为符合诽谤罪的客观要件，不在于捏造被害人出轨快递员的信息，而在于将这一捏造的虚假信息通过网络发布、传播给不特定的社会公众。因为诽谤罪的成立要求达到"情节严重"的程度，倘若只是单纯地捏造被害人出轨信息而不进行散布，该虚假信息一直处于除行为人以外无人知晓的状态，当然不会产生情节严重的后果，也即无法产生侵害法益的结果。所以，在诽谤罪中，造成法益侵害的主要是散布侵害他人名誉的虚假事实的行为，而不是捏造事实的行为。第三，从语法上讲，《刑法》第236条规定中的"以暴力……强奸妇女"可以表述为"暴力强奸妇女"，那么基于同样的表述惯例和方式，"捏造事实诽谤他人"也

---

① 参见高铭暄、张海梅《网络诽谤构成诽谤罪之要件》，载赵秉志等主编《现代刑法学的使命》（下卷），中国人民公安大学出版社，2014，第1216页。

② 参见最高人民检察院第三十四批指导性案例，朗某、何某诽谤案（检例第137号）。

可以解释为"利用捏造的事实诽谤他人"或者"以捏造的事实诽谤他人"。①

（六）因果关系的认定

《关于办理利用信息网络实施诽谤等刑事案件适用法律若干问题的解释》第3条对利用信息网络诽谤他人"严重危害社会秩序和国家利益"进行了解释。最高人民法院发布的《关于审理编造、故意传播虚假恐怖信息刑事案件适用法律若干问题的解释》第2、4条则分别对编造、故意传播虚假恐怖信息"严重扰乱社会秩序""造成严重后果"进行了解释。其中"同一诽谤信息实际被点击、浏览次数达到五千次以上，或者被转发次数达到五百次以上的"是认定相关行为构成"情节严重"的关键内容，点击率、浏览数和转发率构成了评判网络虚假信息造成危害后果的重要标准。②网络虚假信息在被发布、传播后，往往还会有后续的被点击、浏览、转发行为，他人因素影响导致的危害后果并不完全由在先的行为人自己来决定。这会对定罪量刑产生何种影响值得思考和探讨。

利用网络发布、传播虚假信息与行为结果中间往往介入了第三人的传播行为，在二者之间因果关系的判断上，"需要重点分析他人的点击、转发行为能否导致行为人与侵害结果之间因果关系的中断，尤其是他人的转发行为能否导致危害结果进一步扩大，从而阻断结果归责于虚假信息制造者"③。很多时候，第三人的传播行为并不能阻断行为人与侵害结果之间的因果关系。如前所述，在网络交往中，人与人之间的联系具有超时空性，信息传播路径为由点到面的放射式样态。在信息传播过程中，一旦上传网络，基本都会引发蝴蝶效应，这是网络信息传播的常态。

一般来说，网络空间中的各种信息被点击、浏览与转发属于正常现象。从客观上讲，行为人既然能够利用网络就说明其对于网络系统的基本功能至少是了解的。虚假信息实际被点击、浏览、转发的结果，应当归属

---

① 参见张明楷《网络诽谤的争议问题探究》，《中国法学》2015年第3期。
② 参见李大勇《大数据时代网络谣言的合作规制》，《行政法学研究》2021年第1期。
③ 丁灵敏等：《网络诽谤犯罪"自诉转公诉"的法理评析——以杭州诽谤案为视角》，《中国检察官》2021年第10期。

于行为人最初的发布、传播行为。从主观上讲，"利用"是一种有意识的使用行为，行为人对自己发布、传播的虚假信息为他人点击、浏览、转发是有所预期甚至是期待的。

（七）小结

网络信息传播的匿名性、即时性、开放性等特点为网络虚假信息的产生和传播创造了条件。治理利用网络违法发布、传播虚假信息的问题，一方面要准确界定网络虚假信息的违法程度和违法性质，需在个案中区别言论本身的性质、言论指涉的对象、言论侵犯的利益、言论危害的程度等因素；另一方面，也要依靠行政和司法的强制手段、网络平台的技术控制、网络媒介的行业自律和公民个人的自我约束等，构建起打击网络虚假信息、净化网络空间的多维综合预防和治理机制。

第八章　网络诈骗案

一　典型类案

（一）张某闵等诈骗案

[**案例案号**] 北京市第二中级人民法院（2017）京 02 刑初 55 号刑事判决书

[**基本案情**]

2015 年 6 月至 2016 年 4 月，被告人张某闵、林某德等 33 人先后出境，分别至印度尼西亚共和国（简称"印度尼西亚"）、肯尼亚共和国（简称"肯尼亚"），参加针对中国居民实施电信诈骗的犯罪集团。在实施电信诈骗过程中，各被告人与其他共同作案人分工合作：电脑操作手林某德、潘某威等人利用电信网络技术手段对中国居民进行语音群呼，发送主要内容为"快递未签收，联系客服查询"的语音包；从事一线接听的林某珍、杨某波等人冒充快递公司客服人员，谎称被害人有签证未领取、身份信息遭泄露，以帮助被害人报案为由将电话转接至二线人员；从事二线接听、拨打电话及三线接听、拨打电话的张某闵、韩某等人分别冒充公安局民警、检察院检察官等国家机关工作人员，谎称被害人信息泄露且被用于犯罪活动，需对被害人资金流向进行调查等，继续对被害人进行欺骗并要求被害人向被告人指定的银行账户转账、汇款。多名被告人先后骗取苑某国、蔺某飞、白某等 75 人钱款，共计人民币 2318.724 万元。

［审理意见］

根据本案的事实和证据，针对本案被告人的辩解及辩护人所提辩护意见，法院综合评判如下。

第一，关于本案能否适用《电信诈骗意见》的问题。

首先，《电信诈骗意见》是由最高人民法院、最高人民检察院、公安部针对司法实践中特定类型的诈骗犯罪，即电信网络诈骗犯罪，如何正确适用《刑法》作出的具有法律效力的司法文件。《电信诈骗意见》并非在《刑法》之外创设了新的法律规定，只是对电信网络诈骗犯罪如何正确适用《刑法》进行阐明。适用《电信诈骗意见》的本质是对《刑法》的适用，《电信诈骗意见》本身并不存在独立的时间效力问题，其效力附属于《刑法》。参照 2001 年最高人民法院、最高人民检察院《关于适用刑事司法解释时间效力问题的规定》第 1 条司法解释"自发布或者规定之日起施行，效力适用于法律的施行期间"及第 2 条"对于司法解释实施前发生的行为，行为时没有相关司法解释，司法解释施行后尚未处理或者正在处理的案件，依照司法解释的规定办理"的精神，《电信诈骗意见》作为规范性司法文件，其效力应适用于《刑法》实施期间。

其次，2011 年最高人民法院、最高人民检察院《关于办理诈骗刑事案件具体应用法律若干问题的解释》（简称《诈骗案件解释》）系司法解释，其法律效力要高于属于规范性司法文件的《电信诈骗意见》。当《电信诈骗意见》和《诈骗案件解释》就同一问题作出规定时，应直接适用《诈骗案件解释》。但如果《诈骗案件解释》对某一问题没有规定或规定不明确，而《电信诈骗意见》对该问题作出了规定或进一步的明确时，属于对《诈骗案件解释》的补充完善或进一步细化，其本质上仍是对《诈骗案件解释》和《刑法》有关规定的适用。故二者之间不存在从旧兼从轻刑法原则的适用问题。

最后，《诈骗案件解释》主要解决的是诈骗类犯罪的共性问题，并未针对某一具体的诈骗犯罪类型作出详尽规定，而《电信诈骗意见》则是针对电信网络诈骗犯罪的具体特点，就处理该类犯罪时如何适用法律所作的具体指导意见。本案在适用《电信诈骗意见》与《诈骗案件解释》之间不存在冲突。

综上，本案不存在《电信诈骗意见》对该意见颁布以前发生的行为没有效力或应遵从从旧兼从轻原则适用《诈骗案件解释》的问题，本案可以适用《电信诈骗意见》。辩护人所提被告人张某闵、苗某、赵某峰等人的诈骗行为不应适用《电信诈骗意见》的辩护意见不能成立。

第二，关于认定被害人及其被骗数额的证据问题。

本案认定诈骗犯罪集团与 75 名被害人之间关联性的证据主要有三种：一是犯罪集团使用的网络电话与被害人电话的通话记录，二是犯罪集团的 skype 聊天记录中提到了被害人的名字、身份证号等个人信息，三是被害人向被告人指定银行账户转账汇款的记录。经本院审查确定的 75 名被害人，至少包含上述一种关联方式，并同时满足以下印证关系：其一是相关电子数据（网络电话、skype 聊天记录等）与被害人陈述的诈骗电话号码、银行账号等证据相互印证，其二是电子数据中的聊天时间、通话时间与银行交易记录转账时间相互印证（诈骗时间与被骗时间接近），其三是被害人陈述的被骗经过与被告人供述的诈骗方式相互印证。

本案 75 名被害人被骗的证据均能满足上述印证关系，足以认定系本案诈骗犯罪集团所为。故石某弘辩护人所提石某弘参与诈骗组织期间，诈骗组织 2120 万余元犯罪数额证据不足的意见以及刘某昌辩护人所提不排除被害人被其他犯罪窝点诈骗的可能性、现有证据未达到排他性和唯一性的辩护意见均不能成立。

石某弘等人的护照上虽显示在 2015 年 12 月有短暂离开印度尼西亚的记录，但经当庭讯问，石某弘、张某闵、林某德等人均供称当时并未离开印度尼西亚的诈骗犯罪窝点，仅由林某德将护照交当地旅行社办理手续以方便继续留在印度尼西亚，故石某弘辩护人所提应扣除在此期间犯罪数额的意见不能成立。

第三，关于犯罪集团的认定问题。

被告人张某闵、林某德、韩某等人，为实施电信网络诈骗犯罪而组成较为固定的犯罪组织，且该犯罪组织核心成员稳定，分工严密，实行公司化管理，有明显且相对固定的人员负责电信网络诈骗窝点的组建、人员召集、培训、管理等，符合犯罪集团的认定条件，应当认定为犯罪集团。部分在犯罪集团中从事一线诈骗行为的被告人，虽具有一定流动性，但在集团中的犯罪地位、作用、分工均固定且明确，不影响对诈骗犯罪集团性质的认定。故陈某祯的辩护人所提本案不应认定为集团犯罪的辩护意见不能成立。

第四，关于被告人参与犯罪期间及犯罪数额的认定问题。

对于电信诈骗犯罪集团，从其组建成立后实施诈骗犯罪开始，该集团作为一个整体即完成着手，被告人新加入犯罪集团只是进一步增强了犯罪集团的犯罪能力和社会危害性，根据"部分实行，全部责任"的共同犯罪理论，此时已经进入犯罪实行阶段，故应当将被告人加入犯罪集团的时间认定为着手实施犯罪的时间。同理，基于电信网络诈骗犯罪集团的上述特点，在电信诈骗犯罪集团运转或实施犯罪过程中，被告人只要加入该犯罪集团，就成为该集团继续运转的一部分，该犯罪集团在被告人加入后所实施全部诈骗行为，均应视为被告人所参与的诈骗行为。

故，张某闵、陈某祯、王某琨、李某蔚、张某峰、赵某婷、吴某灵、苗某、孙某权、赵某峰、刘某昌等人的辩护人所提不应让被告人对其参与诈骗犯罪集团期间该诈骗集团实施的全部诈骗行为承担责任等辩护意见及吴某灵的辩解均不能成立。

被告人韩某在 2015 年 7 月至 8 月间确系从印度尼西亚窝点返回中国，但韩某除从事二线诈骗行为以外，还负责招募本案黑龙江籍被告人参加犯罪集团，其所招募的靳某峰、杨某波等人依然在窝点从事诈骗犯罪活动，且根据韩某的供述，其除领取工资提成外，还单独从林某德处支取人民币 10 万余元，故韩某对其离开印度尼西亚期间诈骗犯罪集团实施的诈骗行为仍应承担相应责任。

第五，关于在犯罪集团中从事一线诈骗行为的被告人是否具有冒充国家机关工作人员情节的问题。

根据话术单及诈骗流程，诈骗犯罪集团中从事一线诈骗行为的被告人明知二线或三线人员会冒充公安局、检察院等国家机关工作人员，仍诱骗、引导被害人与二线或三线人员联系，为后续诈骗行为提供信息、创造条件，故从事一线诈骗行为的被告人与从事二线、三线的被告人具有共同冒充国家机关工作人员的情节，应予以从重处罚。赵某婷、苗某的辩护人所提被告人作为一线人员仅负责冒充快递公司客服人员，不具有冒充国家机关工作人员实施诈骗的从重处罚情节的辩护意见不能成立。

第六，关于是否认定胁从犯的问题。

首先，胁从犯是共同犯罪中被胁迫参加犯罪的人，胁从犯主观上虽然明知自己实施的是犯罪行为，但犯意并非由其本人产生，而是由于受到他人暴力、威胁而参加共同犯罪，单纯被诱骗而参加犯罪不应认定为胁从犯。其次，部分被告人出于找工作赚钱等目的，受高薪诱惑被招募到诈骗犯罪集团，虽然存在护照、手机被统一收走保管的情况，但各被告人在印度尼西亚、肯尼亚期间均可以定期与家人通话，如明确表示不想实施诈骗行为，在支付交通费用的情况下，可自由退出。如被告人王某冬供称其由于与同案打架，故提前离开诈骗窝点，人身自由并未受限。林某德等被告人还供述对于明确拒绝实施诈骗行为的被告人，也能够保证正常的饮食和休息，不存在暴力威胁、胁迫或其人身、精神受到现实强制的情况。最后，根据在案证据及查明的事实，各被告人对实施诈骗行为，并未明确表示拒绝，亦未表现出任何反抗举动，反而均自主接听被害人回电，并根据话术单对被害人实施诈骗，且均有非法获利。

本案各被告人的上述行为与胁从犯系受他人胁迫而被动实施犯罪的特征不符，均不应认定为胁从犯。故辩护人所提潘某威、刘某铭、苗某、陶某娇、姜某祥、刘某男等人系被胁迫参加犯罪，应当依法减轻或免除处罚的辩护意见，以及被告人刘某筑、赵某婷、陈某祯系被诱骗参加犯罪，应从轻处罚的辩护意见均不能成立。

综上，法院认为：被告人张某闵等33人伙同他人，先后出境参加电信诈骗犯罪集团，在境外利用电信网络技术手段，冒充国家机关工作人员，通过虚构被害人个人信息泄露、涉嫌违法犯罪、需配合清查资金等事实，诱使被害人按照被告人的要求进行转账或汇款，诈骗被害人钱财，诈骗数额特别巨大，行为均已构成诈骗罪，依法均应予惩处。故，法院依法对被告张某闵等33人判处二年至十五年不等的有期徒刑。

（二）上官某贵、上官某水等诈骗案

[**案例案号**] 福建省厦门市中级人民法院（2015）厦刑初字第 7 号刑事判决书

[**基本案情**]

2013 年 3 月 28 日起，被告人上官某贵、上官某伙同曹某某（已判刑），在厦门市发放伪造的"康师傅控股实业有限公司"刮奖卡，后又冒充该公司兑奖工作人员、公证机关工作人员，虚构兑奖需要缴纳手续费、公证费等理由骗取被害人周某甲、冉某等人钱款，所得款项分别汇入以陈某飞、许某强、何某华、王某桂、吴某等人名义开设的银行账户内，累计骗得钱款共计人民币 88671.09 元。

被告人上官某贵于 2013 年 7 月离开厦门，未继续伙同被告人上官某、曹某某在厦门市实施诈骗活动，但仍提供以许某强名义开户的四张银行卡供被告人上官某、曹某某继续用于接收诈骗所得款项累计人民币 77498 元。

另外，经与诈骗犯罪团伙协商，被告人上官某贵同意为诈骗犯罪团伙提取诈骗所得赃款，并于 2013 年 11 月 24 日、12 月 28 日分别雇佣被告人上官某水、上官某木共同到广东省深圳市、惠州市、东莞市等地的银行 ATM 机上为诈骗犯罪团伙取款（转账），牟取非法利益。经查明，2013 年 11 月 1 日至 2014 年 1 月 10 日，被告人上官某贵、上官某水、上官某木为诈骗犯罪团伙提取（转账）诈骗款项共计人民币 11517919.98 元，其中被告人上官某水参与提取（转账）共计人民币 8954413.78 元，被告人上官某木参与提取（转账）共计人民币 2502045.84 元。

[**审理意见**]

针对控辩双方的争议焦点，法院结合在案的证据，根据查明的事实和法律规定综合分析评判如下。

第一，关于辩护人提出的犯罪数额的认定问题。

首先，被告人上官某贵、上官某水和上官某木明知诈骗团伙骗取被害人款项后存入涉案银行卡，仍按指示予以取款、转账并从中牟利，因此三人取款、转账、消费行为的数额应计入其诈骗数额。其次，关于转账部分

应区分不同情形认定是否计入三名被告人的诈骗数额。虽然上官某贵、上官某水及上官某木均不承认存在卡卡转账的情况，上官某水、上官某木仅承认存在因部分银行卡取款金额受限而需转账到另外银行卡再取出的情形，但在案银行卡交易明细体现，仍存在部分卡卡互转的情形。经查，侦查机关调取的银行卡交易记录，仅建行卡记录完整，能明确区分各种交易类型，并且显示出交易相对方的账户，因此建行卡的转账部分如系转入被缴获卡账户并被取款的，因与取现数额重复计算，该部分转账金额不计入三名被告人的诈骗数额，建行卡的转账部分能排除转入缴获卡的，则应计入三名被告人的诈骗数额。此外，侦查机关调取的工行、农行、中行的交易往来记录虽能明确区分交易类型，但是未能体现交易相对方的账户，邮储及其他银行仅能调取到取现记录。因上述交易记录调取内容并不全面，故从有利于被告人的原则考虑，工行、农行、中行、邮储及其他小银行转账部分金额均不计入三名被告人诈骗数额。最后，虽然涉案的 760 张银行卡账户内的款项来源只查到部分被害人，但根据本案各被害人陈述及提供的部分转账凭证、缴获在案的 760 张银行卡的交易记录，结合三名被告人的供述，足以认定涉案的 760 张银行卡系专门用于接收虚假信息诈骗钱款，故该账户内的金额可认定为诈骗数额，涉案银行卡的取现、转账及消费数额可相应认定为三名被告人的诈骗数额。综上，公诉机关用以指控三名被告人诈骗数额的证据确实充分，并已采取有利于被告人的原则就低认定，故辩护人关于认定诈骗数额方面的证据不足的辩护意见，与查明的事实不符，不予采纳。

第二，关于被告人上官某水参与诈骗时间点的认定。

上官某水的辩护人提出指控上官某水于 2013 年 11 月 24 日开始参与诈骗取款的证据不足。经查，上官某水归案后对其参与提取诈骗款项的时间供述不一，部分笔录供称其于 2013 年 11 月下旬起参与诈骗取款，部分笔录则供称系于同年 11 月初开始参与，同案犯上官某贵供称上官某水系于2013 年 11 月初开始参与提取诈骗款项。因上官某水多次笔录较为稳定地供称其开始参与的时间为 2013 年 11 月下旬，结合调取到的 2013 年 11 月24 日上官某水提取诈骗款项的监控录像，可认定上官某水参与诈骗的时间从 2013 年 11 月 24 日开始。故起诉指控该事实的证据充分，辩护人相关辩护意见与查明的事实不符，不予采纳。

第三，关于被告人上官某贵参与诈骗时间及犯罪数额计算起始点的认定。

上官某贵及其辩护人提出，起诉指控自 2013 年 11 月 1 日起计算上官某贵的诈骗犯罪数额没有充分依据。经查，上官某贵对于其为诈骗团伙提取诈骗款项的参与时间前后出现四种不同供述，既作出其于 2013 年 10 月底 11 月初参与诈骗取款的供述，亦作出其于 2013 年 11 月参与诈骗取款的供述，且供述内容均无法确定具体的参与日期。上官某水则供称上官某贵于 2013 年 11 月开始参与取款且很早就开始参与实施诈骗，但对于具体时间亦无法确认。因此，虽然结合二名被告人供述及上官某水的取款截图足以认定上官某贵系于 2013 年 11 月起参与诈骗取款，却无法确定具体日期，故起诉自 2013 年 11 月 1 日起计算上官某贵的诈骗数额证据不足，应以上官某贵雇佣上官某水参与取款的时间即 2013 年 11 月 24 日为计算其诈骗数额的起始时间。对上官某贵及其辩护人的这一辩解、辩护意见予以采纳。

第四，关于被告人上官某木参与诈骗时间点的认定。

上官某木及其辩护人提出上官某木于 2013 年 12 月 29 日开始参与提取诈骗钱款，起诉指控自 2013 年 12 月 28 日起计算诈骗数额不当。经查，虽然上官某木关于其参与提取诈骗款项时间节点的供述前后不一且反反复复，但曾两次详细供认其系于 2013 年 12 月 28 日坐火车到深圳，次日上午即开始参与提取诈骗款项。上官某贵及上官某水亦一致供称上官某木系于购买车辆（即 2013 年 12 月 23 日）之前到广东伙同其他人共同提取诈骗钱款。上述三名被告人供述与提取在案的上官某木 2013 年 12 月 29 日提取诈骗款项的监控录像能相互印证，故认定上官某木参与取款的最初时间为 2013 年 12 月 29 日。因此起诉指控上官某木诈骗数额的起算时间自 2013 年 12 月 28 日起并不妥当，应予纠正。对上官某木及其辩护人的相关辩解、辩护意见予以采纳。

第五，关于被告人上官某贵、上官某水、上官某木辩称其主观上均不明知系为诈骗团伙提取诈骗款项的辩解意见。

经查，上官某贵归案后对其与诈骗团伙人员共谋后赴广东为诈骗分子提取诈骗所得钱款的事实供认不讳，并供称诈骗分子交给其 700 余张取款用的银行卡及两部专线联系手机，并让其再叫一至二人参与，承诺每天给予每人报酬 500 元。其遂纠集了上官某水参与，经上官某水纠集，上官某木亦参与提取诈骗款项。其明确告知上官某水、上官某木系为诈骗分子提取诈骗款项。上官某水、上官某木归案后亦对被纠集雇请参与为诈骗团伙提取诈骗款项的事实供认不讳，其二人对于上官某贵明确告知提取诈骗款项的供述与上官某贵的供述相互印证。另外，三名被告人一致供称，外出取款时，上官某贵负责驾车前往深圳、东莞、惠州等地，车开到哪就到哪里取款，不敢固定在一个地点取款。上官某水和上官某木轮流取款，一人取款时其他人都在旁边等候、望风，他们知道所取的钱款系诈骗团伙骗取的，都担心被警察抓获，故需要有人望风。综上，上述三名被告人的供述足以证实其主观上均明知系为诈骗团伙提取诈骗款项，且该供述亦充分解释了三名被告人取款时的异常行为。故三名被告人的该辩解意见与查明的事实不符，不予采纳。

第六，被告人上官某贵、上官某水、上官某木的辩护人均提出对三名被告人的行为构成诈骗罪的指控不当，应认定为掩饰、隐瞒犯罪所得、犯罪所得收益罪的辩护意见。

经查，上官某贵经与诈骗团伙共谋后决定帮助诈骗团伙提取诈骗所得的赃款，以牟取非法利益。其后，上官某贵先后雇佣上官某水、上官某木赴广东省共同提取诈骗赃款，并明确告知二人系为诈骗分子提取诈骗所得钱款。三名被告人外出取款时不断变换取款地点，一人取款时其他人负责在旁守候望风。为及时提取诈骗所得款项，防止银行卡被冻结，上官某贵不仅购置车辆作为作案用交通工具，亦随身携带所有取款用银行卡，接到诈骗分子电话后立即让上官某贵和上官某水持卡取款。当遇到卡内金额较大而存在取款金额限制的情况时，三名被告人采取转账部分金额到他卡后再支取的手段提取诈骗钱款。因此，三名被告人主观上明知其三人系为诈骗团伙提取诈骗款项，犯意沟通明确。从客观行为看，三名被告人随身携带 700 余张收取诈骗款项的银行卡，等候诈骗团伙的命令伺机取款，其取款行为已然是整个团伙诈骗中重要而不可缺少的环节，直接关系到诈骗目的能否实现。综上，三名被告人的行为符合诈骗罪的构成要件，起诉指控的罪名成立，辩护人的该辩护意见于法无据，不予采纳。

法院认为，被告人上官某贵、上官某水结伙以非法占有为目的，采用向不特定人发放虚假兑奖卡的方式，共同骗取他人财物共计人民币88671.09元，被告人上官某贵还伙同被告人上官某水、上官某木共同为诈骗犯罪团伙提取诈骗所得赃款，其中上官某贵、上官某水参与提取诈骗款项共计人民币8954413.78元，被告人上官某木参与提取诈骗款项共计人民币2421640.17元，上述几名被告人的行为均已构成诈骗罪。其中，上官某贵参与本案两部分诈骗钱款合计人民币9043084.87元，上官某水参与诈骗他人钱款合计人民币8954413.78元，上官某木参与诈骗他人钱款合计人民币2421640.17元，均属诈骗数额特别巨大。

据此，法院依法判决如下：被告人上官某贵犯诈骗罪，判处有期徒刑十三年，并处罚金人民币20万元；被告人上官某水犯诈骗罪，判处有期徒刑八年，并处罚金人民币5万元；被告人上官某木犯诈骗罪，判处有期徒刑五年，并处罚金人民币3万元。

（三）罗某成、罗某诈骗案

[**案例案号**] 广西壮族自治区宾阳县人民法院（2015）宾刑初字第254号刑事判决书

[**基本案情**]

2014年8月4日，被告人罗某在广西宾阳县宾州镇顾明村委会大罗村209号其家中，用盗窃来的QQ号码冒充被害人郑某的亲属，骗取被害人郑某15000元。被害人分两次将15000元转入被告人提供的户名为徐某，账号为62×××62的农行账户。尔后，被告人将赃款从上述账户转账至户名为周某民，账号为62×××72的农行账户。随后，被告人罗某指使一名化名"阿明"的男子持卡取出全部赃款，其从中分得12000元。案发后被告人罗某的亲属替被告人罗某退赔15000元给被害人郑某（该款已提存于本院）。

2014年11月5日，被告人罗某成在广西宾阳县宾州镇顾明村委会大罗村209号其家中，用盗窃来的QQ号码冒充被害人鲍某的父亲，骗取被害人鲍某 50000 元。被害人将 50000 元转入被告人提供户名为徐某，账号为 62×××40 的工行账户。尔后被告人罗某成将赃款从上述账户转入户名为华某实、石某、周某民的三个农行账户，并与被告人罗某一起到宾阳县武陵镇农村信用社取出全部赃款。其中，被告人罗某成取款 20000 元，被告人罗某取款 30000 元。案发后被告人罗某成的亲属替被告人罗某成退赔 50000 元给被害人鲍某（该款已提存于本院）。

[审理意见]

法院认为，被告人罗某成以非法占有为目的，通过 QQ 采取虚构事实、隐瞒真相的手段，骗取他人财物，数额巨大，其行为已触犯《刑法》第 266 条之规定，构成诈骗罪。被告人罗某以非法占有为目的，通过 QQ 采取虚构事实、隐瞒真相的手段，骗取他人财物，数额较大，被告人罗某明知是犯罪所得而予以转移，其行为已分别触犯《刑法》第 266 条、第 312 条之规定，构成诈骗罪和掩饰、隐瞒犯罪所得罪。公诉机关指控的罪名成立。两名被告人归案后如实供述自己的罪行，法院依法从轻处罚。鉴于两名被告人的亲属替两名被告人赔偿全部经济损失给被害人，法院酌情对两名被告人从轻处罚。被告人罗某一人犯数罪，法院依法对其进行数罪并罚。根据被告人的犯罪事实、犯罪情节、危害后果和认罪态度，法院依法判决如下。被告人罗某成犯诈骗罪，判处有期徒刑四年，并处罚金 10000 元。被告人罗某犯诈骗罪，判处有期徒刑一年六个月，并处罚金 3000 元；犯掩饰、隐瞒犯罪所得罪，判处有期徒刑一年，并处罚金 2000 元；数罪并罚，决定执行有期徒刑二年，并处罚金 5000 元。扣押在案的作案工具，由扣押机关即宾阳县公安局依法处理。

（四）陈某辉等七人诈骗、侵犯公民个人信息案

[案例案号] 山东省临沂市中级人民法院（2017）鲁 13 刑初 26 号刑事判决书

[基本案情]

2015 年 11 月至 2016 年 8 月，被告人陈某辉、黄某春、陈某生、郑某锋、熊某、郑某聪、陈某地等人结伙，通过网络购买学生信息和公民购房

信息，分别在江西省九江市、新余市，广西壮族自治区钦州市，海南省海口市等地租赁房屋作为诈骗场所，分别冒充教育局、财政局、房产局的工作人员，以发放贫困学生助学金、购房补贴为名，以高考学生为主要诈骗对象，拨打诈骗电话2.3万余次，骗取他人钱款共计56万余元，并造成被害人徐某玉死亡。

［审理意见］

法院认为，被告人陈某辉等人以非法占有为目的，结成电信诈骗犯罪团伙，冒充国家机关工作人员，虚构事实，拨打电话骗取他人钱款，其行为均构成诈骗罪。陈某辉以非法方法获取公民个人信息，其行为还构成侵犯公民个人信息罪。陈某辉在江西省九江市、新余市的诈骗犯罪中起组织、指挥作用，系主犯。陈某辉冒充国家机关工作人员，骗取在校学生钱款，并造成被害人徐某玉死亡，酌情从重处罚。据此，以诈骗罪、侵犯公民个人信息罪判处被告人陈某辉无期徒刑，剥夺政治权利终身，并处没收个人全部财产；以诈骗罪判处被告人郑某锋、黄某春等人十五年至三年不等的有期徒刑。

二　核心法条

1. 《刑法》第266条："诈骗公私财物，数额较大的，处三年以下有期徒刑、拘役或者管制，并处或者单处罚金；数额巨大或者有其他严重情节的，处三年以上十年以下有期徒刑，并处罚金；数额特别巨大或者有其他特别严重情节的，处十年以上有期徒刑或者无期徒刑，并处罚金或者没收财产。本法另有规定的，依照规定。"

2. 《刑法》第25条："共同犯罪是指二人以上共同故意犯罪。

"二人以上共同过失犯罪，不以共同犯罪论处；应当负刑事责任的，按照他们所犯的罪分别处罚。"

3. 《刑法》第26条："组织、领导犯罪集团进行犯罪活动的或者在共同犯罪中起主要作用的，是主犯。

"三人以上为共同实施犯罪而组成的较为固定的犯罪组织，是犯罪集团。

"对组织、领导犯罪集团的首要分子，按照集团所犯的全部罪行处罚。

"对于第三款规定以外的主犯，应当按照其所参与的或者组织、指挥的全部犯罪处罚。"

4.《刑法》第 27 条："在共同犯罪中起次要或者辅助作用的，是从犯。

"对于从犯，应当从轻、减轻处罚或者免除处罚。"

5.《刑法》第 52 条："判处罚金，应当根据犯罪情节决定罚金数额。"

6.《刑法》第 53 条："罚金在判决指定的期限内一次或者分期缴纳。期满不缴纳的，强制缴纳。对于不能全部缴纳罚金的，人民法院在任何时候发现被执行人有可以执行的财产，应当随时追缴。

"由于遭遇不能抗拒的灾祸等原因缴纳确实有困难的，经人民法院裁定，可以延期缴纳、酌情减少或者免除。"

7.《刑法》第 55 条："剥夺政治权利的期限，除本法第五十七条规定外，为一年以上五年以下。

"判处管制附加剥夺政治权利的，剥夺政治权利的期限与管制的期限相等，同时执行。"

8.《刑法》第 56 条："对于危害国家安全的犯罪分子应当附加剥夺政治权利；对于故意杀人、强奸、放火、爆炸、投毒、抢劫等严重破坏社会秩序的犯罪分子，可以附加剥夺政治权利。

"独立适用剥夺政治权利的，依照本法分则的规定。"

9.《刑法》第 67 条："犯罪以后自动投案，如实供述自己的罪行的，是自首。对于自首的犯罪分子，可以从轻或者减轻处罚。其中，犯罪较轻的，可以免除处罚。

"被采取强制措施的犯罪嫌疑人、被告人和正在服刑的罪犯，如实供述司法机关还未掌握的本人其他罪行的，以自首论。

"犯罪嫌疑人虽不具有前两款规定的自首情节，但是如实供述自己罪行的，可以从轻处罚；因其如实供述自己罪行，避免特别严重后果发生的，可以减轻处罚。"

10.《刑法》第 61 条："对于犯罪分子决定刑罚的时候，应当根据犯罪的事实、犯罪的性质、情节和对于社会的危害程度，依照本法的有关规定判处。"

11.《刑法》第 64 条："犯罪分子违法所得的一切财物，应当予以追缴或者责令退赔；对被害人的合法财产，应当及时返还；违禁品和供犯罪所用的本人财物，应当予以没收。没收的财物和罚金，一律上缴国库，不得挪用和自行处理。"

12. 最高人民法院、最高人民检察院《关于办理诈骗刑事案件具体应用法律若干问题的解释》第 1 条："诈骗公私财物价值三千元至一万元以上、三万元至十万元以上、五十万元以上的，应当分别认定为刑法第二百六十六条规定的'数额较大'、'数额巨大'、'数额特别巨大'。

"各省、自治区、直辖市高级人民法院、人民检察院可以结合本地区经济社会发展状况，在前款规定的数额幅度内，共同研究确定本地区执行的具体数额标准，报最高人民法院、最高人民检察院备案。"

13. 最高人民法院、最高人民检察院《关于办理诈骗刑事案件具体应用法律若干问题的解释》第 2 条："诈骗公私财物达到本解释第一条规定的数额标准，具有下列情形之一的，可以依照刑法第二百六十六条的规定酌情从严惩处：

（一）通过发送短信、拨打电话或者利用互联网、广播电视、报刊杂志等发布虚假信息，对不特定多数人实施诈骗的；

（二）诈骗救灾、抢险、防汛、优抚、扶贫、移民、救济、医疗款物的；

（三）以赈灾募捐名义实施诈骗的；

（四）诈骗残疾人、老年人或者丧失劳动能力人的财物的；

（五）造成被害人自杀、精神失常或者其他严重后果的。

"诈骗数额接近本解释第一条规定的'数额巨大'、'数额特别巨大'的标准，并具有前款规定的情形之一或者属于诈骗集团首要分子的，应当分别认定为刑法第二百六十六条规定的'其他严重情节'、'其他特别严重情节'。"

三　要点提示

1. 关于网络诈骗的定罪问题。网络诈骗属于诈骗罪的类型之一，即行为人以非法占有为目的，采取虚构事实、隐瞒真相的方法，通过网络、电信等媒介骗取他人财物的犯罪活动。对这类犯罪的定罪问题，仍需要回归诈骗罪的构成要件。但与传统诈骗不同，网络诈骗中行为人系利用电子设备或网络媒介来实行犯罪行为，故其在犯罪数额和犯罪数量认定、刑事入罪标准、证据收集和运用等方面都有一定的特殊之处。

2. 关于帮助行为的认定。随着网络诈骗的蔓延，社会上出现了专门为诈骗团伙转取赃款来牟取非法利益的"职业取款人"。这类犯罪分子以经常更换手机号、身份证、银行卡等方式，为诈骗犯罪团伙转取犯罪钱款，作案手段极为隐蔽，严重影响了司法机关打击网络诈骗犯罪活动。此类为诈骗团伙转取赃款的行为，依法属于诈骗犯罪的共犯行为。

3. 关于犯罪数额的认定。网络诈骗相较于传统诈骗，犯罪行为影响更广泛，涉及的犯罪人数更多，犯罪数额通常更大，犯罪手段方式更加多变，证据难以搜集固定。因此，认定这类犯罪的犯罪数额，往往具有一定的难度。认定网络诈骗的犯罪数额，需要以搜集到的证据为核心，全面结合行为人参与作案的时间节点、行为人的供述、涉案银行卡的流水记录、查证的被害人情况说明等来综合确认。

4. 关于量刑的问题。《诈骗案件解释》将网络诈骗犯罪数额划分为"数额较大""数额巨大""数额特别巨大"三类，确立了此类犯罪量刑的基本标准。同时，实践中，虽然有些案件中的诈骗数额没有达到以上"巨大"或"特别巨大"的数额标准，但存在犯罪行为性质恶劣的其他情节，也会对量刑产生较大影响。对此，《电信诈骗意见》规定，具有十项情形之一的，予以从重处罚。例如，对诈骗造成被害人自杀、死亡或者精神失常等严重后果的，冒充司法机关等国家机关工作人员实施诈骗的，组织、指挥电信网络诈骗犯罪团伙的，诈骗在校学生财物的等，均应当酌情从重处罚。

四 法理评析

网络诈骗作为诈骗的一种类型，与传统诈骗在内涵上具有相似性，即行为人以非法占有为目的，通过虚构事实、隐瞒真相的方式骗取数额较大的公私财物。① 但两者采用的方式有所区别，网络诈骗行为人主要通过网络等电子设备向受害人传递虚假的诈骗信息。在这种方式之下，行为人无需与被害人直接接触，故其具有隐蔽性高的特点。此外，网络诈骗还具有辐射性、即时性、跨地域性、低成本、低风险、高收益以及群体化和组织化的特性。② 这些特性给侦破案件、收集证据、抓捕犯罪嫌疑人等都带来了困难。同时，在定罪量刑方面，也存在许多争议。例如，行为人的行为构成诈骗罪还是掩饰隐瞒犯罪所得罪；行为人的行为触犯两种或以上的罪名时，应该择一重罪判处还是数罪并罚；对犯罪集团中主犯、从犯、未遂犯的量刑如何确定等。

在最高人民法院、最高人民检察院 2011 年发布的《诈骗案件解释》基础上，最高人民法院、最高人民检察院、公安部于 2016 年再次联合发布《电信诈骗意见》，对电信网络诈骗犯罪的定罪量刑、关联犯罪、共同犯罪等问题作出了详细规定。《电信诈骗意见》的出台，为打击网络诈骗犯罪提供了更为明确具体的法律适用依据，有利于司法机关准确、有力、有效地侦破和审理此类案件。

（一）网络诈骗刑事入罪标准

根据《诈骗案件解释》《电信诈骗意见》等相关规定，我国网络诈骗犯罪基本特点有：行为特征方面属于类型化的诈骗罪，技术手段方面为利用通讯工具、互联网等进行犯罪，犯罪对象针对的是不特定多数人，诈骗

---

① 参见戴长林主编《网络犯罪司法实务研究及相关司法解释理解与适用》，人民法院出版社，2014，第 45 页。
② 参见陈家林、汪雪城《网络诈骗犯罪刑事责任的评价困境与刑法调适——以 100 个随机案例为切入》，《政治与法律》2017 年第 3 期。

数额或犯罪情节需满足一定条件等。其中行为特征一般与传统诈骗犯罪特征一致，技术手段在《诈骗案件解释》中主要列举为发送短信、拨打电话、互联网等电信技术，以上两项刑事入罪条件没有较大争议，但关于犯罪对象及其特征的认定容易出现不同的理解。此外，《电信诈骗意见》对网络诈骗数额、诈骗情节的标准制定了更加合理、完善的规定。

1. 犯罪对象为"不特定多数人"的认定。以 2020 年教育部发布的《全国治理教育乱收费联席会议办公室关于谨防有人利用疫情防控期间线上教学名义进行网上收费诈骗的预警》的规定为例，该预警通知指出，一些犯罪分子利用班级微信群、QQ 群等平台，以线上教学为由冒充老师骗取学生家长钱款。关于这类案件的定罪问题，主要是犯罪分子在特定的微信群、QQ 群等软件发布诈骗信息，是否属于针对"不特定多数人"进行诈骗的问题。

"不特定多数人"具有抽象性的特征，往往难以明确其内涵。有学者指出，区分特定与否不能脱离设定这种区别的目的，[①] 故对于网络诈骗犯罪中不特定多数人的区分也需要从法律制定的目的出发。法律对网络诈骗进行规制是为了保护使用电信网络设备主体的财产安全，因此对于不特定多数人的认定不能仅以数量作为判断标准，而同时要对行为人的主客观因素进行考量。首先要考虑行为人使用的诈骗手段是否具有广泛传播性，是否可以让不特定的多数人知晓，对于一些半封闭的平台，需要结合其中人员的组成、人数等因素进行综合判断。其次要考虑行为人主观上是否认识到会对不特定多数人产生影响，以及其具体的客观行为。因此，教育部发布的预警通知中所指的犯罪行为人假冒班主任在班级微信群、QQ 群中发布虚假信息骗取他人财产的行为，符合网络诈骗的特征。虽然班级微信群、QQ 群针对固定的主体，但是犯罪行为人挑选这些群组时是随机的，行为人对于诈骗对象是不了解且没有明确目标的，满足针对不特定主体的对象要求。

---

① 参见彭冰《非法集资行为的界定——评最高人民法院关于非法集资的司法解释》，《法学家》2011 年第 6 期。

2. 网络诈骗数额、诈骗情节入罪标准。首先，《电信诈骗意见》统一了全国网络诈骗刑事入罪的数额标准。近些年来，网络诈骗频频发生，对个人、家庭、社会造成了严重的不良影响，对于此类犯罪行为进行从严打击的呼声日益高涨。《诈骗案件解释》规定，诈骗公私财物价值3000元至1万元以上，3万元至10万元以上的，应分别认定为诈骗"数额较大"和"数额巨大"，各地可在此幅度内确定具体数额标准。根据这一规定，不同地方的司法机关在审理案件时可以在一定的幅度内认定网络诈骗刑事入罪的具体数额。但是，网络诈骗具有跨区域性，往往同一行为人的不同犯罪行为会作用于不同的地方，若各地采用不同的入罪数额标准，可能会出现同案不同判的情况，难以实现刑罚的公正性。① 此外，对于入罪数额标准较高的情况，也难以达到从严打击此类犯罪的目的。对此《电信诈骗意见》在《诈骗案件解释》的基础上，规定全国应适用统一的入罪数额标准，即电信网络诈骗财物价值3000元以上、3万元以上的，应当分别认定为刑法第266条规定的"数额较大"和"数额巨大"，从而保证网络犯罪审判的公正性和对此类犯罪的威慑性。

其次，网络诈骗采用犯罪数额与犯罪数量并用的刑事入罪标准。相较于传统诈骗，网络诈骗的影响范围更广，危害程度更深，证据也更难搜集和固定，如果只采用一般诈骗罪的入罪标准来对网络诈骗定罪处罚，可能难以实现对此类犯罪的严厉打击。为此，《电信诈骗意见》对于不同的情况规定了不同的入罪标准：当能够查清犯罪数额时，以犯罪数额对行为人进行定罪量刑；当无法查明诈骗数额时，如果能查明发送的诈骗信息达到5000条以上、拨打诈骗电话500人次以上的，可认定为《刑法》第266条规定的"其他严重情节"，以诈骗罪（未遂）定罪处罚。《电信诈骗意见》对于网络诈骗采用犯罪数额与犯罪数量并用的刑事入罪标准，全面涵盖了行为人的罪行，保证了对犯罪分子的严厉惩处。

---

① 参见黄河等《破解打击电信网络诈骗犯罪的五大难题——〈关于办理电信网络诈骗等刑事案件适用法律若干问题的意见〉解读》，《人民检察》2017年第11期。

（二）网络诈骗关联犯罪定罪处罚问题

1.“职业取款人”的刑事责任分析。随着网络诈骗犯罪的发展蔓延，实践中出现了很多与网络诈骗相关的上下游关联犯罪。这些关联犯罪以诈骗为中心，形成了为诈骗犯罪提供各种支持和服务的犯罪链条。例如，非法使用“伪基站”、帮助转移赃款、非法提供公民个人信息等。其中有一类专门帮助诈骗犯罪团伙转移赃款以获取非法利益的行为人，被称为“职业取款人”。“职业取款人”作案手段十分隐蔽，他们经常更换身份证、手机号、银行卡来为犯罪团伙提取钱款，对打击网络诈骗犯罪造成了严重的干扰。对于“职业取款人”刑事责任的认定，主要存在的争议是该犯罪行为是构成诈骗罪还是掩饰、隐瞒犯罪所得罪。[1] 实践中，两种判决类型均有。

其一，以诈骗罪论处。根据《电信诈骗意见》之规定，与诈骗犯事先共谋，明知是为诈骗犯罪所得转取钱款的，属于诈骗罪共犯。例如，在“上官某贵、上官某水等诈骗案”中，辩护人称被告人主观上没有诈骗的故意，客观上没有实施诈骗行为，被告人明知银行卡内的钱款系非法所得而予以帮忙转移，其行为构成掩饰、隐瞒犯罪所得罪，而非诈骗罪。但法院经审理查明，被告上官某贵经与诈骗团伙共谋后决定帮助诈骗团伙提取诈骗所得的赃款，以牟取非法利益。其后，上官某贵先后雇佣上官某水、上官某木赴广东省共同提取诈骗赃款，并明确告知二人系为诈骗分子提取诈骗所得钱款。因此，三名被告人主观上明知系为诈骗团伙提取诈骗款项，犯意沟通明确；从客观行为看，三名被告人随身携带 700 余张收取诈骗款项的银行卡，等候诈骗团伙的命令伺机取款，其取款行为已然是整个团伙诈骗重要且不可缺少的环节，直接关系到诈骗目的能否实现。[2] 综上，法院判定三名被告人的行为符合诈骗罪的构成要件。

其二，以掩饰、隐瞒犯罪所得罪论处。《电信诈骗意见》规定，行为

---

[1]　参见史运伟《电信网络诈骗案件问题分析》，《山西省政法管理干部学院学报》2020 年第 2 期。

[2]　参见福建省厦门市中级人民法院（2015）厦刑初字第 7 号刑事判决书。

人明知是网络诈骗犯罪所得及其产生的收益，还予以转取钱款的，构成掩饰、隐瞒犯罪所得、犯罪所得收益罪。例如，在"罗某成、罗某诈骗案"中，被告人罗某分别在2014年8月4日、2014年11月5日实行了犯罪行为，前一犯罪行为主要是被告人用盗窃来的QQ号码冒充被害人郑某的亲属，骗取被害人郑某15000元，后一犯罪行为是在明知被告人罗某成骗取被害人鲍某50000元后，与其一起取出全部赃款，并从中取走30000元。法院经审理认为：对于第一个犯罪行为，被告人罗某以非法占有为目的，通过QQ采取虚构事实、隐瞒真相的手段，骗取他人财物，数额较大，构成诈骗罪；对于第二个犯罪行为，被告人罗某明知是犯罪所得而予以转移，构成掩饰、隐瞒犯罪所得罪。①

在"上官某贵、上官某水等诈骗案"和"罗某成、罗某诈骗案"中，被告人都实行了帮助诈骗犯提取诈骗钱款的行为，但是法院对上官某贵等三名被告人的帮助取款行为认定构成诈骗罪共犯，而对罗某的帮助取款行为认定为掩饰、隐瞒犯罪所得罪。虽然两起案件的被告人在形式上都是帮助诈骗行为人提取诈骗钱款，但是"上官某贵、上官某水等诈骗案"中，三名被告人主观上明知其三人系为诈骗团伙提取诈骗款项，且事先与诈骗团伙有共谋，而在"罗某成、罗某诈骗案"中，被告人罗某与诈骗行为人罗某成并未事先达成共谋，而是在罗某成实行诈骗行为结束后，帮助其取出诈骗钱款。由此可见，对于网络诈骗中取款帮助行为的认定，需要以事先是否具有共谋来判断该行为到底构成诈骗罪的共犯还是构成掩饰、隐瞒犯罪所得罪。

在区分两罪时，"职业取款人"主观上是否"明知"是重要的考量标准。根据《电信诈骗意见》的规定，事前是否有共谋，是判断构成诈骗罪共犯还是掩饰、隐瞒犯罪所得、犯罪所得收益罪的标准。但许多网络诈骗犯罪团伙分工复杂，犯罪行为人身处多地，难以证明各行为人具有事先的共谋。另外在司法实践中，许多网络诈骗的主犯都身处境外，难以将其抓获归案，被抓获归案的大多是境内帮助转移赃款的"职业取款人"以及其

① 参见广西壮族自治区宾阳县人民法院（2015）宾刑初字第254号刑事判决书。

他提供各项服务的从犯，这样要证明行为人之间存在事先的共谋就更加困难。[1] 针对这一问题，最高人民法院和最高人民检察院出台了相关司法解释，规定当无法证明犯罪行为人事先是否有共谋时，可以通过判断犯罪行为人在主观上是否具有"明知"的故意从而判定是否构成诈骗罪的共犯。

《电信诈骗意见》还规定，明知他人实施电信网络诈骗犯罪，为其提供信用卡等支付结算工具、公民个人信息、计算机程序、"伪基站"设备等帮助的，以共同犯罪论处。由此可见，帮助人必须"明知"他人在实施电信网络诈骗犯罪行为才可以认定为帮助犯。对于"职业取款人"主观上"明知"的认定，需要综合分析行为人的供述、犯罪时的客观情形、取款行为地的特定环境背景和取款行为本身的特殊性予以推定。[2] 司法实践中对于"明知"的认定一般采取刑事推定的方法，将"明知"解释为"知道或者应当知道"。从推定的思路上看，对于能否认定行为人"知道或者应当知道"的标准，往往采取一般人标准说。对于电信网络诈骗中的"职业取款人"的"明知"认定，司法实践中主要有六种考量标准：其一，是否大量持有非本人名下的银行卡；其二，是否短时间内进行大量取款，并分别在多台 ATM 机上进行取款；其三，是否支取大额款项不选择柜台办理；其四，取款时是否采取伪装、遮挡面部等手段；其五，与委托取款人之间是否存在亲属或者朋友关系；其六，取款行为是否收取超出正常范围的费用等。[3]

在"上官某贵、上官某水等诈骗案"中，被告在明知诈骗团伙实施网络诈骗的情况下，与诈骗团伙事先达成共谋，为诈骗团伙提供转取赃款的帮助，构成了诈骗罪的共同犯罪；而在"罗某成、罗某诈骗案"中，罗某与诈骗犯罪行为人没有事先进行共谋，而是在事后帮助其提取诈骗所得钱款，因此构成掩饰、隐瞒犯罪所得罪。可以看出，对于"职业取款人"刑

---

① 参见黎宏《电信诈骗中的若干难点问题解析》，《法学》2017 年第 5 期。

② 参见张建、俞小海《电信诈骗犯罪中帮助取款人的刑事责任分析》，《法学》2016 年第 6 期。

③ 参见魏静华、陆旭《电信网络诈骗共同犯罪的司法认定》，《中国检察官》2018 年第 6 期。

事责任的认定，需要判断行为人之间是否具有事先的共谋，如果存在共谋，即构成诈骗罪的共犯；如果没有事先共谋，而是事后提供帮助，则构成掩饰、隐瞒犯罪所得罪或者其他的犯罪。当无法确认犯罪行为人之间是否具有共谋，则采取判断行为人是否具有"明知"的故意来认定是否构成诈骗罪的共犯。对于"明知"的认定，综合考察行为人的行为是否符合一般人的行为标准，从而推定行为人是否知道或者应当知道。

2. 关联犯罪的处罚原则。在"陈某辉等七人诈骗、侵犯公民个人信息案"中，法院经审理认为，被告人陈某辉等人以非法占有为目的，结成电信诈骗犯罪团伙，冒充国家机关工作人员，虚构事实，拨打电话骗取他人钱款，其行为均构成诈骗罪。此外，陈某辉还以非法方法获取公民个人信息，其行为又构成侵犯公民个人信息罪。对于本案的审理，被告人陈某辉的行为构成诈骗罪毋庸置疑，被告人也确以非法方法获取公民个人信息，构成侵犯公民个人信息罪，但是法院判决以诈骗罪、侵犯公民个人信息罪数罪并罚是否合理，则存在争议。一种观点认为，被告人非法获取公民个人信息的行为属诈骗的手段，根据牵连犯择一重罪处罚的处罚原则，应以诈骗罪一罪处罚;[1] 另一种观点认为，被告人同时构成诈骗罪和侵犯公民个人信息罪，应数罪并罚[2]。

在网络诈骗中，行为人往往会非法使用"伪基站"、非法获取他人的个人信息，以及借助其他非法手段为实施诈骗做准备，因此在整个诈骗过程中会出现与诈骗相关的不同行为，触犯多种罪名。对于这一问题，《电信诈骗意见》根据网络诈骗犯罪与关联犯罪的不同情况，分别规定了择一重罪处罚和数罪并罚的处罚原则，其中仅对侵犯公民个人信息罪与诈骗罪竞合规定的是数罪并罚的处罚原则。但无论是使用"伪基站"发送诈骗信息，还是非法获取他人的个人信息，都是为了达成诈骗目的使用的手段，因此在案件的审理中，被告人及其辩护人往往会提出，被告人的众多行为

---

[1]　参见童云峰《侵犯个人信息行为的刑法全流程规制模式研究》，《现代法学》2024 年第5 期。

[2]　参见高铭暄《论中国大陆（内地）电信网络诈骗的司法应对》，《警学研究》2019 年第2 期。

都是为了达到诈骗的目的，属于手段行为和目的行为之间的牵连，应该择一重罪处罚，不应该数罪并罚。《电信诈骗意见》仅仅对侵犯公民个人信息罪与诈骗罪的竞合设定数罪并罚的规定，有失公平。[①]

行为人通过非法途径获取公民个人信息来实施网络诈骗，实质上是手段行为和目的行为的牵连犯，我国刑法分则对不同罪名的牵连犯规定了不同的定罪处罚原则。有学者指出，宽严相济刑事政策在具体运用到牵连犯定罪处罚规则的设置时，如果认为该类（种）犯罪需要严惩，则立法应规定（或者司法解释尽量解释为）数罪并罚有关这类（种）犯罪的牵连犯；如果对某一类（种）犯罪不是选择严惩的立场，立法则不会规定（或者司法解释不解释为）对这类（种）犯罪的牵连犯数罪并罚，而按一罪处理或者不作规定，在司法审理时交由法官自由裁量。[②] 互联网的快速发展为社会带来诸多益处，也为公民的个人信息安全带来了一定的威胁，如果个人信息被非法获取利用，那么公民的个人生活将会受到严重干扰，因此需要加大对公民个人信息的保护，严厉打击侵犯公民个人信息的犯罪。《电信诈骗意见》规定对通过非法途径获取公民个人信息来实施网络诈骗的犯罪实行数罪并罚的处罚原则，正是为了严厉打击这两种犯罪行为，符合现实的需要。因此，我们认为，该规定并没有违反公平原则，反而更加有利于加强对公民个人信息安全之保护。

（三）关于网络诈骗犯罪数额的认定

根据《电信诈骗意见》的规定，利用电信网络技术手段实施诈骗，诈骗公私财物价值达到相应数额标准，具有特定情形的，酌情从重处罚。因此，网络诈骗犯罪数额认定与犯罪行为人的定罪量刑有着密切关系。在司法实践中，对于诈骗数额的认定主要存在两方面问题。一是当无法明确所有被害人时，如何认定诈骗数额。二是当属于诈骗团伙作案时，行为人是只对自己实施的犯罪数额承担责任，还是对其在诈骗团伙期间整个诈骗团

[①]　参见李文涛等《电信网络诈骗刑事法律认定中的疑难问题》，《中国检察官》2020 年第 5 期。
[②]　参见牛忠志《对贪污贿赂司法解释第十七条适用的解析》，《人民法院报》2016 年 8 月 24 日，第 5 版。

伙的犯罪数额承担责任。[①] 其中又包括对诈骗团伙主犯和从犯犯罪数额的认定等问题。

1. 无法明确被害人时，对行为人犯罪数额的认定。司法实践中，对于网络诈骗犯罪数额的认定主要有两种方式：一是以查实的被害人人数及金额认定，二是综合全案事实认定。[②] 但网络诈骗具有针对的对象不特定、涉及范围广泛的特征，从而难以查实全部被害人。对此，有的公诉机关在没有明确查找到所有被害人时，往往会直接认定涉案查处的银行卡里的全部金额都是诈骗的犯罪数额。从严厉打击网络诈骗犯罪的角度来看，这种做法符合现实需要。而有的公诉机关则是从证据的角度出发，依据证据确实、充分的标准，仅将根据银行账户明细能够查找到被害人的部分认定为诈骗数额，这样则体现了对证据的充分合理要求。这两种确定犯罪数额的方式从不同的角度出发，各有其侧重点和优势，但也留下了一些疑问：第一种方式虽然保证了从严打击网络诈骗犯罪的需要，但是有时会矫枉过正，没有严格遵循罪责刑相适应的原则；第二种方式重视对证据的搜集和证明，但是网络诈骗受害人数众多，证据难以搜集和固定，仅仅以掌握的证据来对犯罪嫌疑人定罪量刑，不足以全面打击此类犯罪行为。对此，《电信诈骗意见》规定，办理电信网络诈骗案件，确因被害人人数众多等客观条件的限制，无法逐一收集被害人陈述的，可以结合已收集的被害人陈述，以及经查证属实的银行账户交易记录、第三方支付结算账户交易记录、通话记录、电子数据等证据，综合认定被害人人数及诈骗资金数额等犯罪事实。《电信诈骗意见》的这一规定，明确了当无法查实所有被害人和犯罪金额时，可以采取"推定"的认定方式，即被告人可以通过证明自己涉案的钱款属于合法来源来推定这些钱款不属于犯罪所得。但同时也要注意不能仅依靠查扣的金额和被告人的供述来认定诈骗数额，需要全面结合犯罪的起止时间、银行流水、电子数据等各种证据，以综合认定案件的诈骗数额。

---

① 参见李文涛等《电信网络诈骗刑事法律认定中的疑难问题》，《中国检察官》2020 年第 5 期。

② 参见薛美琴《电信网络诈骗犯罪司法适用疑难问题研究》，《人民司法（案例）》2017 年第 14 期。

在"上官某贵、上官某水等诈骗案"中，虽然涉案的 760 个银行账户内的款项来源只查到部分被害人，但根据本案各被害人陈述及提供的部分转账凭证、缴获在案的 760 张银行卡交易记录，结合三名被告人的供述，足以认定涉案 760 张银行卡是专门用于接收虚假信息诈骗钱款的，故该账户内的金额可认定为诈骗数额，涉案银行卡的取现、转账及消费数额可相应认定为三名被告人的诈骗数额。而侦查机关调取的工行、农行、中行的交易往来记录虽能明确区分交易类型，但是未能体现交易对方的账户，邮储及其他银行仅能调取到取现记录。因上述交易记录调取内容并不全面，故从有利于被告人的原则考虑，工行、农行、中行、邮储及其他银行转账部分金额均不计入三名被告人诈骗数额。这一案件对于犯罪行为人诈骗数额的认定，在以证据证明为核心的基础上，全面结合了被告人的相关供述、银行的流水、电子数据等各种证据，是综合认定的代表性做法。

2. 诈骗团伙中行为人犯罪数额的认定。关于诈骗团伙中行为人诈骗数额的认定，主要分为对主犯犯罪数额的认定和对从犯犯罪数额的认定。

其一，对主犯犯罪数额的认定。在司法实践中，诈骗团伙中的主犯常常会提出公诉机关指控的犯罪数额不正确，主要有以下辩解意见：一是认为其无需对整个犯罪团伙的诈骗所得承担责任，只需要对自己实际参与的犯罪所得数额承担责任，因为在一些特大犯罪团伙中，位于高层的主犯对于一些低层的犯罪行为并不了解，因此无需对这些犯罪行为承担责任；二是认为公诉机关指控的犯罪时点有误，并且涉案银行卡中的数额并不全是诈骗所得，故不能将所有款项计为犯罪数额；三是认为当主犯先到案后，不应该对犯罪团伙中其他未到案的犯罪行为人继续实施的犯罪所得承担责任；四是认为当主犯中途脱离诈骗团伙时，不需要对诈骗团伙在这期间的犯罪所得承担责任。[①]

其二，对从犯犯罪数额的认定。在网络诈骗共同犯罪的案件中，因为犯罪行为人的作用不同，所以行为人是应该对其实际参与诈骗的犯罪数额

---

① 参见吴成杰、陈雯《电信网络诈骗案件中的疑难问题探讨》，《法律适用》2017 年第 21 期。

承担责任，还是应该对整个诈骗团伙实行诈骗的犯罪数额承担共同责任，在实践中存在异议。此外，由于网络诈骗取证较为困难，一些案件获取到的证据无法一一对应到每个犯罪行为人，即使有些案件可以查清诈骗的数额，也无法获取充分证据来认定每个行为人实际参与的犯罪数额。

对于以上问题，参与数额说①的观点认为，行为人的犯罪数额为其实际参与犯罪的所得额。由于只有行为人实际的诈骗行为与被害人受骗的结果才有直接的因果关系，所以行为人只对自己实际参与的犯罪承担责任才符合罪责刑相适应原则。犯罪总额说②的观点认为，犯罪团伙中的行为人需要对整个犯罪团伙诈骗所得总额共同承担责任，然后再根据诈骗团伙中不同行为人实行的犯罪行为、所起到的作用、参与的程度等来综合考虑行为人所应该承担的责任，最后依据主犯、从犯的区别进行量刑，对于从犯，按照主犯的量刑从轻、减轻处罚。根据《电信诈骗意见》之规定，诈骗团伙中的成员需要对其参与期间整个团伙实施的犯罪行为承担责任，其中起主要作用的可以认定为主犯，起次要作用的，认定为从犯。由此可以看出，对于网络诈骗共同犯罪，行为人需要对其参与期间诈骗团伙实施的全部诈骗行为承担责任，因此也需要对其参与期间诈骗团伙实施诈骗所得的总额承担责任，在此基础上再根据作用的大小区分主犯、从犯。

在"张某闵等诈骗案"中，法院的判决意见是：对于电信诈骗犯罪集团，从其组建成立后实施诈骗犯罪开始，该集团作为一个整体即完成犯罪着手，被告人新加入犯罪集团只是进一步增强了犯罪集团的犯罪能力和社会危害性，根据"部分实行，全部责任"的共同犯罪理论，此时已经进入犯罪实行阶段，故应当将被告人加入犯罪集团的时间认定为着手实施犯罪的时间。同理，基于电信网络诈骗犯罪集团的上述特点，电信诈骗犯罪集团在运转或实施犯罪过程中，被告人只要加入该犯罪集团，就成为该集团继续运转的一部分，该犯罪集团在被告人加入后所实施的全部诈骗行为，均应视为被告人所参与的诈骗行为。③

---

① 参见唐世月《数额犯论》，法律出版社，2005，第 134 页。
② 参见陈兴良《数额与共同经济犯罪》，《法学》1998 年第 12 期。
③ 参见北京市第二中级人民法院（2017）京 02 刑初 55 号刑事判决书。

党的十八届四中全会提出，在推进以审判为中心的诉讼制度改革中，需要全面贯彻证据裁判原则。因此在审理案件、认定犯罪行为人的犯罪数额时，要落实"重证据，重调查研究，不轻信口供"的基本政策。虽然许多网络诈骗案件存在证据难以查明的问题，但是在认定行为人的犯罪数额时依然要坚持以证据为核心。当无法查明所有被害人时，要全面结合行为人参与作案的时间节点、行为人的供述、涉案银行卡的流水记录、查证的被害人情况说明等来综合确认行为人的犯罪数额；对于诈骗团伙中行为人犯罪数额的认定，以其参与期间诈骗团伙实施诈骗所得的总额承担责任，再根据作用的大小区分主犯、从犯进行定罪量刑。

（四）网络诈骗犯罪量刑问题

《诈骗案件解释》专门对电信网络诈骗犯罪活动的刑事责任追究等问题作出了明确规定：一是明确规定对电信网络诈骗犯罪可以从严惩处；二是规定电信网络诈骗案件中诈骗数额难以查证的，可以根据群发信息、群拨电话的数量、手段和危害等，以诈骗罪未遂追究刑事责任；三是明确了电信网络诈骗共同犯罪的定罪处罚。

1. 明确从重处罚的情节。《诈骗案件解释》规定，电信网络诈骗财物价值达到3000元以上、3万元以上、50万元以上的，属于数额较大、数额巨大和数额特别巨大。《电信诈骗意见》在《诈骗案件解释》的内容上进一步规定，电信网络诈骗犯罪数额达到相应标准后，具有十种情形①之一的，予以从重处罚。其中，冒充司法机关等国家机关工作人员实施诈骗，不仅危害了公民的财产权，而且严重损害国家机关的形象和权威，给国家

---

① 十种情形具体包括：造成被害人或其近亲属自杀、死亡或者精神失常等严重后果的；冒充司法机关等国家机关工作人员实施诈骗的；组织、指挥电信网络诈骗犯罪团伙的；在境外实施电信网络诈骗的；曾因电信网络诈骗犯罪受过刑事处罚或者二年内曾因电信网络诈骗受过行政处罚的；诈骗残疾人、老年人、未成年人、在校学生、丧失劳动能力人的财物，或者诈骗重病患者及其亲属财物的；诈骗救灾、抢险、防汛、优抚、扶贫、移民、救济、医疗等款物的；以赈灾、募捐等社会公益、慈善名义实施诈骗的；利用电话追呼系统等技术手段严重干扰公安机关等部门工作的；利用"钓鱼网站"链接、"木马"程序链接、网络渗透等隐蔽技术手段实施诈骗的。

机关进行正常公务活动带来潜在的危害；在境外实施电信网络诈骗，非法获利最多，打击难度最大，侦查成本最高；① 实行诈骗导致被害人或其近亲属自杀、死亡的情形，属于犯罪后果十分严重。上述这些行为都对社会造成了极其恶劣的影响，因此需要坚决依法从重处罚，依法严厉打击。

根据《电信诈骗意见》的规定，从重处罚需要达到一定的诈骗数额标准，实践中有些案件的诈骗数额没有达到从重处罚的数额标准，但是犯罪情节恶劣。例如犯罪嫌疑人实际的诈骗数额没有达到"数额较大""数额巨大""数额特别巨大"的标准，但是诈骗行为导致被害人经济出现严重困难，或者被害人的精神受到严重的侵害，从而导致被害人自杀等严重情节。如果仅依据犯罪数额的标准来定罪量刑，就会出现难以有效惩处犯罪分子的情况，无法实现罪责刑相适应的原则。因此《电信诈骗意见》强调了犯罪数额和犯罪情节并重的原则，规定诈骗数额接近"数额巨大"的3万元标准、"数额特别巨大"的50万元标准，同时具有前述十种情形之一的，就应当认定为《刑法》第266条规定的"其他严重情节"和"其他特别严重情节"。这一规定体现了在网络诈骗犯罪量刑中，坚持数额和情节并重的原则，坚持严厉打击、从重处罚情节恶劣的犯罪行为，符合现实的需要。此外，适用该规定也有更细微的标准。即《电信诈骗意见》规定，上述规定的"接近"，一般应掌握在相应数额标准的80%以上。而对于"数额较大"只有唯一标准，没有"接近"的标准。

在"张某闵等诈骗案"中，法院根据话术单及诈骗流程可知，诈骗犯罪集团中从事一线的被告人明知二线或三线人员会冒充公安局、检察院等国家机关工作人员，仍诱骗、引导被害人与二线或三线人员联系，为后续诈骗行为提供信息、创造条件等，法院因此认定从事一线的被告人与从事二线、三线的被告人具有共同冒充国家机关工作人员的情节，遂判决予以从重处罚。在"陈某辉等七人诈骗、侵犯公民个人信息案"中，法院经审理认为，被告人陈某辉等人以非法占有为目的，结成电信诈骗犯罪团伙，冒充国家机关工作人员，虚构事实，拨打电话骗取他人钱款，其行为均构

---

① 参见卢建平主编《中国犯罪治理研究报告》，清华大学出版社，2015，第169页。

成诈骗罪。陈某辉还以非法方法获取公民个人信息，其行为又构成侵犯公民个人信息罪。陈某辉在江西省九江市、新余市的诈骗犯罪中起组织、指挥作用，系主犯。陈某辉冒充国家机关工作人员，骗取在校学生钱款，并造成被害人徐某玉死亡，酌情从重处罚。以上两个案件的判决，在罪责刑相适应的前提下，对被告人依法从重判处，充分体现了对电信网络诈骗犯罪分子依法从严惩处的精神。

2. 犯罪未遂的量刑标准。电信网络诈骗以网络电子设备为平台，实行诈骗行为不受地域的限制，作案范围广泛，证据难以搜集。此外网络数据瞬息万变，搜集到的证据难以保存。因此，如果按照传统的证据收集和证明方法来对行为人定罪量刑，可能会出现认定的犯罪数额远远小于实际的犯罪数额，最后导致没有达到诈骗罪的入罪标准，从而不能有效惩处犯罪行为人的问题。这虽然在形式上满足了证据裁判原则，但是在实质上没有实现罪责刑相适应的原则。针对这一问题，《电信诈骗意见》规定，当无法查证网络诈骗数额时，可以根据发送诈骗信息、拨打诈骗电话的数量，以及在互联网上发布的诈骗信息的页面浏览量以诈骗罪（未遂）论处。此外根据一定数量标准将诈骗罪（未遂）的量刑分为"其他严重情节"的诈骗罪（未遂）处罚和"其他特别严重情节"的诈骗罪（未遂）处罚，从而更符合有效惩治和防范此类犯罪的实际需要。对于犯罪既遂和未遂共存的情形，处于同一量刑幅度的，以诈骗罪既遂定罪处罚；如果分别达到不同量刑幅度的，按照处罚重的幅度处罚。对于"分别达到不同量刑幅度的，依照处罚较重的规定处罚"这一规定的适用，在犯罪（未遂）的量刑幅度认定上，不应根据未遂的犯罪情节直接对应量刑幅度，而应在此基础上先考虑未遂等量刑情节，将作出调整后对应的量刑幅度与犯罪既遂的量刑幅度进行比较，再择重处罚。[1]

（五）小结

网络诈骗与传统诈骗类似，都是通过隐瞒真相、虚构事实的方式使他

---

[1]　参见吴成杰、陈雯《电信网络诈骗案件中的疑难问题探讨》，《法律适用》2017 年第 21 期。

人陷入错误的认知，从而骗取他人钱财。在网络诈骗的刑事入罪标准方面，应采用犯罪数额与犯罪数量并用的刑事入罪标准。在网络诈骗关联犯罪中，"职业取款人"专门为诈骗犯转取犯罪钱款，当其与诈骗犯具有事先共谋时，以诈骗罪论处；事先没有共谋，事后提供帮助的，认定为掩饰、隐瞒犯罪所得罪。当难以查证"职业取款人"与诈骗行为人事先是否具有共谋，则采取判断行为人是否具有"明知"的故意的方法来认定其是否构成诈骗罪的共犯。对于网络诈骗关联犯罪的处罚，应以择一重罪处罚为主要原则，但是对于以侵犯公民个人信息的方式进行网络诈骗的，应数罪并罚。在确定网络诈骗数额时，要全面结合行为人参与作案的时间节点、行为人的供述、涉案银行卡的流水记录、查证的被害人情况说明等综合判断。诈骗团伙中行为人犯罪数额的认定，以其参与期间诈骗团伙实施诈骗所得的总额承担责任，再根据作用的大小区分主犯、从犯进行定罪量刑。对于网络诈骗犯罪的量刑，应根据《电信诈骗意见》和《诈骗案件解释》的规定，准确适用十种从重处罚的情形。对于犯罪未遂的量刑标准，则应根据一定数量标准将诈骗罪（未遂）的量刑分为"其他严重情节"的诈骗罪（未遂）和"其他特别严重情节"的诈骗罪（未遂）分别进行处罚。

第九章 网络赌博案

一 典型类案

（一）高某樵、谢某军、杨某彬等开设赌场案

[案例案号] 浙江省杭州市中级人民法院（2016）浙01刑终1143号刑事判决书

[基本案情]

2015年9月至11月，向某（已判决）在杭州市萧山区活动期间，分别伙同被告人谢某军、高某、高某樵、杨某彬等人，以营利为目的，邀请他人加入其建立的微信群，组织他人在微信群里采用抢红包的方式进行赌博。其间，被告人谢某军、高某、高某樵、杨某彬分别帮助向某在赌博红包群内代发红包，并根据发出赌博红包的个数，从抽头款中分得好处费。

2015年10月初至11月中旬，被告人谢某军伙同向某收取赌资金额累计613224元，抽头获利183844元。2015年10月初至11月中旬，被告人高某伙同向某收取赌资金额累计212149元，抽头获利60849元。2015年9月1日至11月12日，被告人高某樵伙同向某收取赌资金额累计197092元，抽头获利56710元。2015年9月初至11月中旬，被告人杨某彬伙同向某收取赌资金额累计131907元，抽头获利37127元。

[审理意见]

一审法院以开设赌场罪，分别判处被告人谢某军有期徒刑三年六个

月，并处罚金 25000 元；判处被告人高某有期徒刑三年三个月，并处罚金 20000 元；判处被告人高某樵有期徒刑三年三个月，并处罚金 15000 元；判处被告人杨某彬有期徒刑三年，并处罚金 10000 元；并判令将随案移送的犯罪工具予以没收，上缴国库，继续追缴尚未追回的犯罪所得赃款。

谢某军、高某樵、杨某彬不服一审判决，提出上诉。二审法院认为，上诉人谢某军、高某樵、杨某彬，原审被告人高某伙同他人开设赌场，均已构成开设赌场罪，且系情节严重。本案系共同犯罪。上诉人谢某军、高某樵、杨某彬，原审被告人高某在共同犯罪中地位和作用较轻，均系从犯，原判未认定从犯存在不当，应依法予以纠正，并对上诉人谢某军予以从轻处罚，对上诉人高某樵、杨某彬，原审被告人高某均予以减轻处罚，相关诉辩意见均予以采纳。故，依法判决如下：第一，维持杭州市萧山区人民法院（2016）浙 0109 刑初 1736 号刑事判决第一项、第二项、第三项、第四项的定罪部分及第五项没收犯罪工具、追缴赃款部分；第二，撤销杭州市萧山区人民法院（2016）浙 0109 刑初 1736 号刑事判决第一项、第二项、第三项、第四项的量刑部分；第三，上诉人（原审被告人）谢某军犯开设赌场罪，判处有期徒刑三年，并处罚金人民币 25000 元；第四，原审被告人高某犯开设赌场罪，判处有期徒刑二年六个月，并处罚金人民币 20000 元；第五，上诉人（原审被告人）高某樵犯开设赌场罪，判处有期徒刑二年六个月，并处罚金人民币 15000 元；第六，上诉人（原审被告人）杨某彬犯开设赌场罪，判处有期徒刑一年六个月，并处罚金人民币 10000 元。

（二）洪某强、洪某沃、洪某泉、李某荣开设赌场案

[**案例案号**] 江西省赣州市章贡区人民法院（2016）赣 0702 刑初 367 号刑事判决书

[**基本案情**]

2016 年 2 月 14 日，被告人李某荣、洪某沃、洪某泉伙同洪某金、洪某烟（均在逃）以福建省南安市英都镇阇门基地旁一出租房为据点，雇佣洪某等人，运用智能手机、电脑等设备建立微信群拉拢赌客进行网络赌

博。洪某全、洪某烟作为发起人和出资人，负责幕后管理整个团伙；被告人李某荣主要负责财务、维护赌博软件；被告人洪某沃主要负责后勤；被告人洪某泉主要负责处理与赌客的纠纷；被告人洪某强经被告人洪某沃介绍后参与该团伙并成为出资股东。该微信赌博群将启动资金人民币300000元分成100份资金股，且另设10份技术股。其中，被告人洪某强占资金股6股，被告人洪某沃、洪某泉各占技术股4股，被告人李某荣占技术股2股。

参赌人员加入微信群，通过微信或支付宝将赌资转至庄家的微信或者支付宝账号计入分值（一元相当于一分）后，根据"PC蛋蛋"网站的开奖结果，以押大小、单双等方式在群内投注赌博。该赌博群24小时运转，每局参赌人员数十人，每日赌注高达数十万元。截至案发时，该团伙接受赌客赌资金额累计3237300元。赌博群运行期间共分红2次，其中被告人洪某强分得人民币36000元，被告人李某荣分得人民币6000元，被告人洪某沃分得人民币12000元，被告人洪某泉分得人民币12000元。

［审理意见］

法院认为，被告人洪某强、洪某沃、洪某泉、李某荣开设和经营赌场，情节严重，其行为均已构成开设赌场罪，应依法惩处。在共同犯罪中，四名被告人分工不同，但作用和地位基本相当，不宜区分主从犯，对四名辩护人分别提出的四名被告人系从犯的辩护意见，不予采纳。故，依法判决如下：被告人洪某强犯开设赌场罪，判处有期徒刑四年，并处罚金人民币5万元；被告人洪某沃犯开设赌场罪，判处有期徒刑四年，并处罚金人民币5万元；被告人洪某泉犯开设赌场罪，判处有期徒刑四年，并处罚金人民币5万元；被告人李某荣犯开设赌场罪，判处有期徒刑四年，并处罚金人民币5万元；将四名被告人所退缴的违法所得共计人民币66000元以及随案移送的6部手机、1台笔记本电脑、3台台式电脑主机等供犯罪所用的物品，依法予以没收，上缴国库。

（三）邓某飞、唐某建等开设赌场案

［案例案号］江苏省淮安市中级人民法院（2018）苏08刑终27号刑事判决书

[基本案情]

2015年9月，被告人邓某飞通过互联网购买赌博平台安装程序，自行搭建多个赌博平台供玩家赌博。被告人唐某建负责赌博网站的程序运行、后台管理，联系赌资支付结算平台。被告人南某自2016年2月起负责网站维护、防御以及协助唐某建在支付平台注册商户号。被告人周某自2016年3月起负责网站推广，除领取工资外还按新增用户数进行提成，累计提成人民币2万余元。彭某栋自2016年3月起负责网站窝点日常管理，介绍、安排周某文、廖某虎等人从事客服工作，从支付平台提取资金用于赌博网站运转。赌博网站客服人员包括廖某虎、周某文、彭某一、彭某二、李某、孙某琼、彭某三，上述人员负责解答玩家问题、对有作弊嫌疑玩家进行封号等。

截至2017年2月，被告人邓某飞等人开设的赌博平台共有注册会员账号951382个，累计接受赌资人民币566736482元，从中抽取人民币195521745.76元。其中通过刘某甲经营的唐山V科技有限公司转入赌资人民币5亿余元。

[审理意见]

一审法院认为，被告人邓某飞、唐某建、南某、周某、彭某栋、廖某虎、周某文、彭某一、彭某二、李某、孙某琼、彭某三利用网络平台开设赌场，情节严重，其行为均已构成开设赌场罪，系共同犯罪。故，依法判决：被告人邓某飞犯开设赌场罪，判处有期徒刑五年，并处罚金人民币100万元；被告人唐某建犯开设赌场罪，判处有期徒刑三年六个月，并处罚金人民币20万元；被告人南某犯开设赌场罪，判处有期徒刑三年，缓刑三年，并处罚金人民币10万元；被告人周某犯开设赌场罪，判处有期徒刑二年六个月，缓刑二年六个月，并处罚金人民币8万元；被告人彭某栋犯开设赌场罪，判处有期徒刑二年六个月，缓刑二年六个月，并处罚金人民币8万元；被告人廖某虎犯开设赌场罪，判处有期徒刑一年六个月，缓刑一年六个月，并处罚金人民币4万元；被告人周某文犯开设赌场罪，判处有期徒刑一年六个月，缓刑一年六个月，并处罚金人民币4万元；被告人彭某一犯开设赌场罪，判处有期徒刑一年六个月，缓刑一年六个月，并处罚金人民币 4 万元；被告人彭某二犯开设赌场罪，判处有期徒刑一年六个月，缓刑一年六个月，并处罚金人民币 4 万元；被告人李某犯开设赌场罪，判处有期徒刑一年六个月，缓刑一年六个月，并处罚金人民币 4 万元；被告人孙某琼犯开设赌场罪，判处有期徒刑一年六个月，缓刑一年六个月，并处罚金人民币 4 万元；被告人彭某三犯开设赌场罪，判处有期徒刑一年六个月，缓刑一年六个月，并处罚金人民币 4 万元；公安机关冻结的被告人邓某飞等人开设赌场犯罪使用的银行卡内人民币 80163756 元，及扣押的唐山 V 科技有限公司退出的尚未转出的代收赌资人民币 5927719.21 元予以没收，上缴国库。

邓某飞等不服，提起上诉。二审法院针对检察机关、上诉人、辩护人所提意见，依法评判如下。

第一，关于邓某飞的辩护人提出本案侦查机关管辖权存疑的意见，经查，现有证据足以证实报案人刘某丙、卜某均系涉案赌博网站的注册会员，且二人实施网络赌博行为的地点均在淮安市洪某区境内，淮安市公安局洪某分局对本案具有管辖权。

第二，关于邓某飞的辩护人提出认定涉案平台为赌博网站的事实不清，邓某飞经营的三个网站兼具游戏、赌博功能，应区分游戏会员、赌博会员的辩护意见，经查，三个网站会员注册时并无游戏、参赌之分，所有玩家注册充值后均可通过游戏以小博大，持有的金币亦可兑换提现，而网站则通过抽头渔利方式从中获取非法利益。网站为赌博活动提供平台，接受会员投注并提供筹码与人民币的兑换服务，网站盈利均来源于玩家赌博活动的事实清楚，原审判决对网站定性正确。

第三，关于邓某飞的辩护人对涉案电子数据的鉴定所提辩护意见，经查，上海弘连网络科技有限公司计算机司法鉴定所及其鉴定人陆某、李某均具有专业鉴定资质。公安机关为查明案情，经呈报批准，依法聘请该鉴定机构对涉案电子数据进行固定及分析，所提供的鉴定材料系通过依法讯问被告人唐某建、查看其工作电脑获得赌博网站远程服务器的后台管理地址、用户名及密码而非电子数据原始存储介质，公安机关讯问笔录、唐某建对其工作电脑相关内容的辨认笔录可证实本案鉴定检材来源清楚，辩护人所提公安机关应提供"远程服务器"扣押手续的意见不成立。

鉴定机构应当根据鉴定要求决定采用相应的技术方法、规范,包括公共安全行业标准、国家标准及司法部标准等,辩护人所提上海弘连网络科技有限公司计算机司法鉴定所无权使用上述标准的意见没有依据。该鉴定机构依照规范对涉案电子数据固定、提取、保存,出具的鉴定意见具有客观性。

第四,关于邓某飞及其辩护人提出原审判决认定邓某飞开设赌场行为属于情节严重的事实不清、证据不足的上诉理由及辩护意见,法院认定如下。

其一,业经查实的赌博网站的会员账号数应认定为参赌人数。原审判决认定的注册会员数,系鉴定机构依据专业方法从邓某飞经营的赌博网站后台管理数据库中提取的用户账号记录,该记录表现为用户账号与注册会员的一一对应关系,辩方不能向法庭提供确凿证据从中筛选出"多个账号一人使用"的会员数量,仅提出玩家为获赠金币存在一人注册多个账号的可能性,不足以成为扣减参赌人认定数量的依据。

其二,辩护人关于赌资数额认定所提意见不能成立。一是"网站会员充值总额中仅兑换为虚拟货币且实际投注的资金可以认定为赌资"的辩护观点不成立。根据网站设定的规则,会员充值后资金直接兑换为相应金币,金币在三个网站通用,会员以金币投注进行网络赌博活动,并可再次兑换成为现实货币。因此,金币系三个赌博网站的通用筹码且可变现,参赌人充值兑换金币的资金,即为换取筹码的资金,依照最高人民法院、最高人民检察院《办理赌博案件法律解释》的规定,赌博犯罪中用作换取筹码的款物属于赌资。二是"赌博网站向会员赠送、奖励的金币均不属于赌资"的意见亦不能成立。玩家获赠金币与其注册成为赌博网站的会员、实施赌博行为直接关联,且所得金币与会员充值以及通过赌博赢取的金币在兑换提现上并无区别,该部分金币均应按实际代表的资金数额计入赌资。

其三,对于辩护人提出原审判决将"税收总和"均认定为抽头渔利数额不当,应扣除网站运营成本的意见,经查,上诉人邓某飞、唐某建一致供述，网站后台管理数据中"税收总和"即为向赌博赢家按固定比例抽取的提成，系赌博网站的盈利。上诉人建立从事赌博犯罪活动的网站，其用于维持网站非法运营的支出不应从其违法所得数额中扣除。

其四，对于辩护人提出邓某飞等人于2017年2月9日归案，但鉴定意见中相关数据提取截止时间为同年2月11日，上诉人归案后新增数据不应计入其犯罪数额的意见，经查，唐某建租用多地远程服务器存放赌博网站数据，公安机关抓获涉案人员时，不具备对电子数据原始存储介质当场扣押、封存条件，因邓某飞、唐某建被抓获时并未当即交代赌博网站远程服务器的后台管理权限，公安机关也不具备立即登录网站管理后台开展电子数据取证工作、关闭赌博网站的条件，故在此期间，玩家借助网站提供的平台、道具实施赌博活动所新增的数据与上诉人设立赌博网站的犯罪行为仍具有关联性。

其五，对于辩护人提出原审判决认定公安机关冻结的21张银行卡系用于赌资流转的证据不足的意见，经查，上诉人邓某飞供述、唐山V科技有限公司"亿支付"后台数据库中保存的商户资料及交易信息、相关银行提供的银行卡账户交易明细证实上述银行卡账户资金均来源于唐山V科技有限公司为赌博网站代收的赌资，卡内资金被上诉人邓某飞分别用于囤钱、参赌人退款、网站运营费用等，上述事实亦有上诉人唐某建、原审被告人彭某栋供述佐证。

综上，对原审判决认定的参赌人数、赌资数额、抽头渔利数额等，二审法院均予以确认。上诉人邓某飞等人建立赌博网站，达到招揽参赌人数95万余人、赌资数额5.6亿余元、抽头渔利数额1.9亿余元的经营规模，应当认定其开设赌场犯罪情节严重。

第五，关于上诉人邓某飞、唐某建的量刑问题，法院认定如下。

其一，上诉人邓某飞检举他人犯罪线索，公安机关经工作未能查证属实，不符合认定立功情节的法定条件。

其二，上诉人及原审被告人建立、运营赌博网站，情节严重，上诉人及辩护人提出本案社会危害性较小的意见与赌博网站的实际经营规模相矛盾，该判断没有事实依据，不予采信。

其三，上诉人邓某飞系三个赌博网站的经营人，拥有网站后台管理的最高权限，监控网站运营并实际支配网站资金，享有绝大部分违法所得收益。唐某建受雇于邓某飞，根据其安排负责网站搭建及运营的技术环节，领取固定工资及奖金，不参与网站利益分成。原审判决将邓某飞、唐某建均认定为主犯不当，唐某建在共同犯罪中系从犯。

其四，原审法院根据上诉人邓某飞犯罪事实、情节及认罪态度，对其量刑适当。唐某建系从犯，依法应从轻处罚。其提出归案后配合公安机关侦查的上诉理由，经查属实，可酌情从轻处罚。检察机关对二人所提处理意见，二审法院予以采纳。

彭某一、彭某二、李某、孙某琼、彭某三建立赌博网站并接受投注，情节严重，其行为均已构成开设赌场罪。原审判决认定事实清楚，证据确实、充分，定罪准确，对上诉人邓某飞及原审被告人南某、周某等人均量刑适当，依法冻结、扣押在案的被告人违法所得及其收益均应予以没收。但原审判决对上诉人唐某建量刑不当，二审法院予以纠正。唐某建系从犯，结合其归案后的认罪、悔罪表现，可以对其宣告缓刑。

综上，二审法院依法判决如下：维持淮安市洪泽区人民法院（2017）苏0813刑初203号刑事判决第一项、第三项至第十三项；维持淮安市洪泽区人民法院（2017）苏0813刑初203号刑事判决第二项对被告人唐某建的定罪部分，撤销对其量刑部分；上诉人（原审被告人）唐某建犯开设赌场罪，判处有期徒刑三年，缓刑五年，并处罚金人民币20万元。

二　核心法条

1. 《刑法》第303条第2款："开设赌场的，处五年以下有期徒刑、拘役或者管制，并处罚金；情节严重的，处五年以上十年以下有期徒刑，并处罚金。"

2. 《刑法》第25条："共同犯罪是指二人以上共同故意犯罪。

"二人以上共同过失犯罪，不以共同犯罪论处；应当负刑事责任的，按照他们所犯的罪分别处罚。"

3.《刑法》第 26 条："组织、领导犯罪集团进行犯罪活动的或者在共同犯罪中起主要作用的，是主犯。

"三人以上为共同实施犯罪而组成的较为固定的犯罪组织，是犯罪集团。

"对组织、领导犯罪集团的首要分子，按照集团所犯的全部罪行处罚。

"对于第三款规定以外的主犯，应当按照其所参与的或者组织、指挥的全部犯罪处罚。"

4.《刑法》第 27 条："在共同犯罪中起次要或者辅助作用的，是从犯。

"对于从犯，应当从轻、减轻处罚或者免除处罚。"

5.《刑法》第 52 条："判处罚金，应当根据犯罪情节决定罚金数额。"

6.《刑法》第 53 条："罚金在判决指定的期限内一次或者分期缴纳。期满不缴纳的，强制缴纳。对于不能全部缴纳罚金的，人民法院在任何时候发现被执行人有可以执行的财产，应当随时追缴。

"由于遭遇不能抗拒的灾祸等原因缴纳确实有困难的，经人民法院裁定，可以延期缴纳、酌情减少或者免除。"

7.《刑法》第 55 条："剥夺政治权利的期限，除本法第五十七条规定外，为一年以上五年以下。

"判处管制附加剥夺政治权利的，剥夺政治权利的期限与管制的期限相等，同时执行。"

8.《刑法》第 56 条："对于危害国家安全的犯罪分子应当附加剥夺政治权利；对于故意杀人、强奸、放火、爆炸、投毒、抢劫等严重破坏社会秩序的犯罪分子，可以附加剥夺政治权利。

"独立适用剥夺政治权利的，依照本法分则的规定。"

9.《刑法》第 67 条："犯罪以后自动投案，如实供述自己的罪行的，是自首。对于自首的犯罪分子，可以从轻或者减轻处罚。其中，犯罪较轻的，可以免除处罚。

"被采取强制措施的犯罪嫌疑人、被告人和正在服刑的罪犯，如实供述司法机关还未掌握的本人其他罪行的，以自首论。

"犯罪嫌疑人虽不具有前两款规定的自首情节，但是如实供述自己罪行的，可以从轻处罚；因其如实供述自己罪行，避免特别严重后果发生的，可以减轻处罚。"

10.《刑法》第 61 条："对于犯罪分子决定刑罚的时候，应当根据犯罪的事实、犯罪的性质、情节和对于社会的危害程度，依照本法的有关规定判处。"

11.《刑法》第 64 条："犯罪分子违法所得的一切财物，应当予以追缴或者责令退赔；对被害人的合法财产，应当及时返还；违禁品和供犯罪所用的本人财物，应当予以没收。没收的财物和罚金，一律上缴国库，不得挪用和自行处理。"

三　要点提示

1. 关于网络赌博的定罪问题。网络赌博主要有在网上开设赌场、在网上聚众赌博、在网上以赌博为业等类型，具体可分为组织型网络赌博、代理型网络赌博、辅助型网络赌博，以及参与型网络赌博等形式。在刑法所规定的范围和框架内，应具体依照《办理网络赌博案件法律意见》《办理赌博案件法律解释》等细则，准确、全面确定网络赌博的入罪标准和量刑幅度。

2. 关于帮助行为的认定。一般赌博网站的运营有网站的程序开发、技术维护、服务器接入网络、推广网站以及结算支付赌资等环节，以上各环节均是网上开设赌场的重要组成部分。行为人明知他人在网上开设赌场，仍然为其提供上述环节的帮助，即构成开设赌场罪的共同犯罪。此外，开设赌场犯罪的共犯之间无需事先有通谋，只要在赌博犯罪的过程中形成共同犯罪的故意，就属于开设赌场的共犯。

3. 关于赌博人数、赌资的认定。网络赌博主要利用通讯、网络等电子设备实行犯罪行为，具有影响范围广、涉案人数多、犯罪数额大等特点，对于赌博人数和赌资的认定具有一定的难度。根据《办理网络赌博案件法律意见》的规定，可以通过赌博网站的会员账号数量认定赌博人数。对于网络赌博的赌资认定，则可以以犯罪行为人专门用于赌资流转的银行账户内的数额为根据，如果行为人无法说明该账户内的资金属于合法来源，可以推定属于赌资。

4. 关于刑事管辖的问题。网络赌博中赌博网站多开设在我国境外，但是很多的服务器、网络接入地等建立在我国境内，多吸引我国公民进行赌博，严重影响我国社会管理秩序。根据《办理网络赌博案件法律意见》之规定，"犯罪地"包括赌博网站服务器所在地、网络接入地，赌博网站建立者、管理者所在地，以及赌博网站代理人、参赌人实施网络赌博行为地等。只要上述任何一个犯罪地在我国境内，我国就对案件具有管辖权。简言之，对犯罪地的确认，不能拘泥于形式上的赌场开设地，要确认与开设赌场实际相关的犯罪地。

四　法理评析

2010 年 8 月 31 日，最高人民法院、最高人民检察院、公安部联合出台了《办理网络赌博案件法律意见》。《办理网络赌博案件法律意见》在《办理赌博案件法律解释》的基础上，明确了开设赌场罪的定罪量刑标准，并且就网上开设赌场共同犯罪、参赌人数、赌资数额和网站代理的认定，以及网络赌博犯罪案件的管辖等问题作出了具体的规定，为司法实践提供了具体的裁判依据。

（一）网络赌博罪的构成要件分析

当前网络赌博主要有组织型网络赌博、代理型网络赌博、辅助型网络赌博，以及参与型网络赌博等类型。[①] 组织型网络赌博指建立赌博网站组织他人进行网上投注；代理型网络赌博指不建立赌博网站，但是在赌博网站上的账号设置下级账号，为他人赌博提供账号密码；辅助型网络赌博指介绍他人赌博，为网络赌博提供资金、技术、服务等帮助；参与型网络赌

[①]　参见姜涛《论网络赌博罪的认定及其立法建构》，《河北法学》2006 年第 5 期。

博指经常多次赌博，以赌博所得为主要生活来源或挥霍来源，以及因赌博行为被行政机关处罚过两次之后，再次实施赌博的。[①]

网络赌博罪的主体是一般主体，主要包括四类犯罪行为人：网络赌博的组织者和代理者；聚众赌博者和以赌博为业者；为网络赌博提供赌资支付服务者；帮助开设、经营境外赌博网站，帮助介绍网络赌博员工、参赌人员以及引诱或组织网络赌博者。[②] 网络赌博罪的主观方面表现为直接故意，是行为人以营利为目的，故意实行网络赌博的犯罪行为。以营利为目的，一是指通过在赌博活动中取胜进而获取财物的目的，二是指通过抽头渔利或者收取各种名义的手续费、入场费等获取财物的目的。[③] 网络赌博罪侵犯的是社会的正常管理秩序，其客观要件主要包括在网上聚众赌博、在网上开设赌场、在网上以赌博为业三类行为。

客观行为往往是判断行为人是否构成网络赌博罪的重要要件，其中，认定在网上聚众赌博、在网上开设赌场在司法实践中会出现一些争议。在网上聚众赌博是指为了营利而为他人提供赌博网站的账号和密码，组织多人上网投注的行为。[④] 在网上开设赌场则指建立赌博网站，为赌客提供赌博平台，接受他人投注的行为。两者都具有为他人赌博提供赌博平台，接受他人投注的行为。但二者也有区别，有学者指出，提供赌博平台行为的关键在于其提供的平台应当受提供者实际控制，如果提供人不能实际控制该平台，则该行为就不应认定为提供赌博平台，而应认定为聚众赌博。[⑤] 因此对于在网上聚众赌博和开设赌场的区分，主要考虑行为人是否对赌博平台及赌博活动具有明显的组织管理和控制行为，当行为人具有明显的组织管理及控制的情况，往往属于开设赌场的行为。

"利用微信红包赌博"是司法实践中区分在网上聚众赌博和在网上开

---

① 参见任志中、汪敏《审理网络赌博案件适用法律的若干问题》，《人民司法》2005 年第4 期。

② 参见姜涛《论网络赌博罪的认定及其立法建构》，《河北法学》2006 年第 5 期。

③ 参见高格《定罪与量刑（下册）》（2001 年修订版），中国方正出版社，2001，第 788 页。

④ 参见任志中、汪敏《审理网络赌博案件适用法律的若干问题》，《人民司法》2005 年第4 期。

⑤ 参见董玉庭《赌博犯罪研究》，《当代法学》1999 年第 4 期。

设赌场的一种典型争议案件。微信主要是一种网络沟通工具，但一些犯罪行为人通过建立专门的微信群发红包进行赌博，使得这类微信群具备了类似赌博网站的性质。组织微信红包赌博往往由纠集者建立赌博微信群，制定赌博游戏规则，然后通过分工合作对群成员参与赌博实施严格控制。在赌博微信群中，纠集者具有明显的组织管理和控制行为，并且在这样的管理之下，赌博群能够长期稳定地存续发展下去。可见，这种管理控制行为是十分有效的，因此将这种行为认定为在网上开设赌场更为合适。

例如，在"高某樵、谢某军、杨某彬等开设赌场案"和"洪某强、洪某沃、洪某泉、李某荣开设赌场案"中，被告人都通过邀请人员加入微信群，利用微信群进行管理和控制，以抢红包的方式进行赌博，设定赌博规则，并在一段时间内持续组织赌博活动。法院经审理认为，被告人的这种行为属于"建立赌博网站并提供给他人组织赌博"。① 在"洪某强、洪某沃、洪某泉、李某荣开设赌场案"中，法院认为，被告人洪某强以营利为目的，通过邀请人员加入微信群的方式招揽赌客，根据竞猜游戏网站的开奖结果，以押大小、单双等方式进行赌博，并利用微信群进行控制管理，在一段时间内持续组织网络赌博活动的行为，属于《刑法》第 303 条第 2 款规定的开设赌场行为。②

（二）网上开设赌场共同犯罪相关问题

1. 关于共同犯罪的认定。赌博网站的运营主要有四个环节：赌博网站的程序开发和技术维护环节，赌博网站的托管和接入环节，赌博网站的推广环节，赌资支付结算环节。这四个环节通常由不同的人员负责，形成分工合作的利益链条，共同促成了网上开设赌场犯罪。③ 为此，《办理网络赌博案件法律意见》在《办理赌博案件法律解释》的基础上，进一步明确规定，明知是赌博网站，为其提供网络接入、广告宣传、技术支持、资金支

① 参见浙江省杭州市中级人民法院（2016）浙 01 刑终 1143 号刑事判决书。
② 参见江西省赣州市章贡区人民法院（2016）赣 0702 刑初 367 号刑事判决书。
③ 参见陈国庆等《〈关于办理网络赌博犯罪案件适用法律若干问题的意见〉理解与适用》，《人民检察》2010 年第 20 期。

付结算等服务，并且获取利益达到一定数额或者投放广告达到一定数量的，属于在网上开设赌场罪的共犯。根据《办理网络赌博案件法律意见》的规定可以看出，在网上开设赌场犯罪的共犯之间并非必须事前有通谋，只要行为人存在明知的故意，同样构成共犯。对于在网上开设赌场共犯的认定，需要满足主观上行为人认知到他人在实施开设赌场犯罪，其中行为人的认知状态是明知，认知内容是他人在实施开设赌场的行为；行为人的帮助行为对于赌场的开设有着直接和重要作用，是赌场成功开设、得以进行的重要环节。①

关于在网上开设赌场共犯"明知"的认定。在网上开设赌场犯罪的主观方面是明知故意，即行为人在主观上明知自己实施的是开设赌场的行为。但是在司法实践中，常有犯罪行为人以自己主观上不知道是帮助实施开设赌场为由进行辩解，致使证明犯罪行为人的主观状态成为一个庭审争议焦点。为此《办理网络赌博案件法律意见》规定，有以下四种情形之一，结合犯罪嫌疑人、被告人的供述和其他证据，经综合审查判断，可以认定其明知他人开设赌场而为其提供帮助，但有证据证明确实不知道的除外：第一，收到行政主管机关书面等方式的告知后，仍然实施上述行为的；第二，为赌博网站提供互联网接入、服务器托管、网络存储空间、通讯传输通道、投放广告、软件开发、技术支持、资金支付结算等服务，收取服务费明显异常的；第三，在执法人员调查时，通过销毁、修改数据、账本等方式故意规避调查或者向犯罪嫌疑人通风报信的；第四，其他有证据证明行为人明知的。该细则性意见，十分具体且具有可操作性，是判断"主观明知"状态的重要依据。

2. 共同犯罪中主犯、从犯的认定。在"邓某飞、唐某建等开设赌场案"中，一审法院判决认为，被告人唐某建租用服务器搭建赌博平台，并负责赌博网站的运行及后台管理，同时还注册、更改商户号及绑定银行卡接受平台赌资结算，其在共同犯罪中起积极实施的主要作用，应属共同犯

---

① 参见高贵君等《〈关于办理网络赌博犯罪案件适用法律若干问题的意见〉的理解与适用》，《人民司法》2010年第21期。

罪中的主犯。但是二审法院经审理认为，唐某建受雇于邓某飞，根据其安排负责网站搭建及运营的技术环节，领取固定工资及奖金，不参与网站利益分成。原审判决将邓某飞、唐某建均认定为主犯不当，唐某建在共同犯罪中系从犯。两个审级法院的不同认定，从一个方面反映出网络赌博案中主、从犯认定的分歧和难度。

我国《刑法》第 26 条第 1 款规定："组织、领导犯罪集团进行犯罪活动的或者在共同犯罪中起主要作用的，是主犯。"主犯在整个犯罪集团活动中起主要作用，但主犯并不要求一定是犯罪集团的组织者或是领导者，只要行为人在犯罪集团参与的活动中起到了积极实施的主要作用，即可认定为主犯。对于网上开设赌场共同犯罪中主犯的认定，不能仅以行为人在犯罪集团中的角色来判定，需要综合考虑行为人对犯罪结果、犯罪目的实现的因果作用，以及对整个犯罪过程、结果的影响，对其他犯罪分子的影响等因素。从犯是共同犯罪中起次要、辅助作用的犯罪分子。从犯可以分成两种情况。第一种是指直接参与了共同犯罪，即直接参与实施了犯罪构成中客观要件的行为，但其对于犯罪结果的发生起次要作用，不是犯罪活动的主要组织策划人，而是追随者。例如，"邓某飞、唐某建等开设赌场案"中的被告人唐某建受雇于邓某飞，不属于赌博平台的投资者和经营者，其只是负责搭建平台这一犯罪工具，并且没有从赌博平台获取股份和分红，故属于第一种从犯的情况。第二种从犯是指没有直接参与犯罪活动，只是为犯罪活动的完成提供物质上的帮助或精神上的支持。

对于网上开设赌场共同犯罪案件，应当充分考虑各被告人在网上开设赌场中的地位和作用，以及在主观恶性和影响力方面的差异，进而根据事实和证据区分主、从关系。对于主犯和从犯的合理区分，有利于保证对犯罪分子的正确裁判量刑，严厉打击主观性恶性大、造成恶劣影响的犯罪分子，同时对起次要作用、主观恶性较小的行为人予以较轻的刑罚，以全面体现罪责刑相适应的刑法基本原则。

（三）赌博人数及赌资的认定

网络赌博往往规模庞大，参与赌博人数众多，涉案金额多，并且证据大多为网络数据，因此很难明确每一个参赌人员，赌资也难以确定。对此，《办理网络赌博案件法律意见》规定，赌博网站的会员账号数可以认定为参赌人数，如果查实一个账号多人使用或者多个账号一人使用的，应当按照实际使用的人数计算参赌人数。赌资数额可以按照在网络上投注或者赢取的点数乘以每一点实际代表的金额认定。对于将资金直接或间接兑换为虚拟货币、游戏道具等虚拟物品，并用其作为筹码投注的，赌资数额按照购买该虚拟物品所需资金数额或者实际支付资金数额认定。该规定为网络赌博的人数及赌资认定，提供了重要依据。

1. 关于赌博人数的认定。传统的线下赌博往往给赌客提供的是赌博场所和赌具，而赌博网站给赌客、代理人提供的则是赌博网站的账号和密码。因此，网络赌博人数与赌博网站的会员账号数量具有密切的关系，往往这些会员账号数量就是赌博人数。基于此，《办理网络赌博案件法律意见》规定，赌博人数可以通过赌博网站的会员账号数确认，如果存在多人使用一个会员账号或者一人使用多个会员账号的情况，以实际使用的人数来确认赌博人数。例如，在"邓某飞、唐某建等开设赌场案"中，法院即根据赌博平台运行过程中注册的会员账号数量来认定赌博人数。

对于查找不到赌博网站赌博投注记录，只有通过银行转账等相关记录来出具证据证明的，可以以与赌资流转相关的银行账户数认定赌博人数。与赌博网站会员账户数的确认一样，如果存在多人使用一个银行账户或者一人使用多个银行账户的情况，一般以实际使用的人数来计算赌博人数。

2. 关于赌资的认定。赌资一般包括：作为赌注用于赌博的款物、用来换取筹码的款物，以及通过赌博获得的款物。[①] 在"邓某飞、唐某建等开设赌场案"中，被告人邓某飞辩称，"网站会员充值总额中仅兑换为虚拟货币且实际投注的资金可以认定为赌资"。但相关证据表明，根据网站设定的规则，会员充值后资金直接兑换为相应金币，金币在三个网站通用，会员以金币投注进行网络赌博活动，并可再次兑换成为现实货币。因此，金币系三个赌博

---

① 参见高贵君等《〈关于办理网络赌博犯罪案件适用法律若干问题的意见〉的理解与适用》，《人民司法》2010 年第 21 期。

网站的通用筹码且可变现,参赌人充值兑换金币的资金,即为换取筹码的资金。依照《办理赌博案件法律解释》的规定,赌博犯罪中用作换取筹码的款物属于赌资,故该赌博网站接受赌资、充值流水、抽头渔利所涉款额都属于赌资。[①]

一般在网上开设赌场的行为人会设置专门的银行账户用于流转赌资,为此《办理网络赌博案件法律意见》规定,如果犯罪分子不能说明用于流转赌资的银行账户中的资金属于合法来源,即可以认定为赌资。在"洪某强、洪某沃、洪某泉、李某荣开设赌场案"中,公诉机关向法庭提交了被告人供述、证人证言以及账户名为洪某沃、洪某泉、李某荣的银行卡交易流水清单等证据,用来证实获利金额是被告人李某荣将用于收取赌客赌资的两张招商银行卡的资金转入其本人的建设银行卡的总额。但需要注意,不能一概将犯罪行为人用于接收、流转赌资的银行账户内的资金都认定为赌资。在上述案件中,关于公诉机关提出的"被告人李某荣将用于收取赌客赌资的账户的两张招商银行卡的资金转入账户名为其本人的建设银行卡的总额为开设赌场的获利金额"之诉称,法院认为:被告人李某荣的供述及其建设银行卡的交易流水清单证实其曾将赌客剩余赌资或者盈利直接汇入赌客银行卡的情况,且上述证据还无法排除获利金额中可能存在赌客将赌资汇入庄家账号计入分值后还未下注的情况,因此不能认定以账户名为洪某沃、洪某泉的招商银行卡的资金转入账户名为李某荣的建设银行卡的总额为赌资。[②]

在网上赌博一般不直接使用钱款进行投注,而是使用点数代替,最后再进行赌资清算,因此可以通过一定的规则来计算点数代表的赌资数额。《办理网络赌博案件法律意见》规定,赌资数额可以按照在网络上投注或者赢取的点数乘以每一点实际代表的金额认定。用这种计算方法计算网络赌博的赌资数额,能够客观反映并准确计算网络赌博中真实具体的赌资数额。但是不能一概将所有点数都认定为赌资,因为行为人在投注点数后会

---

① 参见江苏省淮安市中级人民法院(2018)苏08刑终27号刑事判决书。
② 参见江西省赣州市章贡区人民法院(2016)赣0702刑初367号刑事判决书。

将赢取的点数继续投注到赌局中，如果以投注点数认定赌资会产生重复计算点数的情况。故网络赌博不应当简单地以投注点数作为认定赌资数额的唯一标准，应该结合犯罪行为人的供述、赌博者的证言、赌博网站数据信息等予以认定。对于开设赌场犯罪中用于接收、流转赌资的银行账户内的资金，犯罪分子不能说明合法来源的，可以认定为赌资。

为了鼓励赌博者进行赌博，赌博网站往往会给予其一定金额的返利。对于赌博网站向会员赠送返利的性质认定，有观点认为，从资金流向上来讲，赌博罪中的抽头渔利是由赌博网站向赌客抽水，资金流向为赌客到赌博网站；而网站会员返点由赌博网站向赌客返利，资金流向为赌博网站向赌客，从返利的性质来讲，类似于商店给予会员的积分返券等，其目的在于鼓励顾客消费，而非出于营利的目的。① 但是赌博网站向赌博者返利，虽然当下没有产生利润，但其目的在于促使赌博者继续参与赌博，从而使得赌博网站能够持续经营，因此这些返利不能一概认定为非赌资，需要综合考量返利与赌博行为的关联性。在"邓某飞、唐某建等开设赌场案"中，被告人虽然辩称"赌博网站向会员赠送、奖励的金币均不属于赌资"，但是玩家获赠金币与其注册成为赌博网站的会员、实施赌博行为直接关联，且所得金币与会员充值以及通过赌博赢取的金币在兑换提现上并无区别，故该部分金币最终均被按照实际代表的资金数额计入了赌资。

（四）担任赌博网站代理的认定

司法实践表明，目前直接在我国境内设立的赌博网站较少，大部分赌博网站都是在境外设立，并通过在国内发展网站代理人来吸引赌客。对此，《办理赌博案件法律解释》规定，为赌博网站担任代理属于开设赌场行为。但是《办理赌博案件法律解释》没有明确何为"为赌博网站担任代理"，从而在实践中容易产生不同的理解。在实践中，关于担任赌博网站代理的认定存在两种争议情况：第一种情况是行为人在赌博网站上有代理

---

① 参见杜永浩《聚众参与赌博不一定是"聚众赌博"》，《检察日报》2015 年 2 月 11 日，第 2 版。

账号，但是并没有接受其他人的投注，而是自己进行投注赌博；第二种情况是行为人没有赌博网站的代理账号，只有会员账号，但是利用会员账号聚集多人参与网络赌博。① 对于这两种情况应如何认定，主要有"形式符合说"与"实质符合说"两种观点。

"形式符合说"认为，网络赌博代理的认定应该符合法律条文的规定，只要行为人拥有赌博网站代理账号就属于"为赌博网站担任代理"，② 而不需要考虑行为人是否实际接受了其他人的投注。对于第一种情况，行为人没有接受他人的投注，依据《办理赌博案件法律解释》和《办理网络赌博案件法律意见》的规定，只要行为人使用了代理账号参与赌博就构成开设赌场罪。因为传统的犯罪构成理论要求主客观相统一，而这种情况下，行为人在主观上明知自己使用代理账号，在客观行为上又实施了接受投注的行为，无论投注是否来自他人，都符合司法解释中规定的犯罪构成，做到了"主客观相统一"。对于第二种情况，行为人没有代理账号，但是聚集多人参与赌博。由于行为人不掌握代理账号，不符合司法解释中有关"赌博网站代理"身份的规定，因此对于这种行为不应认定为"开设赌场"。如果该行为符合"聚众赌博"的犯罪构成，应以赌博罪定罪处罚。

"实质符合说"认为，对于网络赌博代理的认定，不能仅以法律条文的规定一概而论，还需要实际考虑行为人所实施的行为、带来的结果、造成的影响等是否与担任赌博网站代理的本质特征相符。对于第一种情况，不能将在赌博网站上有代理账号作为认定担任网络赌博代理的唯一条件，还要考虑行为人是否接受了其他人的投注。在未接受其他人投注的情况下，行为人其实是自己代理自己，自己参与赌博，没有吸引他人进行赌博，因此不能认定为赌博网站担任代理。对于第二种情况，虽然行为人在形式上没有掌握赌博网站的代理账号，但是实际上为他人赌博提供了途径，成为赌博网站和赌客之间的联系，因此这种行为与担任赌博网站代理

---

① 参见邓仕文、张海鹏《利用网络开设赌场的代理投注行为探析》，《四川警察学院学报》2020 年第 6 期。

② 参见邓仕文、张海鹏《利用网络开设赌场的代理投注行为探析》，《四川警察学院学报》2020 年第 6 期。

起到了相似的作用。但是这种行为又与担任赌博网站代理有所区别，如果行为人以营利为目的，利用自己在赌博网站上的会员账号纠集多人进行网上赌博，应该认定为聚众赌博，以赌博罪论处。[①]

如果按照"形式符合说"的观点，以行为人具有代理账号作为判断构成赌博网站代理的标准，那么争议中的第一种情况会被认定为属于赌博网站代理，第二种情况则不会。但是从两种行为实际带来的社会危害性来看，第一种情况中的行为人并没有纠集他人网上赌博，没有将赌博的危害影响扩大；而第二种情况中行为人虽然形式上没有赌博网站的代理账号，但实际上做了与赌博网站代理相似的行为，也造成了类似的危害影响。因此仅以形式上是否具有赌博网站的代理账号作为认定是否担任赌博网站代理的标准，不符合罪责刑相适应的原则。相比而言，"实质符合说"在符合法律规定的形式条件下，充分考虑了犯罪行为的社会危害性，保证了行为人的罪行与刑罚相适应，更为妥当、合理一些。

另外，《办理网络赌博案件法律意见》规定，犯罪分子如果在赌博网站上拥有可以设置下级账号的代理账号，就属于为赌博网站担任代理。根据这一规定，犯罪行为人在赌博网站上的账号设置有下级账号，是认定为赌博网站担任代理的条件，这里的账号应是代理账号而非一般的会员账号。而担任代理的同时还要满足接受投注的条件，才能属于在网上开设赌场的行为，这里的接受投注是指接受他人的投注，而非自己的投注。综上所述，对于犯罪行为人担任赌博网站代理人的认定需要满足"在赌博网站上的账号设置有下级账号"的形式条件，以及实际"接受了他人投注"的实质条件，才属于为赌博网站担任代理。

（五）网络赌博的管辖问题

网络赌博通常超越了地域的限制，使犯罪行为地和结果地难以确定，[②]而对于跨国网络赌博案件，因不同国家对于网络赌博的法律规定不同，使

---

① 参见冯宁《担任赌博网站代理接受投注构成开设赌场罪》，《人民司法》2011年第10期。
② 参见谯冉、张小兵《跨境网络赌博犯罪分析与预防对策——以近年来H省打击网络赌博犯罪为例》，《山东警察学院学报》2017年第5期。

得一些犯罪行为人在国外设立赌博网站，吸引我国公民进行赌博，最后由于在赌博网站设立国不构成犯罪而无法追究其刑事责任，因此对于网络赌博的管辖认定格外重要。在"'新东方'网络赌博案"中，被告人辩护律师以在缅甸开赌场不触犯中国刑法为由，为被告人谭某伟作无罪辩护。且认为根据 2005 年对"聚众赌博"行为相关司法解释的规定，认定赌博罪要求组织他人到境外赌博，而谭某伟并没有组织过中国公民到境外赌博，也不是被别人组织到境外的，他是跟随父亲到缅甸的。所以，谭某伟不应该构成赌博罪。法院经审理认为，"新东方"赌场虽然开设在缅甸境内，但其主要客源为中华人民共和国公民，参与网络赌博的赌客投注行为多发生在我国境内，网络赌博的线路也是从我国境内违法接出，网络赌博的服务器非法藏匿在我国境内，赌资由赌场安排相关人员在我国银行开设账户以实现资金流转。本案是部分犯罪行为和结果发生在我国境内的跨国犯罪案件，已严重妨碍了我国社会管理秩序，侵害了我国的边境管理秩序、金融管理秩序，因此本案被告人构成开设赌场罪。①

法院的认定是符合我国相关司法解释和政策规定的。我国《办理网络赌博案件法律意见》规定，"犯罪地"包括赌博网站服务器所在地、网络接入地，赌博网站建立者、管理者所在地，以及赌博网站代理人、参赌人实施网络赌博行为地等。其中赌博网站建立者、管理者所在地指赌博网站建立者、管理者实施网络赌博行为地，而不是行为人实施网络赌博行为后的实际所在地。② 只要上述任何一个犯罪地位于我国境内，我国就对案件具有管辖权。对犯罪地的确认，不能拘泥于形式上的赌场开设地，还要确认与开设赌场实际相关的犯罪地。"'新东方'网络赌博案"除了形式上的地点在缅甸境内以外，其余的诸如赌客和赌场工作人员的来源、网络线路的秘密租借、车队的设立、赌客的接送、银行资金的接转、网络服务器的

---

① 参见殷红、付琦《香港人境外开赌场是否适用中国刑法》，《中国青年报》2008 年 6 月 28 日，第 3 版。
② 参见高贵君等《〈关于办理网络赌博犯罪案件适用法律若干问题的意见〉的理解与适用》，《人民司法》2010 年第 21 期。

托管与藏匿等使赌场得以存在、运转的所有条件均发生在中国境内，[①] 因此犯罪地属于我国境内。对于境内跨区域网络赌博犯罪案件的地域管辖原则为以犯罪地管辖为主，被告人居住地为辅。当公安机关对案件的管辖权有争议时，应先本着有利于查清案件事实的原则进行协商，协商不成时由上级机关指定管辖。

（六）小结

网络赌博是传统赌博的具体化罪行，其客观要件主要有在网上聚众赌博、在网上开设赌场、在网上以赌博为业等。其中在网上聚众赌博和在网上开设赌场两者都具有为他人赌博提供赌博平台，接受他人投注的行为。对于这两者的区分，主要考虑行为人是否对赌博平台及活动具有明显的组织管控行为。具有管理控制能力的，属于在网上开设赌场。对于在网上开设赌场的共犯认定，并非必须事前有通谋，只要行为人存在明知的故意就属于共同犯罪。网络赌博是通过使用赌博网站的账户进行赌博，故一般通过赌博网站的会员账号数量认定赌博人数。对于赌资数额的认定，以犯罪行为人专门用于接收赌博款项的银行账户中的数额确认，如果行为人无法说清账户里的金额属于合法来源，可以认定为赌资。此外，网上赌博若使用点数代替，还可以通过一定的规则来计算点数代表的赌资数额。另外，通过在国内发展代理人来吸引国内赌客，同样属于开设赌场行为。判断行为人是否为赌博网站代理人，主要以其是否拥有赌博网站的代理账号为标准。最后，网络赌博案件中，与赌博网站、赌博活动密切相关的地方都可被视为网络赌博的犯罪地，只要犯罪地位于我国境内，我国就具有管辖权。

---

① 参见储皖中《最大网络赌博案续：工商银行分理处主任为赌场洗钱》，《法制日报》2008年6月13日，第3版。

图书在版编目（CIP）数据

网络安全法讲义：案例、文本与评析／尹建国主编．--
北京：社会科学文献出版社，2025.6.--（新兴交叉
领域法学精品教程）．--ISBN 978-7-5228-4755-9

Ⅰ.D922.17

中国国家版本馆 CIP 数据核字第 2025GU0379 号

新兴交叉领域法学精品教程

网络安全法讲义：案例、文本与评析

主　　编／尹建国

出 版 人／冀祥德
组稿编辑／刘骁军
责任编辑／李天君　芮素平
责任印制／岳　阳

出　　版／社会科学文献出版社·法治分社（010）59367161
　　　　　地址：北京市北三环中路甲 29 号院华龙大厦　邮编：100029
　　　　　网址：www.ssap.com.cn
发　　行／社会科学文献出版社（010）59367028
印　　装／三河市尚艺印装有限公司

规　　格／开　本：787mm×1092mm　1/16
　　　　　印　张：23.5　字　数：359 千字
版　　次／2025 年 6 月第 1 版　2025 年 6 月第 1 次印刷
书　　号／ISBN 978-7-5228-4755-9
定　　价／138.00 元

读者服务电话：4008918866